COMENTARIOS
BÍBLICOS
CON APLICACIÓN

1 Y 2 TIMOTEO, TITO

del texto bíblico
a una aplicación
contemporánea

COMENTARIOS BÍBLICOS CON APLICACIÓN

1 Y 2 TIMOTEO, TITO

del texto bíblico a una aplicación contemporánea

WALTER L. LIEFELD

NVI

La misión de Editorial Vida es ser la compañía líder en comunicación cristiana que satisfaga las necesidades de las personas, con recursos cuyo contenido glorifique al Señor Jesucristo y promueva principios bíblicos.

COMENTARIO BÍBLICO CON APLICACIÓN NVI: 1 y 2 DE TIMOTEO, TITO

Editorial Vida – ©2015

Publicado en Nashville, Tennessee, Estados Unidos de América.

Este título también está disponible en formato electrónico

Originally published in the U.S.A. under the title:
The NIV Application Commentary: I & 2 Timothy, Titus
Copyright © 1999 by Walter L. Liefeld
Published by permission of Zondervan, Grand Rapids, Michigan.

Editor de la serie: *Dr. Matt Williams*
Traducción: *S.E. Telee*
Edición: *Loida Viegas Fernández*
Diseño interior: *José Luis López González*

CATEGORÍA: Comentario bíblico / Nuevo Testamento

Contenido

Introducción a la serie CBA NVI

Los comentarios bíblicos con aplicación, serie NVI son únicos. La mayoría de los comentarios bíblicos nos ayudan a recorrer el trecho que va desde el siglo XXI, al siglo I. Nos permiten cruzar las barreras temporales, culturales, idiomáticas, y geográficas que nos separan del mundo bíblico. Sin embargo, solo nos ofrecen un billete de ida al pasado y asumen que nosotros mismos podemos, de algún modo, hacer el viaje de regreso por nuestra cuenta. Una vez nos han explicado el *sentido original* de un libro o pasaje, estos comentarios nos brindan poca o ninguna ayuda para explorar su *significado contemporáneo*. La información que nos ofrecen es sin duda valiosa, pero la tarea ha quedado a medias.

Recientemente, algunos comentarios han incluido un poco de aplicación contemporánea como *una* de sus metas. No obstante, las aplicaciones son a menudo imprecisas o moralizadoras, y algunos volúmenes parecen más sermones escritos que comentarios.

La meta principal de los comentarios bíblicos con aplicación: serie NVI es ayudarte con la tarea, difícil pero vital, de trasladar un mensaje antiguo a un contexto moderno. La serie no se centra en la aplicación solamente como un producto acabado, sino que te ayuda también a pensar detenidamente en el *proceso* por el que se pasa del sentido original de un pasaje a su significado contemporáneo. Son verdaderos comentarios, no exposiciones populares. Se trata de obras de referencia, no de literatura devocional.

El formato de la serie ha sido concebido para conseguir la meta propuesta. El tratamiento de cada pasaje se lleva a cabo en tres secciones: *Sentido original*, *Construyendo puentes*, y *Significado contemporáneo*.

Esta sección te ayuda a entender el significado del texto bíblico en su contexto del siglo I. En este apartado se tratan de manera concisa todos los elementos de la exégesis tradicional, a saber, el contexto histórico, literario, y cultural del pasaje. Los autores analizan cuestiones relacionadas con la gramática, la sintaxis, y el significado de las palabras bíblicas. Se esfuerzan asimismo en explorar las principales ideas del pasaje y el modo en que el autor bíblico desarrolla tales ideas.[1]

Tras leer esta sección el lector entenderá los problemas, preguntas y preocupaciones de los *primeros receptores* y el modo en que el autor bíblico trató tales cuestiones. Esta comprensión es fundamental para cualquier aplicación legítima del texto en nuestros días.

Como indica el título, en esta sección se construye un puente entre el mundo de la Biblia y el de nuestros días, entre el contexto original y el moderno, analizando tanto los aspectos circunstanciales del texto como los intemporales.

La Palabra de Dios tiene un aspecto *circunstancial*. Los autores de la Escritura dirigieron sus palabras a situaciones, problemas, y cuestiones específicas. Pablo advirtió a los gálatas sobre las consecuencias de circuncidarse y los peligros de intentar justificarse por la ley (Gá 5:2-5). El autor de Hebreos se esforzó en convencer a sus lectores de que Cristo es superior a Moisés, a los sacerdotes aarónicos, y a los sacrificios veterotestamentarios. Juan instó a sus lectores a "probar los espíritus" de quienes enseñaban una forma de gnosticismo incipiente (1Jn 4:1-6). En cada uno de estos casos, la naturaleza circunstancial de la Escritura nos capacita para escuchar la Palabra de Dios en situaciones que fueron *concretas* y no abstractas.

No obstante, esta misma naturaleza circunstancial de la Escritura también crea problemas. Nuestras situaciones, dificultades, y preguntas no siempre están relacionadas directamente con las que afrontaban los primeros receptores de la Biblia. Por tanto, la Palabra de Dios para ellos no siempre nos parece pertinente a nosotros. Por ejemplo, ¿cuándo fue la última vez que alguien te instó a circuncidarte, afirmando que era una parte necesaria de la justificación? ¿A cuántas personas de nuestros días les inquieta la cuestión de si Cristo es o no superior a los sacerdotes aarónicos? ¿Y hasta qué punto puede una "prueba" diseñada para detectar el gnosticismo incipiente, ser de algún valor en una cultura moderna?

---

1. Obsérvese que cuando los autores tratan el sentido de alguna palabra en las lenguas bíblicas originales, en esta serie se utiliza el método general de transliteración en lugar del más técnico (utilizando los alfabetos griego y hebreo).

Afortunadamente, las Escrituras no son únicamente documentos circunstanciales, sino también *intemporales*. Del mismo modo que Dios habló a los primeros receptores, sigue hablándonos a nosotros a través de las páginas de la Escritura. Puesto que compartimos la común condición de humanos con las gentes de la Biblia, descubrimos una *dimensión universal* en los problemas a los que tenían que hacer frente y en las soluciones que Dios les dio. La naturaleza intemporal de la Escritura hace posible que nos hable con poder en cualquier momento histórico y en cualquier cultura.

Quienes dejan de reconocer que la Escritura tiene una dimensión circunstancial y otra intemporal se acarrean muchos problemas. Por ejemplo, los que se sienten apabullados por la naturaleza circunstancial de libros como Hebreos o Gálatas pueden soslayar su lectura por su aparente falta de sentido para nuestros días. Por otra parte, quienes están convencidos de la naturaleza intemporal de la Escritura, pero no consiguen percibir su aspecto circunstancial, pueden "disertar elocuentemente" sobre el sacerdocio de Melquisedec ante una congregación muerta de aburrimiento.

El propósito de esta sección es, por tanto, ayudarte a discernir lo intemporal (y lo que no lo es) en las páginas del Nuevo Testamento dirigidas a situaciones temporales. Por ejemplo, si la principal preocupación de Pablo no es la circuncisión (como se nos dice en Gá 5:6), ¿cuál *es* entonces? Si las exposiciones sobre el sacerdocio aarónico o sobre Melquisedec nos parecen hoy irrelevantes, ¿cuáles son los elementos de valor permanente en estos pasajes? Si en nuestros días los creyentes intentan "probar los espíritus" con una prueba diseñada para una herejía específica del siglo I, ¿existe alguna otra comprobación bíblica más apropiada para que podamos cumplir hoy este propósito?

No obstante, esta sección no solo descubre lo intemporal de un pasaje concreto, sino que también nos ayuda a ver *cómo* lo hace. El autor del comentario se esfuerza en tornar explícito lo que en el texto está implícito; toma un proceso normalmente intuitivo y lo explica de un modo lógico y ordenado. ¿Cómo sabemos que la circuncisión no es la principal preocupación de Pablo? ¿Qué claves del texto o del contexto nos ayudan a darnos cuenta de que la verdadera preocupación de Pablo se halla a un nivel más profundo?

Lógicamente, aquellos pasajes en que la distancia histórica entre nosotros y los primeros lectores es mayor, requieren un tratamiento más extenso. Por el contrario, aquellos textos en que la distancia histórica es más reducida o casi inexistente demandan menos atención.

Una clarificación final. Puesto que esta sección prepara el camino para tratar el significado contemporáneo del pasaje, no siempre existe una distinción precisa o una clara división entre esta y la siguiente. No obstante, cuando ambos bloques se leen juntos, tendremos la fuerte sensación de haber pasado del mundo de la Biblia al de nuestros días.

Significado Contemporáneo

Esta sección permite que el mensaje bíblico nos hable hoy con el mismo poder que cuando fue escrito. ¿Cómo podemos aplicar lo que hemos aprendido sobre Jerusalén, Éfeso, o Corinto a nuestras necesidades contemporáneas en Los Ángeles, Lima o Barcelona? ¿Cómo podemos tomar un mensaje, que se expresó inicialmente en griego y arameo, y comunicarlo con claridad en nuestro idioma? ¿Cómo podemos tomar las eternas verdades que en su origen se plasmaron en un tiempo y una cultura distintos, y aplicarlos a las parecidas pero diferentes necesidades de nuestra cultura?

Para conseguir estas metas, la presente sección nos ayuda en varias cuestiones clave.

En primer lugar, nos permite identificar situaciones, problemas, o preguntas contemporáneas verdaderamente comparables a las que la audiencia original hubo de hacer frente. Puesto que las situaciones de hoy rara vez son idénticas a las que se dieron en el siglo primero, hemos de buscar escenarios semejantes para que nuestras aplicaciones sean relevantes.

En segundo lugar, esta sección explora toda una serie de contextos en los que el pasaje en cuestión puede aplicarse en nuestro tiempo. Buscaremos aplicaciones personales, pero también nos veremos estimulados a pensar más allá de nuestra situación personal, considerando cuestiones que afectan a la sociedad y la cultura en general.

En tercer lugar, en esta sección tomaremos conciencia de los problemas o dificultades que pueden surgir en nuestro deseo de aplicar el pasaje. En caso de que existan varias maneras legítimas de aplicar un pasaje (cuestiones en las que no exista acuerdo entre los cristianos), el autor llamará nuestra atención al respecto y nos ayudará a analizar a fondo las implicaciones.

En la consecución de estas metas, los colaboradores de esta serie intentan evitar dos extremos. El primero, plantear aplicaciones tan específicas que el comentario se convierta rápidamente en un texto arcaico. El segundo, evitar un tratamiento tan general del sentido del pasaje que deje de conectar con la vida y cultura contemporáneas.

Por encima de todo, los colaboradores de esta serie han realizado un diligente esfuerzo para que sus observaciones no suenen a perorata moralizadora. Los comentarios bíblicos con aplicación: serie NVI no pretenden ofrecerte materiales listos para ser utilizados en sermones, sino herramientas, ideas, y reflexiones que te ayuden a comunicar la Palabra de Dios con poder. Si conseguimos ayudarte en esta meta se habrá cumplido el propósito de esta serie.

Los editores

Prefacio del editor general

¿Cómo debemos tratar con la pluralidad de las enseñanzas y filosofías cristianas que caracterizan nuestra cultura y desafían a la iglesia? El apóstol Pablo se enfrentó al mismo problema y nos ofrece una respuesta en las Cartas Pastorales.

Pablo comienza, por supuesto, estableciendo lo obvio. Enseña contra esas enseñanzas. Pero hace mucho más. Como explica Walter Liefeld en este comentario, el apóstol recomienda *cómo* enseñar contra ellas. Pablo da a Timoteo y a Tito consejos sobre metodología y actitudes para contrarrestar las falsas enseñanzas, diciéndoles tanto lo que *no hay que hacer* como lo que *sí hay que hacer.*

(1) En cuanto a lo que *no hacer*, Pablo advierte contra un gran peligro presente cuando se trata con las enseñanzas no cristianas. A primera vista parece un peligro sencillo: perder el tiempo. Evitar las discusiones profanas, dice él, y centrarse en las cosas realmente importantes, como el evangelio de Jesucristo. En cierto grado, este consejo tiene mucho sentido. Pero como Pablo no dedica mucho tiempo en las Pastorales ni en sus otras cartas a advertir contra los peligros de las falsas enseñanzas, tal vez haya aquí más de lo que se puede tratar un simple seminario sobre la gestión del tiempo.

¿Qué son exactamente las "discusiones profanas"? Son conversaciones profanas e inútiles que "carecen de provecho y de sentido". Ese sentido, para Pablo, es lo que tiene que ver con lo más real del universo: Dios. Las discusiones profanas son pláticas que no tienen como contenido ni propósito la promoción del evangelio de Jesucristo. Dicho de otro modo, lo que Pablo está recomendando es que nuestra conversación sea "militante" en el mejor sentido del término: que nunca perdamos tiempo en simples críticas de falsas enseñanzas, críticas que no van a ninguna parte. No, Pablo nos quiere siempre conversando en términos del evangelio.

(2) ¿Qué mantiene a esta militancia libre de convertirse en algo mezquino, arrogante y centrado en sí mismo? Aquí es donde interviene el consejo de Pablo acerca de qué hacer. Cuando hablamos de falsas enseñanzas (no perdiendo el tiempo en discutir sobre ellas, sino promoviendo el evangelio), deberíamos ser delicados al máximo. Podría decirse que hemos de seguir la ley del amor, lo cual significa que debemos ser claros, amables y positivos.

(a) Para Pablo, la claridad es importante dada la seriedad del mensaje. En otro lugar dice que la música está compuesta de notas con sonidos distinguibles, pues si la trompeta no da una llamada clara, nadie se prepara para la batalla (1Co 14:8). Es la versión teológica de los clásicos consejos de estilo al escribir: claridad y sencillez. Sin embargo, para Pablo no se trata de una simple cuestión de comunicación clara (aunque esta es una parte importante), sino de un reflejo práctico de la naturaleza de la encarnación: Dios no solo asumió naturaleza humana en Jesucristo, sino que lo hizo de tal manera que fuese efectiva para mostrarse a los hombres. ¡Nada de doctrina gnóstica secreta!

(b) La amabilidad también es importante. Para Pablo, esta no es una suave y blandengue mansedumbre frente a las falsas enseñanzas. Dicha bondad, o amabilidad, significa una gentileza comprometida. Como con la claridad, Pablo considera la bondad una categoría teológica; en este caso, un reflejo humano, una imitación imperfecta de la gracia de Dios con todos los pecadores. ¿Cómo podemos nosotros mostrar bondad a quienes ponen en peligro nuestra fe con sus enseñanzas falsas? Únicamente repartiendo a los demás la bondad que Dios derrama sobre nosotros. Este tipo de gracia no lo podemos encontrar en nosotros mismos.

(c) Esto nos lleva al tercer principio metodológico de Pablo: ser positivo. Lo que funciona para combatir la falsa enseñanza, nos dice el apóstol, no consiste en una airada denuncia ni en retorcerse las manos de pesimismo. En lugar de ello, lo que funciona es tener delante de nosotros, y como núcleo central de todo lo que hacemos, "la esperanza que hay en nosotros". Puesto que no siempre nos sentimos optimistas y esperanzados, esto puede significar que a veces una retirada a tiempo es una victoria al combatir las falsas enseñanzas. Debemos ser pacientes no solo con los falsos maestros, sino también con nosotros mismos.

La denominación "Cartas Pastorales" es acertada: son *pastorales* en el sentido de que ofrecen consejos buenos, fiables y prácticos acerca de cómo vivir nuestro llamamiento como cristianos en un mundo que, a menudo, no congenia con las radicales demandas del evangelio. Vivan por la ley del amor, dice Pablo. Sean claros, amables y positivos. Así, la importancia de las falsas enseñanzas palidecerá ante la verdad eterna de las buenas nuevas de Jesucristo.

Terry C. Muck

Prefacio del autor

Las Cartas Pastorales me han sido de ánimo e instrucción durante muchos años, pero nunca tanto como durante la redacción de este comentario. Su complejidad, con la frecuente repetición de temas y el entrelazamiento de doctrina, instrucción y reminiscencias personales, se añade a los problemas de fecha y autoría. Pero puede que sean precisamente estas características las que más me han atraído de estas cartas. Habiendo pasado toda una vida en la docencia teológica (enseñando Nuevo Testamento en la Trinity Evangelical Divinity School) y el ministerio (predicación y tarea pastoral en InterVarsity Christian Fellowship), he encontrado que estas cartas no son frustrantes, sino reales como la vida misma. En el ministerio pastoral, las personas y los problemas encuentran su manera de reaparecer y reafirmarse. Hay que escuchar las instrucciones del Señor una y otra vez para mantenernos centrados en las cosas esenciales. En la enseñanza, hay que aclarar y reenfatizar la doctrina, y se tiene que discernir y tratar repetidamente el error. En cada situación, las tentaciones saben cómo ser nuevas y antiguas al mismo tiempo.

Dada esta perspectiva dual, me ha sido imposible realizar una exégesis sin pensar en su lado práctico, o componer las secciones Construyendo Puentes y Significado Contemporáneo sin tomar consciencia de la necesidad de ser controlado por el texto. En algunos sentidos, la exégesis me ha requerido más trabajo, pero las secciones "prácticas" me han resultado más desafiantes. Siempre me ha costado planear de antemano las ilustraciones para sermones: ¡parecen esperar a hacer su entrada cuando estoy predicando! Tal vez haya algo de eso aquí, y si en ocasiones no cito las fuentes es probable que se deba a que el ejemplo procede de mis propias observaciones y experiencia.

La naturaleza personal de estas caras, por tanto, encuentra un paralelo en la naturaleza personal de mi comentario y de su preparación. Esto significa inevitablemente que muchas personas han tenido parte en ello, no únicamente en la investigación, redacción y guía editorial, sino en la vida. Mi padre, que está en el cielo desde hace treinta años, quería ser misionero y, al no ser posible, se convirtió en un médico entregado al estudio de la Biblia, a la enseñanza, el testimonio y el asesoramiento. Él fue un ejemplo de la fusión de doctrina y vida que aparece en estas Cartas Pastorales. La temprana influencia de mi madre y el continuo ánimo de mi esposa, Olive, son imposibles de expresar adecuadamente en un escrito. Más allá de esto, Olive ha contribuido con una ardua labor de mecanografía y con preguntas que han mejorado inmensamente el comentario. El constante ánimo y desafío de mis hijos mayores, David, Beverly y Holly, y de sus familias, también han tenido su parte.

Si hubiera escrito un prefacio extenso, incluiría los nombres de todos los alumnos que he tenido, sobre todo en mis clases sobre las Cartas Pastorales, y los de todos los que me han animado en las iglesias donde he servido. De entre este último grupo, Larry Smith era uno de mis entrañables amigos de Christ Church, Lake Forest, Illinois, quienes me planteaban como pastor suyo las preguntas difíciles de la vida. Él repasó el manuscrito a conciencia, y me empujó hacia preguntas más difíciles y respuestas más realistas del tipo de las que hombres y mujeres de negocios como él están buscando. También quiero expresar mi aprecio a mis colegas de la Facultad de Trinity, sobre todo al antiguo deán académico Kenneth S. Kantzer, quien nos dedicó su tiempo para que pudiésemos emplear el nuestro enseñando y escribiendo, y aun así tener tiempo para nuestros estudiantes, alumnos e iglesias.

Una de las alegrías de escribir este comentario ha sido los útiles comentarios editoriales de mi antiguo alumno Scot McKnight. Su cuidadosa atención a mi manuscrito ha hecho que mi aprecio por él sea aún mayor. También estoy en deuda con las sugerencias editoriales iniciales de Marianne Meye Thompson y de otro estimado exalumno, Klyne Snodgrass. Los comentarios escritos de Terry Muck sobre el manuscrito se leen como una conversación entre amigos sobre temas de gozo. Recuerdo la primera conversación que Jack Kuhatschek y yo tuvimos acerca de este comentario. Su paciencia durante el extenso tiempo transcurrido desde ella y su ánimo me han ayudado a completar el trabajo pese a las demoras personales. Y para cualquier autor es una bendición tener un manuscrito puesto en las capacitadas manos del editor de Zondervan, Verlyn Verbrugge.

Abreviaturas

BAGD	W. Bauer, W. F. Arndt, F. W. Gingrich y F. W. Danker, eds. *A Greek-English Lexicon of the New Testament and Other Early Literature.* Chicago: Chicago Univ. Press, 1979.
BLP	Biblia La Palabra
DPL	*Dictionary of Paul and His Letters.* Gerald F. Hawthorne, Ralph P. Martin y Daniel G. Reid, eds. Downers Grove, Ill.: InterVarsity, 1993.
EDNT	*Exegetical Dictionary of the New Testament.* Horst Balz y Gerhard Schneider, eds. 3 vol. Grand Rapids: Eerdmans, 1990–1993.
EDT	*Evangelical Dictionary of Theology.* Walter A. Elwell, ed. Grand Rapids: Baker, 1984.
EEC	*Encyclopedia of Early Christianity.* Everett Ferguson, ed. Nueva York: Garland, 1990.
EvQ	*Evangelical Quarterly*
ICC	International Critical Commentary
ISBE	*International Standard Bible Encyclopedia*
JBL	*Journal of Biblical Literature*
JETS	*Journal of the Evangelical Theological Society*
JSNT	*Journal for the Study of the New Testament*
JSNTSup	Journal for the Study of the New Testament Supplement Series
JTS	*Journal of Theological Studies*
KJV	King James Version
LSJ	Henry G. Liddell y Robert Scott. *A Greek-English Lexicon.* Ed. rev. por Henry Stuart Jones. Oxford: Clarendon, 1968.
LBLA	La Biblia de las Américas
LXX	La Septuaginta
NASB	New American Standard Bible

NIDNTT	*New International Dictionary of the New Testament Theology.* Colin Brown, ed. 4 vol. Grand Rapids: Zondervan, 1975–1986.
NIV	New International Version
NKJV	New King James Version
NLT	New Living Translation
NRSV	New Revised Standard Version
NTS	*New Testament Studies*
NTV	Nueva Traducción Viviente
NVI	Nueva Versión Internacional
PDT	Palabra de Dios para Todos
REB	Revised English Bible
RestQ	*Restoration Quarterly*
RVR60	Reina Valera Revisión de 1960
SBL	Society of Biblical Literature
SBLDS	Society of Biblical Literature Dissertation Series
TDNT	*Theological Dictionary of the New Testament.* G. Kittel, G. Friedrich, eds.; trad. inglesa de G. W. Bromiley. 9 vol. Grand Rapids: Eerdmans, 1964–1974.
TLA	Traducción en Lenguaje Actual
TynB	*Tyndale Bulletin*
UBS	United Bible Societies

Introducción

La mayor parte de los otros comentarios de esta serie tienen en la Introducción una unidad aparte sobre el Significado Contemporáneo. Esta introducción se apartará un poco de esa presentación habitual mezclando datos con significado. Después de hacer observaciones sobre la naturaleza de estas cartas, nos ocuparemos de asuntos tradicionales como la historia, la doctrina y la autoría desde la perspectiva tanto de los destinatarios originales y como del lector moderno. Eso, por consiguiente, será útil para leer esta introducción en su conjunto en vez de meramente consultándole por separado temas individuales, como la autoría. La sección sobre los destinatarios, por ejemplo, pretende aportar una forma útil de abordar el fastidioso problema de la autoría, que, a su vez, se relaciona con el fuerte énfasis de estas cartas en la integridad.

La naturaleza de las Cartas Pastorales

Por lo que sabemos, D. N. Berdot, que escribió en 1703, fue el primero en usar el término *pastoral* para describir las cartas como un grupo. Medio siglo más tarde, P. Anton usó el término para su comentario sobre estas cartas. La razón de esta descripción es clara: estaban dirigidas a individuos comisionados para cuidar de iglesias con necesidades específicas. Esto se aplica especialmente a 1 Timoteo y Tito, mientras que 2 Timoteo contiene más alusiones personales que eclesiásticas.[1]

¿Pero es apropiado el término *pastoral* para estas epístolas? La tarea asignada a Timoteo y Tito, que pueden describirse como "comisionados" o "delegados apostólicos", era tratar los problemas que requerían una autoridad apostólica. La naturaleza del cuidado a recibir tenía más que ver con combatir falsas enseñanzas que con el pastoreo cotidiano de la congregación. Su meta era dejar establecido un equipo de líderes estable dentro de las iglesias, y no tanto pastorear ellos mismos al rebaño por mucho tiempo. Pero durante ese periodo de tensión eran necesarios el cuidado pastoral, los dones y las cualidades personales, tanto en los delegados apostólicos como en lo ancianos a quienes trataban de establecer firmemente en las iglesias. Pablo había exhortado previamente a los ancianos de Éfeso a "pastorear la iglesia de Dios" (Hch 20:28).

1. *Exegetische Abhandlung der Pastoralbriefe S. Paul* (Halle, 1753–55), citado, junto con Berdot, en Knight, *The Pastoral Epistles*, 3.

Dichas cualidades pastorales son necesarias hoy, y el término *pastoral*, aunque no sea completamente apropiado, tiene su valor. ¿Cuál era entonces la relación de Timoteo y Tito con Pablo? ¿Cuál era su cometido?

La relación de Timoteo y Tito con el autor

El escritor llama a Timoteo su "verdadero hijo en la fe" (1Ti 1:2) y "mi estimado hijo" (2Ti 1:2), y llama a Tito "verdadero hijo en esta fe que compartimos" (Tit 1:4). A pesar de las indicaciones de experiencias mutuas entre estos hombres y Pablo, muchos eruditos aducen que estas expresiones de relación afectuosa son construcciones de una carta seudónima a destinatarios ficticios. Sin embargo, en conjunto con las otras referencias a ellos en las cartas, el lector asume con naturalidad una relación real e íntima. Además, las referencias a la relación de estos dos hombres con Pablo en sus anteriores cartas y (en el caso de Timoteo) en el relato de Hechos son importantes para que se entienda lo escrito.

Timoteo pudo haber oído a Pablo durante su reciente primer viaje misionero, y quizá se convirtió por aquel entonces. La primera mención específica de Timoteo está en Hechos 16:1-5, donde se une a Pablo en su segundo viaje misionero. El joven se ganó la confianza del apóstol y, aunque a veces se envió a Timoteo en misiones individuales (1Ts 3:1-6), a menudo trabajaban en estrecha unidad (ver Hch 18:5; 19:22; *cf.* también las referencias a Timoteo como coautor en 2Co 1:1; Fil 1:1; Col 1:1; 1Ts 1:1; 2Ts 1:1). Dentro de las cartas de Pablo hay más pruebas del servicio de Timoteo con Pablo (1Co 4:17; 16:10-11; *cf.* también Ro 16:21, donde Pablo le llama "mi compañero de trabajo"). Por supuesto, en las Cartas Pastorales Pablo habla con afecto de Timoteo, como observaremos en el transcurso del comentario.

Tito parece haber sido un solucionador de problemas para Pablo. Es difícil seguir la pista de la correspondencia y la secuencia de visitas entre Pablo y los corintios, incluida la probabilidad de cartas adicionales no registradas en el Nuevo Testamento. Pero está claro que Tito jugó un papel importante como representante de Pablo en Corinto. Su nombre aparece en 2 Corintios 2:12-13 y 7:5-7, 13-15, así como también en varios versículos referentes a la delicada cuestión de la ofrenda (8:5-6, 16-19). Pablo elogió a Tito por su arduo trabajo en 12:14-18. Además, Tito acompañó a Pablo a Jerusalén en la importante visita descrita en Gálatas 2:1-5. Al leer la epístola a Tito es evidente que había recibido otra difícil tarea cuando Pablo le dejó en Creta. Durante el período descrito en las Cartas Pastorales, Pablo pidió a Tito que le visitara en Nicópolis (Tit 3:12). Por último, al final de la que muy probablemente es la última de las Pastorales en escribirse, Tito iba camino a Dalmacia, probablemente cumpliendo otra misión para Pablo (2Ti 4:10).

El anterior resumen nos muestra dos cosas en particular: (1) es difícil aislar las referencias personales a Timoteo y Tito del resto de la correspondencia pastoral y separar dicha correspondencia de lo que podríamos llamar una relación en "tiempo real" entre ellos dos y Pablo. Esta observación en sí no constituye una prueba de que las cartas las escribiera el apóstol Pablo mismo ni de que fueran ciertamente enviadas a los destinatarios que se mencionan. Lo que indica es que si el Pablo histórico y el Timoteo y Tito históricos no son el autor y los destinatarios, no solo pasamos de la historia a la ficción, sino que también nos apartamos de una comprensión legítima y natural del texto.

(2) Al asumir aquí una realidad histórica aprendemos que, para ocuparse de complejos problemas y personas hostiles en Éfeso y Creta, Pablo escogió a dos hombres que tenían experiencia, en estrecho compañerismo, aunque quizá con menos madurez, posición social y distinción que los líderes de las iglesias. Esto enseña algo sobre los principios de Pablo al escoger personas para el liderazgo.

Las situaciones a las que Timoteo y Tito se enfrentaron eran más graves de lo que pudiera parecer en principio. Las falsas enseñanzas ya estaban avanzando con fuerza en Éfeso. El uso del presente en el verbo compuesto "enseñar doctrinas falsas" (1Ti 1:3) indica que esta actividad ya estaba en marcha y no era una simple nube en el horizonte. La mención de "leyendas y genealogías interminables" en 1:4 sugiere una herejía compleja y esotérica.

En el comentario mismo se tratará la naturaleza de esta enseñanza falsa, pero aquí observamos que incluía una aplicación inapropiada de elementos judaicos (véase la mención de "la ley" en 1:7-11). Las enseñanzas de dos herejes mencionados por nombre (el término *hereje* no parece demasiado fuerte, dadas las evidencias), Himeneo y Alejandro, contenían blasfemia o se expresaban de forma blasfema (1:20); esto hizo necesario entregarlos a Satanás. Las palabras "en los últimos tiempos, algunos abandonarán la fe para seguir a inspiraciones engañosas y doctrinas diabólicas" muestra que las falsas enseñanzas no eran meras especulaciones humanas, sino mentiras demoníacas (4:1). No es que simplemente los maestros fueran llevados a error, sino que eran "embusteros hipócritas" (4:2). Había también una dimensión ascética en esa enseñanza falsa: "Prohíben el matrimonio y no permiten comer ciertos alimentos" (4:3). Después de leer sobre mentiras y enseñanzas demoníacas, podemos pensar que, en comparación, "las leyendas profanas y otros mitos semejantes" (4:7) no son tan graves. Sin embargo, que estén en contraste con "la piedad" muestra su carácter engañoso. Otra referencia a las enseñanzas falsas en 6:3-10 muestra que la avaricia también jugaba su parte (6:6-10).

Hacia el tiempo de 2 Timoteo las actividades de los falsos maestros pueden parecer cosa del pasado. Sin embargo, 2 Timoteo 2:17-18 nos da una pista significativa acerca de al menos una faceta importante de la enseñanza falsa. Himeneo y Fileto "se han desviado de la verdad. Andan diciendo que la resurrección ya tuvo lugar". En principio puede no parecer serio, pero Pablo dice que con esa doctrina "trastornan la fe de algunos". Esta enseñanza ha recibido en ocasiones la denominación de *escatología sobrerrealizada*. Como personas con cierto interés en la ley y las enseñanzas judías, estos maestros estaban probablemente familiarizados con la idea de las dos edades, la era presente y la venidera. También conocían la enseñanza de Jesús acerca de la inauguración del reino venidero. Aparentemente desdeñaban o contradecían las enseñanzas escatológicas de Jesús y de Pablo acerca de los acontecimientos aún futuros.

Muchos eruditos han llegado a la conclusión de que algunas personas de la iglesia corintia habían impartido una enseñanza similar aunque no idéntica: los cristianos ya estaban experimentando tanto de la realidad de la edad futura que podían hacer caso omiso de algunas de las pretensiones de la vida de su entorno, envaneciéndose por tener una espiritualidad superior. Esta escatología sobrerrealizada de los corintios se manifestaba en el ascetismo y el orgullo espiritual. Pero el error de los herejes efesios parece haber sido diferente. Mientras que, al parecer, los de Corinto decían que no hay resurrección (1Co 15:12), Himeneo y Fileto afirmaban que ya había tenido lugar. Esto quiere decir que tuvieron que negar una gran cantidad de enseñanza ortodoxa, y que lo hicieron con la suficiente fuerza como para destruir la fe de algunas personas.

Otra indicación de la enseñanza falsa y de las serias circunstancias que afrontó Timoteo en Éfeso se encuentra en 2 Timoteo 3:6-9. Los falsos maestros perjudicaron a mujeres que carecían de una sobria autodisciplina y que se dejaron llevar por deseos pecaminosos. Un comentario curioso sobre estas féminas es que "siempre están aprendiendo, pero nunca logran conocer la verdad" (3:7). Por eso están abiertas a ser explotadas en más de un nivel. Junto con otros indicios en las Cartas Pastorales, este pasaje ha sugerido a algunos estudiosos que había algo en estas mujeres (si no en el género femenino en general, como algunos han aducido) que las hacía especialmente vulnerables a la enseñanza falsa. Ante esta situación, la importancia del culto a la diosa en Éfeso y los significativos cambios sociales en el papel de las mujeres y en cómo se las veía (sobre todo en las incipientes ideas que más tarde convergerían en el gnosticismo), el intérprete de las Cartas Pastorales debe considerar tales elementos como justificación de las limitaciones que Pablo impuso a las mujeres, especialmente en 1 Timoteo 2:9-15.

Pero no hay que precipitarse a conclusiones poco sabias sobre este punto. Estas cuestiones son complejas e importa la forma de resolverlas.[2] El modo como lo tratamos en este comentario consiste en sacar ideas primeramente del material de las Pastorales para entender la situación de la iglesia de Éfeso, permitiendo que esos datos de trasfondo nos ayuden, pero no determinen, en la interpretación. No sería apropiado ignorar el entorno social y religioso, sobre todo en lo que respecta a las mujeres, pero las condiciones de ellas no eran uniformes en todo el Imperio romano y puede ser que sus circunstancias en Éfeso hayan sido sobrevaloradas por algunos expertos. No obstante, debemos ser realistas y reconocer que las circunstancias y la consideración de las mujeres en Estados Unidos de hoy son muy diferentes de lo que podríamos encontrar en cualquier parte del mundo del primer siglo. Debemos realizar con cuidado nuestra aplicación del texto. Para hacer frente a las falsas enseñanzas, Timoteo y Tito recibieron autoridad de Pablo como delegados apostólicos. La autoridad especial del apóstol se extendía, por tanto, mediante el ministerio de estos dos hombres a las iglesias en Éfeso y Creta. Como señalamos anteriormente, no puede identificarse su ministerio con el del pastor moderno. Fueron enviados para tratar circunstancias específicas en nombre del apóstol. Es decir, acudieron bajo el mandato de Pablo y se les encargó aplicar sus mandamientos a las circunstancias de estas iglesias (ver esp. los comentarios sobre 1 Timoteo 1:3-5; 4:1).

---

2. Ver comentario sobre 1 Timoteo 2:12 para encontrar una evaluación de las evidencias, y para bibliografía perteneciente a este trasfondo.

Que las palabras de Pablo en 1 Timoteo 4:13: "Dedícate a la lectura pública de las Escrituras, y a enseñar y animar a los hermanos" estén prologadas por "en tanto que llego" significa que esta comisión no era para mucho tiempo, sino por un período limitado, el suficiente para lograr las metas necesarias. Dicho de otro modo, como delegados apostólicos, Timoteo y Tito tenían más autoridad personal de la que poseemos hoy quienes estamos en el ministerio de la iglesia, pues estamos bajo la autoridad de la Biblia. Además, su ministerio tenía un propósito más específico que el del pastor promedio de hoy, aunque ese enfoque no excluyera otros ministerios, como el evangelismo (2Ti 4:5).

Es importante comprender las implicaciones de este papel singular de Timoteo y Tito como delegados apostólicos. (1) Su ministerio constituía una extensión de la firme autoridad de Pablo, y ese hecho es parte integral de las instrucciones en las tres cartas.

(2) Reconocer el ámbito específico de su tarea nos previene contra una aplicación indiscriminada e inapropiada de los textos relativos a su ministerio a los ministerios en la iglesia actual, que son distintos.

(3) Dado que el contenido de las tres Cartas Pastorales estaba tan estrechamente vinculado a la misión de estos delegados apostólicos "en tiempo real", a menos que descartemos a la ligera estas circunstancias y el verdadero alcance de autoridad apostólica presente en ellos, es imposible excluir el papel de Pablo en la composición de las cartas. Si asumimos que los nombres Timoteo y Tito representan meramente a figuras ideales o al "Rvdo. Todopastor", los intentos de recuperar la situación real y la autoría de las cartas están condenadas desde el principio.

Esta reconstrucción, a su vez, está relacionada con la narración de Hechos 20:17-38. En estas palabras a los ancianos de Éfeso, Pablo predijo que los "lobos" atacarían al rebaño y que surgirían otros disidentes "aun de entre ustedes". Las cartas a Timoteo aluden a circunstancias que coinciden con esa predicción. Si la mención de Timoteo, Tito y Pablo es invento, perdemos esa conexión.

Al asumir que los Tito y Timoteo históricos son los destinatarios reales de las cartas de Pablo tal como aquí se describen quedan todavía algunos problemas pendientes: en concreto, la dificultad de seguir los itinerarios de Pablo y de Timoteo y Tito. La afirmación de que hubo viajes misioneros de Pablo y estos dos colaboradores después de la conclusión de Hechos no nos da un panorama completo. En una posible reconstrucción de viajes misioneros adicionales de Pablo, tal vez hacia el este y luego al oeste, a España (sufriendo otro arresto en el proceso), al parecer volvió a visitar Éfeso con Timoteo. La duración de esta visita no podemos estimarla, pero duró lo suficiente para que Pablo descubriera que se habían cumplido las predicciones dadas por él a los ancianos efesios en Hechos 20 sobre la llegada de lobos y falsos maestros a la iglesia. Eran problemas de suficiente gravedad como para requerir la visita de alguien que trabajase bajo la autoridad de Pablo, para plantar cara y corregir. Por alguna razón, decidió ir al norte y al este desde Éfeso de regreso a Macedonia (*cf.* 1Ti 1:3). Debió de haber visto que, aunque relativamente joven, Timoteo tenía la sabiduría y la madurez suficientes para ocuparse de los problemas en la iglesia de Éfeso y para que "les ordenara[s] a algunos supuestos maestros que [dejaran] de enseñar doctrinas falsas" (1:3).

Es imposible determinar si Pablo y Tito visitaron Creta antes de la visita con Timoteo a Éfeso o después de la visita a Macedonia. La redacción de Tito 1:5, "Te dejé en Creta", se entiende con más naturalidad como indicio de que Pablo estaba con Tito en Creta, dejándole allí cuando el apóstol siguió adelante. La reconstrucción de un itinerario posterior nos dejaría probablemente a Tito abandonando Creta y uniéndose a Pablo en Nicópolis (Tito 3:12). Quizá Pablo fue entonces a España y, mientras se hallaba en la parte occidental del Imperio romano, fue arrestado y encarcelado otra vez. En algún momento, Pablo envió a Tito a Dalmacia (2Ti 4:10).[3]

Autoría y enseñanza ética de las Cartas Pastorales

Una vez considerada la identidad de los destinatarios, con algunas implicaciones para la autoría, ahora debemos indagar esta última cuestión más a fondo. Dado que esta introducción incluye la preocupación por las implicaciones prácticas de estas cuestiones, es necesario investigar acerca de la relación entre la autoría y el carácter ético de estas cartas. ¿Es posible evitar la sombra del engaño si Timoteo y Tito no son más que parte de una ficción literaria, figuras de un libro de autor seudónimo desconocido?

3. Hay que subrayar que esta reconstrucción está basada en el supuesto de que hay más actividad misionera de Pablo tras la conclusión de Hechos. J. van Bruggen ha prestado cuidadosa atención a la posibilidad de que la redacción de las Cartas Pastorales y las circunstancias que las rodean tuvieran lugar durante el periodo que cubre Hechos; ver su *Die geschichtliche Einordnung der Pastoralbriefe* (Wuppertal: Brockhaus, 1981).

El término *ficción literaria* podría parecer fuerte, pero no pretende ser acusatorio. La seudonimia estaba aceptada en el primer siglo, pero parece que no lo era, como señalaremos, en la literatura cristiana. En el caso de las Cartas Pastorales tendríamos lo que Bassler llama (de forma aprobatoria) una "seudonimia doble", en referencia a autor y destinatarios.[4] Pero hay varias otras opciones que incluyen cierta medida de integridad en la relación de escritor y destinatarios.[5]

(1) Una opción es que las secciones que contienen comentarios personales acerca de Pablo y sus dos colaboradores son fragmentos genuinos de correspondencia previa. Una ventaja de esta perspectiva es que da todo su valor a dichas secciones y quizá justifica el uso del nombre de Pablo como autor de las cartas. Tiene el inconveniente de no explicar todas las diferencias estilísticas, lingüísticas y teológicas entre las cartas y las escrituras que se aceptan como paulinas. Cambia la naturaleza de las cartas como unidades literarias. Además, sigue precisando una fecha tardía para el producto final, con otros problemas derivados. También requiere acomodar los fragmentos dentro de períodos reales de la vida y viajes de Pablo.

(2) Quizá Pablo utilizó a un amanuense, un secretario, al cual le dio una inusual libertad llevada al punto de reformular los pensamientos del apóstol con el propio estilo y vocabulario de dicho escribiente. Pero es menos probable que, aun recibiendo tal libertad, esa persona desarrollase también la teología distintiva que encontramos en las cartas. Esta cuestión se discutirá más adelante. El candidato más probable para el papel de amanuense es Lucas. Es fácil observar el vocabulario distintivo y encontrar términos que un médico urbano (asumiendo esa tradición acerca de Lucas) habría usado, como describir la enseñanza ortodoxa con las palabras "sana" doctrina.

---

4. Bassler, *1 Timothy, 2 Timothy, Titus*, 24.
5. En lugar de reiteradas referencias a distintas fuentes para los argumentos y evidencias relativos a la autoría, esta nota al pie aportará varias sugerencias de obras útiles (ver bibliografía). A. T. Hanson cuenta con una vigorosa introducción de cincuenta y una páginas, en las que argumenta contra la autoría paulina. Igualmente vigorosa (y tres páginas más extensa) es la introducción de George Knight, que contiene una defensa erudita y con buena investigación de la autoría paulina. El tratamiento de Bassler (contrario) y el del comentario de Towner (a favor) son más concisos y muy útiles. También se puede acceder fácilmente a un excelente artículo de E. Ellis, "Pastoral Letters", en *DPL*, 658-66, que apoya la autoría paulina.

(3) Otra opción, imagen invertida de la precedente, es que Pablo escribió las Cartas Pastorales de su propia mano sin ayuda de secretario, aunque sí dictó las *otras cartas* que comúnmente se le atribuyen. Esto parece altamente improbable, pero ahora son muchos los que admiten que Pablo tuvo coautores y probablemente secretarios cuando escribió esas epístolas. Su comentario sobre las letras tan grandes que escribía de su propia mano (Gá 6:11) se refiere probablemente a esas líneas de cierre nada más. Desde luego, es posible que en sus últimos viajes Pablo no tuviera acceso a un secretario o que escribiera con prisa y urgencia, sobre todo porque estaba escribiendo a unos amigos personales en vez de a unas iglesias. No obstante, las evidencias estilísticas de todas las cartas reconocidas como paulinas no apoyan esta teoría.

(4) Posiblemente, las cartas las escribió realmente alguien aparte de Pablo, tal vez después de su muerte, pero hay razones por las que el apóstol puede ser considerado legítimamente su verdadero autor. No son seudónimas en el sentido usual, pues no fueron atribuidas a Pablo para que el autor efectivo pudiese reclamar falsamente autoridad del apóstol para sus propios propósitos o pudiese honrar el nombre de Pablo usando una ficción literaria. Más bien, contenían las verdaderas instrucciones de Pablo para Timoteo y Tito, y portaban las verdades teológicas que Pablo estaba enseñando al final de su vida. Lo único que pretendían era preservar todo ello en una forma (y con contenido editado) que se comunicase adecuadamente a las iglesias y se aplicase a las necesidades que surgían al haber perdido la continuidad de la presencia de Pablo. En esta técnica de redacción, las cartas no son una ficción literaria. Timoteo y Tito eran en verdad el objeto de las preocupaciones de Pablo, pero el contexto histórico de la creación efectiva del texto fue más tarde y tanto el estilo como el lenguaje eran inevitablemente diferentes de la redacción de Pablo.

(5) La opción que mantienen la mayoría de evangélicos y algunos otros es que Pablo escribió a las cartas él mismo, con la ayuda ocasional de un secretario (de ahí las diferencias estilísticas). Buena parte del cambio en el énfasis teológico se debía a la naturaleza de las circunstancias, especialmente el contenido de las falsas enseñanzas en Éfeso y en Creta. La ausencia de temas típicos paulinos puede atribuirse (a) a que ya se había ocupado adecuadamente de estos temas antes y (b) a que había cuestiones diferentes en las doctrinas falsas a las que ahora se enfrentaba. Esta opción también deja margen para que haya un desarrollo

teológico en la mente de Pablo, y le confiere el privilegio selectivo de escoger temas y vocabulario que no había usado antes. También pudo haber tomado ideas y vocabulario de Lucas (como "sana doctrina"), ya fuera que Lucas hubiera participado o no en la escritura. Esta perspectiva valora las Cartas Pastorales como portadoras no solo de lo que era *probable* que Pablo enseñara, ni de lo que *se contaba* que había enseñado, sino de lo que de hecho *enseñó*.

Hay varios factores importantes a la hora de determinar la autoría de estas cartas. Las evidencias externas han sido objeto de frecuente discusión. Los hechos mismos están claros, y su significado tiende a inclinarse según la postura del intérprete. Policarpo, que murió en torno al 135 d.C. (y quien escribió sobre este tema unos veinte años antes) y Clemente de Roma (que escribió a los corintios hacia el 96 d.C.) hacen alusiones, al parecer, a las Cartas Pastorales, como también hizo Justino Mártir, que escribió alrededor del 140 d.C. El hereje Marción (de mediados del siglo II), que juzgó las escrituras cristianas como aceptables o no en función de que sirviesen a sus propias enseñanzas, desechó su autenticidad.[6]

La primera mención de las Cartas Pastorales como escritas por Pablo es de alrededor del 180 d.C. (Ireneo, en *Contra las herejías* 2.14.7; 3.3.3). Se mencionan en el Canon Muratorio (una lista de las escrituras bíblicas aceptadas, compilado hacia los años 170–180 d.C.). El problema más serio con respecto a la autoría es su omisión del Papiro Chester Beatty (p^{46}), probablemente escrito alrededor del 200 d.C. (aunque no era una colección completa). Otro testimonio de la iglesia primitiva, a menudo pasado por alto, es la declaración del obispo de Antioquía, cuando escribe en algún momento previo a su muerte, el 211 d.C., que había que desechar los escritos seudoepigráficos en nombre de un apóstol. Dicho testimonio es importante contra las teorías modernas de autoría que consideran las Cartas Pastorales como seudoepigráficas, afirmando que los antiguos aceptaban sin problemas tales escritos.

Entre otros factores, que necesitarían una atención prolongada en un examen más detallado, tenemos estudios recientes sobre el estilo literario y la aparición de convenciones morales helenísticas en las Cartas Pastorales. Con respecto al estilo, quien lea una u otra investigación estadística no puede sino quedar impresionado con la cantidad y el aparente peso de argumentos convincentes. Este método de investigación

6. Tertuliano registra este hecho en su *Contra Marción* 5.21.

incluye el vocabulario y los factores gramaticales en un intento de cuantificar el estilo y apuntar a la autoría. Pero, a través de los años, los estudios se han quedado a menudo sin respuesta ante argumentos y hechos que se planteaban unos a otros. Además, la metodología estadística empleada (como la selección de datos a investigar) se ha mostrado a veces inadecuada o simplemente errónea. Los estudios más antiguos no tenían la ventaja de la más sofisticada programación informática, pero hasta las técnicas más avanzadas ven condicionada su eficacia por la calidad de la información que se les provee.

Uno de los estudios más recientes sobre el tema es la recopilación de investigaciones y gráficas de D. L. Mealand, que indican que una metodología que aísle adecuadamente materiales como las Epístolas de Juan, Hebreos, y 1 y 2 de Pedro de las principales cartas paulinas también pone las Cartas Pastorales en un grupo separado.[7] La evaluación de este estudio debe tomar nota de que Efesios y Colosenses son también bastante diferentes de las cartas principales de Pablo y que obras paulinas "menores" (como Filipenses) también muestran algunas diferencias.[8]

En este estudio se usaron ciertas porciones de las epístolas paulinas principales, en contraste con las unidades proporcionalmente extensas de todas las Pastorales, para recoger muestras representativas que fueran aproximadamente del mismo tamaño para un análisis significativo. El gran punto débil de este método es que las secciones que hay dentro de las Cartas Pastorales no se dividieron para que los posibles "fragmentos" (como los comentarios personales a Timoteo y Tito o las secciones que muestran convenciones morales helenísticas) pudieran compararse entre sí. Independientemente de los problemas de la metodología y de las muestras usadas, no puede ignorarse que varios estudios han revelado diferencias que parecen ser relevantes para la cuestión de la autoría. El análisis concienzudo debe continuar.[9]

La aparición de convenciones morales, familiares en escritos helenísticos, tiene también relevancia para la autoría, pero es importante más allá de ella. En su comentario, Bassler cita "la exhortación de 'pelea

7. D. L. Mealand, "The Extent of the Pauline Corpus: A Multivariate Approach", *JSNT* 59 (1995): 266-86.
8. La evaluación de la metodología y validez de este modo de abordarlo tiene que fijarse en que, al contrario de lo que dicen las perspectivas contemporáneas sobre las cartas de Pedro, que postulan autores diferentes, en realidad están unidas estilísticamente.
9. Ver en I. H. Marshall, "Recent Study of the Pastoral Epistles", 11-12 un panorama de las contribuciones sobre lengua y estilo.

la buena batalla' [que] recuerda el discurso filosófico moral de la época", la terminología y las ideas de "piedad" (*eusebeia*) y "dignidad" (*semnotes*), la provisión para los padres como un deber religioso, el llamamiento a estar libre de distracciones (aplicado en los escritos de Epicteto a los filósofos cínicos y en 2Ti 2 al buen soldado), y la importancia (en 2Ti 2) de luchar por la virtud como un "atleta" moral, así como "la figura retórica de presentar a los adversarios como un compendio de antivirtudes".[10]

Tales ejemplos, por supuesto, no demuestran una fecha tardía para las Cartas Pastorales. Epicteto, por ejemplo, nació más o menos en la época en que Pablo estaba predicando y escribiendo, con la suficiente proximidad como para que ambos hubieran participado del mismo mundo de ideas. Y esas alusiones no son desconocidas en las cartas paulinas comúnmente aceptadas. Lo importante es más bien que en las Cartas Pastorales parece haber más interés por superar las expectativas de los moralistas helenísticos del que había en los escritos paulinos más antiguos. Pero tales inquietudes y recordatorios de moralidad convencional no son incoherentes con el Pablo que ya conocemos.

El fuerte énfasis en la ética que encontramos en las Cartas Pastorales es también importante para la autoría. Sería extraño si un escritor que pretendiese enseñar tales estándares violase la honradez y la verdad tratando de llevar a sus lectores a pensar, engañados, que el autor era Pablo y no él. Si estas cartas transmiten solo lo que es *probable* que Pablo enseñara, pero no lo que *enseñó* en realidad, por muy nobles que los temas del escritor pudieron haber sido, no parece posible que se pudiera confiar en tal persona como maestro ético o moral.

Teología y ética

Hay varios elementos específicos de doctrina que o bien están *ausentes* o bien constituyen *características* particulares de estas cartas en contraste con las obras paulinas anteriores. Entre los *ausentes* de las otras cartas tenemos la justificación y la fórmula "en Cristo" en su especial sentido paulino. Entre los elementos importantes y particularmente *característicos* de las Cartas Pastorales están las referencias a Dios como Salvador y el tema de la Epifanía. Temas como "la fe" y "la verdad", en tanto que esencia del mensaje cristiano, se dan en

10. Bassler, *1 Timothy, 2 Timothy, Titus*, 46, 51, 84, 95, 140, 162.

1 Timoteo 1:19; 2:4; 3:9; 4:1, 3, 6; 5:8; 6:10, 12; 2 Timoteo 2:25; 3:7-8; 4:7; Tito 1:1, 13. Otro tema es la "sana" doctrina (enseñanza, instrucción o fe) en 1 Timoteo 1:10; 6:3; 2 Timoteo 1:13; 4:3; Tito 1:9, 13; 2:1-2. Les dedicamos atención en el momento oportuno en este comentario, como también a la reiterada aparición de la expresión "mensaje digno de crédito" (o "palabra fiel" en la RVR60) en 1 Timoteo 1:15; 3:1; 4:9; 2 Timoteo 2:11; Tito 3:8 y de la idea de guardar o cuidar lo que "ha sido confiado" ("el buen depósito", RVR60) a Pablo y sus colaboradores (1Ti 6:20; 2Ti 1:14).

Dios como Salvador. Uno de los distintivos teológicos más obvios en las Cartas Pastorales es su designación repetida de Dios como Salvador. Mientras que las epístolas paulinas anteriores y los mensajes de Pablo en Hechos atribuyen características de deidad, prerrogativas divinas (como el papel de Salvador) e incluso el título *kyrios* ("Señor") a *Cristo*, las Cartas Pastorales atribuyen la salvación directamente a *Dios*, con Cristo como Mediador.

Pero no es en detrimento de Cristo. El nuevo énfasis en la Epifanía (es decir, la aparición) de Cristo descarta tal idea. En este trío de epístolas, que llama a los cristianos a vivir vidas moralmente impecables en el mundo pagano que los rodea, Pablo, un "maestro de los gentiles para enseñarles la verdadera fe" (1Ti 2:7), exalta al *único Dios verdadero*, "pues él quiere que *todos* sean salvos y lleguen a conocer la verdad" (1Ti 2:3-4, cursiva añadida). Su referencia en 2 Timoteo 4:1 a "Dios y [...] Cristo Jesús, que ha de venir en su reino y que juzgará a los vivos y a los muertos", recuerda las palabras de Pablo ante el Areópago en la pagana Atenas. Pero este Dios no solo trae juicio; también trae gracia y la oportunidad de salvación para todos (Tit 2:11). Este versículo también contiene la idea de Epifanía, que luego retomaremos. Así, "se manifestaron la bondad y el amor de Dios nuestro Salvador" (Tit 3:4, otra expresión de Epifanía). Dios no hizo esto por nuestras obras, sino por su misericordia, mediante la obra del Espíritu Santo y "por medio de Jesucristo nuestro Salvador" (vv. 5-6).

La obra salvadora de Cristo no está, por tanto, separada de ni subordinada a la obra salvadora de Dios, sino que se proclama en el contexto del amor de Dios por el mundo entero (ver comentarios sobre 1Ti 2:1-7 para el lugar destinado a la oración en este majestuoso diseño de la preocupación de Dios por todos). No hay nada en todo esto que sea incompatible con la teología paulina como la conocemos en Hechos o en las epístolas anteriores del apóstol. Este tema se puede entender en el contexto de las Cartas Pastorales en tanto que se dirigen a la casa de Dios, repartida en sus varios emplazamientos de iglesias caseras, procurando ser un testimonio para el mundo a su alrededor.

Los pasajes de Epifanía y la deidad de Cristo. El gran "misterio de nuestra fe" es básicamente una Epifanía, una manifestación de Cristo que incluye vindicación y aceptación (1Ti 3:16; ver comentarios). Aunque las Cartas Pastorales no son triunfalistas —es decir, no proclaman enfáticamente el éxito del reino de Dios—, tienen, no obstante, un fuerte sentido de vindicación: en medio del descreimiento, Dios ha dado a conocer su salvación. Isaías había anhelado: "¡Ojalá rasgaras los cielos, y descendieras! [...]. Así darías a conocer tu nombre entre tus enemigos" (Is 64:1-2). Contó la proclamación de Dios: "¡Levántate y resplandece, que tu luz ha llegado!" (60:1), predijo que las naciones vendrían a la luz de Dios (v. 3), y registró las propias palabras de Dios: "Me di a conocer a los que no preguntaban por mí; dejé que me hallaran los que no me buscaban" (65:1). Sea que las Cartas Pastorales se refieran o no específicamente a estos versículos, podemos ver el tema común de que Dios ha manifestado ahora su salvación a todas las personas (Tit 2:11).

Estas epístolas, aunque estaban dirigidas a los problemas de las iglesias, expresan también, (¿o deberíamos decir "principalmente"?) preocupación por la tarea misionera de la iglesia. A este respecto tienen un doble punto de atención: (1) la revelación de Cristo y la salvación que él logró por medio de Dios a través de Cristo, y (2) la obligación de la iglesia y sus dirigentes de reflejar esta revelación no solo en su mensaje, sino en su modo de vida, "para que en todo hagan honor a la enseñanza de Dios nuestro Salvador" (Tit 2:10).

La idea de aparición (representada no solo con *epiphaino*, sino también con *epiphaneia* y *phaneroo*) se da en varios lugares de las cartas con diferentes puntos de referencia: (1) significa la primera venida de Cristo. En 1 Timoteo 3:16 no se menciona a Cristo por el nombre o el título, se usa el pronombre "él" (o, en algunos manuscritos, "Dios"), en clara referencia a Cristo. En otros dos versículos hay alusión a Cristo mediante metonimia, usando la palabra "gracia" o "favor". En 2 Timoteo 1:10 leemos, por ejemplo, que el favor de Dios "ahora lo ha revelado con la venida de nuestro Salvador Cristo Jesús, quien destruyó la muerte y sacó a la luz la vida incorruptible mediante el evangelio".

Según Tito 2:11, "Dios ha manifestado a toda la humanidad su gracia, la cual trae salvación".

(2) A través de la predicación de Pablo se revelaba la palabra de Dios. "Ahora, a su debido tiempo, él ha cumplido esta promesa [lit. ha traído su palabra a la luz, *phaneroo*] mediante la predicación que se me ha confiado por orden de Dios nuestro Salvador" (Tit 1:3).

(3) La Segunda Venida de Cristo, la *parousia*, se menciona con la palabra Epifanía en las Cartas Pastorales. Pide "que guardes este mandato sin mancha ni reproche hasta la venida de nuestro Señor Jesucristo" (1Ti 6:14). Pablo hace un encargo "delante de Dios y del Señor Jesucristo, que juzgará a los vivos y a los muertos en su manifestación y en su reino" (2Ti 4:1). El apóstol ha peleado la buena batalla y dice: "Por lo demás, me está guardada la corona de justicia, la cual me dará el Señor, juez justo, en aquel día; y no sólo a mí, sino también a todos los que aman su venida" (2Ti 4:8). También esperamos "la bendita esperanza, es decir, la gloriosa venida de nuestro gran Dios y Salvador Jesucristo" (Tit 2:13). Hay otros pasajes en las Cartas Pastorales que sustentan la deidad de Cristo, pero esta última cita es especialmente importante en su redacción.[11]

Eclesiología. Aunque no se dice mucho en las Cartas Pastorales con respecto a la *organización* de la iglesia, *se hace mucho hincapié* en el *liderazgo* de la misma. El aspecto más desconcertante de esto, y frecuente objeto de debate, es la relación entre "el obispo" y "los ancianos". La primera palabra, *episkopos*, ocurre solo en singular y únicamente con el artículo definido (1Ti 3:2; Tit 1:7). Dejando otras consideraciones aparte, esto parece indicar a un individuo en vez de un grupo. La palabra *presbyteroi*, "los ancianos", aparece (aparte de en 1Ti 5:1; Tit 2:2, donde se refiere a "hombres de edad avanzada") en 1 Timoteo 5:17 ("los ancianos que dirigen bien los asuntos de la iglesia"), en 5:19 ("no admitas ninguna acusación contra un anciano"), y en Tito 1:5 ("y establecieses ancianos en cada ciudad"). Con la excepción de 1 Timoteo 5:19, en las Cartas Pastorales ese término aparece en plural.

No es posible aquí un tratamiento detallado, pero puede ser útil ofrecer un resumen. Hay varias opciones posibles, no todas excluyentes

11. Ver el comentario, esp. la referencia a la discusión exegética de Murray J. Harris, *Jesus As God: The New Testament Use of Theos in Reference to Jesus* (Grand Rapids: Baker, 1992).

entre sí: (1) cuando se escribieron las Cartas Pastorales había pasado tanto tiempo tras la muerte de Pablo que había ya una tendencia hacia el monoepiscopado. La mención del "*episkopos*" (lit. supervisor) señala las etapas tempranas de ese desarrollo. En este caso, aunque la traducción como "obispo" es anacrónica, señala en esa dirección. El uso del término *episkopos* no es, para esta perspectiva, una directiva de Pablo, pero muestra la influencia de la eclesiología cambiante de la iglesia.

(2) El término *episkopos* se adapta a partir de su uso común en la literatura griega, donde puede indicar a un funcionario público u otra persona con responsabilidades. Pablo estaba familiarizado con este uso y lo creyó apropiado, quizá utilizándolo para describir un aspecto particular del liderazgo de la iglesia, como su gobierno, aunque no se trataba de un cargo en particular.

(3) los ancianos eran una figura común en el liderazgo judío y en iglesias que, de alguna manera, seguían el patrón de las sinagogas. Los lectores asumirían este trasfondo judío y forjarían su comprensión eclesiológica de acuerdo con él.

(4) Una suposición natural con base en la opinión precedente —y que ha sido común entre los expertos durante algún tiempo— es que el Pablo auténtico animaba más bien a que las personas expresasen los dones carismáticos, y no tanto el dominio de los ancianos. Se ha discutido con intensidad si el ministerio carismático era incompatible con tener dirigentes oficiales en la iglesia. En todo caso, algunos afirman que las Cartas Pastorales representan una mezcla de puntos de vista en una iglesia más organizada, uno que debía de haber tomado forma tras el tiempo de Pablo. De esta manera, *episkopos* y *presbyteros* se consideran comúnmente términos de uso alterno para referirse a los mismos líderes.

Podemos detenernos un momento y señalar que una razón importante para pensar que los términos se aplican al mismo grupo de líderes es que ambos se dan (junto con "pastores") cuando se narran las palabras de Pablo a los dirigentes de la iglesia de Éfeso (Hch 20:17-38, esp vv. 17, 28). Además, el uso que hace Pablo de las palabras *episkopoi* y *diakonoi* pero no *presbyteroi* en el saludo de Filipenses sugiere que usaba sin problemas un término como sinónimo del otro. Esta perspectiva se refuerza con la aparición de "el obispo" en un pasaje que habla sobre los ancianos (Tit 1:7).

(5) Recientemente se ha propuesto otra idea.[12] El ser anciano en el judaísmo y en la iglesia primitiva no era una posición oficial, sino un estatus de honor, habitualmente concedido a los varones de más edad. Habría sido apropiado describir así a los líderes de iglesias en casas porque, al menos en la mayoría de los casos, los ancianos eran los miembros más respetados entre los moradores de la casa. En Listra, Pablo y Bernabé nombraron ancianos (*cheirotoneo*) a los líderes honrados como tales y que debían recibir ese reconocimiento en la iglesia (Hch 14:23). No era ni una elección ni un nombramiento de cargos de la iglesia. Pablo hizo esto *kat' ekklesian*, "iglesia por iglesia" o "en cada iglesia". Transcurrido el tiempo, había varias iglesias en muchas ciudades y, por consiguiente, varios ancianos ejerciendo en "cada ciudad" (*kata polin*), de ahí las instrucciones que emplean ese término en Tito 1:5. El uso de "el obispo" singular con el artículo señala a una persona que, a diferencia los ancianos por razones honoríficas, era un líder oficial de un grupo de iglesias. Esto supuso un paso hacia la forma de gobierno monoepiscopal.

Sin ocuparnos de todas las hipótesis, deberíamos reparar en que se requiere otorgar a los ancianos un significado honorífico, sin sentido oficial, en la expresión "los apóstoles y los ancianos" en Hechos 15:2, 4, 6, 22-23; 16:4, que es posible pero discutible. Considerar a los ancianos como los líderes honoríficos de la iglesia en una casa, siendo objeto de reconocimiento y obediencia sin ser elegidos o nombrados para lo que podríamos llamar "el cargo", puede estar más cerca de la verdad que considerarlos cargos electos dignos de honor y obediencia únicamente porque, y durante el tiempo que, ocupaban un determinado cargo en la iglesia.

Hay una sutil pero sustancial diferencia aquí. La primera de estas dos formas de considerar a los ancianos concuerda mejor con que en las Cartas Pastorales no haya un término griego para "cargo". Esta perspectiva no contradice en modo alguno la presencia de ancianos como líderes autoritativos de la iglesia. Su autoridad está clara en 1 Timoteo 5:17: "Los ancianos que dirigen bien los asuntos de la iglesia". Así, aunque las Cartas Pastorales fueran escritas en una fecha en que la estructura de liderazgo estaba todavía en desarrollo, en la iglesia no faltaba una autoridad. El intento de Campbell de preservar el estatus honorífico de los ancianos, explicando el término *episkopos* como designación de alguien de edad avanzada que tiene una condición especial de

12. R. Alistair Campbell, *The Elders: Seniority Within Earliest Christianity* (Edimburgo: T. & T. Clark, 1994).

supervisor especial, es encomiable, aunque no deja de haber imprecisiones en su reconstrucción. Las evidencias antiguas son, después de todo, dispares y no concluyentes.

De lo precedente puede considerarse que la cuestión de la eclesiología está relacionada con la de la fecha y la autoría. Una de las razones principales para asumir como premisa una fecha tardía, claramente posterior a la muerte de Pablo, es que ya estaba delante la estructura de ancianos. El uso de *episkopos* refuerza esta teoría. Pero también puede argumentarse que (1) ya había ancianos en la mayoría de iglesias, siendo Creta un caso único; (2) se había extendido con rapidez un enseñanza falsa en estas dos iglesias; (3) esta marcha acelerada hacia el error no es imposible, dada la situación paralela (doctrinalmente peor) producida en Galacia, que había dejado a Pablo "perplejo" ante su deserción (Gá 4:20); y que (4) ocuparse de enseñanza falsa, en parte mediante el refuerzo de los líderes, ahora incluyendo a los llamados *episkopoi*, era una respuesta temprana como la que resultó en el surgimiento del episcopado monárquico. No hay motivo que impida que todo esto pudiera haberse producido en vida de Pablo.

Enseñanzas éticas y morales. Quizá la característica más singular de las Cartas Pastorales sea la reiterada insistencia en la integridad ética y moral. Hay una preocupación profunda porque sus dos delegados apostólicos, los líderes de la iglesia y los cristianos de cada día vivan moralmente sin tacha. No es meramente un tema entre tantos ni un asunto reservado para la segunda mitad "práctica" de una epístola, sino uno inextricablemente conectado con la sana doctrina, entretejido en el armazón de toda la enseñanza. Los cristianos no solo deben vivir vidas de santidad interior; deben vivir públicamente de tal manera que demuestren la superioridad moral de la vida cristiana.

Es posible que la preocupación de Pablo por que la batalla con los falsos maestros tuviera serias repercusiones se intensificara durante varios años después de su primer encarcelamiento por Roma. Tal vez aumentó su experiencia, pudo haber oído con más atención a consejeros como Lucas, y pudo haberse hecho más consciente de la necesidad de ir más allá de las expectativas morales de los judíos y gentiles con alta disposición ética. Los oponentes de Éfeso y Creta eran vulnerables a la argumentación crítica, y era importante vencer en la controversia. La conducta de ellos pudo haber llegado a ser mucho peor que nada de lo que Pablo hubiera encontrado antes.

Todo esto está conectado con los importantes elementos sociales del honor y la vergüenza. En el mundo antiguo, la vergüenza no era simplemente una cuestión de haber obrado mal y avergonzarse de esa acción. Era un asunto de desaprobación o aprobación pública de ciertas costumbres y hábitos, así como de las acciones.[13] En las Cartas Pastorales, los ancianos debían ser dignos de honor y respeto, tanto fuera como dentro de la iglesia.[14]

Pero la idea no solo se apunta usando determinados términos para *honor* y *vergüenza*. La dignidad u honorabilidad (*semnotetos*) era algo importante para los ancianos, de modo que sus hijos los debían ver así (1Ti 3:4). Los diáconos y sus esposas debían también ostentar esta cualidad (3:8, 11, donde se usa el adjetivo *semnos*, que también conlleva la idea de solemnidad), así como los hombres de más edad y el propio Tito (Tit 2:2, 7). Los esclavos debían "reconocer que sus amos merecen todo respeto; así evitarán que se hable mal del nombre de Dios y de nuestra enseñanza" (1Ti 6:1). Ser irreprochable en su comunidad era algo importante para el obispo (3:2), y los responsables de controlar la "lista" de las viudas tenían que observar su comportamiento de modo que ellos mismos pudieran ser intachables (5:7, ver comentario). Estas preocupaciones, compartidas por los moralistas helenísticos, están ampliamente representadas en las Cartas Pastorales y también aparecen en otras epístolas tradicionalmente atribuidas a Pablo. Hay fórmulas del código doméstico en Efesios 5:21–6:9 y Colosenses 3:18–4:1, y en 1 Corintios 11:2-16 se aprecia el no ser avergonzado.

Estos ejemplos muestran la importancia de que los cristianos adopten patrones de moralidad que eviten reproche sobre a ellos mismos, la iglesia y su Salvador. Las razones que se dan en Tito 2 para una conducta apropiada lo dejan muy claro: (1) "para que no se hable mal de la palabra de Dios" (v. 5; "hablar mal" traduce aquí la palabra griega *blasphemeo*, "blasfemar"), (2) "Así se avergonzará cualquiera que se oponga, pues no podrá decir nada malo de nosotros" (v. 8), y (3) "para que en todo hagan honor a la enseñanza de Dios nuestro Salvador" (v. 10, donde el griego *kosmeo*, traducido como "hacer honor" significa "adornar, decorar").

---

13. Algunos capítulos relevantes de las cartas paulinas son Ro 9:3; 10:11; 13:7; 1Co 1:26-29; 4:10; 11:6-7, 14-15; 12:23-24, 26; 14:35; 2Co 4:2; 6:8; 8:23; 2Ts 3:1.
14. Ver 1Ti 3:7; 5:17.

Las preocupaciones éticas y morales están entrelazadas con la doctrina. Por eso es imposible citar aquí una o dos secciones principales donde aparezcan. Conforme surgen en el texto, vamos desarrollando y comentando los pasajes relevantes. Este entrelazamiento es por sí mismo significativo. Refleja el retrato paulino del líder cristiano ideal, aquel cuya enseñanza doctrinal está fundida con la integridad personal, en contraste con aquellos maestros cuya doctrina corrupta iba acompañada de una moral corrompida.

Otras características de las Cartas Pastorales

Además de sus énfasis teológicos, las Cartas Pastorales muestran otras diversas características únicas. Algunas son lingüísticas, como el uso de "sana" para describir la doctrina (véanse los lugares correspondientes en el comentario). También es uno de los pequeños elementos del lenguaje que se citan a menudo en las discusiones acerca de la autoría (ver más arriba). Hay otras dos que merecen especial atención.

La alternancia de bloques de contenido. En lugar de la habitual doble división de doctrina y práctica (p.ej., Ro 1-11 y 12-16), las Cartas Pastorales se mueven frecuentemente entre la exhortación, la doctrina y el ejemplo. Este patrón aparece en todas ellas. Por ejemplo, después de la introducción, 1 Timoteo 1 tiene un bloque de instrucción (vv. 3-7), luego la razón de esa instrucción (vv. 8-11), seguida por un testimonio personal (vv. 12-14), después un "mensaje digno de crédito", un testimonio y una doxología y (vv. 15-17), y entonces otro bloque de instrucción (vv. 18-20). En 2 Timoteo 2 tenemos instrucciones (vv. 1-7), el fundamento para ellas (vv. 8-13) y más instrucciones (vv. 14-26). Tito 3 comprende instrucciones (vv. 1-2), sus fundamentos (incluida narración y "mensaje digno de confianza", vv. 3-8), más instrucciones (vv. 9-11) y la conclusión (vv. 12-15).

Que sea diferente del estilo que estamos acostumbrados a ver en las cartas tradicionalmente atribuidas a Pablo no solo adquiere importancia de cara a la autoría y composición, sino también para el estudio y la enseñanza del contenido. Los lectores deben observar con cuidado todas las transiciones, junto con las conjunciones y otro vocabulario de transición, así como el tema y el propósito de cada sección.[15]

15. Peter G. Bush ("A Note on the Structure of 1 Timothy", *NTS* 36 [1990]: 152-56) propone un análisis de 1 Timoteo que encaja los bloques de la carta en una estructura de *inclusio* (entre 1:12-20 y 6:11-16, 20, 21a).

Métodos de argumentación. Estas cartas también contienen repetidas maniobras de defensa (sostener la fe) y de ataque (oposición a los falsos maestros y sus enseñanzas). La palabra "fe", especialmente cuando va acompañada por el artículo definido, a menudo significa "doctrina". No siempre queda claro cuándo se refiere a la doctrina en vez de a la fe personal, pero hay algunos ejemplos en 1 Timoteo 3:9; 4:6; 5:8; 6:10, 12, 21; 2 Timoteo 4:7; Tito 1:13; 2:2. Una de las características más destacadas de las Cartas Pastorales es el repetido "mensaje digno de confianza" o "de confianza" (1Ti 1:15; 3:1; 4:9; 2Ti 2:11; Tit 3:8; ver comentarios).[16]

Pablo no solo defiende la fe, sino que ataca con fuerza el error. Eso en sí no es especial. Lo particularmente notable es la actitud que les recomienda tener a Timoteo y Tito con respecto a los falsos maestros y la forma en que deben tratar la controversia. En el comienzo de 1 Timoteo, Pablo plantea el problema de la enseñanza falsa y la necesidad de detenerla (1:3-4, 6-7, 19-20). Dentro de esta sección le dice a Timoteo que pelee "la buena batalla", pero no se extiende en ese lenguaje. La descripción paulina de los falsos maestros y sus errores prosigue en 4:1-2, después de la cual aconseja a Timoteo que identifique el error y la verdad y deseche "las leyendas profanas y otros mitos semejantes" (vv. 6-7). El duro lenguaje acerca de "discusiones inútiles que generan envidias, discordias, insultos, suspicacias y altercados", etc. (6:4-5), va seguida de la instrucción a Timoteo de que evite engaños y "discusiones profanas" (v. 20).

Entre los ejemplos en 2 Timoteo está el consejo de advertir a los herejes "delante de Dios que eviten las discusiones inútiles", pero, en cuanto a Timoteo, aconseja: "evita las palabrerías profanas" (2Ti 2:14, 16). Después de las duras palabras acerca de Himeneo y Fileto (vv. 17-18), el consejo para Timoteo es: "No tengas nada que ver con discusiones necias y sin sentido, pues ya sabes que terminan en pleitos. Y un siervo del Señor no debe andar peleando" (vv. 23-24). En lugar de eso, Timoteo debe tener buen corazón e instruir con amabilidad, esperando que se arrepientan y escapen de Satanás (vv. 25-26).

A Tito se le aconseja asimismo: "Evita las necias controversias y genealogías, las discusiones y peleas sobre la ley, porque carecen de provecho y de sentido" (Tit 3:9). Pablo hace constar que la persona "que

16. Ver Knight, *The Faithful Sayings in the Pastoral Letters.*

cause divisiones" es "un perverso pecador" (vv. 10-11). El contraste es, pues, claro. Los falsos maestros son malos; los siervos del Señor no deben usar sus métodos, sino ser claros, amables y optimistas.

Vocabulario imperativo. Este comentario dará especial atención a la terminología de mandatos. No se trata de "autoridad" como la que el Señor tiene o la que Jesús dio a sus discípulos sobre los demonios, la enfermedad y "todo el poder del enemigo" (no sobre personas, Lc 10:19; ver Mt 10:1; Mr 3:15; 6:7; Lc 9:1). Los Evangelios emplean la palabra griega para autoridad (*exousia*) cuarenta y cuatro veces. Aparece solo una vez en las Cartas Pastorales, y se refiere a la autoridad secular. En otros pasajes de estas cartas aparece nuestra palabra "autoridad", como en 1 Timoteo 2:12, donde la NVI traduce así el raro término *authenteo* (ver comentario), y en Tito 2:15, donde traduce el sustantivo *epitage* ("mandato"). No obstante, el vocabulario de mandatos en las Cartas Pastorales es fuerte y variable y se refiere principalmente a las órdenes e instrucciones específicas que Pablo dio a Timoteo y Tito, quienes a su vez han de transmitirlas a las iglesias (ver esp. comentarios de 1Ti 1:1, 3; Tit 1:3).

Sana doctrina y sana vida: la importancia de la integridad. Regresando a la idea de "sana", reparamos en que "la sana enseñanza" aparece a menudo junto con otras combinaciones con *hygiaino* y *hygies*, palabras para "saludable" (1Ti 1:10; 6:3; 2Ti 1:13, 4:3; Tit 1:9, 13; 2:1-2, 8). Para Pablo, no es simplemente una atinada expresión retórica. Le preocupa que tengan una fe sana que se exprese en una vida saludable. Es como si estuviera cada vez más asqueado con la "lechada" de la falsedad en la enseñanza y la forma de vida, la sucia mezcla de moralidad y doctrina corrompidas que encontró en sus adversarios teológicos. Se dio cuenta de que lo que se necesitaba desesperadamente era no solo la verdad en palabras, sino la verdad en las vidas de los maestros y otros líderes de la iglesia. *Lo que más caracteriza las Cartas Pastorales no es doctrina, sino la doctrina fundida con una vida santa.*

Tal vez 1 Timoteo 4:16 exprese este tema más sucintamente: "Ten cuidado de tu conducta y de tu enseñanza. Persevera en todo ello, porque así te salvarás a ti mismo y a los que te escuchen". Con este uso sorprendente de "salvarse", Pablo indica que los cristianos tienen la llave de la salvación de otros mediante una vida moralmente superior y que demuestre la realidad del evangelio. Vida y doctrina forman juntas la combinación ganadora.

Esta preocupación por la enseñanza sana y la vida piadosa tiene un propósito misionero, pero es también un medio para honrar a Dios. Esto se aprecia especialmente en 1 Timoteo, donde:

- "la sana doctrina" conforma el "el glorioso evangelio [del] Dios bendito" (1:10-11)
- Dios mostró su paciencia en su trato a Pablo (1:16)
- las buenas obras son un adorno apropiado para "mujeres que profesan servir a Dios" (2:10)
- es "en la casa de Dios" donde las personas deben portarse adecuadamente (3:15)
- debemos dar gracias por "todo lo que Dios ha creado" (4:4)
- cuidar adecuadamente de las viudas es un acto religioso que "agrada a Dios" (5:4)
- "delante de Dios" los creyentes deben mostrar una sagrada reverencia (5:21)
- los esclavos deben respetar a sus amos, "así evitarán que se hable mal del nombre de Dios" (6:1)

Todo esto concuerda con las doxologías que caracterizan las Cartas Pastorales (1Ti 1:17; 6:15-16; 2Ti 4:18).

Un reconocimiento de la naturaleza teocéntrica de las Cartas Pastorales revela por contraste la impropiedad del tema de la *christliche Bürgerlichkeit* ("ciudadanía cristiana")[17] que comúnmente se atribuye a estas epístolas. Incluso el reconocimiento de que el concepto de casa es un elemento principal en las Cartas Pastorales es insuficiente para dar su adecuado lugar al tema de la sana doctrina acompañada de vida piadosa y de doxología. Como vimos en la referencia al "glorioso evangelio" de 1 Timoteo 1:11, la salvación de Dios es fundamental para todo esto. Towner llama a la salvación "el punto central del mensaje".[18] La fusión de fe y carácter piadoso aparece al principio de las cartas, en 1 Timoteo 1:5: "Debes hacerlo así para que el amor brote de un *corazón limpio*, de una *buena conciencia* y de una *fe sincera*", que se

17. Un término usado siguiendo a Dibelius.

18. Towner, *The Goal of Our Instruction*, 75-119. La obra de Towner es una magistral corrección de cómo los eruditos, por lo general, han construido erróneamente la teología y el propósito de las Pastorales, sobre todo la idea de *"christliche Bürgerlichkeit"*.

repite parcialmente en 1:19, "y mantengas la fe y una *buena conciencia*" (cursivas añadidas). Cuando captamos la importancia de esto y lo aplicamos, hemos comenzado a entender las Cartas Pastorales. Fueron escritas no solo por Pablo el teólogo o Pablo el hombre de iglesia, sino por Pablo el misionero.

El método del comentario

Termino con una nota final. Dado que el estilo de las Cartas Pastorales es alternar bloques de contenido y dentro de estos repetir temas y el vocabulario relevante, un comentarista tiene que tomar decisiones en lo que respecta a dónde y cómo mejor ocuparse de ellos sin caer en un exceso de repetición. La forma más natural es tratar de forma completa un tema allí donde se menciona por primera vez. Pero esto no sirve adecuadamente al lector que puede estar trabajando con un pasaje posterior relacionado con ese tema y solo consulta el comentario en ese lugar. El método seguido aquí, por consiguiente, debe ocuparse de los temas o vocabulario tan a fondo como parezca apropiado en su primera mención. Esto, junto con el deseo de dejar establecida la integridad exegética, sobre todo en cuanto a asuntos cruciales que aparecen solo en 1 Timoteo, ha resultado en una descompensación de comentarios en el libro. En pasajes posteriores he tratado de mostrar dónde encontrar los comentarios anteriores sobre su tema, pero animo al lector a buscar todos los pasajes relevantes sobre un tema y recorrer todas las secciones (incluir Construyendo Puentes y Significado Contemporáneo) que pueden tratar cualquier detalle de interés.

Bosquejo

1 Timoteo

A. Saludo (1:1-2)

B. La comisión de Pablo a Timoteo (1:3-20)

1. El problema de los falsos maestros (1:3-7)
2. La cuestión de la ley y su uso (1:8-11)
3. La gracia del Señor y el llamamiento de Pablo (1:12-17)
4. Reafirmación de la misión de Timoteo (1:18-20)

C. Conducta en la iglesia que propiciará un más efectivo testimonio (2:1-15)

1. La conducta en la oración (2:1-8)
2. La conducta de las mujeres al aprender (2:9-15)

D. La importancia de un liderazgo respetado en la iglesia (3:1-13)

1. La conducta que se espera de los ancianos (3:1-7)
2. La conducta que se espera de los diáconos y las diaconisas (3:8-13)

E. Vida piadosa (3:14-16)

1. La vida piadosa en la iglesia (3:14-15)
2. El "misterio de nuestra fe" (3:16)

F. Cosas más específicas en cuanto a la tarea de Timoteo (4:1-16)

1. Los errores que debe corregir (4:1-10)
2. La propia vida y ministerio de Timoteo (4:11-16)

G. Relaciones sociales en la iglesia (5:1-6:2)

1. Las relaciones de Timoteo con personas de diferente edad y género (5:1-2)
2. El cuidado de las viudas (5:3-16)
3. Honrar a los ancianos (5:17-20)
4. Instrucciones varias (5:21-25)
5. Esclavos y amos (6:1-2)

H. Duras palabras sobre los falsos maestros y la avaricia (6:3-10)

I. Encargo final a Timoteo (6:11-21)

2 Timoteo

A. Saludo (1:1-2)

B. Ánimo personal (1:3-14)

1. Recordatorio de la herencia espiritual de Timoteo (1:3-7)
2. La razón para ser fiel (1:8-12)
3. Mandato relativo a la sana enseñanza (1:13-14)

C. Las circunstancias de Pablo (1:15-18)

1. Abandonado por los amigos (1:15)
2. Ayudado por Onesíforo (1:16-18)

D. Exhortación (2:1-26)

1. El ánimo en cuanto a lo que tiene que soportar (2:1-7)
2. Las razones para perseverar (2:8-13)
3. Instrucciones específicas con respecto a la controversia (2:14-26)
   a. Discusiones destructivas (2:14-18)
   b. Verdaderos y falsos miembros de la casa (2:19-21)
      i. Identificación (2:19)
      ii. Separación (2:20-21)
   c. Instrucción para el arrepentimiento (2:22-26)

E. La llegada de los tiempos difíciles (3:1-13)

1. Lista de vicios (3:1-5)
2. Daño a las mujeres (3:6-9)
3. Persecución (3:10-13)

F. El poder de las Sagradas Escrituras (3:14-17)

G. Encargo final de Pablo a Timoteo (4:1-8)

1. La predicación y otros ministerios (4:1-5)
2. Reflexiones personales de Pablo (4:6-8)

H. Conclusión (4:9-22)

1. Las circunstancias de Pablo (4:9-18)
2. Los saludos a y de los amigos (4:19-21)
3. Bendición (4:22)

Tito

A. Inicio (1:1-4)

1. Introducción (1:1-3)
2. Saludo (1:4)

B. La necesidad de ancianos en las iglesias de Creta (1:5-16)

1. Directrices iniciales (1:5)
2. Las aptitudes de los ancianos (1:6-9)
3. Los problemas especiales entre la gente de Creta (1:10-16)

C. Enseñanzas éticas (2:1-15)

1. *Inclusio* A:[1] la norma para la enseñanza ética (2:1)
2. Enseñar a los hombres mayores (2:2)
3. Enseñar a las mujeres mayores (2:3)
4. Enseñanza de las mayores a las jóvenes (2:4-5)
5. Enseñar a los jóvenes (2:6-8)
6. Enseñar a los esclavos (2:9-10)
7. El fundamento para la instrucción ética (2:11-14)
8. *Inclusio* B: reafirmación de la responsabilidad de Tito para la enseñanza ética (2:15)

D. La importancia de hacer el bien (3:1-11)

1. Declaración General (3:1-2)
2. Los efectos positivos de la gracia salvadora de Dios (3:3-8)
3. La sabiduría de evitar controversias (3:9-11)

E. Comentarios personales de cierre (3:12-15)

1. Nótese que la Parte C está insertada entre 2:1 y 2:15 mediante el recurso de una *inclusio*, la utilización de palabras similares al principio y al final de una sección para indicar su unidad de contenido.

Bibliografía comentada

Comentarios recientes más útiles para la enseñanza y la predicación bíblicas

Fee, Gordon. *1 and 2 Timothy, Titus.* New International Biblical Commentary. Peabody, Mass.: Hendrickson, 1984. Un comentario sobre el texto inglés (NIV) que incluye transliteraciones del griego donde es útil. Manifiesta una exégesis fresca, cuidadosa. El comentario se lee bien, con un tratamiento detallado de cuestiones exegéticas tratadas en notas aparte.

Knight, George W. *The Pastoral Epistles.* New International Greek Testament Commentary. Grand Rapids: Eerdmans, 1992. El comentario más detallado de los últimos años por un erudito con muchos años de especialización en las Epístolas Pastorales. Knight ya había sido reconocido por su trabajo sobre los "mensajes dignos de confianza".

Stott, John. *Guard the Truth: The Message of 1 Timothy & Titus.* Downers Grove, Ill.: InterVarsity, 1996. La habilidad de Stott para combinar erudición, práctica y devoción en una misma página hace que su comentario sobre estas cartas sea muy recomendable. Los que han oído a Stott predicar un sermón expositivo apreciarán ver ese estilo suyo en papel.

Towner, Philip H. *1–2 Timothy & Titus.* The IVP New Testament Commentary Series. Downers Grove, Ill.: InterVarsity, 1994. Se lee muy bien y tiene una combinación excelente de exposición y aplicación. Towner toma ideas de su propio estudio doctoral sobre las Cartas Pastorales, que más tarde revisó y publicó como *The Goal of Our Instruction* (ver más adelante).

Otros comentarios recientes importantes para los estudiosos

Bassler, Jouette M. *1 Timothy, 2 Timothy, Titus.* Abingdon New Testament Commentaries. Nashville: Abingdon, 1996. Moderno. Echa mano de un amplio espectro de datos históricos y sociológicos. Analiza el texto en unidades literarias en lugar de versículo a versículo. Pensado principalmente para estudiantes de teología, aunque no incorpora el texto griego.

Dibelius, Martin, y Hans Conzelmann. *The Pastoral Epistles*. Hermeneia. Filadelfia: Fortress, 1972. Igual que otros volúmenes de esta serie, este representa a la mejor erudición alemana. Es de escasa utilidad para los predicadores, pero de gran importancia para los estudiosos del tema.

Hanson, A. T. *The Pastoral Epistles*. New Century Bible Commentary. Grand Rapids: Eerdmans, 1982. Siempre vale la pena consultarlo cuando se quiere un estudio erudito, pero competentemente presentado desde la perspectiva de alguien que sostiene la autoría postpaulina y de fecha tardía, probablemente posterior al 90 d.C.

Kelly, J. N. D. *The Pastoral Epistles*. Harper's New Testament Commentaries. Nueva York: Harper & Row, 1963. Este es uno de los comentarios escritos por eruditos eminentes para la serie Harper (entre ellos el de C. K. Barrett sobre Romanos y el de G. B. Caird sobre Apocalipsis). Es uno de los mejores comentarios disponibles en las Cartas Pastorales. Kelly presenta buenos argumentos a favor de la autoría paulina.

Comentarios antiguos importantes

Calvino, Juan. *Commentaries on the Epistles to Timothy, Titus, and Philemon*. Ed. John Pringel. Grand Rapids: Eerdmans, 1948. El escritor no necesita introducción. Esta muestra particular de sus comentarios refleja sus meditados (y firmes) puntos de vista sobre la forma de gobierno de la iglesia.

Ellicott, Chas. J. *A Commentary on the Epistles of St. Paul*, vol. 2. Filadelfia: Smith, English, & Co., 1868. Uno de los comentaristas clásicos del siglo XIX. Se basa en el texto griego, con toda una página de comentario por cada pocas líneas del texto.

Lock, Walter. *The Pastoral Epistles*. The International Critical Commentary. Edinburgh: T. & T. Clark, 1924. Un menos conocido aunque digno libro de la antigua pero distinguida International Commentary Series. Se basa en el texto griego con sucintos comentarios que hacen frecuente referencia a fuentes primarias y secundarias.

Scott, E. F. *The Pastoral Epistles.* The Moffatt New Testament Commentary. Londres: Hodder & Stoughton, 1936. Es un comentario sobre el texto inglés, libre de discusiones pedantes. Scott fue profesor en el Union Theological Seminary de Nueva York.

Otras monografías relevantes

Donelson, L. R. *Pseudepigraphy and Ethical Arguments in the Pastoral Epistles.* Tübingen: Mohr/Siebeck, 1986.

Kidd, Reggie M. *Wealth and Beneficence in the Pastoral Epistles: A "Bourgeois" Form of Early Christianity?* SBLDS 122. Atlanta: Scholars, 1990.

Knight, George W. *The Faithful Sayings in the Pastoral Letters.* Kampen: Kok, 1968; reimp., Grand Rapids, 1979.

Marshall, I. Howard. "Recent Study of the Pastoral Epistles", *Themelios*, 23/1 (1997): 3–29.

Moule, C. F. D. *Essays in New Testament Interpretation.* Cambridge: Cambridge Univ. Press, 1982. Pp. 113-32, "The Problem of the Pastoral Epistles: A Reappraisal".

Prior, Michael. *Paul the Letter Writer and the Second Letter to Timothy.* JSNTSup 23. Sheffield: Sheffield Academic Press, 1989.

Towner, Philip H. *The Goal of Our Instruction: The Structure of Theology and Ethics in the Pastoral Epistles.* JSNTSup 34. Sheffield: Sheffield Academic Press, 1989.

Verner, David C. *The Household of God: The Social World of the Pastoral Epistles.* SBLDS 71. Chico, Calif.: Scholars, 1983.

Young, Frances. *The Theology of the Pastoral Letters.* Cambridge: Cambridge Univ. Press, 1994

1 Timoteo 1:1-2

Pablo, apóstol de Cristo Jesús por mandato de Dios nuestro Salvador y de Cristo Jesús nuestra esperanza, [2] a Timoteo, mi verdadero hijo en la fe: Que Dios el Padre y Cristo Jesús nuestro Señor te concedan gracia, misericordia y paz.

Las líneas iniciales de las cartas en tiempos del Nuevo Testamento seguían un estilo convencional, que incluían los nombres tanto de remitentes como de destinatarios, con algunas palabras amables referidas a los receptores y solícitos deseos de bienestar para ellos.[1]

El remitente y su autoridad (1:1a)

Pablo se identifica como "apóstol de Cristo Jesús", de modo similar a como se presenta en sus otras epístolas, excepto Filipenses y 1 y 2 Tesalonicenses. En Gálatas, donde se disponía a pronunciar algunas fuertes declaraciones con autoridad acerca de lo que es y significa el verdadero evangelio, se extendió sobre las implicaciones de su singular apostolado (Gá 1:1-2). Aquí, donde va a ocuparse de las falsas enseñanzas, usa la frase poco habitual "por mandato de Dios nuestro Salvador". Sabemos, a partir de varios pasajes, que Pablo ve su condición de apóstol como un llamado (*cf.* Ro 1:1) "por la voluntad de Dios" (1Co 1:1; 2Cor. 1:1; Ef 1:1), pero este es el único saludo en una carta donde atribuye su ministerio al "mandato" de Dios. La intensa palabra usada aquí (*epitage*) se da también en 1:5, 18; 4:11; 5:7; 6:13, 17; Tito 1:3; 2:15.[2]

Elementos distintivos acerca de Dios y Jesús (1:1b)

Pablo llama a Dios "nuestro Salvador". Estamos tan acostumbrados a pensar en Jesús como nuestro Salvador que el uso de ese término para describir a Dios nos llama la atención. La expresión "Dios nuestro

1. Sobre la forma de las cartas del periodo neotestamentario, ver S. K. Stowers, *Letter Writing in Greco-Roman Antiquity* (Filadelfia: Westminster, 1986); P. T. O'Brien, "Letters, Letter Forms", *DPL*, 550-53.
2. Ver comentarios sobre 1:3, sobre los otros pasajes, y esp. en la sección Construyendo Puentes de Tito 1:3.

Salvador" solo aparece cinco veces en todo el Antiguo Testamento (1Cr 16:35; Sal 65:5; 68:19; 79:9; 85:4) y solo seis veces en el Nuevo, cinco de las cuales están en las Cartas Pastorales (aquí; 1Ti 2:3; Tit 1:3; 2:10; 3:4; Jud 25). En Tito 1:3 aparece en el saludo, como aquí, donde está también vinculada con la palabra "orden".

Es asombroso descubrir que aunque en el Nuevo Testamento la palabra "salvación" aparece cuarenta y seis veces, y el verbo "salvar" ciento siete veces, "Salvador" figura solo veinticuatro veces. En las cartas de Pablo se da solo dos veces fuera de las Pastorales (Ef 5:23; Fil 3:20), pero en diez ocasiones dentro de ellas (1Ti 1:1; 2:3; 4:10; 2Ti 1:10; Tit 1:3, 4; 2:10, 13; 3:4, 6). Así, casi la mitad de los ejemplos de esta palabra en el Nuevo Testamento está en las Cartas Pastorales. Estas palabras dan a las líneas iniciales de Pablo a Timoteo (y también cuando escribe a Tito) un peso de autoridad y grandeza. El Dios que llevó a cabo la salvación de Israel una y otra vez tiene autoridad para dar un mandato a Pablo con respecto a la preservación de la fe verdadera.

Pablo procede a describir a Jesucristo como "nuestra esperanza". Esta expresión no se da en ninguna otra parte, ni "Dios nuestra esperanza", pero sí la idea. Por ejemplo: "¡Que tu gran amor Señor, nos acompañe, tal como lo esperamos" (Sal 33:22). Hay tres textos en Tito con la palabra "esperanza": "esperanza [...] vida eterna" (1:2; 3:7); y: "aguardamos la bendita esperanza, es decir, la gloriosa venida de nuestro gran Dios y Salvador Jesucristo" (2:13). Significativamente, las palabras "Dios" y "Salvador" reaparecen en esa frase refiriéndose a Jesucristo.

Destinatario (1:2a)

Timoteo es "verdadero hijo en la fe" de Pablo. El adjetivo "verdadero" (*gnesios*) no traduce el término más común (*alethes*), que significa verdadero en oposición a falso. El término que aquí tenemos significa "genuino" en contraste con ilegítimo o fraude. Podría aplicarse a un hijo nacido dentro de un matrimonio legítimo, y la implicación en esta declaración figurativa se refiere a la calidad de la relación de Timoteo con Pablo. El apóstol había encontrado a este joven en Listra; Hechos 16:1 lo describe como un "discípulo", de madre judía y padre gentil. En 2 Timoteo 1:5 nos habla de la "fe sincera" de Timoteo, que "animó primero" a su abuela y a su madre, Loida y Eunice. Desde su infancia, Timoteo había conocido las Sagradas Escrituras, a través de las cuales había llegado a "la salvación mediante la fe en Cristo Jesús" (3:15).

Esta terminología repetida acerca de la fe y la identificación de su madre creyente nos proporcionan el trasfondo para la referencia de Pablo a Timoteo como su "verdadero hijo en la fe". La madre de Timoteo puso el entorno de fe judía en que el joven había crecido; Pablo puso la nutrición de su fe cristiana. Dado que se le llama "discípulo" en el comienzo de la narración de Hechos 16, probablemente se había hecho cristiano antes de la llegada de Pablo, tal vez por su anterior ministerio en Listra (Hch 14:8-20). Pablo también tuvo su parte en conferir un don espiritual a Timoteo (1Ti 4:14; 2Ti 1:6).

Las otras cartas paulinas son para iglesias (y, en Filipos, para sus líderes), no para individuos. Aparte de las Cartas Pastorales, solo Filemón, con claras alusiones personales, se dirige a una persona. Este hecho sugiere que las iglesias antiguas tenían un liderazgo plural y que Timoteo y Tito son tratados individualmente solo porque tienen una misión especial como "delegados del apostolado" (es decir, enviados por el apóstol como sus representantes autorizados). Es probable que estas cartas no solo sean para su lectura personal, sino que sirven como documentos públicos que confirman la autoridad otorgada a estos dos enviados.

Buenos deseos (1:2b)

Lo acostumbrado en las cartas del primer siglo era transmitir saludos deseando que los destinatarios siguieran bien. Pablo utiliza algunos términos cristianos con este propósito, pero también usa terminología común con un significado cristiano. Aquí expresa estos pensamientos con las palabras "gracia, misericordia y paz". Los que hablaran griego saludarían normalmente a un amigo con *chaire*. El término "gracia," *charis*, tiene un sonido similar.

El tercer saludo de Pablo, *eirene* (del que derivamos nuestra Irene), quiere decir "paz". Esta nos recuerda el saludo hebreo *shalom*, que connota plenitud y bienestar, además de paz.

Aparte de estas dos palabras usuales de saludo en las cartas de Pablo, 1 y 2 Timoteo añaden "misericordia" (*cf.* también 2Jn 3). Este término puede difuminarse hacia la idea de piedad o compasión. Recuerda al *hesed* hebreo, con sus alusiones a la misericordia y la bondad para los que están en el pacto de Dios. Los términos *gracia* y *misericordia* implican que los que reciben esos beneficios tienen una necesidad que no pueden satisfacer por sí mismos. En la mayoría de sus cartas, Pablo muestra, como aquí, que estos favores los conceden "Dios el Padre y Cristo Jesús nuestro

Señor". Esto no debe negar el hecho de que el Espíritu Santo otorga dones, simplemente le atribuye la generosidad a Dios como Padre (Stg 1:17) y añade el nombre de Cristo, quien nos comunica a gracia de Dios.

Trazar puentes entre contextos es siempre importante, pero, como los saludos iniciales parecen tan familiares, puede que no veamos que también requieran atención. Es útil leer los textos como estos primeros dos versículos con cuidado, como si fuera la primera vez.

Apóstol. Dado que la comunicación requiere puntos de referencia compartidos, la mención de un concepto, acontecimiento, persona u objeto carece de significado a menos que el lector o el oyente tengan algún conocimiento del tema. Si nosotros, por ejemplo, recibiéramos una carta de un desconocido que se presentara como "el canciller", necesitaríamos conocer el significado de esa palabra en el vocabulario del remitente. ¿Es miembro del cuerpo honorífico de alguna universidad estadounidense; es el primer ministro de un país extranjero o quizá se trata de un oficial del gobierno británico? De modo similar, no podemos asumir que un lector contemporáneo de las cartas de Pablo sepa lo que significa el término *apóstol*, y mucho menos cómo se usaba en una cultura diferente y en otro idioma hace casi dos mil años.

Aun si esa persona supiera que a los mensajeros, como por ejemplo los comisionados oficiales, se les llamaba *apóstoles* en el griego antiguo, no podría saber el uso especial del término para los apóstoles de Jesús y para algunos otros, como Pablo. En el mundo judío, más tarde reflejado en la Mishná, el término *shaliach* denominaba a una persona a la que se enviaba en una misión y que debía ser recibida como si fuera el remitente mismo (*m. Ber. 5.5*). En el Nuevo Testamento, entre las aptitudes exigidas para tomar el relevo del "ministerio apostólico" abandonado por Judas Iscariote estaba la condición de que el candidato hubiera estado con el Señor Jesús durante su ministerio y hubiera presenciado su resurrección (Hch 1:21-26). La aptitud de Pablo para ejercer como apóstol viene de que vio al Señor resucitado y de que Dios lo escogió. Por consiguiente, él se llama "apóstol de Cristo Jesús". Los traductores que vierten esto a ciertas culturas pueden necesitar algún término específico de dicho entorno tanto para expresar el significado de ser apóstol como por qué Pablo lo era "por mandato".[3]

Dios y Cristo. La relación entre Dios y Cristo es difícil de entender y explicar. En el versículo 1, el mandato procede tanto de Dios como de Cristo Jesús. Para los que tienen una visión monoteísta no trinitaria de Dios, el término *Dios* excluye a Cristo. Para los que tienen una religión politeísta, Cristo también puede ser un dios, pero las dos personas (en términos cristianos, el Padre y el Hijo de Dios) serían consideradas dos dioses diferentes. La perspectiva bíblica es que hay solo un ser que es Dios, y que él existe en tres personas. Cristo, por consiguiente, es Dios en cuanto a su *naturaleza* y es el Hijo de Dios en cuanto a su *persona.* Ha habido muchos intentos de ilustrar la Trinidad, pero los empeños en hacerlo a partir del mundo físico fracasan, porque Dios no es material, él es espíritu. Asimismo, lo que es ilógico o imposible en la experiencia humana no determina qué es lógico o posible para Dios.[4]

Pablo llama a Dios "nuestro Salvador". Durante el período helenístico, cuando los aspectos religiosos de la cultura griega se mezclaron con los de la romana, el término *salvador* se aplicaba a diversas figuras míticas. Sin embargo, en ningún caso hubo un ser divino que pusiera a las personas en relación con él, siendo él quien quitó en persona la culpabilidad de pecado. La comprensión que el Nuevo Testamento tiene de la salvación concuerda con la del Antiguo; no deriva del mundo grecorromano.[5] Dios es el Salvador en la esfera espiritual y en la humana. Para entender el significado de este concepto en el mundo pluralista de hoy necesitamos mantener el carácter distinto de la salvación cristiana.

Por supuesto, este carácter distinto incluye la verdad de que Cristo, que es Emanuel ("Dios con nosotros"), murió para ser nuestro Salvador. Su muerte y su resurrección traen perdón y vida eterna. Por consiguiente, cuando Pablo llama a Jesucristo "nuestra esperanza", va más allá de las ideas que sostenían las culturas de su tiempo. Como dice en

---

3. La literatura sobre el término apóstol es inmensa. Se puede ver un resumen útil con bibliografía que, aunque viejo, contiene literatura de un importante periodo del debate sobre su significado, en D. Müller and C. Brown, "Apostle", *NIDNTT*, 1:126-37. Para encontrar un tratamiento más reciente, ver P. W. Barnett, "Apostle", *DPL*, 45-51.
4. Hay un soberbio estudio de los pasajes en los que se llama "Dios" a Cristo en Murray J. Harris, *Jesus As God: The New Testament Use of Theos in Reference to Jesus* (Grand Rapids: Baker, 1992).
5. Para encontrar enseñanza de ambos Testamentos sobre la salvación, ver Liefeld, "Salvation", *ISBE*, 4:287-95.

2 Timoteo 1:10, Cristo "destruyó la muerte y sacó a la luz la vida incorruptible mediante el evangelio".

Significado Contemporáneo

La necesidad de claridad y autoridad. La esperanza bíblica que acabamos de mencionar tiende a menudo a ser reemplazada por un optimismo subjetivo y poco claro acerca de una vida futura. Cuando invitamos a las personas a la esperanza cristiana debemos hacerlo con una explicación clara acerca de cómo el mensaje cristiano ofrece el único fundamento para la esperanza. También debemos proclamar esta verdad, como otras, con autoridad bíblica. Dicha autoridad es un tema importante en las Cartas Pastorales. Si el lector original no fuera consciente de que el apostolado daba a Pablo autoridad para declarar lo que era (o no) enseñanza ortodoxa, el intento de Timoteo de rechazar la falsa doctrina podría parecer arrogante.

Esto se aplica especialmente hoy a todo el que tiene una cosmovisión democrática, pluralista. En ocasiones, los ciudadanos concederán una autoridad extraordinaria a un gobernante, algo semejante a lo ocurrido en Bielorrusia mientras estaba yo escribiendo esto, como reacción a lo que muchos han considerado un régimen democrático ineficaz después de años de monolítico gobierno comunista. Pero en la mayoría de países actuales donde se puede elegir, se rechaza el totalitarismo. Del mismo modo, para muchos, la idea de un simple hombre que alega una autoridad procedente de Dios, como sucede en algunas sectas, se ve como medieval o aún peor. Pero no debemos dudar a la hora de afirmar que lo que Pablo dice en sus cartas lo dice con apoyo divino.

Además, la idea de un universo coherente en el que la verdad se puede conocer de modo objetivo y que está gobernado por exclusiva autoridad divina es contraria a la cosmovisión posmoderna. Por su propia naturaleza, 1 Timoteo 1:1 sería inaceptable para los postmodernos. Por consiguiente, no es solo que los elementos de este versículo requieran una definición, sino que, antes de que se acepten sus implicaciones, hay que llegar a algún tipo de acuerdo sobre los supuestos que contiene.

¿Qué importancia tiene para nosotros que esta carta estuviera dirigida a Timoteo? Cuando tratamos de aplicar la Escritura a la vida contemporánea, a veces ayuda que nos identifiquemos con la naturaleza y circunstancias de los personajes bíblicos. Habitualmente, cuando estudiamos relatos es fácil encontrar acontecimientos y personalidades que nos resultan familiares. Pero no hay muchos lectores que puedan identificarse con un joven al que la figura cristiana sobresaliente de su día llamaba "hijo" y le encomienda la difícil misión de corregir falsas enseñanzas y enfrentarse a los falsos maestros. Con todo, hay aspectos de su vida y misión relevantes para muchos de nosotros. Necesitamos, por supuesto, ensamblar los diversos fragmentos de información que tenemos acerca de él y de su relación con Pablo, gracias a Hechos y a las dos epístolas que el apóstol le escribió. Podemos extraer algunas conclusiones acerca de su personalidad (p. ej., ver 2Ti 1:6-8) y su juventud (1Ti 4:12).

Además, la referencia a Timoteo y su misión, junto con los pasajes que siguen, servirá para despertarnos a la formidable pero necesaria tarea de mantener la iglesia doctrinalmente pura. Una vez establecidos los ancianos, esa es su tarea (ver Hch 20:17-35 para el encargo de Pablo a los ancianos de la misma iglesia de Éfeso; ver también 1Ti 3:1-7 para los requisitos del obispo). Pero los ancianos necesitan instrucción a fin de estar preparados. La secuencia instructiva ilustrada aquí en la relación entre Pablo y Timoteo, y especificada en 2 Timoteo 2:2, puede y debe ser utilizada aún hoy.

El vocabulario cristiano. Igual que "esperanza" en el versículo 1, las palabras "gracia, misericordia y paz" en el 2, correctamente entendidas, ocupan un lugar importante en el vocabulario cristiano contemporáneo. Pero necesitan aclaración actualmente. El problema con el término *gracia* es que, por un lado, es un contenido tan específico en el uso del cristiano que a menudo es imposible comunicarlo de manera eficaz a quienes no tienen una cultura teológica, mientras que, por otra parte, se ha convertido en un término tan común con el uso casi universal del himno "Amazing Grace" [Sublime gracia] que tiende a perder buena parte de su contenido inherente. Leer "la gracia sea contigo" para una persona que no sabe nada del cristianismo puede ser tan carente de sentido como oír "que la Fuerza te acompañe" para alguien que no ha visto *La guerra de las galaxias*. El significado de "gracia," por consiguiente, no es meramente que Dios nos da salvación gratuita. Es también más que el acrónimo inglés de "GRACE" [gracia]: God's Riches At Christ's Expense" [riquezas de Dios a costa de Cristo] aunque haya verdad en ello. El uso en griego antiguo de esa palabra da a entender una incapacidad de parte del receptor que requiere la ayuda de otro. Necesitamos gracia, porque no tenemos ninguna otra opción.[6]

El segundo término, *misericordia*, parece (y teológicamente lo es) un reductor del ego. ¿Quién quiere estar en posición de necesitar misericordia? Sin embargo, los fieles asistentes a las iglesias, en particular en los oficios religiosos litúrgicos, confiesan esa necesidad cuando pronuncian el *Kyrie Eleison*, "Señor, ten piedad". La clave para comprender la importancia de este concepto es tener un sano sentido del propio pecado y necesidad. Eso hará que se aprecie la misericordia.

El último término, *paz*, se ha diluido hoy tanto en sus muchas aplicaciones que no se puede dar por sentado que la gente lo entienda específicamente como la paz con Dios, fruto de la reconciliación por medio de la muerte de Cristo en la cruz. No deberíamos dudar en hacer saber a los demás que están enemistados con Dios y que necesitan la reconciliación.

---

6. Philip Yancey, en *Gracia divina vs. condena humana* (Miami: Vida, 1998), habla también de nuestra necesidad de extender la gracia a los demás.

1 Timoteo 1:3-7

Al partir para Macedonia, te encargué que permanecieras en Éfeso y les ordenaras a algunos supuestos maestros que dejen de enseñar doctrinas falsas [4] y de prestar atención a leyendas y genealogías interminables. Esas cosas provocan controversias en vez de llevar adelante la obra de Dios que es por la fe. [5] Debes hacerlo así para que el amor brote de un corazón limpio, de una buena conciencia y de una fe sincera. [6] Algunos se han desviado de esa línea de conducta y se han enredado en discusiones inútiles. [7] Pretenden ser maestros de la ley, pero en realidad no saben de qué hablan ni entienden lo que con tanta seguridad afirman.

Sentido Original

Comparada con la ocasión en que Pablo le envió a Tesalónica "con el fin de afianzarlos y animarlos en la fe" (1Ts 3:2) la que se le encargaba ahora a Timoteo no era una misión ordinaria. Al parecer, Timoteo ya estaba en Éfeso cuando Pablo ve claro que las condiciones son críticas debido a las falsas enseñanzas de personas inmorales. Por tanto, el apóstol tiene que encargarle que permanezca allí (v. 3) con un propósito específico: ordenar a estos falsos maestros que cesen en su actividad. Ya le había instado a hacerlo con anterioridad, cuando Pablo se dirigía a Macedonia, y ahora está reforzando ese encargo.[1]

El verbo encargar (*parakaleo*) tiene un matiz afectuoso, personal (pero fuerte) en contraste con las connotaciones imperativas e impersonales del siguiente verbo de mandato. Pablo le da a Timoteo la autoridad para exigir a los falsos maestros que dejen de propagar sus errores. El verbo que usa en el versículo 3 para "ordenar" (*parangello*) aparece treinta y dos veces en el Nuevo Testamento (principalmente en los Evangelios y en Hechos), cinco de los cuales están en 1 Timoteo. En esta epístola se dan también dos de las cinco veces en que figura la forma sustantiva

1. La estructura de la oración de Pablo es "Como te encargué que permanecieras…"; no hay verbo principal en la frase. Hay varias formas de expresar lo que quería decir: (1) "Como te encargué… quédate" (NIV); (2) "Te encargo, como hice… [antes], que permanezcas" (NRSV); (3) "Te rogué que te quedaras" (NTV); o (4) posiblemente: "Quiero que te quedes, como te encargué…".

(*parangelia*) en el Nuevo Testamento. La forma verbal de otra palabra que significa mandato (*epitasso*) no se emplea en absoluto en las Cartas Pastorales, pero tres de las siete apariciones de la forma sustantiva (*epitage*) están en estas epístolas (ya nos hemos encontrado con una de ellas en 1:1). Esto indica cuán importante es la idea de autoridad en las Cartas Pastorales.

En algunas traducciones, los vocablos griegos del grupo *parangell-* se vierten en palabras que tienen una connotación más suave que un mandato, como instrucciones o directrices. Resulta útil estudiar los relatos de la alimentación de las multitudes por Jesús. En la alimentación de los cuatro mil, Jesús da directrices a la multitud con la palabra *parangello*, mientras que se usan verbos diferentes, *keleuo* y *epitasso*, en las instrucciones similares para los cinco mil. Dado que estos relatos son verbalmente similares y puesto que *keleuo* y *epitasso* tienen generalmente una connotación fuerte de "orden", podemos asumir que el otro verbo, *parangello*, también lleva ese matiz de autoridad.[2] Nótese también el uso de *parangello* en las órdenes que las autoridades dieron a los apóstoles para dejar de predicar en nombre de Jesús (Hch 4:18; 5:28, 40). Todo esto, lejos de ser meras estadísticas, nos advierte para que le demos el peso correcto a la autoridad que Timoteo tenía que ejercer en Éfeso.[3]

La palabra traducida como "enseñar doctrinas falsas" (*heterodidaskaleo*) vuelve a aparecer en 6:3. Ese contexto muestra que no solo es algo "diferente" (como en la NRSV), tal como la etimología de este vocablo ("enseñar [algo] diferente") podría dar a entender. Puesto que en el capítulo 6 este verbo está colocado en contraste con "la sana enseñanza de nuestro Señor Jesucristo" y con "la verdadera religión", sabemos que lo

---

2. Ver Mt 15:35; Mr 8:6 (gr. *parangello*), NVI "mandó" (manda a los 4.000 que se sienten para recibir alimentos); Mt 14:19 (gr. *keleuo*), NVI "mandó" (a los 5.000); Mr 6:39 (gr. *epitasso*), NVI "mandó" (a los 5.000).

3. La NVI dice: "... ordenaras a algunos supuestos maestros que dejen de enseñar doctrinas falsas", la NTV traduce: "... frenaras a esas personas cuyas enseñanzas son contrarias a la verdad", la NRSV dice en inglés: "... instruyeras a ciertas personas que no enseñen ninguna doctrina diferente". Nótese cómo la NVI posee la redacción más contundente ("ordenaras... falsas"), la NTV es moderada ("frenaras... contrarias"), y la NRSV más débil: "instruyeras... diferente". La paráfrasis de la Biblia *The Message* apenas transmite la seriedad del mandamiento y del error: "... te mantuvieras al tanto de todo para que la enseñanza mantenga el rumbo". Esta da la impresión errónea de que la enseñanza en Éfeso era sana, "en su rumbo", y que los maestros no necesitaban ningún mandamiento correctivo de Timoteo, en tanto que estuviera "al tanto de todo".

que no es "sano" no solo es diferente, sino que no es verdad. En Gálatas 1:6-8 Pablo dice que el "otro evangelio", al que algunas personas se estaban volviendo, no existe realmente y que si alguno predicaba un "evangelio distinto" debería caer "bajo maldición". Diluir la fuerza de *heterodidaskaleo* es infravalorar las firmes enseñanzas de Pablo acerca de la verdad y del error.

La conjunción "y" al principio del versículo 4 no introduce nada adicional a las enseñanzas falsas, sino que identifica aspectos específicos de esas enseñanzas. "Prestar atención a" significa en griego lo mismo que en nuestro idioma. Uno puede verse atraído intelectualmente por algo sin necesariamente prestarle atención personal. En este caso, las "leyendas y genealogías" mantienen una especie de fascinación en los falsos maestros y sus seguidores. Si bien los mitos folclóricos pueden tener valor en tanto que formas en las cuales una sociedad ha expresado el origen de ciertas costumbres o creencias, la clase de leyendas mencionadas en el Nuevo Testamento son profanas (es decir, no sagradas, 1Ti 4:7), contrarias a la verdad (2Ti 4:4; Tit 1:14), y cuentos sutilmente elaborados, sin verdadera base o sin una tradición fiable (2P 1:16).

Que las "genealogías" aparezcan aquí ligadas con las "leyendas", que a su vez se califican como "judías" en Tito 1:14, y con "peleas sobre la ley" en Tito 3:9 sugiere que se trata genealogías que se encontraban en las escrituras sagradas judías (incluyendo quizá Génesis). Algunos han visto aquí una referencia a la herejía del gnosticismo, con sus listas de figuras cósmicas. Esto sería anacrónico, dado que el gnosticismo como sistema apareció más tarde. Pero incorporaba algunos elementos del judaísmo, y a menudo es difícil trazar los orígenes de varios aspectos del pensamiento gnóstico. El contexto judío de las referencias a las genealogías en las Cartas Pastorales requiere establecer que, en el mejor de los casos, había algunas ideas gnósticas en vías de desarrollo como enseñanza secundaria.[4] Pero no hace falta identificar la fuente o naturaleza

4. Entre las fuentes de información y opinión sobre el asunto están F. Büchsel, "γενεαλογία", *TDNT*, 1:663-65; "γενεαλογία", BAGD, 153; Fee, *1 and 2 Timothy, Titus*, 41-42; Knight, *Pastoral Epistles*, 73-74; Kelly, *Pastoral Epistles*, 44-45. Towner, citando a Filón (*Moisés* 2.46-47) y los Rollos del Mar Muerto (1QS 3:13-15), dice que "dejan claro que el término era una referencia no a listas de nombres de familia y descendientes, sino también a historias edificantes sobre figuras importantes del Antiguo Testamento" (*1-2 Timothy & Titus*, 45-46). Dada la incertidumbre en cuanto al significado del término según se usa aquí, es mejor mantener la traducción literal "genealogías interminables" (NVI) en lugar de crear paráfrasis como "linajes espirituales" (NTV) o "fantasiosos árboles genealógicos" (*The Message*).

de las "leyendas y genealogías interminables" de modo preciso para ver su efecto perjudicial en el pensamiento cristiano, lo cual es, en este contexto, el punto importante.

Ese efecto es que "provocan controversias". Esta última palabra (*ekzetesis*) es única en el Nuevo Testamento griego. Es una extensión de una palabra que significa investigación, controversia o discusión. La traducción como "controversias" en la NVI capta ese significado extendido, pero no expresa la idea básica de especulación intelectual.[5] En 1 Timoteo 6:4 tenemos un término relacionado (*zetesis*) que se empareja con "discusiones inútiles" y en Tito 3:9 con "discusiones y peleas". Por tanto, la expresión "especulaciones controversiales" podría expresar mejor el matiz.

En lugar de esa especulación controversial, lo que hay que potenciar es "obra de Dios" [*oikonomia*]". Pablo emplea esta palabra para el plan y obra divinos, sobre todo (aunque no exclusivamente) administrados como una mayordomía del apóstol (*cf.* 1Co 9:17; Ef 3:2, 9; Col 1:25).[6] Dicha obra contrasta con la especulación controversial, en parte porque es efectiva y unificadora, pero específicamente aquí porque "es por la fe". Uno debería pensar y actuar basado en la confianza en lo que Dios está obrando. Lo preocupación de esta epístola está en la falsa enseñanza, que engendra gran cantidad de interminables discusiones perniciosas. Proviene de no creer en lo que Dios ha revelado. Así, el rechazo de la fe no es un mero añadido a la frase, sino un factor principal en el deterioro de la iglesia de los efesios.

Fe es un término esencial en el vocabulario cristiano, como *amor.* Pablo se refiere al amor como el propósito de ese mandato. En esta carta es importante reconocer los propósitos. En el versículo 3, Pablo ha dicho a Timoteo que permanezca en Éfeso para ordenar a ciertas personas que dejen de enseñar falsedades; este es en primer lugar el mandato que debería hacer que el amor brote. Nótese que el "ordenaras" del versículo 3 y el "debes" del 5 tienen la misma raíz lingüística.

Pero, puesto que cabría pensar que el amor cristiano fuera la meta del mandato más importante que el simple oponerse a la enseñanza falsa,

5. La NRSV traduce simplemente "que promueve especulaciones", la NTV tiene una paráfrasis que incluye la expresión "especulaciones sin sentido alguno", y *The Message* reduce la cláusula a "que se desvían a tonterías".

6. Knight tiene un útil estudio sobre *oikonomia*, en referencia a J. Reumann, "*OIKONOMIA*-Terms in Paul in Comparison With Lucan *Heilsgeschicte*", *NTS* 13 (1966–67): 147-67.

quizá deberíamos buscar un referente más. La mención de "la ley" en el versículo 7 y el tema principal de 8-11 sugieren la posibilidad que el mandato paulino que resulta en que el amor brote hace referencia también a la ley del Antiguo Testamento, en concreto a la ley de Moisés. Nótese Romanos 13:10, donde Pablo dice que "el amor es el cumplimiento de la ley". No obstante, en ninguna otra parte utiliza el término *parangelia* (orden o mandato) para referirse a la ley. Además, en 1 Timoteo 1:18 Pablo se refiere a "este encargo" mediante esa misma palabra griega. Así, podemos concluir que el mandato del "debes hacerlo así" (v. 5) es la instrucción *en su totalidad* de Pablo a Timoteo, la cual a su vez es coherente con la ley de Dios cuando se aplica adecuadamente.

Otras observaciones confirman esto. (1) El determinante "este" de "este encargo" es traducción del artículo definido griego que se usa como pronombre demostrativo, y, por tanto, señala un tema *en el contexto.* (2) el mandato de no enseñar doctrinas falsas tiene aplicación *más allá de* esa situación local. La Palabra revelada de Dios (que incluye las leyes del Antiguo Testamento) no debe verse sesgada por enseñanzas falsas. (3) En uso de *epangelia* en el versículo 18 ("encargo"), hay también una referencia a un propósito, esta vez introducido por "deseo que".

"Debes hacerlo así" con el mismo propósito por el que hay que cumplir la ley (Ro 13:8-10): el "amor". La solidez del amor al que Pablo se refiere en el versículo 5, en contraste con un simple sentimiento, queda establecida porque tiene que haber una integridad de carácter: "un corazón limpio, de una buena conciencia y de una fe sincera" (v. 5). Como muestra la introducción de las tres características mediante una sola preposición "de" (*ek*) en griego, están ligadas entre sí; no son características separadas, dispares. El término griego para conciencia, *syneidesis*, aparece treinta veces en el Nuevo Testamento, seis de ellas en las Cartas Pastorales.[7]

Pablo profundiza en esta cuestión de la integridad al declarar (v. 6) que algunas personas "se han desviado de esa línea de conducta" (es

7. Ver Towner, *1–2 Timothy & Titus*, 47; también J. M. Gundry-Volf, "Conscience", *DPL*, 153-56, para entender el concepto de conciencia en las cartas de Pablo. A diferencia de los lectores de nuestra cultura occidental moderna, los de Pablo habrían pensado en términos corporativos de honor y vergüenza, no en términos de conciencia individual. En esa cultura uno era sensible a la opinión del grupo. Esto no diluye el énfasis de Pablo en la responsabilidad individual. Además de en 1:5, aparece más veces en las Pastorales: 1Ti 1:19 ("mantengas la fe y una buena conciencia"); 3:9 ("Deben guardar, con una conciencia limpia, las grandes verdades de la fe"); 4:2 (las falsas doctrinas de Éfeso "provienen de embusteros hipócritas, que tienen la conciencia encallecida");

decir, de las virtudes de v. 5). Nuestra traducción podría malinterpretarse como una simple despreocupación; el verbo usado aquí (*astocheo*) significa errar el tiro, desviarse apartarse deliberadamente de algo.[8] Los herejes se desviaron del carácter cristiano *hacia* "discusiones inútiles", con un marcado contraste entre ser u obrar de manera firme y las palabras vanas. El término "inútiles" contiene la idea de futilidad, pero en Tito 1:10 Pablo clasifica a los "charlatanes" (una variante de la misma raíz, *matios*) con los rebeldes y los engañadores, así que la idea de futilidad no es neutral, sino negativa. Esa raíz puede traducirse por términos similares como "inútil, fútil, vacío, infructífero". En las Cartas Pastorales aparece en Tito 3:9, donde se refiere a controversias y peleas.[9] En 2 Pedro 2:18 dice que los herejes pronuncian "discursos arrogantes y sin sentido" (BLP, "son declamadores ampulosos y vacíos") y apelan a los instintos más bajos y a la naturaleza lujuriosa de personas que acaban de salir de entre quienes viven en el error. El uso de esta clase de terminología en 1 Timoteo subraya el peligro al que se enfrenta la iglesia de Éfeso si se permite a los falsos maestros seguir sin corrección.

Es irónico que esas mismas personas, cuyo discurso carece de sentido, "pretenden ser maestros" (v. 7) y que los que rechazan el amor, un corazón limpio, una buena conciencia y una fe sincera quieran ser maestros "de la ley". La ironía prosigue en el versículo 7 cuando dice que "no saben de qué hablan ni entienden lo que con tanta seguridad afirman". La palabra traducida "maestros de la ley" aparece en Lucas 5:17, y describe al gran maestro Gamaliel en Hechos 5:34. Lo que esto implica, junto al contexto de la epístola, es que estas personas buscaban ser reconocidas como autoridades en el Antiguo Testamento, quizá con especial referencia a la jurisprudencia que se aplica a los Diez Mandamientos. Tales maestros querían experimentar la embriagadora sensación de decir a los demás qué deben o no hacer en situaciones o "casos" específicos. Lucas 12:13 nos da un ejemplo del estatus que podrían estar buscando. Allí alguien se dirige a Jesús como autoridad en la ley y le pregunta: "Maestro, dile a mi hermano que comparta la herencia conmigo".

2Ti 1:3 ("doy gracias a Dios, a quien sirvo con una conciencia limpia"); y Tit 1:15 ("para los corruptos e incrédulos no hay nada puro. Al contrario, tienen corrompidas la mente y la conciencia").

8. Otra palabra que Pablo emplea en las Cartas Pastorales es *planao* (ver 1Ti 3:13; Tit 3:3), para divagar o engañar, la cual tiene una significativa historia en las antiguas controversias religiosas.
9. Ver también Hch 14:15; 1Co 3:20; 15:17; Stg 1:26; 1P 1:18; y fórmulas relacionadas en Ro 1:21; 8:20; 2P 2:18.

Fe, verdad y amor. Dada la importancia de la correcta doctrina en este pasaje, uno podría haber pretendido que el propósito del mandato de 1:5 fuera la corrección doctrinal. En lugar de ello, es el *amor*. No se trata de un giro sentimental en las instrucciones de Pablo; en las Escrituras, el amor no es una emoción débil: "Fuerte es el amor, como la muerte, y tenaz la pasión, como el sepulcro. Como llama divina es el fuego ardiente del amor" (Cnt 8:6). Teológicamente, "el amor es el cumplimiento de la ley" (Ro 13:10) y el corazón de los dos grandes mandamientos (amar a Dios y amar al prójimo, Mt 22:36-39). El amor es el objeto, por designio y deliberada intención de Dios, de la ley divina. Es también la fuerza motivadora de que Dios enviara a su Hijo (Jn 3:16), de la muerte de nuestro Señor por nosotros (Gá 2:20), y de nuestro servicio sacrificial a él (2Co 5:14).[10]

El amor (v. 5) brota de tener "un corazón limpio" y de una "buena conciencia". Esto a su vez solo es posible para quienes tienen "una fe sincera". Y allí donde los tres —el corazón puro, la buena conciencia y una fe sincera— existen juntos en toda su integridad, el resultado es amor. Jesús mostró un aspecto de esta relación cuando él dijo que "a quien poco se le perdona, poco ama" (Lc 7:47).

En contraste con los falsos maestros, Timoteo debía aferrarse a la "fe sincera" y a "una buena conciencia". El adjetivo "sincera", que modifica a "fe", le añade fuerza a la importancia de una conciencia limpia. Cuando Pablo se refiere a la fe como "sincera", no está tratando la cuestión de si uno tiene fe o no (es decir, si es creyente o no), ni de si uno tiene una fe pequeña o grande.[11] Es más bien un asunto de si la fe es genuina o hipócrita, bienintencionada o fingida. De nuevo está tratando con el carácter. Paradójicamente, los que tienen la conciencia corrompida son precisamente los que practican el ascetismo (1Ti 4:2-5) y se congratulan, sin duda, de su propia justicia. La sinceridad y tener

10. Las Cartas Pastorales hacen referencia al amor en 1Ti 1:14; 2:15; 4:12; 6:10, 11; 2Ti 1:7, 13; 2:22; 3:3, 10; Tit 2:2, 4; 3:4, 15.

11. Ver los comentarios de Jesús sobre la "poca fe" en Mt 6:30; 8:26; 14:31; 16:8; 17:20; Lc 12:28. Jesús usa esta expresión para describir no tanto una cantidad de fe medida con respecto a una escala, sino más bien a una ausencia de fe en una situación determinada; si los discípulos hubieran tenido una diminuta partícula de fe habrían podido mover montañas.

una buena conciencia son, por consiguiente, las marcas de la integridad que debe caracterizar al siervo del Señor.

La expresión "corazón limpio" (v. 5) trae inmediatamente a la memoria la bienaventuranza de Jesús: "Dichosos los de corazón limpio, porque ellos verán a Dios". El corazón representa a todo el hombre interior, tanto en el Antiguo como en el Nuevo Testamento. Aparece frecuentemente en Salmos y en Proverbios.[12] En 2 Timoteo 2:22 Pablo aconseja a Timoteo: "Huye de las malas pasiones de la juventud, y esmérate en seguir la justicia, la fe, el amor y la paz, junto con los que invocan al Señor con un corazón limpio". Este versículo y el que estamos considerando tienen en común las palabras "amor" y "fe", así como "corazón limpio". Además, las expresiones "una buena conciencia" y "una fe" se dan aquí y cerca del final del capítulo (v. 19).[13]

Un tema importante. Esta es la primera aparición en las Cartas Pastorales de la fusión de creencias y carácter, de ortodoxia y ortopraxia, de sana doctrina y vida moral, que se desarrollará como un tema primordial en estas epístolas. La integridad del siervo del Señor es importante en sí misma y como contraste con las vidas de los falsos maestros, que, como sus enseñanzas, son desdeñables. Que se haga estas cartas referencias a vicios y virtudes similares a los patrones morales convencionales del primer siglo no cuestiona su autenticidad, sino que muestra su relevancia. Los siervos del Señor, incluidos los ancianos, los diáconos y sus familias, no deben vivir en un nivel moral por debajo del de sus vecinos. El mundo pagano también tenía principios, a pesar de algunas barbaridades que practicasen, y estaban prestos para criticar a los cristianos incoherentes y desechar sus enseñanzas.

A este respecto, cuando Pablo le dice a Timoteo, clara y rotundamente, que no se debe tolerar la herejía, deja claro que la característica más importante de los herejes es aquí su provocación de controversias.[14] Nótese que lo opuesto a esa característica, el amor, es lo que él debe buscar

12. Algunos ejemplos: "Quiero alabarte, Señor, con todo el corazón" (Sal 9:1; *cf.* 111:1); "mi corazón se alegra" (13:5; *cf.* 16:9; 28:7); "mi corazón desfallece" (40:12; *cf.* 73:26), "Firme está, oh Dios, mi corazón" (57:7; *cf.* 108:1; 112:7); "... de corazón te entregas a la inteligencia" (Pr 2:2; *cf.* 2:10; 23:15); "Crea en mí, oh Dios, un corazón limpio" (Sal 51:10).
13. Ver también 4:2 y comentarios.
14. El término griego *hairesis* no aparece en las Cartas Pastorales. En este comentario empleo *herejía* y *hereje* porque (1) posee (a lo largo del tiempo) el sentido de elección, un sistema filosófico, una secta, una facción, disensión; y (2) también ha llegado a

(v. 5). Por tanto, si Timoteo asume su encargo de hacer desaparecer la herejía como una licencia para desahogar su ira (como algunos belicosos defensores de la fe han hecho a lo largo de la historia), será *como* los falsos maestros en cuanto a su *actitud*, olvidando el propósito.

De las tres expresiones tratadas en el versículo 5, "de un corazón limpio, de una buena conciencia y de una fe sincera", la del medio, "una buena conciencia", es probablemente la que por lo general menos se entiende. La conciencia es una capacidad innata, dada por Dios, para realizar juicios morales. No nos dice lo que es o no correcto, sino, con base en lo que se nos ha enseñado, discierne si una opción moral en particular está de acuerdo con ese conocimiento. Somos responsables de tomar decisiones conforme a la conciencia. Si hay duda acerca de la corrección de un comportamiento determinado, Romanos 14:23 nos dice que no lo sigamos. Dicha acción no se basa en la fe, y "todo lo que no se hace por convicción es pecado".

Esta realidad muestra que hasta los cristianos que siguen sus conciencias de manera fiel pueden diferir en su conducta, dado que la base (los patrones que han adoptado y que sirven de referencia para sus conciencias) puede ser diferente. Nadie tiene una conciencia infalible. Hasta los que no conocen la ley de Dios poseen una conciencia y son moralmente responsables (Ro 2:12-16), pero sus juicios morales pueden ser defectuosos. La sinceridad y una buena conciencia son características importantes del siervo del Señor. Tales cualidades pueden parecer demasiado débiles o difusas para ser requisitos primordiales en tiempos en los que (como ha ocurrido en importantes épocas de la historia de la iglesia) el error ha sido algo extendido. En esos periodos había campos de batalla establecidos y pareciera que la aptitud más importante para el liderazgo fuera el indómito celo de un cruzado. Pero por eso es precisamente por lo que necesitamos las Cartas Pastorales, para poner en el orden correcto nuestras prioridades.

Cómo tratar el error. El mensaje de las Cartas Pastorales para nosotros hoy no solo consiste en cómo identificar un tipo concreto de herejía. El mensaje es también

---

significar error doctrinal. Por tanto, describe adecuadamente la situación destructiva que se estaba dando en Éfeso.

(y tal vez hasta sea más importante en algunas circunstancias) la manera en que hay que tratar tales desviaciones. Se aclarará progresivamente en el estudio de las Cartas Pastorales que el *cómo* debe enfrentarse el maestro sano a la herejía comparte la atención con el *cuáles* herejías había que tratar. Una aplicación importante de las Cartas Pastorales para hoy —y puede argumentarse que es la aplicación distintiva de este corpus epistolar— es que no se trata simplemente de sostener la doctrina correcta, ni mucho menos de insistir en alguna forma de organización de la iglesia que podamos discernir en esas cartas, sino de la importancia de *integridad de doctrina y vida.*

Cuando Pablo estaba en sus viajes misioneros, tuvo ocasión de conocer y oír de predicadores paganos itinerantes, como los predicadores filosóficos y los practicantes de ciertos cultos, que se ganaban la vida a partir de sus ingenuos conversos y patrocinadores. Tenemos abundantes evidencias de aquellos tiempos de que la reputación de algunos de esos predicadores ambulantes ponía de manifiesto una lechada de mala enseñanza y peor vida.[15] Pero incluso en el cristianismo, cuando se fueron estableciendo iglesias y el ámbito de trabajo de Pablo se hizo demasiado amplio para ser efectivo, observaba cada vez más ejemplos de esa mezcla en las vidas de maestros de las iglesias. Veía impiedad emparejada con una enseñanza corrupta y corruptora (1Ti 1:18-20; 4:1-2; 2Ti 2:16-17; 3:1-9; Tit 1:10-14). Por consiguiente, Pablo no solo apremiaba a tener una doctrina pura o una vida pura, sino a fundir ambas cosas para contrarrestar la perniciosa lechada de doctrina y vida impuras. La doctrina a la que él apelaba no solo era correcta, sino "sana". Una doctrina de este tipo produce una vida moral y saludable. Esta fusión en los cristianos no solo es importante, sobre todo en los maestros, sino que es en sí misma un testimonio de la verdad del mensaje.[16]

Identificar el error. Lo anterior no minimiza la tarea actual de enfrentarnos al error doctrinal. ¿Qué nos enseñan las Cartas Pastorales acerca de esto? Para aplicar a nuestras propias circunstancias los pasajes del Nuevo Testamento que advierten contra la desviación doctrinal, es útil entender lo más completamente posible el trasfondo bíblico. Pero

15. Uso aquí "lechada" [ing. *slurry*] como término empleado en la minería y la metalurgia para referirse a una mezcla de partículas como arcilla, cemento y carbón en un líquido. Lo empleo para describir la mezcla de doctrina impura con obras impuras.

16. Los pasajes en los que Pablo enfatiza esta "fusión", la integridad de doctrina y vida, son 1Ti 1:5, 19; 2:8-15; 3:2-13, 15-16; 4:2, 6-7, 11-12, 15-16; 5:5-6, 8, 10; 6:1-2, 6-10, 11-12; 2Ti 2:19-22; Tit 2:1-10; 3:8 (ver también la Introducción).

esto puede ser un cometido frustrante en las Cartas Pastorales, dado que no ofrecen una presentación cohesionada de la herejía. Eso no es un defecto, puesto que, como señalamos con respecto a los términos del saludo, los destinatarios tenían información que los lectores posteriores no tenemos. Ellos podían juntar las piezas.

Pero hay varios indicios a lo largo de las cartas acerca de cuáles eran las áreas de desacuerdo. Como ya hemos visto, en 1:3 Pablo menciona "doctrinas falsas", así que sabemos que lo que estaba en juego no solo eran asuntos de costumbres u opiniones, sino la verdad. Habla de "leyendas y las genealogías interminables", pero estos términos son algo oscuros, no nos ayudan mucho a percibir la naturaleza del error. También sabemos que malinterpretan algo acerca de la ley, porque, aparentemente, no la están aplicando "como es debido" (v. 8). Descubriremos más fragmentos de información en pasajes posteriores en las Cartas Pastorales. Pero aunque seamos incapaces de hacer una descripción tan detallada y colorida como nos gustaría de estas desviaciones de la verdad, ¿acaso no tenemos nada? ¿Es que no podemos extraer de un pasaje como 1:3-7 algo lo bastante concreto como para ayudarnos a discernir la desviación doctrinal hoy? Al contrario, hay varias formas en las que podemos aplicar el texto.

(1) Aun cuando tal vez no podamos identificar un error contemporáneo específico que se corresponda con lo que Pablo tenía en mente cuando escribió, por lo general podemos, a partir de cómo eran las cosas en la iglesia del primer siglo, discernir lo suficiente como para dar cuerpo a un potencial problema en nuestra propia situación que se corresponda con el de entonces. El uso correcto de la ley, por ejemplo, ha sido cuestión de debate durante muchos siglos, y hay diferencias legítimas entre distintas ramas cristianas. Pero si encontramos una actitud fuertemente legalista o su opuesto, la doctrina liberal, podremos encontrar un presupuesto doctrinal que subyace bajo el erróneo abuso de la ley.

(2) Otro modo de abordarlo es señalar la presencia de cualquier obstáculo para el crecimiento normal en nuestra iglesia (o comunión de iglesias). Un obstáculo puede ser la controversia, como en Éfeso (1:4). Esto no quiere decir que la controversia siempre sea señal de herejía, pues hasta los teólogos ortodoxos y los líderes de iglesia pueden dejar que sus planes personales y sus motivaciones pecaminosas alimenten discusiones. Pero la controversia también puede surgir de diferencias subyacentes en presupuestos doctrinales básicos, sobre todo si uno u

otro adoptan ideas incompatibles con la ortodoxia. Otro indicio de que puede haber un virus doctrinal es si la obra de Dios no está siguiendo adelante por la fe (*cf.* otra vez v. 4). Los intereses económicos y la ambición de un "imperio personal" pueden desplazar a la fe, pero también puede hacerlo una doctrina desviada. Puede haber una erosión de la dependencia de Dios, con el consiguiente cambio sutil del suelo sobre el que se planta una nueva iglesia u obra misionera.

Recuerdo que, cuando no era más que un muchacho, había un grupo de iglesias unidas en su doctrina y opuestas a lo que entonces llamaban modernismo. Una iglesia de ese grupo, sin embargo, parecía no tener la fuerza ni el progreso de las otras. Un cristiano sabio detectó un serio defecto en la predicación del pastor de esa iglesia. No se estaban proclamando con claridad los fundamentos de la fe. No pasó mucho tiempo antes de que ese pastor saliera y se uniera una institución que no estaba comprometida con lo que hoy llamaríamos a la fe evangélica. Para muchos, ese movimiento en el pastor cayó totalmente por sorpresa. Pero no fue así para los que habían discernido que la causa de esa debilidad en la "obra de Dios" era en el fondo doctrinal.

(3) Puede parecer, dada la historia de los enfrentamientos entre los llamados modernistas y los fundamentalistas, y más recientemente entre liberales y evangélicos, que los que no tienen una sana doctrina lo tendrían hoy más difícil para evitar que los detectaran y los llamaran al orden. Hoy también tenemos excelentes seminarios, teológicamente sanos, cuyos académicos y graduados están bien preparados para identificar la herejía y ocuparse de ella. No obstante, hay razones para que exista una ampliamente generalizada y peligrosa ignorancia en lo que respecta a la Biblia y la doctrina. (a) Una razón es la falta de referencias en las escuelas públicas a los hechos de la Biblia y a la historia de la iglesia.

(b) Otra es la disminución de lectura y la enseñanza de la Biblia en la familia, debida en parte a la desaparición de una hora común de la cena para toda la familia.

(c) Además, la dedicación de los pastores a las obligaciones administrativas, los eventos para la comunidad y el asesoramiento implica a menudo menos tiempo para el estudio.

(d) Es también posible que los predicadores estén tan concentrados en alcanzar a los jóvenes que no van a la iglesia que repercuta en que sermón doctrinal sufra. Se sabe que las nuevas generaciones tienen dificultad para seguir sermones extensos sin aplicación directa, y que las predicaciones contemporáneas, a menudo, en su bien intencionado proceso de adaptación a esta audiencia, son doctrinalmente débiles. Si no se provee algo de instrucción doctrinal, tanto los cristianos como los buscadores que asisten a la iglesia pueden carecer del fundamento necesario para tratar con conocimiento las cuestiones doctrinales. La preparación de los integrantes de algunas sectas que llaman a nuestra puerta para expresar sus creencias es con frecuencia mayor que el fundamento de verdad bíblica de los cristianos a quienes visitan. Se puede dar el caso de que las personas oigan los equivalentes modernos de las "leyendas y genealogías interminables" y no sepan cómo tratarlos. Y cuando los maestros "que con tanta seguridad afirman" (v. 7) cuestiones doctrinales —ya sean acerca de la ley o de otros temas más actuales— la persona promedio apenas tiene idea de que esos maestros "en realidad no saben de qué hablan".

Abordar el relativismo. Otro problema contemporáneo es que, en contraste con una posición dogmática en defensa de la pureza teológica, en las discusiones de temas religiosos y éticos hay a menudo términos relativistas como *pluralismo* y *valores.* A menudo se evalúan las enseñanzas cristianas como poseedoras únicamente de un valor relativo. El eclecticismo es una forma de considerar la religión y las creencias sin comprometerse con ningún sistema de organización o fe, sino escogiendo aspectos de ellas a voluntad. Cualquier vara de medir educativa o ética que atraiga personalmente se considera válida. Así, muchos católicos hoy aceptan enseñanzas católicas tradicionales acerca de María, pero desechan las enseñanzas católicas sobre el control de natalidad. La autoridad religiosa y el absolutismo teológico quedan descartados.

El término *valores* parece inofensivo e incluso bueno, pero puede ser un sustituto pobre de *principios.* Las diferentes escalas de valores reivindican un mismo estatus que los absolutos morales. En diversas culturas alrededor del mundo y a través del tiempo, los misioneros cristianos han tenido que decidir cómo reconocer valores genuinos en las creencias y las costumbres de los pueblos que tratan de evangelizar, sin poner en juego el evangelio mismo ni los patrones morales y la doctrina que tienen el encargo de transmitirles.

1 Timoteo 1:8-11

Ahora bien, sabemos que la ley es buena, si se aplica como es debido. [9] Tengamos en cuenta que la ley no se ha instituido para los justos sino para los desobedientes y rebeldes, para los impíos y pecadores, para los irreverentes y profanos. La ley es para los que maltratan a sus propios padres, para los asesinos, [10] para los adúlteros y los homosexuales, para los traficantes de esclavos, los embusteros y los que juran en falso. En fin, la ley es para todo lo que está en contra de la sana doctrina [11] enseñada por el glorioso evangelio que el Dios bendito me ha confiado.

Sentido Original

Con un juego de palabras, Pablo dice que la ley (*nomos*) debe usarse legítimamente (*nomimos*). El correcto uso requiere, por supuesto, una comprensión de su propósito. Ha habido mucho debate teológico sobre este asunto, sobre todo acerca de la función de la ley en la vida de los que son salvos por gracia. Pablo habla de este asunto extensamente en más de un lugar, pero la referencia más útil, además de este pasaje, es Gálatas 5:13-26. Allí se resume la ley "en un solo mandamiento: 'Ama a tu prójimo como a ti mismo'". Esto asume, por supuesto, que el amor a Dios es el "más importante" mandamiento (Mt 22:37-38). El pasaje de Gálatas muestra a continuación que "los deseos de la naturaleza pecaminosa" (lit., "de la carne") deben ser reemplazados por "el fruto del Espíritu" que es "amor, alegría, paz, paciencia, amabilidad, bondad, fidelidad, humildad y dominio propio. No hay ley que condene estas cosas" (Gá 5:22-23). Aquí en 1 Timoteo 1, Pablo describe a aquellos cuyas acciones están en contra de esa ley, ya no mediante su depravación personal, como en Gálatas 5:19-21, sino como personas que se oponen a Dios (1Ti 1:9a) y hacen daño a otros hombres (vv. 9b-10a). Estos no aman ni a Dios ni al prójimo.

El versículo 9 establece el principio de que la ley[1] no se instituyó[2] para los justos, sino para los "desobedientes y rebeldes". Los que se resisten a hacer lo correcto necesitan que se les ponga delante un patrón que deje claro que lo que hacen está mal. Pablo escribió: "Hubo un tiempo en que viví sin entender la ley. Sin embargo, cuando aprendí, por ejemplo, el mandamiento de no codiciar, el poder del pecado cobró vida" (Ro 7:9, NTV). Si Pablo, que ya estaba comprometido con esa ley, necesitó ser confrontado de esa manera, cuánto más aquellos cuyos pecados se enumeran en la siguiente sección.

Con frecuencia se ha señalado que la lista de pecados de los versículos 9-10 no son más que un eco de las llamadas "listas de vicios" que encontramos en escritos moralistas antiguos, pero sigue los temas de los Diez Mandamientos (Dt 5:6-21):[3]

1 Timoteo 1:9-10	*Diez Mandamientos* (Dt 5:6-21)
Desobedientes y rebeldes	No tengas otros dioses además de mí
Los impíos y pecadores	
Los irreverentes y profanos	
Los que maltratan a sus propios padres	Honra a tu padre y a tu madre
Los asesinos	No mates
Los adúlteros y los homosexuales	No cometas adulterio
Los traficantes de esclavos	No robes
Los embusteros y los que juzgan en falso	No des falso testimonio en contra de tu prójimo.

1. La palabra "ley" (*nomos*) aparece sin artículo en el griego del versículo 9. Es decir, le falta "la". Sin embargo, esto no hace que el sustantivo sea indeterminado, como si se refiriera a la ley en general. Incluso cuando no aparece el artículo, el contexto puede aclarar que se tiene en mente la ley de Moisés, como en Romanos 2:14, donde Pablo dice que los gentiles no tienen "ley", y en Gálatas 3:17, donde dice que "ley" vino cuatrocientos años después de Abraham. Normalmente, cuando Pablo se refiere a la ley es la de Moisés.
2. "Instituido" (*keitai*) tiene aquí un sentido legal. El término también puede traducirse como "dado, existir, ser válido" (BAGD, 426).
3. Young muestra que esta lista refleja el Decálogo y encaja también en la "cultura puente judeohelenística" de las Pastorales (*Theology of the Pastoral Letters*, 24-28).

La mayor parte de las comparaciones son obvias. La descripción de los que no honran a Dios incluye varios aspectos de la falta de respeto. La palabra traducida "los adúlteros" (1Ti 1:10) tiene un significado amplio y se entendía (como el séptimo mandamiento) como aplicada a diversos actos de inmoralidad sexual. No obstante el hebreo *na'ap* de Deuteronomio 5:18 significaba específicamente adulterio (otra palabra, *zana*, servía para fornicación en general), y en los tiempos del Nuevo Testamento, aunque el griego *porneia* se usaba en sentido amplio para inmoralidad sexual, podía (dependiendo del contexto) referirse específicamente al adulterio. *Pornoi*, la que aparece aquí, es "adúlteros", bien traducido en la NVI. "Homosexuales" traduce al griego *arsenokoi*, referido a homosexuales varones (RVR60 "sodomitas"). El comercio de esclavos puede parecer un ejemplo inusual de robo, pero en aquella sociedad se entendía y era demasiado común (ver también Éx 21:16; Dt 24:7).

El versículo 10 emplea la figura retórica de ir de lo particular a lo general. Después de listar los pecados que requieren juicio y corrección por la ley, Pablo generaliza: "… para todo lo que está en contra de la sana doctrina". Hay varios puntos significativos en los versículos 10-11:

(1) Lo que está en contra de la ley del Antiguo Testamento es también contrario a la doctrina cristiana

(2) La doctrina verdadera se califica de "sana" o saludable. Se trata de un término médico (ver más abajo) y puede ser un indicio de participación o influencia por parte de Lucas en la escritura de las Cartas Pastorales (ver Introducción).

(3) La sana doctrina, a su vez, es conforme al "glorioso evangelio". La primera enseñanza que un no cristiano oía mediante la predicación del evangelio y la subsiguiente instrucción que recibía mediante la enseñanza de la doctrina eran coherentes entre sí.

(4) Este evangelio procede del "Dios bendito". Esto enfatiza tanto su verdad como su tremenda importancia.

(5) Ese evangelio fue confiado a Pablo, un hecho que expresa tanto la autoridad de Pablo como su responsabilidad para comunicarlo.

La expresión "sana doctrina" se da solo en las Cartas Pastorales. "Sana" traduce al participio del verbo *hygiaino*, "estar sano", con función de adjetivo.[4] Se combina con "palabras", "doctrina" o "en la fe". En todos los casos, se usa para describir la creencia verdadera. Normalmente, el contexto inmediato muestra que es creencia verdadera en contraste con enseñanza falsa. El verbo solo, en su sentido literal de estar sano o ser saludable, se encuentra en el resto del Nuevo Testamento únicamente en Lucas y 3 Juan.

Se trata de una vívida expresión figurativa, sobre todo empleada en las Cartas Pastorales para describir la enseñanza que no está "enferma", sino que es saludable y resiste a la enfermedad del error.[5] Los falsos maestros, por el contrario, tenían un "afán enfermizo" [*nosos*, enfermo] por las discusiones (1Ti 6:4). Los pecados opuestos a los Diez Mandamientos, listados en 1:9-10, van en contra de esta sana doctrina. Para mostrar que esos pecados no son meras caídas o errores, Pablo escoge una palabra (*antikeita*, "puesto en contra de, opuesto a, antítesis de") que parece un juego de palabras con *keitai* ("hecho, instituido o dado"), en la frase "la ley no se ha instituido para" (v. 9).

Hay una implicación más en el vocabulario de los versículos 10-11. La doctrina enferma y falsa tiene un opuesto formidable, el "glorioso evangelio" del "Dios bendito". El adjetivo "glorioso" (que traduce el genitivo adjetival del sustantivo "gloria") aparece también en 1:17 (donde el honor y la gloria son de Dios); en 3:16 (Cristo fue "recibido en la gloria"); en 2 Timoteo 2:10 (con respecto a alcanzar "la gloriosa y eterna salvación que tenemos en Cristo Jesús"); en 4:18 (donde se gloria otra vez a Dios); y en Tito 2:13 ("la gloriosa venida [o "la manifestación de la gloria", RVR60] de nuestro gran Dios y Salvador Jesucristo"). Hay distintas opiniones sobre si esta frase debería entenderse como (1) "el evangelio glorioso del Dios bendito" (que sigue el modismo semítico familiar para el escritor), o (2) "el evangelio de [que cuenta la] gloria del Dios bendito". Knight consulta acertadamente 1 Corintios 4:4, donde tenemos una redacción paralela, traducida normalmente como "el

---

4. Aparte de en 1:10, el verbo aparece en otros lugares de las Cartas Pastorales, como 6:3; 2Ti 1:13; 4:3; Tit 1:9, 13; 2:1-2.

5. Para ver un punto de vista alternativo que se vale de instancias griegas y helenísticas en las que el término significa "racional" o "razonable" en lugar de "sana", lo cual se usa para contradecir la autoría paulina de las Cartas Pastorales, se puede consultar Dibelius y Conzelmann, *Pastoral Epistles*, 24-25. El problema de su presentación está en su metodología, no en los recursos lingüísticos o literarios que citan.

evangelio de la gloria de Cristo".[6] Así pues, la interpretación (2) es la apropiada aquí.[7]

Los cristianos y la ley del Antiguo Testamento. Los teólogos han discutido mucho tiempo sobre la función de la ley del Antiguo Testamento para los creyentes del Nuevo Testamento. ¿Debe descartarse como inapropiada para esta dispensación? ¿Solo es útil en tanto que muestra la pecaminosidad humana? ¿Debería enseñarse como patrón para la vida cristiana? ¿Deben los cristianos tratar de procurar que la sociedad se amolde a esa ley?[8]

Este párrafo no descarta ninguno de estos usos ni contesta directamente a estas preguntas, pero proporciona algunos principios esenciales. Los versículos 8-11 señalan tres puntos.

(1) Contrastan el conocimiento que poseen los "cristianos bien informados" ("sabemos", v. 8) con la ignorancia de los falsos maestros, que usan mal la ley.[9] (2) enseñan que, aunque Timoteo tiene que oponerse a los que quieren ser maestros de la ley, la ley misma debe ser bien valorada, pues es buena (v. 8; *cf.* Ro 7:12). (3) Proporciona importantes

6. La paráfrasis de Peterson en la Biblia *The Message* da a la redacción de Corintios un feliz giro contemporáneo: "el Mensaje que brilla con Cristo". Sin embargo, es una lástima que en 1Ti 1:11 la significativa terminología sobre la gloria se vea oscurecida por la simple palabra "gran". (En el versículo previo, la importante expresión clave "sana doctrina" no aparece en absoluto, aparentemente incluida en la palabra "verdad" en un comprimido resumen de vv. 10-11.) Esto ilustra la dificultad con que nos encontramos en el encomiable intento de contemporizar los términos bíblicos para quienes no están acostumbrados a ellos.
7. En relación con esto, RVR60 y LBLA coinciden al corregir a NVI en Tito 2:13, de "manifestación gloriosa" a "manifestación de la gloria [de Cristo]" y "gloriosa venida de nuestro gran Dios", respectivamente. *The Message* traduce como "el día glorioso cuando [Cristo] aparezca", aplicando la idea de glorioso al tiempo, en lugar de a Cristo. Ver mis comentarios sobre ese pasaje.
8. La ley del Antiguo Testamento, la Torá, se ha aplicado y mal aplicado en muchos sentidos, en parte debido a algunas inexactitudes exegéticas. Jesús aborda la cuestión de la ley en el Sermón del Monte, sobre todo en Mt 5:17-48 y en sus ejemplos: "Ustedes han oído... pero yo les digo". El significado exacto de esto sigue siendo objeto de discusión. Pablo dijo que Cristo es el "fin" de la ley. "Fin" es aquí el griego *telos*, que puede significar tanto meta como ruptura de una continuidad, pero sigue discutiéndose cuál de estos dos sentidos quiere decir o subrayar Pablo.
9. Kelly, *The Pastoral Epistles*, 48.

conocimientos para los lectores, como los destinatarios adecuados de las enseñanzas de la ley (1Ti 1:9-10).

Lo que interesa directamente en este pasaje no es lo mismo que nos preocupa hoy, que es el posible papel de la ley del Antiguo Testamento en el ámbito de la sociedad secular, hasta qué extremo debe esta ley servir de fundamento para la vida cristiana en la era actual, o la función de la ley en la historia de la salvación. La preocupación es más bien otra, un problema del que se ocupan estas cartas. Al parecer, los herejes estaban efectuando una rígida aplicación de la ley para lograr sus propósitos particulares en la iglesia. En sentidos que a estas alturas no podemos entender del todo, estaban aplicando la ley a los "justos" intentando encajarla a la fuerza en un papel doctrinal o ético que no era el suyo original. El mismo apóstol (asumiendo la autoría paulina) que escribió que el amor es el cumplimiento de la ley en un contexto en que exhorta a respetar, honrar y pagar tributo a quien se le deba (Ro 13:7-8), difícilmente podría estar ahora excluyendo esa aplicación como una de las funciones correctas de la ley.

Debe haber una razón específica, aunque poco clara para nosotros, por la que Pablo no solo dice que la ley es para los pecadores, sino que identifica por categorías a los pecadores particulares que necesita ser expuestos a la luz condenatoria de los Diez Mandamientos. La ley funciona aparentemente como una lista de vicios que resultaban familiares a los creyentes efesios y a los falsos maestros. Esto sugiere que un uso legítimo de la ley es señalar el pecado en cualquiera de las formas que pueda adoptar en una cultura dada. Lo que llama la atención al lector es que después de mencionar a traficantes de esclavos, mentirosos y otros pecadores, como aquellos contra quienes debe dirigirse la ley, la trae a colación con respecto a las enseñanzas de esas mismas personas que la estaban usando mal ("todo lo que está en contra de la sana doctrina"). Los falsos maestros se encontraron con que su cañón se había girado para apuntarles.

El estándar de verdad. A veces, personas que suelen actuar con lógica tienen problemas para extraer conclusiones lógicas obvias y actuar en consecuencia. El estándar de la verdad en este pasaje es la "sana doctrina *enseñada por* el glorioso evangelio que el Dios bendito me ha confiado" (cursiva añadida). Cualquier enseñanza que no sea conforme al "glorioso evangelio" está claro que no es sana doctrina y hay que desecharla. De otro modo, por razones que pudieran ser personales, políticas o sentimentales, permitimos que la herejía asome las narices en nuestras aulas, programas de jóvenes o en la iglesia misma. La razón por la que uno podría decidir pasar por alto que una enseñanza no se conforma al evangelio puede ser deliberada, o puede ser falta de una buena enseñanza, en cuyo caso la culpa recae sobre los dirigentes de la iglesia. Pablo da a entender que cualquier enseñanza, no solo acerca de la ley sino sobre cualquier elemento básico de la doctrina, que no se conforma claramente a lo esencial del evangelio debe ser declarada falsa.

Significado Contemporáneo

La ley del Antiguo Testamento. Son pocos los cristianos de hoy que se involucran en discusiones profundas sobre la ley del Antiguo Testamento. Pero hay dos sentidos en los que las circunstancias de este párrafo pueden tener una estrecha relación con las experiencias típicas de los cristianos actuales. (1) Los cristianos, quizá sin caer en la cuenta, pueden ser criticados por su conducta o acciones sobre la base de una aplicación demasiado celosa de la ley. No es necesariamente el legalismo en el sentido de las actividades judaizantes de tiempos de Pablo, pero sí un legalismo que olvida la ley de amor. Esto ocurre cuando se centra la atención en uno u otro *detalle* de comportamiento o de una *opinión* teológica,[10] ignorando ciertos principios como un todo. Jesús habló de los que “dan la décima parte de sus especias [...], pero han descuidado los asuntos más importantes de la ley, como la justicia, la misericordia y la fidelidad. Debían haber practicado esto sin descuidar aquello” (Mt 23:23). Obviamente, no es antinomianismo, sino una revisión de la perspectiva.

(2) el otro sentido en que este pasaje tiene relevancia para el cristiano de hoy tiene que ver con no discernir entre lo que es conforme a la verdad del evangelio y lo que no lo es. En las últimas décadas, los guiones de presentación que han usado los representantes de ciertas sectas al realizar su tarea misionera de ir puerta a puerta han cambiado. Ahora, sus palabras iniciales van más en la línea de apelar a la conciencia religiosa de la persona visitada o a los “valores de familia” comúnmente aceptados (en gran medida como la técnica del viejo vendedor a domicilio, que procuraba sacar varios “sí” al cliente en la conversación antes

10. Me gusta llamarlos “doctoides”, en analogía a los intrascendentes “factoides”.

de llegar al argumento de venta). Se hace cada vez más difícil discernir cuándo algo es conforme al evangelio y cuándo no.

Acerca de distinguir la verdad del error. Como hemos señalado antes, algunos cristianos pueden estar poco preparados para discernir la diferencia debido a la insuficiente enseñanza bíblica y doctrinal en muchas iglesias de hoy. Si hacemos una comparación entre dos culturas de iglesia radicalmente diferentes —por ejemplo, la de los años treinta con la de los años noventa del siglo pasado— la situación puede verse con mayor claridad. En el periodo más antiguo, había una alta cultura religiosa. Los que eran ganados para Cristo en las reuniones de evangelización, tanto dentro como fuera de las iglesias, solían tener bastante conciencia de la verdad del evangelio aun antes de su conversión. Sabían de la Biblia más de lo que la mayoría sabe hoy, y tenían algunos conocimientos de doctrina. Que hoy haya personas que, sin previa formación teológica ni bíblica, están viniendo a Cristo es, por supuesto, un motivo para dar gracias. Que hayan tenido esas carencias no es tan positivo.

Necesitamos hacer un esfuerzo adicional para que los nuevos cristianos reciban, tan pronto como sea posible, el trasfondo que les falta, a fin de que puedan distinguir entre "el evangelio" y la herejía y, así, resistir a esta con éxito. Necesitamos también incluir la suficiente doctrina bíblica en nuestra predicación (y en el culto) para proporcionar a los buscadores un fundamento que sirva de terreno donde arraigar su fe cuando llegue el momento de su conversión.

Sin embargo, también puede haber partes de sermones, comentarios, artículos e incluso himnos *dentro* del ámbito verdaderamente cristiano que, sin ser afirmaciones heréticas, no son conforme a la enseñanza del evangelio. ¿Es cierto que los ángeles tienen alas y arpas de oro? ¿Y es cierto que "a través de los cielos vienen con sus pacíficas alas desplegadas"? Cantamos cada Navidad la canción "It Came Upon a Midnight Clear" [cantado con traducción libre en español: "A medianoche se oyó"], y no veo ningún mal en ello, *siempre y cuando* la cantemos simbólicamente, aunque hay que reconocer sus adornos poéticos.

Una vez escuché a un líder de alabanza decir que "adoramos con (*sic*) el Padre" y orar que pudiéramos ser "exaltados por encima del Señor". Supongo que se trató de algún lapsus lingüístico, pero ilustra la necesidad de ser precisos en la adoración en público. En el himno "Joyful, Joyful We Adore Thee" [cantado con traducción libre en español: "Jubilosos te adoramos"], cantamos en inglés: "Tú el Padre, Cristo nuestro Hermano, todo el que vive en amor es tuyo". Si cantamos esto con el contexto de Hebreos 2:11-12, 17 y 1 Juan 4:7 en mente, está bien; pero no hay duda de que muchos lo han cantado con los presupuestos de la teología liberal en mente, y, por tanto, con un significado que no es conforme al evangelio.

Estas observaciones pueden parecer pedantes, pero la verdad exige precisión. Sin embargo, debemos preguntarnos algo más: si, cuando detectamos una herejía categórica, deberíamos atacar los motivos o a quienes enseñan el error. Pablo lo hizo abiertamente en las Cartas Pastorales. Quizá deberíamos distinguir entre inmoralidad flagrante y hostilidad hacia el evangelio por un lado y pensamientos privados por otro, los cuales, aunque nos parezcan poco apropiados, deberíamos dejarlos al juicio de Dios.

A menudo esta elección refleja la personalidad del individuo que hace el juicio: o reticente a expresarse en público o agresivamente censurador. En el clima de hoy, la segunda de estas actitudes se queda en seguida sin nadie que atienda con respeto. Si el propósito del mandato es que brote el amor y requiere un corazón limpio (1:5), debemos examinar nuestras motivaciones al declarar los pecados y errores de otros. También hemos de tener presente que los juicios morales expresados en las Cartas Pastorales fueron escritos bajo la inspiración del Espíritu Santo y, por consiguiente, son precisos en su valoración de los motivos de los herejes; y eso es algo que no podemos arrogarnos.

1 Timoteo 1:12-17

Doy gracias al que me fortalece, Cristo Jesús nuestro Señor, pues me consideró digno de confianza al ponerme a su servicio. [13] Anteriormente, yo era un blasfemo, un perseguidor y un insolente; pero Dios tuvo misericordia de mí porque yo era un incrédulo y actuaba con ignorancia. [14] Pero la gracia de nuestro Señor se derramó sobre mí con abundancia, junto con la fe y el amor que hay en Cristo Jesús.

[15] Este mensaje es digno de crédito y merece ser aceptado por todos: que Cristo Jesús vino al mundo a salvar a los pecadores, de los cuales yo soy el primero. [16] Pero precisamente por eso Dios fue misericordioso conmigo, a fin de que en mí, el peor de los pecadores, pudiera Cristo Jesús mostrar su infinita bondad. Así vengo a ser ejemplo para los que, creyendo en él, recibirán la vida eterna. [17] Por tanto, al Rey eterno, inmortal, invisible, al único Dios, sea honor y gloria por los siglos de los siglos. Amén.

Pablo pasa de la gratitud a Cristo el Señor en el versículo 12 a alabar a Dios el Rey en el 18, que constituye un clímax para la sección. En estos versículos va de lo particular (tuvo misericordia del blasfemo Pablo, vv. 13-14) a lo general (Cristo vino a salvar a los pecadores, v. 15), y luego a lo particular otra vez (fue misericordioso con el pecador Pablo, vv. 15b-16).

La comisión por gracia de Dios a Pablo (1:12-14)

La gratitud de Pablo es para el que le dio fuerzas. En Filipenses 4:13 había declarado efusivamente: “Todo lo puedo en Cristo que me fortalece”; y más adelante en las Cartas Pastorales escribe de un momento en concreto cuando el Señor le dio fuerza al tener que enfrentarse a sus acusadores solo (2Ti 4:16-17). El apóstol también alentó a Timoteo a fortalecerse “por la gracia que tenemos en Cristo Jesús” (2Ti 2:1). La idea de fortalecerse en esta exhortación no se refiere a la fuerza bruta sino a la fuerza moral y la reafirmación para el servicio. Pero, mientras que la fuerza viene de Dios, a Pablo se le exige fidelidad. “Ahora bien, a los que reciben un encargo se les exige que demuestren ser dignos de confianza”

(1Co 4:2). Esta no es una virtud con la que Pablo se gane una comisión, sino un requisito para el "servicio" de Dios (*diakonia*, 1Ti 1:12).

El término *diakonia* aparece en treinta y cuatro ocasiones en el Nuevo Testamento, y el verbo *diakoneo* ("servir"), treinta y siete. En 1 Corintios 12:5 se nos dice: "Hay diversas maneras de servir, pero un mismo Señor". A lo largo del Nuevo Testamento se nombran muchos tipos diferentes de servicio sin confinar el servicio (o "ministerio") a ningún orden o cargo especial. En Hechos 6:2, 4 el atender a las mesas (es decir, proveer comida para las viudas necesitadas) y la enseñanza apostólica de la palabra de Dios se llamaban, ambos, "servicio". En el caso de Pablo, su servicio, tan especial como su conversión, es ser el gran apóstol a los gentiles.

Los versículos 13-14 conforman un interesante contraste con el testimonio de Pablo en Filipenses 3:4-6, donde se describe a sí mismo diciendo que antes estuvo orgulloso de sus logros. Allí se refirió a su persecución de la iglesia como una prueba de fervor y se autocalificó "en cuanto a la justicia que la ley exige, intachable". Acto seguido matiza: "Sin embargo, todo aquello que para mí era ganancia, ahora lo considero pérdida por causa de Cristo" (v. 7), pero es suave comparado con la fuerte condena de su ego aquí en 1 Timoteo 1:13: "o era un blasfemo, un perseguidor y un insolente".

La blasfemia consiste en difamar el nombre de Dios, un acto horrendo y una actitud punible con la muerte en los tiempos del Antiguo Testamento (Lv 24:16). Su gravedad está también clara en 1 Timoteo 1:20, donde Pablo dice haber entregado a dos individuos "a Satanás para que aprendan a no blasfemar".[1] En el versículo 13, Pablo vincula la blasfemia con la persecución y la violencia, como hizo en su "testimonio" ante el rey Agripa (Hch 26:9-11), cuando relata que no solo encarceló a muchos cristianos y convino en su muerte (ver Hch 8:1), sino que también intentó obligarlos a blasfemar.

Pablo le explica a Timoteo que Dios tuvo misericordia de él, de Saulo, porque "era un incrédulo y actuaba con ignorancia". Eso no quiere decir que Dios perdone automáticamente a alguien que actúe sin conocimiento antes de ser cristiano, sino que expresa la misericordia soberana

1. Aprendemos más acerca de lo que se consideraba blasfemia gracias a las palabras de los que estuvieron a punto de apedrear a Jesús para matarlo: "porque tú, siendo hombre, te haces pasar por Dios" (Jn 10:33). Ver también T. Rees, "Blaspheme; Blasphemy", *ISBE*, 1:521-22.

de Dios para tocar a Saulo de Tarso, que creía estar honrándole intentando hacer desaparecer a los cristianos cuando él pensaba que *ellos* blasfemaban.

En el versículo 14, donde "gracia" se une ahora a la "misericordia" mencionada en el 13, tenemos un eco de Efesios 2:4-5, donde, después de describir el estado de quienes mueren en sus pecados, Pablo escribe: "Pero Dios, que es rico en misericordia [...] nos dio vida con Cristo [...] ¡Por gracia ustedes han sido salvados!". Y como en Efesios, donde Pablo usa superlativos (p.ej., *hyperballo* e *hyperekperissou*, Ef 1:19; 2:7; 3:19-20), en 1 Timoteo 1:14 dice que esta gracia "se derramó sobre mí con abundancia" (*hyperpleonazo*).

Sorprende que la fe y el amor, que en el versículo 5 constituyen el propósito del mandato de Pablo a Timoteo, reaparezcan aquí en un papel algo diferente, como cualidades "que hay en Cristo Jesús". Si la "fe" se entiende como "fidelidad" (un significado ciertamente posible para *pistis*), puede referirse a las cualidades que Cristo posee. Si, como es más probable, es creencia en contraste con la anterior incredulidad de Pablo (v. 13), se refiere a la fe como algo que procede de su fuente, Jesucristo. La fe y el amor, como la gracia, son otorgados con abundancia por Dios. Esto también nos recuerda Efesios 2, sobre todo el conocido "por gracia ustedes han sido salvados mediante la fe; esto no procede de ustedes, sino que es el regalo de Dios" (2:8-9), donde la salvación que Dios da parece incluir el regalo de fe misma, aunque la gramática no es clara a ese respecto.

Misericordia de Dios hacia Pablo (1:15-16)

El versículo 15 comienza con *pistos*, un adjetivo relacionado con el sustantivo *pistis* que aparece justo antes. A veces se traduce como "fiel" ("palabra fiel" RVR60), que aquí significa que se puede confiar en ella; así, la NVI dice: "Este mensaje es digno de crédito".[2] La expresión aparece varias veces más en las Cartas Pastorales (3:1; 4:9; 2Ti 2:11; Tit 3:8). Dos de los pasajes de 1 Timoteo añaden: "… y merece ser aceptado por todos".[3]

---

2. La traducción de la NLT "este dicho es cierto" resta valor a la fuerza de la palabra. Una cosa puede ser cierta sin que se tenga que depender de ella. *The Message* lo expresa muy bien invirtiendo el orden: "Aquí hay una palabra que pueden tomar en serio y de la que pueden depender".
3. Hay un detallado estudio de los "dichos confiables" en Knight, *The Faithful Sayings*.

Esta declaración confiable contiene lo esencial del mensaje cristiano: "Cristo Jesús vino al mundo a salvar a los pecadores". Pablo combina el título "Cristo" (el Ungido), que ya existía como nombre propio, con el nombre humano de Jesús. El orden, como señalamos anteriormente, es común en las Cartas Pastorales. La expresión "vino al mundo" implica, pero no exige, preexistencia. (Se puede hablar de una mascota que viene al mundo.) Sin embargo, pasajes como Filipenses 2:5-8 y Colosenses 1:15-17 indican con claridad que Pablo sostenía la preexistencia del Hijo de Dios.

El propósito de la venida de Cristo, "salvar a los pecadores", ha sido celebrada durante dos milenios por los hombres, quienes, conscientes de su culpa ante Dios, han aceptado agradecidos los actos redentores de la encarnación y la muerte salvadora del Señor Jesús, llevados a cabo en favor de ellos, pecadores. Además, en este pasaje se citan los dos extremos de aquellos por los que Cristo vino. Uno es el grupo de pecadores descritos en los versículos 9-10; el otro es Pablo mismo, quien, a pesar de todas sus acciones justas, se autodenomina "el peor" de los pecadores.

Estos dos extremos ilustran la terminología de Romanos 5. En 5:8, el apóstol escribe: "… cuando todavía éramos pecadores, Cristo murió por nosotros", y procede a describir a los pecadores como "incapaces de salvarnos [...] malvados" y "enemigos" (5:6, 10). No solo se reconoce entre ese grupo, sino que se coloca en lo más bajo por su activa persecución de los cristianos e incluso del Señor mismo (como le quedó claro a Pablo cuando, en su conversión, la voz del cielo dijo: "Yo soy Jesús, a quien tú persigues", Hch 9:5).

Aun siendo una maravillosa verdad, la misericordia de Dios con Pablo no era únicamente un acto de bondad. El versículo 16 explica que el apóstol sirvió de escaparate para que todos vieran la "infinita bondad" de Dios. En cierto sentido, todos los pecadores perdonados muestran la misericordia y la paciencia divinas. Lo que Dios hizo para nosotros se alza "para alabanza de su gloriosa gracia" (Ef 1:6). La iglesia misma, en su maravillosa mezcla de judíos y gentiles en uno, exhibe "la sabiduría de Dios, en toda su diversidad [...] a los poderes y autoridades en las regiones celestiales" (Ef 3:10). Pero Pablo se ve a sí mismo (con énfasis en *ego*, "yo mismo", al final de 1Ti 1:15) como prototipo de todos los hostiles y pecadores rebeldes contrarios a Dios, a quienes él tolera pacientemente en espera de su conversión.[4]

El resultado de esta fe es "la vida eterna". Sabemos por 6:12 que es una vida futura que podemos hacer nuestra desde ahora. Juan 5:24 nos dice que el creyente "*tiene* vida eterna" y "*ha pasado* [tiempo perfecto en griego] de la muerte a la vida" (cursiva añadida). Es la vida de Dios en la cual participamos, que es más que una extensión de vida sin fin.

Doxología (1:17)

El versículo 17 lleva este conmovedor testimonio a su clímax. Es una doxología[5] que honra a Dios como (1) el Rey, (2) más allá de la limitación del tiempo, (3) incapaz de morir, (4) invisible, y (5) el único Dios.

Ya en Génesis 21:33, en Salmos 10:16, en Isaías 26:4, y a lo largo del Nuevo Testamento (ver Ro 16:26), se reconoce a Dios como eterno. La expresión aquí es literalmente "Rey de las edades".[6] Esta característica de Dios se aplica al Hijo (Heb 1:8-12), quien es el mismo "ayer y hoy y por los siglos" (Heb 13:8), "el Primero y el Último [...] y el que vive", el que está vivo "por los siglos de los siglos" (Ap 1:17-18). Dios es inmortal; él no puede morir ni sufrir corrupción en forma alguna (Ro 1:23). La diferencia entre el carácter eterno de Dios y su inmortalidad es que el

4. La palabra "peor" de v. 16 es literalmente "primero", como en v. 15, y puede también traducirse como "principal" (ver NTV). La NIV usa hábilmente el término negativo "peor" para expresar su significado en el contexto de ambos versículos. *The Message* pone una afortunada paráfrasis: "Yo soy la prueba —Pecador Público Número Uno— de alguien que nunca habría destacado como merecedor de misericordia. Y ahora él me exhibe —evidencia de su infinita paciencia— a aquellos que están justo al borde de confiar en él para siempre". Las palabras "justo al borde de" optan por un posible significado de *mellonton* para describir una acción que está a punto de pasar, pero que implica que en cada caso el ejemplo de Pablo entra en juego justo antes de la conversión. Podemos aceptar la traducción "habrían de" en la RVR60, pero ninguna de estas traducciones aporta el matiz de destino, de algo que se cierne, que con frecuencia es parte importante de su significado. El argumento es que Pablo sirve como estimulante ejemplo para aquellos que en el futuro van a (*mellonton*) creer.
5. Una doxología es una declaración con contenido de credo, a veces en forma de himno, que celebra los loables atributos de Dios. El término griego para gloria, usado más adelante en este versículo, es *doxa*, de donde viene "doxología". Lo que uno parece ser y lo que la gente piensa de tal individuo (ambas ideas están en el verbo relacionado *dokeo*) se convierte en la reputación de esa persona. La reputación de Dios es su gloria. Mediante la alabanza no añadimos a lo que Dios es, sino que le "glorificamos"; es decir, incrementamos su reputación.
6. Puede encontrarse un tratamiento del significado de esta terminología en Kittel, en *TDNT*, 1:200-202. Ver también 1:469; 2:77.

primero le describe como existente desde inenarrables edades pasadas hasta un futuro sin fin, mientras que la segunda describe su naturaleza como incapaz de experimentar corrupción. Dios es también reverenciado como el invisible (1Ti 6:16).

Todas las características de Dios citadas en esta doxología coinciden con las descripciones del Antiguo Testamento. En un mundo pagano, "los dioses" recibían adoración en forma de ídolos de creación humana, visibles, pero el Dios verdadero es invisible. Por supuesto, él es el "único Dios" (ver también 1Ti 6:15, "único y bendito Soberano," y Ro 16:27, "único sabio Dios"). El honor y la gloria le pertenecen solo a él.

Los versículos 3-11 han dejado establecida con rotundidad la importancia de mantenerse firme en la verdad del evangelio, el cual reafirma a su vez la verdad de la ley del Antiguo Testamento. Los falsos maestros ya habían introducido en Éfeso y habían empezado a dedicarse a discusiones especulativas, y había que ponerles freno. Pablo ha declarado también su derecho a autorizar a Timoteo a enfrentarse a esta intrusión en la iglesia de Éfeso. Pero el apóstol no se limita a ser militante. Tiene conciencia de una comisión divina. Ha recibido un encargo, se le ha confiado algo. Para ser concreto, se le ha confiado el evangelio mismo (v. 11) que lo transformó de ser su oponente a ser su exponente. No puede profundizar en los deberes que encarga a Timoteo sin antes expresar su abrumadora gratitud por la gracia de Dios para él.

Los lectores que están acostumbrados a la redacción lineal de Pablo en sus anteriores cartas, cuando presenta las afirmaciones teológicas y sus implicaciones en dos bloques principales, pueden sorprenderse ante los frecuentes incisos de comentarios personales en las Cartas Pastorales. Si las herejías de Éfeso son tan graves como los versículos 1-11 parecen mostrar, resulta extraño que Pablo interrumpa su tratado para hablar de sus pecados pasados y de su misión presente. Sin embargo, si consideramos estas cartas se ven como comunicaciones personales dirigidas a mostrar a Timoteo y a Tito cómo combinar rectitud doctrinal con carácter y ministerio personal, la razón de esos incisos se aclara. El ejemplo personal de Pablo es importante para Timoteo.

Lo que ha recibido Timoteo como un recordatorio es también, por supuesto, algo que debe transmitir a la congregación efesia como una nueva presentación de alguien que con tanto poder había predicado el evangelio allí. A diferencia de otras situaciones en las que Pablo se sintió empujado a reivindicar su llamamiento (p.ej., 2Co 10:1-11:15; Gá 1:11-2:10), sus palabras aquí no son defensivas ni contraofensivas. Expresan gratitud y asombro ante el hecho de que Dios le ha salvado y le ha encargado el evangelio. Puede parecer una extraña digresión en este punto, pero es comprensible desde el punto de vista de Pablo, y beneficioso para nosotros.

Hay, sin embargo, otra razón para la inserción de este párrafo. El versículo 11 concluye con una referencia a "glorioso evangelio que el Dios bendito me ha confiado". Es el evangelio lo que lleva al testimonio de Pablo, y quiere explicar por qué le ha sido confiado. El orden de las palabras en el griego del versículo 11, al final de nuestra anterior sección, refuerza esta conexión. Dicho versículo termina con un "yo" enfático (*ego*). Lo podríamos parafrasear así: "El evangelio [...] que a *mí mismo me* ha confiado".

La idea de algo confiado[7] reaparece en 6:20; 2 Timoteo 1:12, 14; Tito 1:3; es importante en las Cartas Pastorales como algo que resulta de la autoridad concedida. En 1 Corintios 9:16, Pablo escribe: "Sin embargo, cuando predico el evangelio, no tengo de qué enorgullecerme, ya que estoy bajo la obligación de hacerlo. ¡Ay de mí si no predico el evangelio!". El contexto de ese capítulo es la afirmación que Pablo hace de sus derechos como apóstol y la renuncia a las ventajas que podría haber conseguido de su apostolado. Puede optar por no aceptar sus ventajas, pero no puede rechazar su responsabilidad.

El carácter del cristiano como testigo. A lo largo de las Cartas Pastorales, como vamos a seguir observando, Pablo hace hincapié en el carácter del siervo de Dios. Esto se aplica a él como el redactor, a Timoteo como destinatario inmediato, y a los líderes de la iglesia, y se extiende hasta nosotros. Aunque un predicador no puede constantemente hablar de sí mismo, de su salvación y de su responsabilidad de predicar el evangelio, tampoco deberíamos omitir el lado personal de nuestra experiencia con Dios. Así como en estas cartas es importante la fusión de sana enseñanza e

7. A veces mediante una forma del verbo *pisteuo*, otras veces mediante el sustantivo *paratheke*.

integridad personal, del mismo modo lo es la combinación de testimonio y proclamación en nuestro ministerio. Volveremos a este tema con frecuencia y profundizaremos en él.

La experiencia personal dice mucho hoy. Aunque es una pena que ya no se reciba la exposición como antaño y no debemos rendirnos al respecto, lo cierto es que dicha exposición debe ir acompañada de testimonio. Personalmente, he encontrado efectivo entretejer el testimonio de otros en mis sermones y, de hecho, desearía haberlo hecho más a menudo. Además de escuchar excelentes testimonios de recién convertidos, las congregaciones pueden sacar gran provecho de oír los testimonios del cónyuge del predicador, de los ancianos y diáconos y sus familias, de los ministros de adoración y música, de los líderes de jóvenes, de los maestros de escuela dominical, etc.

Un poderoso efecto de los testimonios es el que se experimentó en la serie de desayunos hombres en Lake County, Illinois, que un pequeño grupo comenzamos hace unos años. Basados en una difusión similar en California, allí se llaman "Straight Talk Breakfasts" [desayunos de charla sin rodeos]. El orador principal suele ser un personaje de los negocios o el deporte —una vez fue un astronauta— que da su testimonio personal y lo aplica a un llamamiento evangelístico. Antes de la charla, otra persona, con frecuencia alguien de la zona, comparte su testimonio. Han atraído hasta novecientos o más asistentes, y hay muchos que después de cada desayuno indican en una "tarjeta de valoración" que han puesto su fe en Cristo. De este modo, miles de hombres que nunca habrían venido a escuchar un sermón pueden oír historias de negocios en quiebra, fracaso moral o fracaso matrimonial con la que se pueden identificar; oyen también testimonios de reconocimiento de culpa y de aspiraciones frustradas, y luego testimonio de paz y reconciliación con el Señor por medio de la muerte y resurrección de Cristo.

Así que Pablo no se limita a reivindicar sus credenciales, sino que pone de manifiesto que él mismo es un pecador salvado por la gracia de Dios y que ha recibido esta gran comisión con humildad. El Señor Jesús dijo una vez que la persona que ha sido perdonada mucho ama mucho (Lc 7:47). Pablo puede hacer que el lector esté seguro del amor de Dios mostrando cuánto se le ha perdonado a él personalmente.

Las bendiciones de gracia de Dios son tantas que podemos llegar a olvidarnos de que no somos salvos solo para nuestro beneficio, sino para la gloria de Dios. Esto queda muy claro en Efesios 1:6, 12, 14; 2:6-10. Así, en 1 Timoteo 1:16, Pablo es consciente de que él debe ser una manifestación de la misericordia de Dios.

Doxología. Apropiadamente, Pablo cierra con una en 1:17. No está de más recordarnos que nuestras vidas deberían ser una continua doxología, una vida vivida en alabanza a Dios.

1 Timoteo 1:18-20

Timoteo, hijo mío, te doy este encargo porque tengo en cuenta las profecías que antes se hicieron acerca de ti. Deseo que, apoyado en ellas, pelees la buena batalla [19] y mantengas la fe y una buena conciencia. Por no hacerle caso a su conciencia, algunos han naufragado en la fe. [20] Entre ellos están Himeneo y Alejandro, a quienes he entregado a Satanás para que aprendan a no blasfemar.

Sentido Original

La interacción entre el vocabulario de los versículos iniciales y los de cierre de este capítulo es espectacular. Pablo llama a Timoteo "mi hijo" en los versículos 2 y 18. En el 3 le dice qué debe ordenar (*parangello*) a los falsos maestros; en el 18 usa la forma sustantivada del mismo verbo (*parangelia*, "encargo"), pero esta vez se lo ordena Pablo a Timoteo. En el versículo 3, el apóstol menciona su anterior petición a Timoteo de que permanezca en Éfeso; en el 18 menciona anteriores "profecías" acerca de Timoteo. No se refiere a profecías relacionadas con Éfeso; más bien, lo que quiere es que el ministerio de Timoteo allí sea coherente con las profecías hechas acerca de él, y también con las peticiones de Pablo. Estas profecías tienen que ver, en cierto modo, con la lucha que va a emprender allí, algo que no se menciona en la sección inicial.

Las siguientes palabras, "la fe y una buena conciencia" (v. 19), recogen, en orden inverso, "de una buena conciencia y de una fe sincera" del versículo 5 (ver comentarios allí). La estructura de las frases que siguen (aunque no todas sus palabras) también es similar: "Algunos se han desviado de esa línea" (v. 6) y "algunos han naufragado en la fe" (v. 19). Finalmente, el versículo 7 se refiere a una parte de los herejes sin nombrarlos, mientras que el 20 se refiere a dos herejes por su nombre. Hay, por consiguiente, en estas secciones algo así como una larga y compleja *inclusio*, que acota el capítulo 1 como una unidad literaria.

Knight observa que la palabra "doy" del versículo 18 (*paratithemai*) lleva la idea de confiar algo a otro, a menudo con la idea de transmitirlo a su vez a otra persona.[1] Así, la instrucción o mandato pasa de Pablo a Timoteo y se aplica a los Efesios. La autoridad de Timoteo en Éfeso le ha sido delegada específicamente a él en su calidad de lo que llamamos, con buen fundamento, delegado apostólico.

No sabemos en qué consistían "las profecías", pero 4:14 menciona un mensaje profético como medio para el don que Timoteo recibió cuando le impusieron las manos (ver comentarios allí). No se dice cuál es ese "don", pero el propósito de la "instrucción" y "las profecías" de 1:18 son para que luche bien; el don no es probablemente un ministerio como tal, sino los medios para llevarlo a cabo. Dado que el ministerio debía implicar enfrentamiento y conflicto en el proceso de impartir una enseñanza correctiva, el don puede haber sido, o incluido, el poder, amor y dominio propio mencionados en 2 Timoteo 1:7.

La palabra traducida "su conciencia" en el versículo 19 es un pronombre relativo en griego que señala aquello que los herejes han desechado. Está en femenino singular, por lo que concuerda con las precedentes *syneidesin* ("conciencia") y *pistin* ("fe"). Algunas versiones entienden esta palabra como referente a ambos conceptos y la pone en plural ("estos"). La NVI opta por la segunda palabra y usa la paráfrasis "por no hacer caso a su conciencia". En realidad puede, por extensión, referirse a la combinación de un corazón limpio, una buena conciencia y una fe sincera que hace que brote el amor, lo cual motiva el mandato a Timoteo (*cf.* 1:5). Esto señalaría el contraste entre la perniciosa mezcla de herejía y maldad personal que caracteriza a los falsos maestros así como la fusión de sana doctrina y vida piadosa que debe caracterizar a Timoteo.

Independientemente de cómo entendamos el referente del pronombre relativo, la actitud de no hacer caso es la causante de la frase "algunos han naufragado en la fe", es decir, de la doctrina cristiana esencial. Si es así, los herejes no la habrían hecho naufragar, sino que han sufrido naufragio *con respecto a* (*peri*) esa fe. El verbo aquí usado implica sufrir, no causar ni hacer naufragar. No obstante, puesto que la fe se acaba de mencionar en el versículo con el significado probable de la propia fe o la confianza de uno, el artículo definido puede tener un sentido posesivo. Los herejes han sufrido, pues, un naufragio en lo que respecta a su propia fe personal.[2]

---

1. Knight, *Pastoral Epistles*, 107-8, haciendo referencia a BAGD, 623, puede tener este significado cuando se usa en voz media (ver también Lc 12:48; 2Ti 2:2).
2. BAGD, 644 (sub *peri* [1e]).

Himeneo reaparece en 2 Timoteo 2:17. Alejandro puede ser el mismo que intentó hablar durante el gran alboroto cuando Pablo estuvo en Éfeso (Hch 19:33). En Hechos se le menciona como alguien conocido por los lectores, que habría sido el caso si lo conocían en la congregación efesia (ver también 2Ti 4:14 y su comentario).[3]

Construyendo Puentes

Esta sección de cierre le confiere al capítulo 1 un carácter de unidad bien definida. Los saludos iniciales son seguidos por la declaración de la necesidad de la presencia de Timoteo en Éfeso, que especifica su deber principal allí. Entre los problemas que afrontará está la enseñanza de los que hacen mal uso de la ley. Esto conduce a una discusión acerca de la ley que, a su vez, sirve de transición, por medio de una mención del evangelio, hasta el testimonio de Pablo. Lo que queda por hacer es ampliar la tarea asignada a Timoteo en los primeros versículos convirtiéndola en un encargo apostólico, que es la función de esta sección final.

La referencia a la profecía es aquí significativa. Timoteo tenía la ventaja de claras palabras de instrucción por parte de Pablo y de dirección profética que debía seguir. Esto muestra que, a pesar de la evidente estructura eclesial, las Cartas Pastorales no están en conflicto con la naturaleza carismática del ministerio de la iglesia tal como se presenta en las epístolas a los corintios (p. ej., 1Co 11:4-5, 7-11; 14:1-40). También muestra que la propia instrucción de Pablo a Timoteo era coherente con la palabra profética. Es probable que esto aliviara a Timoteo del tipo de lucha interior que anteriormente debió de haber sufrido Pablo, cuando sus amigos le rogaron que cambiara de planes por la palabra profética de Agabo, que, aunque no le ordenaba desistir de su viaje a Jerusalén, le daba razones para reconsiderar sus intenciones (Hch 21:10-14).

El ministerio cristiano es más que proclamación: es combate. Los nombres cambian, pero las personas como Himeneo y Alejandro han logrado infiltrarse en grupos de cristianos profesantes a lo largo de los siglos. Las meras expresiones "han naufragado" y "he entregado a Satanás para que aprendan a no blasfemar" recalcan lo grave de la herejía. Y en este párrafo sobre plantar cara a la herejía Pablo escoge palabras del

3. Ver también F. F. Bruce, *The Acts of the Apostles: Greek Text With Introduction and Commentary*, 3a rev. (Grand Rapids: Eerdmans, 1990), 419.

principio del capítulo: "la fe y una buena conciencia". La repetición de expresiones en sus instrucciones a Timoteo que combinan sana doctrina e integridad de carácter no son un distintivo clave de las Cartas Pastorales, sino el legado final de Pablo a todos los cristianos que vendrían detrás de Timoteo en el servicio de su Señor.

No está claro lo que significa entregar a alguien a Satanás. Parece ser una acción mucho más fuerte que la recetada en 2 Tesalonicenses 3:14-15, de no relacionarse con alguien "para que se avergüence". El lenguaje se acerca al de 1 Corintios 5:5, donde hay un inmoral sobre el que manda que "entreguen [*paradidomi*, como en 1 Timoteo] a este hombre a Satanás". En 1 Timoteo el propósito es corrección; en 1 Corintios se procura salvar el espíritu de la persona destruyendo su "naturaleza pecaminosa" o, quizá más probable, afligiendo físicamente al incestuoso. La función de Satanás puede ser la de príncipe de este mundo (Jn 12:31; 14:30; 16:11), donde ahora vive el miembro excomulgado, expuesto a la maldad sin la protección de la comunión de la iglesia. Estos dos hombres deben aprender a no blasfemar. Dado que están ya dentro de la iglesia, su blasfemia es más grave que la de Pablo (1Ti 1:13), quien actuó en ignorancia.

Llamamiento de Timoteo. Timoteo tuvo la certeza de la dirección de Dios para él por medio de la palabra profética que había recibido y de las instrucciones específicas de Pablo. Antes de su designación como delegado de Pablo a Éfeso, él tenía la seguridad de la guía de Dios a la obra "misionera" por el solo hecho de que Pablo le había escogido (Hch 16:1-5).

A muchos cristianos que están abiertos a los ministerios especiales les gustaría saber con seguridad si Dios los está llamando. Hay varios asuntos primordiales que precisan investigación antes de acercarse a un tratamiento concluyente sobre esta cuestión. Una idea central es si Dios llama a las personas en el período del Nuevo Testamento de la misma manera y en la misma medida que a los profetas en tiempos del Antiguo Testamento. Si hay un "llamamiento" específico definido en el Nuevo Testamento, necesitamos discernir (1) qué ministerios requieren tal llamamiento, lo cual es un tema demasiado amplio para discutirlo aquí, y (2) cuál es la naturaleza del llamamiento. ¿Debe haber un sentimiento o percepción interior de que uno es llamado? Y si es así, ¿cómo evitar el subjetivismo? ¿Haber detectado una necesidad es parte de un llamamiento? ¿Lo es un don espiritual?

Debería tenerse en cuenta que en el Nuevo Testamento no abundan ejemplos de lo que podríamos llamar un *llamamiento al ministerio*. Destacan los siguientes: el llamamiento a los discípulos de Jesús (ver esp. Mr 3:14-15; Lc 5:1-11 para los detalles de su misión), la Gran Comisión (Mt 28:16-20), la comisión de Pedro (Jn 21:15-19), la comisión del Señor resucitado a los discípulos en Hechos 1:8, la conversión de Pablo en el camino a Damasco y sus posteriores instrucciones por medio de Ananías en Damasco (9:1-19), la encomienda de Pablo y Bernabé a su primer viaje misionero (13:1-3), y el sueño de Pablo de "un hombre de Macedonia" (16:9-10). Aparte de estos, no hay ejemplos de llamamiento tal como solemos concebirlo en el Nuevo Testamento, salvo la experiencia de Timoteo.

Lo que tuvo Timoteo fue la comunicación de la voluntad de Dios para él *a través de otros cristianos*. Pablo fue uno de estos intermediarios (2) cuando escogió a Timoteo en Listra, en Hechos 16, (2) cuando lo envió a Macedonia (1Ti 3:2-5), y (3) cuando le dio instrucciones de permanecer en Éfeso (1Ti. 1:3). También sabemos que se le dio una palabra profética cuando Pablo y los ancianos le impusieron las manos (ver 1Ti 4:14; 2Ti 1:6). Y si la profecía mencionada en 1 Timoteo 1:18 la recibió en una ocasión diferente de esa imposición de manos, sería otro caso más en que otros cristianos le dan la dirección de Dios para él. En todo esto podemos asumir que los creyentes efesios estaban unidos en la recomendación de Timoteo.

El llamamiento en el Nuevo Testamento. Estos ejemplos de llamamiento en el Nuevo Testamento pueden agruparse según los medios que Dios usó: (1) la voz audible de Jesús, (2) la peculiar conversión de Pablo, (3) el sueño sobre Macedonia, y (4) el llamamiento de Dios por medio de otros cristianos. Ni siquiera la propia comisión específica de Pablo vino solo de la voz del cielo, sino a través de otro creyente, Ananías (Hch 9:15-16).[4] Esto quiere decir que, aparte del llamamiento a Macedonia, no hay ejemplo de un llamamiento al ministerio que no fuera directamente el de Jesús antes de su ascensión o por medio de otros creyentes. Todo lo dicho subraya la importancia de la comunidad

4. Al parecer, a Pablo se le dijo lo que tenía que hacer por medio de Ananías (Hch 9:6).

cristiana en cualquier cosa que pudiéramos definir como "llamamiento" y hay que tener mucho cuidado si lo único que un creyente tiene es algún sentimiento de dirección interior sin la confirmación de otros cristianos.

En el caso de Timoteo, tenía un buen fundamento para saber cuál era el ministerio que Dios quería que llevara a cabo. Aunque tenemos la guía interior del Espíritu en la vida diaria (Ro 8:14), no debemos hacer ignorar a la comunidad cristiana, la iglesia, para darnos dirección y confirmar —o poner en cuestión— lo que creemos que es el ministerio que Dios nos está llamando a cumplir.[5]

Hay un fuerte contraste entre, por un lado, Timoteo, quien estaba cerca de Dios y su pueblo por medio de las "profecías" recibidas y por la instrucción de Pablo, y, por otro, Himeneo y Alejandro, quienes fueron entregados a Satanás. Uno fue aceptado, los otros fueron desechados. Sea lo que sea que conlleve la idea de ser entregado a Satanás, está claro que incluía separación de la comunión de la iglesia. Un amigo mío vez leyó una vez un relato sobre su bisabuelo, quien fue disciplinado porque había "caído horrendamente". Por arcaico y curioso que pueda parecer, estaba probablemente mucho más cerca que nuestras prácticas actuales de la forma en que los cristianos del primer siglo consideraban el pecado y de cómo expulsaban a alguien de la comunión. Ser excluido de la cálida comunión del hogar de la iglesia y quedar expuesto a la influencia del "príncipe" de ese mundo pagano e impío tuvo que haber parecido terrible en aquel entonces.

El posmodernismo y la necesidad de discernimiento. El mensaje del último párrafo —y de todo 1 Timoteo 1— es que mientras que la verdad hay que celebrarla, el error hay que discernirlo y corregirlo. Esta es una tarea difícil para el cristiano contemporáneo. La naturaleza misma del pluralismo y el posmodernismo hace que sea algo impopular. El posmodernismo lleva ya con nosotros varias décadas, no solo en la filosofía, la teología y la literatura, sino también en el arte, la música y la arquitectura. Hace tiempo que han pasado de moda las viejas normas y estándares, la representación de las formas y la realidad y estructuras de cualquier tipo.[6]

---

5. Todo este capítulo de llamamiento y confirmación por la iglesia es también relevante para los pasajes sobre la recepción de la imposición de manos de Timoteo; así que este comentario seguirá en los que dediquemos a 1Ti 4:14; 2Ti 1:6.

6. Algunas obras útiles sobre el posmodernismo son David S. Dockery, ed., *The Challenge of Postmodernism: An Evangelical Engagement* (Wheaton: Victor, 1995);

Recientemente, los laicos han caído más en la cuenta de la deconstrucción en tanto que se ha hecho más pronunciada y sus efectos en el estudio bíblico y la teología se han hecho más evidentes.[7] Un posmodernista hará una deconstrucción de las escrituras sagradas tradicionales y sus enseñanzas. Atribuir significado unívoco para, por ejemplo, una pieza literaria o una obra de arte, afirmando que eso es lo que el escritor o el artista "quiso decir" es inaceptable en muchos sectores hoy. Uno solo puede abordar el arte y la literatura desde su propia perspectiva; en el posmodernismo se considera ilegítima cualquier construcción de una "cosmovisión". Nada tiene verdad universal, valor ni significado.

Mientras que desarrollos como el progresivo abandono de la física newtoniana pertenecen a la evolución del siglo veinte, el rechazo de la autoridad y los absolutos no es propio únicamente de nuestra sociedad contemporánea. Desde las palabras de la serpiente "¿...Dios les dijo...?" (Gn 3:1), hasta los falsos profetas y los sacerdotes extranjeros en tiempo de Elías, para llegar al falso maestro al que Timoteo se enfrentaba en Éfeso, la persona que declara "la verdad de Dios" ha sido considerada estrecha de miras e inaceptable. Sin embargo, esa persona debe asegurarse de que "la verdad de Dios" sea exactamente eso y de que no es una interpretación individual e idiosincrásica del texto bíblico.

Al enfrentarnos con estas cuestiones, a menudo nos encontramos enfrentándonos también con personas. Dentro de la iglesia, la metáfora de la "batalla" afecta a las relaciones y al diálogo. Debemos recordar que las referencias de Pablo a pelear pueden referirse a la diligencia personal (2Ti 4:7). Pero dicha terminología no implica necesariamente que sea aconsejable el antagonismo contra los que sostienen doctrinas

---

Jimmy Long, *Generating Hope: A Strategy for Reaching the Postmodern Generation* (Downers Grove, Ill.: InterVarsity, 1997); Dennis McCallum, ed., *The Death of Truth* (Minneapolis: Bethany, 1996).

7. El proceso de la deconstrucción desenmaraña o desmonta el lenguaje de un texto, separándolo así de cualquier validación de verdad objetiva, incluidas las afirmaciones filosóficas y teológicas. Sin entrar en este complejo tema aquí, podemos admitir que nuestras ideas humanas se introducen en la lectura de un texto y en nuestro intento de entender la verdad, y que nuestras ideas son, a menudo, subjetivas y, en mayor o menor grado, falibles. Sin embargo, los hechos de la pecaminosidad humana y de la distorsión y parcialidad de nuestras percepciones no implican que la verdad de Dios no pueda ser captada. Entre las citas bíblicas pertinentes, tenemos Hch 17:22-31; Ro 1:18-20; 2Ti 3:14-17; 1 Co 1. Para un tratamiento global de estos y otros temas importantes, ver Kevin J. Vanhoozer, *Is There a Meaning in This Text?* (Grand Rapids: Zondervan, 1998). Acerca de la deconstrucción, ver Grant R. Osborne, *The Hermeneutical Spiral* (Downers Grove, Ill.: InterVarsity, 1991), 380-86.

diferentes. Conforme se vayan mostrando las Cartas Pastorales, veremos la importancia de persuadir con paciencia y amabilidad a los falsos maestros para que regresen a la verdad, así como la necesidad de rechazar tajantemente a quienes con su rebeldía destruyen la iglesia.

Los textos pertinentes son una parte integral de estas cartas y no pueden sacarse sin más de contexto para mencionarlos o aplicarlos indiscriminadamente a una situación actual que podamos estar enfrentando. Las Cartas Pastorales deben ser aplicadas como un todo, no solo en parte. Si no lo hacemos así, corremos el peligro de tolerar lo intolerable o de alejar a quienes queremos alcanzar.

1 Timoteo 2:1-7

Así que recomiendo, ante todo, que se hagan plegarias, oraciones, súplicas y acciones de gracias por todos, [2] especialmente por los gobernantes y por todas las autoridades, para que tengamos paz y tranquilidad, y llevemos una vida piadosa y digna. [3] Esto es bueno y agradable a Dios nuestro Salvador, [4] pues él quiere que todos sean salvos y lleguen a conocer la verdad. [5] Porque hay un solo Dios y un solo mediador entre Dios y los hombres, Jesucristo hombre, [6] quien dio su vida como rescate por todos. Este testimonio Dios lo ha dado a su debido tiempo, [7] y para proclamarlo me nombró heraldo y apóstol. Digo la verdad y no miento: Dios me hizo maestro de los gentiles para enseñarles la verdadera fe.

Pablo pasa de tratar el ministerio general de Timoteo en Éfeso con respecto a los herejes a abordar el tema de la oración. El propósito de este pasaje es animar orar por una sociedad en orden en la cual el evangelio logre alcanzar a todo el mundo.

Oración por los gobernantes (2:1-4)

"La palabra clave de esta sección... es universalidad".[1] Se instruye "ante *todo*" que las oraciones se hagan "por *todos*, [...] por todas las autoridades", para que "llevemos una vida piadosa [lit. en *toda* piedad] y digna", lo cual agrada a Dios, quien "quiere que *todos* sean salvos", puesto que Jesucristo "dio su vida como rescate por *todos*" (cursivas añadidas).

Tenemos aquí una sintaxis muy ajustada. El versículo 1 comienza con la partícula ilativa *oun*, "por consiguiente", que lo conecta con el precedente (de modo que resulta improbable que estemos ante un extracto de un antiguo manual de la iglesia). Se plantea con frecuencia la cuestión de si "por consiguiente" conecta con la sección inmediatamente precedente (1:18-20) o con algo anterior. Puesto que, como señalamos en la sección previa, el primer capítulo es una unidad cerrada, con los

1. Lock, *Pastoral Epistles*, 24.

versículos iniciales reiterados con otras palabras en el cierre, es muy probable que Pablo esté refiriéndose a toda la sección que sigue a los saludos de apertura. No solo ha dejado establecida la necesidad de oponerse a la herejía, también ha afirmado su propia comisión y pasión por el evangelio.

Para que ese evangelio obtenga la respuesta debida hacen falta varias cosas, como se indica en los capítulos 2 y 3: oración por contar con el tipo de circunstancias que lleven el evangelio adelante (2:1-7), una conducta adecuada durante la oración y la enseñanza (2:8-15), la selección de obispos y diáconos cuyas vidas sean coherentes con el evangelio (3:1-13), y un comportamiento adecuado, como cuerpo, al "misterio de nuestra fe" (3:14-16). El capítulo 4 resume las instrucciones personales a Timoteo sobre la conservación de la pureza doctrinal y personal en una iglesia atacada por la herejía.

Esta sección (2:1-7) comienza con "recomiendo", similar al "te encargué" de 1:3. Después de su importante afirmación sobre el motivo de la carta en 1:4-20, Pablo prosigue ahora con sus instrucciones a Timoteo. Alterna entre mandar y recomendar, con una combinación de ambos tonos, así como se combinan en él su apostolado y su relación paternal con Timoteo. "Ante todo" indica un orden de actuación, que también puede implicar orden de importancia.

Pablo emplea varias palabras para la oración en el versículo 1, como hace en otras partes.[2] Esta lista puede ser redundante, pero lo más probable es que Pablo esté expresando el alcance de la oración en sus diversos aspectos, cada uno de los cuales tiene su importancia aquí. Cabría esperar que Pablo comenzara con el término más general, pero comienza con *deeseis* ("plegarias"), quizá porque lo que más le interesa es una petición debidamente enfocada. Sigue con *proseuchas*, el vocablo más general para las oraciones. Después recomienda *enteuxeis* ("súplicas"); esta es la naturaleza de la oración inicial, pedir por los gobernantes. Por último menciona *eucharistias* ("acciones de gracias"), que ya indicó en Filipenses 4:6 que deben acompañar a las peticiones. Las acciones de gracias son por los gobernantes, pues no solo oramos por ellos, sino que les estamos agradecidos, un concepto digno de subrayar en la época de los emperadores romanos. El plural se extiende a "reyes," que incluiría a incluso a los que son como Nerón, y a "las autoridades", con el

2. Un buen ejemplo es Fil 4:6. Sobre la oración en sus diversas formas, ver W. Liefeld, "Prayer", *ISBE*, 4:938-39.

modificador "todas", de modo que se incluye tanto a las locales como a las imperiales.

La ajustada construcción sintáctica sigue con "para que" (v. 2), que presenta el resultado que se busca con las oraciones. El deseo de Pablo de tranquilidad no quiere decir que pida simplemente una vida personal tranquila para los cristianos.[3] Su meta y la pasión que le consume son que el evangelio pueda libremente penetrar en la sociedad, que avance con mayor eficacia en un contexto pacífico. Pero no es solo para que los mensajeros del evangelio puedan actuar con libertad; es para que teniendo "paz y tranquilidad" puedan vivir de la manera que Pablo le repite a Timoteo: llevando "una vida piadosa y digna".

Diez de las quince veces que aparece el término "piedad" (*eusebeia*) en el Nuevo Testamento lo hace en las Cartas Pastorales. Volvemos a verla en 3:16, describiendo el "misterio de nuestra fe [lit. de la piedad]", y luego en 4:7, 8; 6:3, 5, 6, 11; 2 Timoteo 3:5; Tito 1:1. Era un término bien conocido por los contemporáneos no cristianos de Pablo (al igual que hoy "religión" y "religioso"). La "dignidad" (*semnotes*) y su cognado adjetival, *semnos* ("digno de respeto"), se da en 1 Timoteo 2:2; 3:4, 8, 11; Tito 2:2, 7. Juntas, estas referencias enfatizan la gran importancia de que los siervos de Dios —especialmente Timoteo y los ancianos y diáconos— tengan una buena reputación en el mundo. Después Pablo escribe Tito que las vidas de los cristianos deberían confirmar a los de su alrededor la validez y el atractivo del evangelio (Tit 2:5, 8, 10; ver comentario).

En este pasaje, Pablo pone énfasis en que los cristianos en general deben caracterizarse *completamente* por las virtudes gemelas de la piedad y la santidad. La implicación, con amplio sustento a lo largo de estas Cartas, es que cuando el mundo vea el carácter cristiano de los creyentes, no solo avanzará el evangelio en una sociedad ordenada y pacífica, sino que también será reconocido como genuino.[4]

---

3. Tampoco debe entenderse que la enseñanza aquí es la "buena ciudadanía", como entienden Dibelius y Conzelmann (*Pastoral Epistles*, Excursus: "The Ideal of Good Christian Citizenship", 39-41). Towner critica de forma convincente esta interpretación en *The Goal of Our Instruction*.
4. Fee reconoce esta conexión entre la vida piadosa y el atractivo del evangelio para los no creyentes. Señala las similitudes de 1Ts 4.11-12: "procurar vivir en paz con todos… para que por su modo de vivir se ganen el respeto de los que no son creyentes" (Fee, *1 and 2 Timothy, Titus*, 63).

Los versículos que siguen apoyan esta interpretación. El versículo 4 empieza literalmente con "quien, el cual", acertadamente traducido en la NVI con el sentido explicativo de "pues él".[5] Dios se complace con estas oraciones *por todos* (v. 1), porque él es el Dios que quiere que *todos sean salvos* (v. 4). Con este fin, tener un buen gobierno y vidas en paz también es "bueno y agradable" para Dios (v. 3). Este pasaje no se ocupa de los temas de la elección o el universalismo, pero nos los trae a la mente. Lo que Dios quiere es que todas las personas se salven. Esto no es lo mismo que querer su salvación sin tener en cuenta si responden positivamente o no a Jesús, lo cual iría en contra de todo lo que indican las Sagradas Escrituras sobre la necesidad de una respuesta personal. Podría hablarse de salvación global en vez de universal, en el sentido de que Dios quiere que las personas sean salvas sin tener en cuenta quiénes sean y dónde estén.[6]

"Sean salvos" y "lleguen a conocer la verdad" no son experiencias diferentes, sino superpuestas. Esta terminología resultaba familiar para los contemporáneos helenísticos de Pablo, pero con distinto significado. Se creía que los dioses salvaban a sus fieles de diversas fuerzas malignas. La salvación se veía también como algo que se debía experimentar pasando por ritos de iniciación a las religiones mistéricas.[7] El conocimiento de la verdad podría ser meramente cognitivo, pero en los incipientes sistemas gnósticos esos conceptos llegaron a tener matices adicionales.[8] Aquí, sin embargo, tiene más de sentido hebraico. La salvación es obra activa de Dios, quien tiene compasión y fuerza para rescatar. La verdad hay que asirla, apropiarse de ella y permitir que cambie nuestra conducta. Con este significado, es coherente que la expresión "conocimiento de la verdad" aparezca más veces en las Cartas Pastorales, en 2 Timoteo 2:25; 3:7; Tito 1:1.

5. A modo de ejemplo, podemos decir: "Miguel, a quien le gusta la buena comida, apreciaría especialmente este restaurante". La cláusula introducida por "a quien" no se limita a identificar a Miguel, sino que da la razón por la que él apreciaría lo que sirve el restaurante.
6. Ver Tito 2:11 y su comentario para un posible uso similar al de "todos".
7. Ver M. Slusser, "Salvation", *Encyclopedia of Early Christianity*, Everett Ferguson, ed. (Nueva York: Garland, 1990), esp. 825.
8. Ver Carl F. H. Henry y R. K. Harrison, "Know, Knowledge", *ISBE*, 3:48-50.

La base de esta oración (2:5-7)

Dios se preocupa por todas las personas de modo global, y su definición como "un solo Dios" (v. 5) es tanto exclusiva como inclusiva. Es *exclusiva* en el sentido que no hay otro Dios, una verdad que no se subraya aquí pero que está implícita y explícita a lo largo de las Sagradas Escrituras. Él es el único Dios, sin competidores (salvo en la imaginación de los idólatras paganos). Pero es *inclusiva*, pues quiere ser aceptado como el Dios y Salvador de todas las personas.[9]

Así las cosas, es lógico y correcto que hay solo un Mediador. Los dos Testamentos muestran la necesidad de mediación entre el Dios santo y los pecaminosos hombres. Jesucristo es profeta, sacerdote y rey. Especialmente en su papel sacerdotal, al ser divino y humano, y al ofrecerse como sacrificio, él es el único Mediador verdadero.[10] Él se dio como "rescate", es decir, nos libró de la esclavitud. En nuestro contexto actual, nosotros concebimos el pago de un rescate como dinero, pero Jesús no pagó, como a veces se piensa, un precio de rescate a Satanás. El rescate fue que él se entregó a la muerte (Mr 10:45).[11] Lo hizo "por" (*hyper*, "en nombre de") todas las personas.

La preposición *hyper* puede indicar también sustitución ("en lugar de"). En su artículo "Prepositions and Theology in the Greek New Testament" [Preposiciones y teología en el griego del Nuevo Testamento],[12] Murray Harris señala que *hyper*, a diferencia de *anti*, podía expresar simultáneamente representación y sustitución. En nuestro pasaje, la idea de sustitución ya se propone en "rescate" (*antilytron*). La preposición *hyper* viene seguida del generalizador "todo" (que modifica al genérico *anthropon*, "personas"), que enfatiza otra vez la extensión generalizada de la obra salvadora de Dios, realizada a través de Cristo.

La frase siguiente ha dejado perplejos a los exégetas. La traducción literal sería: "el testigo [o testimonio] en el momento apropiado [o justo]". Estas son algunas de las interpretaciones posibles: (1) Como no está conectada con la precedente mediante una conjunción, puede considerarse una aposición a "quien dio su vida como rescate por todos".

9. Sobre el tema de la salvación y de Dios como Salvador en las Cartas Pastorales ver Frances Young, *The Theology of the Pastoral Letters*, para bibliografía.
10. Ver R. S. Wallace, "Mediation", *ISBE*, 3:299-305.
11. Leon Morris, *The Atonement: Its Meaning and Significance* (Leichester, Inglaterra: Inter-Varity Press, 1983), 116-19.
12. Ver *NIDNTT*, 3:1196-97.

En este caso, la muerte de Jesús como rescate es un testimonio de la obra salvadora de Dios en favor de todas las personas, y tuvo lugar en el momento adecuado. (2) Pero, en lugar de eso, Pablo puede estar refiriéndose indirectamente a su propia predicación como un testimonio dado ahora.[13] Comoquiera que sea, Pablo hace de nuevo referencia a su comisión como "heraldo", y también como "apóstol" (v. 7), y lo afirma solemnemente.

Oraciones por los gobernantes. Si el testimonio de Pablo en 1:12-17 parece entrar en escena inesperadamente, también lo hace su petición de oración en 2:1-7, que concluye con otra vindicación de su llamamiento. Aunque la palabra griega traducida como "así que" (v. 1) puede usarse como elemento transicional sin énfasis lógico, aquí parece haber una conexión deliberada con los párrafos precedentes. Esta no es la clase de petición de oración que Pablo suele hacer. Pensemos, por ejemplo, en su ruego después del pasaje sobre la armadura del cristiano en Efesios 6, donde el apóstol pide oración por él y por denuedo al proclamar el mensaje. A lo largo del Nuevo Testamento hay varias peticiones de oración que tienen que ver con el evangelio, con sanidad, con denuedo al predicar, etcétera. La petición de este pasaje es, excepcionalmente, por los que están en autoridad. Aunque no se pide solo por los reyes, al aparecer esta palabra se aclara el objeto de la petición. No debemos orar simplemente por el evangelio o por poder de Dios en favor del predicador y del testimonio, sino por los cargos cuyas decisiones pueden afectar al entorno en que opera el evangelio.

La amplitud de la actividad (oraciones, intercesión y acción de gracias) y el número de aquellos por quienes se lleva a cabo ("todos; por los reyes y por los que están en autoridad) pone de manifiesto que es un asunto muy serio. Este mundo y sus gobiernos son el escenario de la actividad de Dios. Si bien es verdad que el evangelio prospera bajo la tiranía, como se ha visto en muchos lugares oprimidos por el comunismo, este no es de ningún modo el ideal. Pero la meta inmediata tampoco es simplemente "que tengamos paz y tranquilidad". Más allá de que es

13. Para examinar otras posibilidades y citas, ver Lock, *Pastoral Epistles*, 28, Dibelius y Conzelmann, *Pastoral Epistles*, 41-42, Knight, *Pastoral Epistles*, 123.

vivir "en toda santidad y toda santidad". E incluso más allá de esto, por implicación, el propósito es que las personas se salven (v. 4).

El testimonio cristiano y el pluralismo. Pablo vuelve al tema de su propia meta en la vida, su llamamiento, de ser "heraldo y apóstol" (v. 7). Se expresa de forma arrolladora en este párrafo. Su entusiasmo y su sentido de responsabilidad son diáfanos. No debemos únicamente *orar por* "todos" (lit., "todas las personas"), sino que debemos darnos cuenta de que Dios quiere que todos *sean salvos.* Con este fin, la pluralidad de gobernantes por los que hay que orar y la pluralidad de personas que Dios quiere que sean salvas y lleguen al conocimiento de la verdad contrastan con el hecho de que "hay un solo Dios y un solo mediador entre Dios y los hombres". En nuestra era pluralista, la tendencia es a decir que "hay muchos caminos a Dios", pero sería más correcto decir que "que hay muchos caminos a Cristo, pero solo un camino a Dios, y este es a través de Cristo".

Al discutir sobre si es justo que haya solo un camino a Dios, a veces se olvida que es el mismo Dios quien ha provisto ese camino para que todos los hombres puedan ser salvos. No hay que confundir pluralismo con universalismo, aunque ambos suelen llegar a la misma conclusión. El universalismo afirma que todos y cada uno pueden ser salvos independientemente de cuál sea su respuesta al evangelio. El pluralismo afirma que ninguna religión tiene razón pero todas tienen valor. El pluralismo de hoy toma a menudo una postura agresiva, en que la única creencia que los pluralistas consideran inválida es la creencia en que la religión de uno es la única correcta. Por eso —irónica e irracionalmente— el ideal pluralista cojea en tanto que se niega a reconocer que haya validez en esa posición. El reto de pluralismo se afronta tal vez mejor no reduciéndonos a la mera repetición de afirmaciones exclusivistas, sino enfatizando un verdadero tipo de inclusivismo en el sentido bíblico globalizador. Es decir, el evangelio es para todas las personas en todas las culturas. La clave para la aplicación de este pasaje en todos los contextos culturales es su capacidad de englobarlos a todos.[14]

---

14. Últimamente se ha escrito mucho sobre el pluralismo. Recomiendo especialmente D. A. Carson, *Amordazando a Dios: el cristianismo frente al pluralismo* (Barcelona: Andamio, 1996); D. L. Okholm y T. R. Phillips, *More Than One Way? Four Views on Salvation in a Pluralistic World* (Grand Rapids: Zondervan, 1995). Acerca del cristianismo y otras religiones del mundo ver también Carl E. Braaten, *No Other Gospel! Christianity Among the World's Religions* (Minneapolis: Fortress, 1992); Daniel B. Clendenin, *Many Gods, Many Lords: Christianity Encounters World*

Los que entienden que el propósito de las Cartas Pastorales es mayormente dar instrucciones sobre el orden en la iglesia deben preguntarse por qué esta sección no se ocupa de la oración en el ámbito más amplio, en el culto de adoración.[15] En lugar de ello, las instrucciones que tenemos aquí van dirigidas específicamente a lograr las metas que hemos citado. Podemos extrapolar las pautas siguientes; la oración es una parte normal y, cabría concluir, principal del ministerio espiritual de la iglesia; debe tener un propósito, no ser arbitraria; hay que tener a la vista el bien de la iglesia y la comunidad (probablemente extensible a la nación), con una amplia aceptación del evangelio como meta mayor.

Nuestro mensaje para los que están sin Cristo. Una de las cuestiones más desconcertantes de las que los teólogos y otros se han ocupado durante siglos es el destino de los que no creen en Cristo o incluso nunca han escuchado acerca de él. Aunque no podemos tratar de modo satisfactorio en este breve comentario una pregunta tan compleja, es bueno tener presentes preguntas como esta cuando nos encontramos pasajes que pueden contribuir a su respuesta.

Quizá la palabra clave aquí sea el *thelo* griego ("quiere" en NVI y RVR60, en v. 4; la inglesa NRSV traduce "desea"). Su ámbito de significado abarca desde el deseo que algo se cumpla hasta el estar dispuesto a que algo se haga. Un verbo similar, aunque no sinónimo exacto, *boulomai*, aparece en 2 Pedro 3:9: "El Señor no tarda en cumplir su promesa, según entienden algunos la tardanza. Más bien, él tiene paciencia con ustedes, porque no *quiere* que nadie perezca sino que todos se arrepientan" (énfasis añadido). Las tres versiones que acabamos de citar traducen aquí *boulomai*, "quiere". Tanto *thelo* como *boulomai*

Religions (Grand Rapids: Baker, 1995); Ajith Fernando, *The Supremacy of Christ* (Wheaton: Crossway, 1995); Lesslie Newbigin, *The Gospel in a Pluralist Society* (Grand Rapids: Eerdmans, 1989); Edward Rommen y Harold Netland, eds., *Christianity and the Religions* (Pasadena: William Carey Library, 1995); Kevin J. Vanhoozer, ed., *The Trinity in a Pluralistic Age* (Grand Rapids: Eerdmans, 1997). Se puede ver un tratamiento que incluye las perspectivas de otras religiones en Kenneth Cragg, *The Christ and the Faiths* (Filadelfia: Westminster, 1986); Hans Küng, Josef van Ess, Heinrich von Stietencron, y Heinz Bechert, *Christianity and World Religions* (Maryknoll, N.Y.: Orbis, 1986).

15. Scott, *Pastoral Epistles*, 19.

pueden referirse a un deseo de hacer algo o, con un sentido más intenso, un plan o propósito definitivo de hacer algo.[16] Como mínimo, estos dos pasajes muestran que Dios no se complace en que las personas mueran sin salvación. Sin embargo, ni un texto ni el otro enseñan que Dios salvará a las personas sin tener en cuenta su postura con respecto a Cristo.

Hoy día, cuando predicamos el evangelio es difícil evitar que se alejen las personas que tienen esa aversión contemporánea a cualquier pretensión de exclusividad religiosa. En lo que respecta a la verdad, estamos convencidos de que Cristo es el único camino. Pero *la forma como* lo declaramos en el mundo actual puede atraer o alejar a las personas de nuestro evangelio. Sin debilidad ni componendas, debemos declarar el camino estrecho, pero al hacerlo hemos de poner énfasis en que *hay* un camino, un maravilloso camino. Es importante que transmitamos el amor de Dios *poner a disposición de todos* ese camino (Jn 3:16) y la gracia de Cristo al convertirse en ese camino mediante su sacrificio en la cruz.

Hay un rescate. Nuestro mensaje no es tristeza o condena, sino el camino abierto por el Mediador, Jesucristo hombre. La manera como decimos que hay un único mediador puede comunicar o bien una connotación negativa —todas las otras religiones están equivocadas y nosotros estamos orgullosa y dogmáticamente en lo cierto— o una positiva: Dios quiere que todos sean salvos y nosotros proclamamos con humildad y alegría ese camino y cómo cada persona puede llegar al Padre.

En cuanto a los que no han recibido suficiente acerca de Dios, del pecado y de la salvación como para tomar una decisión con sentido, creo que podemos estar de acuerdo con la pregunta retórica de Abraham. Tú, que eres el Juez de toda la tierra, ¿no harás justicia?" (Gn 18:25). No importa cuánto desea Dios, o nosotros, ver a algún individuo salvarse, hay solo una forma en que Dios lo lleva a cabo. Es una forma maravillosa, por medio de Cristo, "quien dio su vida como rescate por todos".[17]

16. En el primer sentido ver Mt 20:21; Hch 17:20; 19:30; Fil 1:12; en el más intenso ver Mt 1:19; Hch 5:28; 7:39; Col 1:27. Pero incluso en estas citas puede haber superposición de significados.

17. Acerca de la cuestión del destino de los que rechazan a Cristo y del asunto de quienes no han oído nunca el evangelio, ver William V. Crockett y James G. Sigountos, eds., *Through No Fault of Their Own? The Fate of Those Who Have Never Heard* (Grand Rapids: Baker, 1991); Millard J. Erickson, *How Shall They Be Saved? The Destiny of Those Who Do Not Hear of Jesus* (Grand Rapids: Baker, 1996); Gabriel Fackre, Ronald H. Nash, y John Sanders, *What About Those Who Have Never Heard?* (Downers Grove, Ill.: InterVarsity, 1995); Ronald H. Nash, *Is Jesus the Only Savior?* (Grand Rapids: Zondervan, 1994); Clark H. Pinnock, *A Wideness in God's Mercy:*

Nuestra misión y actitudes. Pablo ofrece una clara declaración de propósito para su vida en el versículo 7: "y para proclamarlo me nombró heraldo y apóstol". La expresión griega traducida como "para proclamarlo" es *eis ho*, "hacia lo cual". Este es un caso en el que podemos hacer nuestra al menos una parte de la misión apostólica de Pablo, que era proclamar el evangelio y "enseñarles la verdadera fe". Sea lo que sea que uno opine con respecto a tratará Dios con los que nunca ha oído el evangelio, nos atañe ver que todas las personas posibles dentro de nuestro ámbito de relaciones humanas llega a conocer el evangelio de Cristo.

La exhortación de Pablo a orar por "todas las autoridades" se alza contra la tendencia de algunos cristianos a criticarlas o ridiculizarlas. El pastor de una megaiglesia en el área de Chicago amonestó, acertadamente, a su congregación cuando silbaron ante una mención del presidente Clinton. Este párrafo de 1 Timoteo debería hacernos revisar nuestra actitud hacia los dirigentes. Aunque una mención semanal por las autoridades en la oración del pastor puede ser mera rutina, es mejor que nada. Orar por un dirigente, tal como se hace en algunas iglesias litúrgicas, utilizando las palabras "tu siervo" y su nombre, nos recuerda la humanidad de ese gobernante, que necesita la dirección de Dios.

The Finality of Jesus Christ in a World of Religions (Grand Rapids: Zondervan, 1992); Clark H. Pinnock y Robert C. Brow, *Unbounded Love* (Downers Grove, Ill.: InterVarsity, 1994). Ver también nota 14, más arriba.

1 Timoteo 2:8-15

Quiero, pues, que en todas partes los hombres levanten las manos al cielo con pureza de corazón, sin enojos ni contiendas.

[9] En cuanto a las mujeres, quiero que ellas se vistan decorosamente, con modestia y recato, sin peinados ostentosos, ni oro, ni perlas ni vestidos costosos. [10] Que se adornen más bien con buenas obras, como corresponde a mujeres que profesan servir a Dios. [11] La mujer debe aprender con serenidad, con toda sumisión. [12] No permito que la mujer enseñe al hombre y ejerza autoridad sobre él; debe mantenerse ecuánime. [13] Porque primero fue formado Adán, y Eva después. [14] Además, no fue Adán el engañado, sino la mujer; y ella, una vez engañada, incurrió en pecado. [15] Pero la mujer se salvará siendo madre y permaneciendo con sensatez en la fe, el amor y la santidad.

Pablo ya ha dado instrucciones sobre el *contenido* de la oración. Lo que sigue aquí está relacionado con la *manera* de orar. El contenido tiene que ver con la teología; la manera tiene que ver con la actitud y la apariencia.

Actitud y comportamiento de los varones en la iglesia cristiana (2:8)

El uso de *oun* ("pues") en este versículo, aunque puede ser una mera indicación idiomática no esencial de transición (omitida por la NIV), sugiere que el contenido afecta a la actitud. Los que han recibido la instrucción de orar por las autoridades en aras de una vida más tranquila y pacífica debían interceder sin discusión. "Quiero" puede indicar una marcada preferencia, pero no tan fuerte como "recomiendo" (2:1) o "no permito" (v. 12) y seguramente no equivale a "él [Dios] quiere" (v. 4). Aunque no sea una orden, el término usado aquí (*boulomai*) puede expresar algo que, con intensidad, el sujeto quiere, espera o incluso pretende que ocurra.

La palabra traducida como "hombres" (pl. de *aner*) suele referirse a los varones, aunque hay ejemplos en la retórica griega clásica de su uso incluyendo a las mujeres. Aquí, sin embargo, está claramente en contraste con "mujeres" (v. 9). Estas directrices concuerdan con las de la oración pública en la sinagoga judía, aunque en reuniones de cristianos las mujeres oraban (1Co 11:5).[1] "En todas partes" nos recuerda la frase "como es costumbre en las congregaciones de los creyentes" de 1 Corintios 14:33, donde se habla del papel de las mujeres en las reuniones públicas. Este hecho nos debería guardar de suponer que las instrucciones de Pablo en nuestro pasaje se aplican solo a la iglesia de Éfeso.[2] Levantar "manos [...] con pureza de corazón" no pone el énfasis en las manos (que estén lavadas o ritualmente puras). Eso iría contra las enseñanzas de Jesús (Mt 15:1-2, 10-11). Más bien, se da por hecho que los hombres orarán en la manera judía acostumbrada, con las manos alzadas; así pues, estas manos deberían pertenecer a hombres cuyas vidas son coherentes con la santidad de Dios.

La Biblia enseña que hay factores controlables que afectan a la eficacia de nuestra oración. Primordialmente son relaciones: nuestra relación con Dios (pecado oculto, pecado deliberado, falta de confianza) y nuestra relación con otras personas ("perdónanos nuestras deudas, como también hemos perdonado a nuestros deudores", una condición de la que Jesús hace un comentario aparte tras el Padrenuestro en Mt 6:12, 14-15).[3] En 1 Timoteo 2:8, los "enojos" y "contiendas" son inconsistentes con la vida de santidad que Dios requiere de los que oran en público, y son también contrarios a la oración eficaz.

Actitud y comportamiento de las mujeres en la iglesia cristiana (2:9-10)

Estos versículos han tenido diferentes interpretaciones dependiendo de cómo evalúa uno la importancia de la sintaxis y el orden de las palabras. Las cuestiones principales son la omisión de "orar" en el versículo 9 y la función sintáctica de "se vistan" que parecen reemplazar la oración en la cláusula previa.

1. Para pinturas tempranas, con mujeres orando, ver las ilustraciones de pp. 57 y 93, y los comentarios de p. 92 en Ruth A. Tucker y Walter L. Liefeld, *Daughters of the Church: Women and Ministry From New Testament Times to the Present* (Grand Rapids: Zondervan, 1987).
2. Lit., "en todas partes" traduce "en todo lugar [*topos*]". Para un tratamiento de *topos* en 1 Timoteo 2:8 ver E. Ferguson, "τόπος in 1 Timothy 2:8", *Rest*Q 33 (1991): 65-73.
3. Ver Walter L. Liefeld, "Lord's Prayer", *ISBE*, 4:162.

En la siguiente estructura presentamos una lista de los elementos sintácticos en el orden en que aparecen dentro del orden del texto griego.

ELEMENTO SINTÁCTICO	VERSÍCULO 8	VERSÍCULO 9
Verbo principal	Quiero	Sobreentendido
Infinitivo, objeto directo del verbo principal	**Orar** [en NVI, implícito en "levanten manos al cielo"; N. de T.]	
Acusativo de referencia ("sujeto" del infinitivo)	Los hombres	Las mujeres
Complementos adverbiales		
De lugar	En todas partes	
De modo	Levantando manos santas (RVR60)	Vestidas decorosamente
	Sin enojos ni contiendas	Con modestia y recato
Infinitivo, objeto directo del verbo principal elidido "quiero"		**Vestirse**
Más complementos adverbiales		Sin peinados ostentosos … más bien con buenas obras

La cuestión a la que nos enfrentamos es si Pablo (1) quiere decir que las mujeres *no* oren (públicamente) y que, *en lugar de* la oración, su ministerio es vestirse modestamente, o (2) espera que el lector deduzca que las mujeres también oran (quizá por la implicación de *hosautos*, "en cuanto a" en la NVI, pero literalmente "asimismo"), y que *al orar* estén ataviadas con modestia. La razón por la que Pablo pone el primer verbo expresado en la segunda cláusula (*kosmein*, "vestir") en infinitivo es por corrección gramatical (dado que omite el verbo "orar" que habría estado en infinitivo). Se corresponde en la secuencia de pensamiento, pero no en la sintaxis, con el participio *epairontas* ("levantando [manos con pureza]") del versículo 8. Si Pablo hubiera tenido la intención de manifestar que el equivalente femenino a la oración de los hombres era el atuendo modesto en ellas, habría que preguntarse por qué no puso el verbo "vestirse" por delante, en la posición que quedaba libre en el versículo 9 donde debía reiterarse el infinitivo "orar" del versículo 8.

Será útil recordar que en una frase griega se comunica básicamente dos tipos de información. Una es la que podríamos llamar "mensaje" o información de "contenido"; la otra es la información de "estructura". El mensaje es lo que aprendemos por el significado de las palabras (es decir, el significado léxico o semántico). Esto incluye el significado de los sustantivos, verbos, adjetivos, adverbios, preposiciones, conjunciones, prefijos, sufijos, etcétera. La información de estructura es lo que aprendemos a partir de la colocación relativa de las palabras, los casos en que están declinados los sustantivos, la relación entre verbo y objeto indirecto, etc. La estructura depende normalmente de la sintaxis, pero el significado estructural se encuentra también en el orden de las palabras (que puede ser independiente de la sintaxis).[4] Ambos tipos de información se combinan en una cláusula o sentencia para producir un todo semántico.

Para analizar 2:9 en términos de información del *mensaje*, notamos la ausencia de un verbo que signifique "orar". Además, en términos de información de la *estructura* hay dos hechos que cabe señalar. (1) Según la *sintaxis*, "vestirse" es el único infinitivo objeto directo expreso del verbo sobreentendido "quiero". (2) Según el *orden de las palabras* puede deducirse que Pablo *da por sentada* la oración de las mujeres (como sugiere "asimismo") y procede a describir cómo deberían vestirse cuando están orando. Luego va más allá de la circunstancia de la oración para hacer un comentario sobre la función de las buenas obras como un substituto apropiado de la ropa cara. El intérprete debe escoger entre (1) o (2); uno u otro es posible.

Una razón importante, de fuera de este pasaje, para dudar que Pablo esté excluyendo a las mujeres de orar en las reuniones de la iglesia es que sus instrucciones en 1 Corintios 11:2-16 sobre cubrirse la cabeza se basa en el hecho de que las mujeres oraban y profetizaban (v. 5). Cualquier duda de que Pablo tenía en mente la reunión normal de la iglesia se disipa ante el hecho de que este pasaje y el siguiente (11:17-34) sobre la Cena del Señor ("cuando se reúnen como iglesia", v. 18) no solo aparecen juntos, sino que están conectados estructuralmente por las expresiones paralelas "los elogio" (v. 2) y "no puedo elogiarlos"

4. Un ejemplo de inesperado orden de palabras es la colocación de *akolutos* como climática palabra final en Hechos (aunque estaba preso, Pablo "enseñaba acerca del Señor Jesús con denuedo y *sin impedimento*" [trad. lit.]).

(v. 17). La Eucaristía se menciona en el capítulo precedente (10:14-22), de modo que Pablo ya estaba pensando en el culto en la iglesia cuando escribió el capítulo 11.

Por supuesto, es posible que Pablo tuviera en mente un tipo de oración en 1 Timoteo y otro diferente en 1 Corintios, pero es difícil suponerlo, dado que no hay nada en las circunstancias que señale tal diferencia. Tanto en 1 Corintios como en 1 Timoteo hay una preocupación por la apariencia (cubrirse la cabeza en uno, vestirse con modestia en el otro), lo que da a entender que ambas reuniones son públicas. Cualquiera que sea el caso en cuanto a la oración de las mujeres, está claro que el propósito principal de la instrucción en 1 Timoteo 2:8-10 no es mandar el *acto* de la oración (eso ya lo ha hecho en vv. 1-2), sino la *conducta* de hombres y mujeres *mientras* oran y adoran (ver más adelante, acerca de v. 10).

A estas alturas se ve claro en esta secuencia de pensamiento que Pablo está ocupándose de expresiones de moralidad en relación con las costumbres religiosas de ellos y ellas. Insiste en que su apariencia externa no debería estar en conflicto con su carácter interior. En los versículos 9-10 el ejemplo es que la devoción interior de las mujeres debería expresarse con buenas obras. En la antigua Grecia, y hasta cierto punto todavía en tiempos de Pablo, los vestidos lujosos, los peinados elaborados y las joyas se consideraban incompatibles con la excelencia moral y devoción verdadera. Así, las mujeres cristianas se debían vestir "con modestia".

La descripción de la ropa, los peinados y las joyas sugieren dos razones por las que serían algo inapropiado. (1) Una es el gasto desmesurado. La mención del oro habla por sí misma, y el adjetivo usado para describir la ropa inadecuada es "costosos". (2) Otra razón es su tradicional asociación con el comportamiento inmoral.[5] "Modestia" no es lo opuesto de extravagancia, tiene que ver con conceptos antiguos de vergüenza y honor. El sustantivo usado aquí (*aidos*) puede significar reverencia, respeto por uno mismo o sentido de vergüenza. Uno podía tener sentido de vergüenza por no hacer algo inmoral, sino como una actitud modesta recomendable. La palabra "recato" concuerda con esto en tanto que es otro factor en las mujeres cristianas para ser moderadas en su apariencia. En resumen, deben evitar lo que transmita riqueza y lo que sugiera inmoralidad.

---

5. Cynthia L. Thompson, "'Cosmetics': The Social Power of Clichés". Es una conferencia expuesta en la reunión anual de AAR/SBL, hasta donde sé, sin publicar.

Tal apariencia puede parecernos algo sin importancia, pero no lo era en el mundo antiguo. Aun sin ser un asunto doctrinal desde un punto de vista cristiano, lo que uno llevara puesto transmitía algo a los moralmente sensibles judíos y a los paganos. Nótese cómo la antítesis de vestir ropa ostentosa y cara, así como joyas no es solo la modestia, sino también las "buenas obras" (v. 10). En este contexto, estas son importantes no solo por la ayuda que suponen a otras personas, sino especialmente por lo que manifiestan acerca del cristianismo.

Pablo subraya las buenas obras en las Cartas Pastorales.[6] Algunas deben realizarse modestamente en privado (*cf.* las palabras de Jesús en Mt 6:16-18), Jesús enseñó que nuestra luz debía brillar ante los demás a fin de que "puedan ver las buenas obras de ustedes y alaben al Padre que está en el cielo" (5:16). Hay varias referencias a las buenas obras en las Cartas Pastorales que mencionan específicamente que la gente las perciba. Una viuda, por ejemplo, debe ser bien "reconocida por sus buenas obras" para poder figurar en la lista de las ayudas (1Ti 5:10). Las buenas obras son "evidentes" y no pueden estar ocultas (1Ti 5:25). En Tito 2:7 leemos que los jóvenes deben ser "ejemplo de buenas obras" (RVR60) a fin de que los que se oponen se avergüencen y no tengan nada malo que decir sobre los cristianos.

Se puede debatir si la "adoración" en la que las mujeres participaban (v. 10) estaba limitada a las actividades de culto en la iglesia, que, como acabamos de sugerir, podía incluir la oración en público. La implicación de la traducción de la NVI, "mujeres que profesan servir a Dios," puede tomarse en el sentido de que, aunque estas mujeres profesaban que el *objeto* de su adoración es Dios, es más bien el *acto* de adoración lo que se está considerando, probablemente en el culto de la iglesia. Esta implicación, por supuesto, no excluye la adoración en la vida diaria. La palabra traducida aquí como "servir" es *theosebeia*, que se refiere a la devoción en general, no necesariamente para los actos de adoración. Sin embargo, puede connotar el culto de la iglesia, como hace esa palabra en la *Epístola a Diogneto* 4:5. Allí se refiere a la práctica de la religión, que en el cristianismo no precisa de accesorios visibles, como sí lo hace en el culto pagano.

6. Ver 1Ti 3:1; 5:10 (2x), 25; 6:18; 2Ti 2:21; 3:17; Tit 1:16; 2:7, 14; 3:1, 8, 14.

Instrucciones especiales acerca de las mujeres en la enseñanza (2:11-15)

La sección siguiente prosigue con este mismo tema. El versículo 11 comienza, en el texto griego, con las palabras "mujer en serenidad".[7] El mismo vocablo traducido como serenidad cierra el versículo 12, formando lo que se conoce como una *inclusio*, en la que una palabra o frase idéntica o similar marca el inicio y el final de una sección literaria. Este recurso muestra la importancia que Pablo le daba a la actitud de serenidad en las mujeres al aprender.

Lo que está en contraste con esta serenidad es enseñar y ejercer autoridad sobre un hombre (v. 12). Las expresiones contrastadas están separadas en la mitad del versículo 12 mediante la conjunción intensamente adversativa *alla* ("sino, sin embargo", no trad. en la NVI). Aunque la estructura no lo exige, la actitud de serenidad de los versículos 11-12 puede entenderse como excluir que enseñen, y la actitud de sumisión puede verse como excluir que ejerzan autoridad. Esto no habría sido una sorpresa ni para los judíos ni para los griegos, ya que en ninguna de esas culturas estaba permitido a las mujeres enseñar.[8] En algunas partes del Imperio romano se daba una actitud más permisiva, pero en general la actitud predominante hacia las mujeres habría sido favorable a como lo aborda Pablo. Este hecho requerirá atención en la aplicación del texto a nuestros días. Un factor adicional en la interpretación de la serenidad y la sumisión de las mujeres en la enseñanza es que esta actitud era también la que se esperaba de los estudiantes varones que eran alumnos de un rabí, los cuales, *después* de la ordenación, *podían* enseñar y ejercer autoridad.

Hay un considerable corpus de literatura sobre el significado del versículo 12.[9] Entre los asuntos que han entrado en discusión tenemos: el

7. Algunos traducen el griego *hesychia* como "silencio", pero el adjetivo correspondiente, *hesuchion*, justo arriba en el versículo 2, significa claramente "tranquilidad" (en "tengamos paz y tranquilidad"). En el versículo 11, dado que podría significar o silencio o tranquilidad, el significado coherente con su uso anterior en el capítulo debería tener preferencia. Sobre todo ha de ser así teniendo en cuenta el carácter de este capítulo como unidad en torno al tema de la conducta cristiana.
8. Sigountos y Shank, "Public Roles for Women in the Pauline Church", *JETS* 26 (1983): 289-92.
9. Hay recientes obras representativas, como Douglas J. Moo, "What Does It Mean Not to Teach or Have Authority Over Men?" en *Recovering Biblical Manhood and Womanhood*, John Piper y Wayne Grudem, eds. (Wheaton: Crossway, 1991), 179-93; Richard Clark Kroeger y Catherine Clark Kroeger, *I Suffer Not a Woman: Rethinking 1 Timothy 2:11-15 in Light of Ancient Evidence* (Grand Rapids: Baker, 1992); Craig S.

significado de "no permito", el significado de "enseñe" y "ejerza autoridad", la razón de las referencias a Adán y Eva, y la relación, si la hay, del versículo 15 con el 12.

(1) Para entender adecuadamente las palabras introductorias de Pablo, "no permito", debemos tomar tres decisiones separadas. (a) ¿Es una prohibición? En nuestro idioma, "no permito" no suena tan fuerte como "prohíbo". Sin embargo, las expresiones de dar o no dar permiso habrían resultado muy familiares, sobre todo a los lectores judíos, como expresiones fuertes.

(b) ¿El uso del presente por parte de Pablo pretende dar una prohibición solo temporal? ¿Se puede parafrasear como "ahora no estoy permitiendo", con la implicación de que en el futuro podría permitirlo, pero que no lo hace en el presente por alguna razón pasajera? Podría ser así, aunque parece más probable que el uso narrativo normal del presente del indicativo exprese un simple hecho. La cuestión no es el tiempo verbal, sino el modo.

(c) Por consiguiente, ¿por qué usa Pablo esta forma de indicativo en vez de expresar un mandato usando un imperativo? No cabe mucha duda en cuanto a que si le dice a Timoteo qué es lo que no permite es para que él siga la misma práctica. Pero leído desde la perspectiva de generaciones posteriores, ¿cuánta importancia tiene que Pablo no pronuncie un mandato como: "No permitas a las mujeres que enseñen" o "Las mujeres no deben enseñar ni ejercer autoridad"? Teológicamente puede ser significativo observar que el Espíritu Santo pudo haber conducido a Pablo a usar una construcción imperativa que pudiera ser interpretada como vinculante para que la iglesia siguiera esa costumbre para siempre, pero, al contrario, pudo haberle guiado a emplear una construcción que describiera su proceder sin convertirlo en algo obligatorio permanentemente.[10]

Keener, *Paul, Women and Wives* (Peabody, Mass.: Hendrickson, 1992), 101-32; Andrew C. Perriman, "What Eve Did, What Women Shouldn't Do: The Meaning of αὐθεντέω in 1 Timothy 2:12", *TynBul* 44 (1993): 129-42; Andreas J. Köstenberger, Thomas R. Schreiner, and H. Scott Baldwin, eds., *Women in the Church: A Fresh Analysis of 1 Timothy* 2:9–15 (Grand Rapids: Baker, 1995), and Rebecca Merrill Groothuis, *Good News for Women* (Grand Rapids: Baker, 1997), 209-29.

10. Incluso un imperativo puede entenderse como opcional únicamente en circunstancias relevantes, como con el familiar "Salúdense unos a otros con un beso santo". Esta acción, como la enseñanza, tiene un sentido cultural.

(2) En cuanto al significado de "enseñar", dado el uso de la palabra y sus cognados en las Cartas Pastorales, probablemente se refiere a la comunicación autoritativa de "la fe", es decir, la doctrina apostólica, con el testimonio sobre Jesús y sus enseñanzas en su centro.[11] Como hemos dicho más arriba, en las sociedades judía y griega no se aceptaba a las maestras. Además, las mujeres no contaban como testigos (como se refleja en el hecho de que Pablo no mencionara a las mujeres en la tumba en su lista de testigos de 1Co 15:3-8). Habría sido contraproducente dejar a las mujeres enseñar y proclamar el testimonio apostólico de Cristo.

El significado de "ejercer autoridad" no está tan claro. El verbo griego *authenteo* y sus formas relacionadas son raros en la literatura griega, y la palabra solo aparece aquí en el Nuevo Testamento. Su uso cambió a lo largo de los siglos, refiriéndose tanto a formas atroces y detestables de imponer la voluntad de uno sobre los demás como también a expresiones de tomar y ejercer autoridad. La tarea del exégeta es distinguir qué era lo que la gente de los tiempos y circunstancias de Pablo habría entendido con ella. La cuestión se complica porque las palabras no cambian su significado repentina e irreversiblemente, sino de manera gradual y a veces con un regreso a significados anteriores. Es significativo que en el tira y afloja de las investigaciones, el más reciente estudio de peso (y habría que señalar que es el estudio de un partidario del punto de vista restrictivo para las mujeres) presenta "controlar, dominar, compeler, influenciar, asumir autoridad sobre o usurpar la autoridad de" como posibles significados, con el contexto que se necesita para la decisión final.[12]

A partir de la relación gramatical entre las dos palabras: *didaskein* (enseñar) y *authentein* ("ejercer autoridad"), unidas mediante *oude;* "ni tampoco", "y" en la NVI), puede deducirse que, dado que *didaskein* se considera una actividad positiva en las Cartas Pastorales, así también es como debe verse *authentein.*[13] Entender *authentein* en un sentido

---

11. Ver especialmente *didasko* en 1Ti 4:11; 6:2; 2Ti 2:2; *didache* en 2Ti 4:2, y *didaskalia* en 1Ti 1:10; 4:6, 13, 16; 5:17; 6:1, 3; 2Ti 3:10, 16; 4:3; Tit 1:9; 2:1, 7, 10.
12. H. Scott Baldwin, *Women in the Church: A Fresh Analysis of 1 Timothy 2:9–15*, en A. J. Köstenberger, T. R. Schreiner, y H. S. Baldwin, eds. (Grand Rapids: Baker, 1995), 65–80. El libro de Kroeger y Kroeger *I Suffer Not a Woman* ha sido duramente criticado, y con cierta razón (ver R. W. Yarbrough, "*I Suffer Not a Woman*: A Review Essay", *Presbyterion* 18 [1992]: 25–33. No obstante, aporta datos que apoyan un sentido fuerte en *authenteo* que se debe tener en consideración (con cautela sobre posibles anacronismos y confusión de universos y discursos diferentes).
13. Köstenberger en Köstenberger, Schreiner y Baldwin, eds., *Women in the Church*, 103.

positivo, sin embargo, no evita que siga teniendo un sentido *fuerte*. Lo que a veces se ha pasado por alto en las discusiones sobre el significado de *authenteo* es que Pablo escogió este verbo raro en lugar de *exousiazo*, que forma parte del grupo común de palabras referente a la autoridad.[14] El exégeta de 1 Timoteo 2:12 debe preguntarse por qué, si Pablo estaba escribiendo sobre la autoridad en el sentido normal, escogió un término muy poco común que tenía una historia de significados muy fuertes.

Dicho esto, cabe dudar de que la asunción de autoridad que Pablo prohíbe equivalga a una participación compartida en las decisiones corporativas de un cuerpo de ancianos escogidos por la congregación. Por último, hay que señalar que la cláusula del versículo 12 limita su prohibición de enseñar y ejercer autoridad concretamente a hacérselo a un hombre (o, como algunos sugieren, al propio marido) y no excluye, incluso en esas circunstancias, cualquier otro ministerio para las mujeres.

(3) En cuanto a las alusiones a Adán y Eva (vv. 13-14), Pablo apela al orden de la creación del hombre y la mujer por Dios: "Porque primero fue formado Adán". Esta frase recuerda 1 Corintios 11:8: "De hecho, el hombre no procede de la mujer sino la mujer del hombre". Pablo prosigue en 1 Timoteo 2:14 apelando al engaño de Eva, un versículo que recuerda 2 Corintios 11:3: "Pero me temo que, así como la serpiente con su astucia engañó a Eva, los pensamientos de ustedes sean desviados de un compromiso puro y sincero con Cristo". Esto advierte al exégeta para que reconozca que la aplicación de estas alusiones al Antiguo Testamento es más amplia que el mero alcance del pasaje que tenemos delante. El texto de 1 Corintios se vale de la anterioridad de existencia de Adán para apoyar que las mujeres se cubran la cabeza; el de 2 Corintios muestra que todos los cristianos (incluidos los hombres) pueden ser engañados como lo fue Eva.

Este hecho, y la nota de Pablo en nuestro pasaje diciendo que Eva "incurrió en pecado" (lit., "vino a estar en transgresión") muestra que su argumento no es simplemente que las mujeres son engañadas más fácilmente que los hombres, como a veces se ha afirmado. La afirmación verbal principal es "incurrió en pecado", y "una vez engañada" se expresa mediante un participio circunstancial que presenta una acción concurrente. Durante siglos, antes y después de Cristo, Eva ha sido

14. Es interesante, y significativo para los estudios bíblicos sobre género, que el verbo *exousiazo* aparezca en 1Co 7:4, donde Pablo dice que, sexualmente, poseen autoridad recíproca sobre el cuerpo del cónyuge.

escarnecida como la pecadora que sumergió a la raza humana en la miseria. En este pasaje hay un paralelismo que pone la atención sobre Adán, con respecto a su creación, y en el hecho de que él no fue engañado.

primero fue formado Adán,
 y Eva después.
[Y] Adán no fue engañado,
 sino la mujer
  habiendo sido engañada
 incurrió en pecado.

Trataremos con más detalle las implicaciones de este pasaje en la sección Construyendo puentes, pero aquí habría que puntualizar dos cosas más: (a) el término "porque" (*gar*) que introduce los versículos 13-14 puede indicar o bien el fundamento para la declaración anterior o bien una explicación para ella. Es decir, las circunstancias citadas de Génesis pueden o *requerir* la restricción de las mujeres o pueden *explicarla*, en este caso mediante una analogía. Algunos consideran que esto supone una diferencia importante. En esta última lectura, Pablo no sostiene que el pecado de Eva conduzca necesariamente a las restricciones que plantea, sino que las hace porque su engaño ha hecho que la gente piense que cualquier mujer es susceptible de engaño y, por tanto, que no se le puede confiar enseñanza o liderazgo.

(b) Otra observación es que entre los que restringen el papel de la mujer ha llegado a hacerse común la interpretación de la caída como resultado de la insubordinación de ella al varón. Esto no solo exige interpretar que los elementos del relato de la creación describen a la mujer como subordinada *antes de* la caída, sino que también lee algo en esa narración que no existe. Además provoca una contradicción interna, porque ser insubordinada no es lo mismo que ser engañada. La referencia bíblica tanto en Génesis como en 1 Timoteo es al engaño de Eva, no a la insubordinación.

(4) El versículo 15 ha sido objeto de mucho estudio y especulación. Entre los puntos a señalar están: (a) el sujeto de la oración principal es singular, "ella", como indica la terminación del verbo (no se menciona explícitamente el sujeto). Normalmente, pero no siempre, se asume que se refiere a cualquier mujer que cumpla con las condiciones del versículo. El verbo principal es "será salvada" (futuro en pasiva) y asume el

cumplimiento de la condición que comienza con "siendo madre" (ver [c] más abajo).

(b) El significado de "salvarse" es discutible. Puede significar ser rescatada de algún peligro o enfermedad. Se traduce como "sanar" varias veces en los Evangelios, principalmente con respecto a un incidente (Mt 9:21, 22 [2x], y sus paralelos, pero ver también Mr 6:56; 10:52; Hch 4:9; 14:9). Normalmente, en los escritos de Pablo ser salvo se refiere a la salvación del pecado y el juicio (aunque esto se puede cuestionar en Fil 2:12, "lleven a cabo su salvación con temor y temblor"). En ocasiones, alguien abre el camino para que otra persona se salve (1Co 7:16; 1Ti 4:6). No obstante, es concebible que aquí tenga algún otro significado, o el mismo en sentido extenso.

(c) A primera vista, el "se salvará" de la mujer parece basarse en obras, puesto que depende de que ella cumpla con la condición de permanecer "en la fe, el amor y la santidad".

(d) Otro factor es que hay una frase preposicional que modifica a "se salvará": *dia tes teknogonias* ("siendo madre" o, lit., "a través del parto"). La expresión puede significar (i) salvarse "a lo largo de [la dura experiencia de] la maternidad" (en cuyo caso, "salvación" vuelve a su significado más amplio de preservación o rescate); (ii) salvarse a través de [mediante] la maternidad" (en cuyo caso parece chocar con la doctrina de la salvación por la sola gracia); o (iii) salvarse "a través de [*tanto* a lo largo de los sufrimientos de como por medio de] traer hijos al mundo".[15] (iv) Sin embargo, hay una cuarta posibilidad que toma especial nota del hecho de que el genitivo objeto de esa preposición, *teknogonias*, tiene el artículo (es decir, "el parto"). Al tener el artículo se puede entender que se está pensando en un caso particular de parto, que se suele entender que es el nacimiento de Cristo.

Esta cuarta opción es el significado más natural, dado el contexto en 1 Timoteo y el contexto relacionado en Génesis. Tanto en 1 Timoteo como en Génesis, la mención de la transgresión de Eva viene seguida de una referencia a dar a luz (en realidad hay *dos* referencias así en el pasaje de Génesis). En Génesis 3:15-16, después del relato de la caída de Adán y Eva, está la promesa de su descendencia victoriosa: "Pondré enemistad entre tú y la mujer, y entre tu simiente y la de ella; su simiente

15. Este *double entendre* lo propone Murray Harris, "Prepositions & Theology in the Greek New Testament", *NIDNTT*, 3:1177.

te aplastará la cabeza, pero tú le morderás el talón"; y la predicción del dolor en el parto: "A la mujer le dijo: 'Multiplicaré tus dolores en el parto, y darás a luz a tus hijos con dolor'". Así pues en Génesis y en 1 Timoteo se alude a la salvación que es gracias al nacimiento de un niño en particular y la necesidad de ser salvada cuando se pasa por los dolores del parto.[16]

También puede ser significativo a este respecto que las palabras que siguen en Génesis tratan sobre la nueva dominación de la mujer por parte de su marido como resultado de la caída: "Desearás a tu marido, y él te dominará".[17] Podemos esbozar los dos textos como sigue:

1 Timoteo 2:12-15	La mujer cede ante el **hombre**
	Adán fue formado primero
	Eva fue engañada y pecó
	la mujer se salvará a través del **parto.**
	Si permanece en la fe, etc.
Génesis 3:1-20	**Adán** fue formado primero
	Eva fue engañada y pecó
	el talón de su **descendencia** será herido
	por la descendencia de la serpiente
	su **descendencia** aplastará la cabeza
	de la descendencia de la serpiente
	La mujer tendría dolor en **el parto**
	El **hombre** dominaría sobre la mujer.

Este cuadro nos ayuda a ver que la referencia al parto en 1 Timoteo 2 concuerda con la referencia a la descendencia de Eva en Génesis 3.

16. Ignacio y otros rendían honor a la virgen María, por medio de cuya maternidad (se usa un término griego diferente) se hizo posible nuestra salvación.
17. Una perspectiva común sobre los pasajes neotestamentarios acerca de la mujer es que la dominación del varón sobre ella se acabó en la cruz para los cristianos y que no debería perpetuarse mediante interpretaciones negativas de pasajes problemáticos como el que estamos considerando. Eso no es lo que estamos tratando aquí, salvo que hay que señalar la necesidad que tienen los exégetas de tomarse en serio el efecto de la caída y de la redención en la relación entre los géneros.

También señala la predicción que sigue en el pasaje del Génesis acerca del dominio del hombre sobre la mujer. Que esto último sea un resultado de la caída suscita la pregunta de si Pablo tenía en mente eso también, aun cuando solo menciona específicamente la parte de Eva en la caída. Si es así, hay una pregunta más: igual que intentamos aliviar el dolor de la mujer en el parto, ¿no deberíamos aliviar el control, a veces agresivo y despótico, que los hombres tienden a procurar sobre las mujeres? Como mínimo, los varones que quieren ser líderes en el matrimonio y en la iglesia deben reconocer y moderar la tendencia masculina al dominio.

Pero esto no soluciona todos los problemas. El uso de "siendo madre" es una forma más bien oscura de referirse al nacimiento de Cristo. Ni María ni Cristo se mencionan aquí, y en otros lugares de la Sagrada Escritura se subraya la muerte, no el nacimiento de Cristo, como el medio de salvación. Además, la oración subordinada "y permaneciendo..." no parece relacionada con la venida de Cristo, y se presenta como una condición de la salvación de las mujeres.

(e) Esto nos lleva al problema siguiente: hay un cambio inusual de la forma singular del primer verbo ("se salvará) a la forma plural del siguiente verbo ("si continúan" [en la NVI, "y permaneciendo"]). Esto es posible, pero no obligado, explicarlo como un desplazamiento de lo particular a lo general. La cláusula final tiene un timbre familiar en la literatura de las Cartas Pastorales. En estas epístolas, "fe" (*pistis*) aparece treinta y tres veces; "amor" (*agape*), diez veces; y "sensatez" (*sophrosyne*), una vez (2:9, traducida como "recato" en la NVI), y ocho veces con palabras relacionadas de la misma raíz. "Santidad" (*hagiasmos*) no aparece en ningún otro sitio en estas cartas, aunque la idea es frecuente (incluyendo 2:2). No se trata de buenas obras, sino de cualidades que distinguen a un creyente. Esto constituye una conclusión apropiada para este particular capítulo con su énfasis en la conducta que se espera de los cristianos en este mundo.

En conclusión, podemos proponer, pues, que el versículo 15 encaja con el 14 con su referencia a Eva para mostrar que la Semilla de la mujer hizo posible la salvación. Concuerda con la necesidad de las mujeres de evitar a los seductores falsos maestros y de ignorar sus enseñanzas en contra del matrimonio (1Ti 4:3), para más bien vivir una vida normal, trayendo niños al mundo (si "siendo madre" es una referencia primaria o incluso secundaria a eso). Esto no humilla a las mujeres ni las encarcela en el hogar, pues Pablo ya ha enseñado —o más bien ordenado— que la mujer aprenda (v. 11).[18]

Construyendo Puentes

La necesidad de una interpretación cuidadosa. Esta sección, sobre todo los versículos 12-15, ha recibido probablemente más atención en estos últimos años que ningún otro pasaje de longitud similar. Han sido explorados, y quizá explotados, por quienes se preocupan por los roles de género en la iglesia. Las formas de acercarse al texto han sido tan variadas como las preocupaciones al respecto. Antes de aventurar sugerencias específicas para su aplicación (ver Significado Contemporáneo) habría que considerar los problemas de pasar del texto en su contexto eclesial, histórico y social a su significado más allá de aquellas circunstancias inmediatas.

Aunque uno debe evitar generalizaciones y tiene que ser consciente de las modificaciones y los matices de las conclusiones exegéticas y hermenéuticas, podemos identificar dos formas principales de acercarse al texto. Una lo ve como una pieza importante dentro de una línea continua de enseñanza bíblica acerca de que la mujer, aunque es igual que el hombre en dignidad, tiene asignado un papel de subordinada al varón desde el principio. La otra sostiene que la subordinación de las mujeres es contraria al ideal de Dios, y que fue causada por la caída de Adán y Eva, y que se revirtió en la iglesia por medio del sacrificio de Cristo, aunque se ha perpetuado por culpa de interpretaciones erróneas de la Sagrada Escritura.

Hay variantes de estas posiciones, entre las que figuran diversos puntos de vista sobre la relación de Adán y Eva antes de la caída, las posibles razones para que todo el sacerdocio fuera masculino, así como todos los

18. Hay mucha literatura sobre este versículo. Para seleccionar unas pocas obras recientes con puntos de vista variados mencionaremos a Andreas Köstenberger, “Saved Through Childbearing?” *CBMW News* 2 (1997): 1-6 (una versión abreviada de un artículo anterior); Douglas J. Moo, “What Does It Mean Not to Teach or Have Authority Over Men?” in *Recovering Biblical Manhood and Womanhood*, 192; S. E. Porter, “What Does It Mean to be ‘Saved by Childbirth’ (1 Timothy 2.15)?” *JSNT* 49 (1993): 87-102. Köstenberger ve “se salvará” como mantenerse a salvo de ser engañada, es decir, a salvo de Satanás. Moo ve la maternidad como una metonimia de todo el ministerio de la mujer en el hogar. Porter entiende “se salvará” en su sentido teológico paulino y sostiene que esa maternidad no se refiere al nacimiento de Jesús de María sino a una mujer que tiene hijos. Sin embargo, dicha mujer debe mantenerse en las virtudes indicadas.

apóstoles de Jesús, ejemplos mujeres que ministraban en el Antiguo Testamento y en el Nuevo, la perspectiva positiva que Jesús tenía sobre de mujeres, la naturaleza de la relación de marido y esposa en Efesios 5:22-33, la actitud positiva de Pablo hacia sus colaboradoras, el significado de Hechos 18:24-26; Romanos 16:1-15; 1 Corintios 11:2-16; 14:33-35; Gálatas 3:28, y el posible papel de los factores culturales.

Por muy pertinentes que esos pasajes bíblicos y factores culturales puedan ser y cualquiera que fuera la posición e imagen de las mujeres en Éfeso en el primer siglo, necesitamos buscar únicamente en las Cartas Pastorales mismas las circunstancias que son importantes para la construcción de estos puentes. En 2 Timoteo 3:6-7 se nos informa de mujeres vulnerables que estaban siendo dañadas, que "siempre están aprendiendo, pero nunca logran conocer la verdad". Sin necesidad de teorías elaboradas, esta circunstancia nos debería advertir de problemas que afectaban profundamente a al menos algunas mujeres de la congregación efesia y a su capacidad para aprender, y mucho menos enseñar. El intérprete debería tener cuidado con la aplicación de 1 Timoteo 2:12 en iglesias que no tienen problemas tan severos. Es importante preguntarse si el bajo nivel de educación de las mujeres, especialmente de educación religiosa, tiene importancia no solo para el mandato de que aprendan, sino también para la restricción de su ministerio.[19]

Para reformular las cuestiones desde otra perspectiva y en forma de pregunta: ¿El Nuevo Testamento considera a las mujeres como dotadas por Dios, capacitadas por el Espíritu y llamadas a ministrar sin limitaciones por causa de su género, a menos que haya contraindicaciones específicas, circunstanciales; o las considera limitadas en cuanto a involucrarse en ciertos ministerios que están reservados para los varones?

La cuestión se ha visto enturbiada con la adopción de una nomenclatura inadecuada y quizá engañosa. Algunos han adoptado la nomenclatura "igualitaria", pero sus oponentes afirman que también están por la igualdad (aunque hay que señalar que muchas mujeres sienten que no se las considera iguales cuando se les impide ejercer ciertos ministerios. Otros han adoptado la "complementaria", pero puede argumentarse que en la iglesia y cada vez más en la sociedad se reconoce ampliamente que los hombres y las mujeres se complementan entre sí. Ningún término es adecuado o preciso; ni uno ni otro pertenece exclusivamente a la gente que lo usa.

---

19. Ver los comentarios de la sección Construyendo Puentes en 2 Timoteo 3:6-7.

Con respecto a posiciones acerca del pasaje que estamos considerando, quizá sea mejor ser estrictamente objetivo y decir que (1) algunos sostienen una posición “restrictiva”, creyendo que Pablo impide a las mujeres de todas las circunstancias y culturas que enseñen a hombres o ejerzan autoridad sobre ellos, mientras que (2) otros son “no restrictivos”, en el sentido de que mantienen que si por una u otra razón Pablo dice que no se lo permite (incluso se discute el significado de las prácticas no permitidas) eso no debería tomarse como una restricción para todas las épocas y lugares. Sería lamentable que el debate nos impidiera ver las amplias enseñanzas del pasaje acerca de la oración, la modestia, las buenas obras, el mandato a las mujeres para aprender, y las cualidades morales descritas en el versículo 15.

La importancia del contexto. Los temas de 1 Timoteo 2:8-15 —hombres que levantan manos puras en oración, mujeres que adoran con ropa modesta, sin caras joyas ni peinados exagerados, y mujeres que no enseñen ni asuman autoridad sobre un hombre— pueden parecer inconexos. Además, algunos asuntos (p.ej., las joyas) pueden verse como carentes de incidencia espiritual en muchas partes hoy. Pero otros pueden parecer de inmensa importancia eclesial (p.ej., el ministerio de las mujeres). Sería desaconsejable intentar el proceso de aplicación sin primero comprender la relación mutua entre estos temas.

El hilo común para todas estas áreas es que están relacionadas con el *comportamiento en público* y que dicho comportamiento está relacionado con que “tengamos paz y tranquilidad, y llevemos una vida piadosa y digna” (v. 2), lo que, a su vez, se relaciona con el testimonio evangelizador de la iglesia al mundo no cristiano (vv. 3-7). Si este comentario tiene razón al considerar la interrelación de creencia y comportamiento como un distintivo principal de las Cartas Pastorales, el presente pasaje es un ejemplo importante de ello. Vimos en el capítulo 1 la necesidad en el líder cristiano no solo de la fe sino también de una buena conciencia, y señalaremos en el capítulo 3 la importancia de la reputación pública en los ancianos. Aquí en el capítulo 2, aunque hay un lado privado para la adoración, lo que está en consideración es el lado público de la iglesia en el culto. Pablo está mucho más preocupado por el comportamiento de la iglesia que por el orden en ella. Esa preocupación, en definitiva, tiene que ver con la estrategia misionera.

Con cierta justificación, los cristianos tienden hoy a ver a los paganos del mundo grecorromano como ateos e inmorales. Los escritores judíos y cristianos del período helenístico escribieron sobre los defectos del paganismo, y muchos de nosotros vemos ese mundo solo a través de sus ojos. Es verdad que muchas de sus costumbres eran moralmente reprensibles. Pero había también algunos aspectos en vida personal y pública antigua que eran objeto del ilustrado escrutinio de los moralistas paganos. Hasta cierto punto, dichos aspectos tenían importancia más como medio para mantener el orden que como devoción personal. No obstante, había normas morales en las que los cristianos no debían aparecer por debajo, tanto en su vida personal como en su comportamiento público, a riesgo de que se empañara la reputación de Dios. Esta es una consideración capital en las Cartas Pastorales.

Un ejemplo conocido de patrones morales de la antigüedad es el de los "códigos domésticos", es decir, las listas de deberes y relaciones que se observaban tradicionalmente en las familias y en la sociedad de la antigua Grecia (ver Introducción). Aunque no sostengamos aquí que existieran en formas bien definidas en la época del Nuevo Testamento ni que fuera un factor formativo importante en las enseñanzas de las Cartas Pastorales, no debemos ignorar el hecho de que apartarse de las normas razonables de comportamiento interpersonal habría resultado en contra de los cristianos.

Esta realidad queda clara sobre todo en Tito 2 (cursivas añadidas):

- Versículos 4-5: "…[las ancianas deben] aconsejar a las jóvenes a amar a sus esposos y a sus hijos, 5 a ser sensatas y puras, cuidadosas del hogar, bondadosas y sumisas a sus esposos, *para que no se hable mal de la palabra de Dios*".
- Versículos 6-8: "A los jóvenes, exhórtalos a ser sensatos. Con tus buenas obras, dales tú mismo ejemplo en todo. Cuando enseñes, hazlo con integridad y seriedad, y con un mensaje sano e intachable. *Así se avergonzará cualquiera que se oponga, pues no podrá decir nada malo de nosotros*".
- Versículos 9-10: "Enseña a los esclavos a someterse en todo a sus amos, a procurar agradarles y a no ser respondones. No deben robarles sino demostrar que son dignos de toda confianza, *para que en todo hagan honor a la enseñanza de Dios nuestro Salvador"*.

Debemos estar seguros de que nuestra apropiación de la enseñanza ética bíblica está de acuerdo con sus propósitos originales en los contextos bíblicos. Los principios de este pasaje están confirmados en

1 Pedro 2:11-12 (nótese la secuencia de pensamiento de 2:13—3:7). Con Cristo como nuestro ejemplo debemos todos tener el respeto (incluyendo el de los maridos por las esposas en 3:7) y la sumisión adecuados.

Comprender los principios éticos. Es importante reconocer dos hechos complementarios. (1) Las prácticas y mandamientos éticos enseñados en la Escritura tienen fundamento teológico, si bien pueden aplicarse a circunstancias pasajeras. Algunos ejemplos son las instrucciones con respecto al tabernáculo en el desierto después del éxodo (basadas en la santidad de Dios), el rechazo a las vanas repeticiones de las oraciones paganas a las que Jesús se refirió (basado en que Dios es nuestro Padre), y las decisiones relativas a comer carne ofrecida a los ídolos (basadas en que los otros dioses no existen).

(2) No obstante, las mismas verdades teológicas que exigen una respuesta particular o unas prácticas determinadas en una circunstancia pueden exigir costumbres y respuestas *diferentes* en otras circunstancias, para tener sentido. Un ejemplo del Antiguo Testamento es la serie de mandatos de Levítico 19 que se basan en la santidad de Dios. Entre ellos no solo hay mandamientos en contra de pecados tales como robar y mentir, sino también prohibiciones como: "No usen ropa tejida con dos clases distintas de hilo" (v. 19). Estas instrucciones pueden pertenecer a la ley de Moisés que ya no es vinculante, pero Dios sigue siendo santo, y necesitamos encontrar formas sustitutivas de proclamar esta misma verdad en nuestras vidas. Entre los ejemplos del Nuevo Testamento tenemos el velo de las mujeres (1Co 11) y lavar los pies a otros (Jn 13). El fundamento teológico para el uso del velo es considerable (por ser Cristo nuestro Cabeza, y por el orden de la creación, por ejemplo), como lo es el lavar los pies (Jesús es Señor y Maestro). El hecho de que los cristianos hayan discrepado acerca de cómo reproducir estas prácticas en la cultura contemporánea muestra que hemos de dedicar algunos pensamientos a estos asuntos. Hay diversas formas de expresar las relaciones bíblicas de género y el señorío de Cristo.

A veces es difícil que los lectores actuales de las Escrituras percibamos las razones de ciertas costumbres, sobre todo cuando no son habituales en nuestra cultura. Hasta la erudición exegética detallista puede perderse matices. Es importante el contexto en toda su amplitud, que incluya el texto y la sociedad a la que se dirige. Las costumbres bíblicas a veces tienen sentido en una situación y no en otra. De hecho, pueden parecer extrañas a la gente y espantarla si se repiten en un contexto distinto de su situación original. Desde luego, el procedimiento necesario es determinar la base teológica, la razón de cualquier texto bíblico que la acompañe, el propósito de la costumbre y las circunstancias distintas que pueden requerir una práctica que la reemplace para lograr el mismo propósito y expresar las mismas verdades teológicas.

No estamos hablando de interpretar las Escrituras con la cultura, algo que puede relativizar la Palabra de Dios. Más bien, la Biblia está a menudo por encima o en contra de la cultura de su tiempo. Obviamente, podremos aplicar mejor la Sagrada Escritura en nuestra situación si comprendemos cómo se pretendía que se aplicase en la suya. La cultura, por tanto, no es la que controla, sino la que recibe el mensaje. El discernimiento de qué prácticas bíblicas deberían transferirse sin cambio y repetirse idénticas en nuestra tan diferente cultura se agudiza mediante una comprensión precisa de la cultura a la que se dirigía originalmente, *si* (el condicional es importante aquí) esta puede determinarse. Esto nos puede ayudar también a determinar las razones funcionales por las que se pusieron en las Escrituras, donde trataban con situaciones de la vida real, ciertos mandamientos y costumbres.

La dificultad al evaluar datos de trasfondo. Al hacer estas observaciones debe admitirse que tal vez cuesta más establecer puentes con este pasaje que con ningún otro de las Cartas Pastorales. Algunos han observado que, desde un punto de vista hermenéutico, aquí es especialmente difícil incorporar los dos horizontes: el del lector en su situación original (el contexto del pasaje en su trasfondo cultural, así como también su ajuste textual) y el horizonte del lector moderno.

Hay varios eruditos que recientemente se han ocupado de las cuestiones del trasfondo.[20] El artículo de S. M. Baugh es lo último y más detallado sobre el trasfondo en Éfeso. Está por ver si va a ser la última palabra. La influencia del culto a Artemisa pudo haber tenido ciertamente algún efecto en las mujeres de la congregación efesia. No hay acuerdo en lo que se refiere a si la Artemisa de Éfeso fue una figura con tanta carga sexual como otras deidades femeninas similares en el Imperio romano, pero no se cuestiona que, a lo largo de todo el imperio,

---

20. Ver esp. Sharon Hodgkin Gritz, *Paul, Women Teachers, and the Mother Goddess at Ephesus* (Lanham, Md.: Univ. Press of America, 1991); Kroeger, y Kroeger, *I Suffer Not a Woman*, esp. 47-58, 127-70, 193-211; y S. M. Baugh, "A Foreign World: Ephesus in the First Century", en Köstenberger, Schreiner y Baldwin, eds., *Women in the Church*, 13-52, que critica con dureza la obra de los Kroeger.

los convertidos al cristianismo habían conocido tales figuras. La cuestión hermenéutica es si este debería ser un factor principal en la interpretación del texto que tenemos delante. Para los que piensan que el texto restringe el papel de las mujeres en todos los lugares y épocas, eso importa poco. Para los que piensan que Pablo estaba tratando una circunstancia seria en la iglesia de Éfeso, en la que las mujeres estaban siendo excesivamente influenciadas por falsos maestros con sus mitos y distorsionadas doctrinas, eso es importante.

La cuestión de las influencias contemporáneas en la interpretación. El horizonte del lector moderno es diferente, por supuesto, pero la cuestión aquí es si los proponentes de un lado u otro han matizado su hermenéutica para adaptarse a su propia cultura. Para algunas personas de hoy es común acusar a los que sostienen una opinión no restrictiva de rendirse a las tendencias e influencias feministas.[21] Desafortunadamente, se ha tendido a dejar en el olvido algunos factores muy importantes: el amplio retrato de las mujeres en los inicios de iglesia, las suertes diversas de ellas en el ministerio a lo largo de las épocas de la historia de la iglesia, y hechos como que el ministerio de las mujeres no es nuevo, que la desestructuración de la familia no es exclusivamente responsabilidad de la libertad femenina, y que los cristianos a menudo han defendido causas tales como el derecho de las mujeres a votar, a asistir a la universidad, y a igualdad de salarios en igualdad de trabajo.[22] También han influido negativamente los puntos de vista sobre el liderazgo masculino en generaciones de sermones y comentarios. *Todos* necesitamos tener mucho cuidado con la influencia no bíblica.

Asuntos específicos. También se ha pasado por alto, en buena parte de la discusión, que el versículo 12 no contiene un mandato. No hay imperativo dirigido a Timoteo para las mujeres ni para las iglesias acerca de las mujeres en la enseñanza o en el ejercicio de autoridad (ver la sección Sentido original). No obstante, tales prácticas tenían sentido. Igual que la iglesia evitaba la vergüenza en las relaciones de marido y esposa en tiempos de Pablo, haciendo que las mujeres se cubrieran la cabeza, una práctica común entonces (ver 1Co 11:2-16), del mismo modo ellas

---

21. R. W. Yarbrough está convencido de que ha influido en los que asumen una perspectiva no restrictiva del texto ("The Hermeneutics of 1 Timothy 2:9-15", en Köstenberger, Schreiner y Baldwin, eds., *Women in the Church*, 155-96).
22. Ver Ruth Tucker y Walter Liefeld, *Daughters of the Church*, que es un panorama histórico de las mujeres y el ministerio a lo largo de la historia de la iglesia. Esta perspectiva histórica se pasa por alto a menudo en el debate.

expresaban serenidad y sumisión en la iglesia refrenándose de enseñar y ejercer autoridad sobre los hombres.

Sin embargo, Pablo usa el imperativo en el versículo 11: "La mujer debe aprender (*manthaneto*) con serenidad, con toda sumisión". El verbo está en tercera persona del singular, puesto que Pablo está dando la orden a las mujeres indirectamente a través de Timoteo. Las palabras del complemento son importantes: "con serenidad, con toda sumisión". Es muy triste que en las discusiones de hoy en día se preste mucha más atención a los límites que Pablo establece que al imperativo de que las mujeres aprendan.

La relevancia de 1 Corintios 11:2-16. Uno de los argumentos de más peso que presentan los que sostienen que las restricciones de Pablo son permanentes y universales es su alusión al relato de Génesis. Es importante comparar esto con la manera en que Pablo usa hechos bíblicos y teológicos en 1 Corintios. Está claro que en 1 Corintios 11 Pablo está preocupado por la honra y la vergüenza en el culto público (palabras como deshonra, vergüenza y gloria son significativas allí). Era importante que las mujeres expresaran una actitud correcta hacia sus maridos manteniendo sus cabezas adecuadamente cubiertas, posiblemente llevando el pelo modestamente recogido. Pablo utiliza una serie de alusiones bíblicas para apoyar su instrucción acerca de la cabeza de la mujer: (1) la cabeza de todo varón es Cristo; (2) el hombre es la cabeza de mujer; (3) la cabeza de Cristo es Dios; (4) el hombre es la imagen y gloria de Dios; (5) la mujer es la gloria de hombre; (6) el hombre no salió de la mujer sino ella de él; (7) el hombre no fue creado para la mujer, sino ella para él; y (8) los ángeles deben ser tenidos en cuenta.

Vemos que para la costumbre de cubrirse la cabeza en las mujeres, en 1 Corintios se ofrece un apoyo bíblico y teológico *mucho mayor* (ampliamente *descartado* en las iglesias de hoy) que el que se presenta en 1 Timoteo con respecto a la enseñanza y la autoridad en las mujeres; pero la restricción que sufren ellas hoy se basa en este último pasaje. Si se argumenta razonablemente que las mujeres actuales deben observar las ocho verdades de 1 Corintios 11 de otras formas, aparte del velo, también habrá base para que observen las dos verdades de 1 Timoteo por otros medios que no sean la prohibición de enseñar y ejercer autoridad. En la sección aplicativa trataremos esto.

También deberíamos reparar en que, a renglón seguido de la contundente argumentación de con respecto a la relación entre el hombre y la mujer en 1 Corintios 11:3-10, Pablo escribe: "Sin embargo, en el Señor, ni la mujer existe aparte del hombre ni el hombre aparte de la mujer. Porque así como la mujer procede del hombre, también el hombre nace de la mujer; pero todo proviene de Dios" (vv. 11-12). Es decir, tras haber explicado con una referencia al Antiguo Testamento por qué la conducta de una mujer, al hablar en público en la asamblea, era importante, pasa luego a mostrar que, "en el Señor", las cosas son diferentes. Afirma la interdependencia mutua de hombres y mujeres y manifiesta que, aunque el hombre fue primero en la creación, la mujer es primera (ella pare a los varones) en las generaciones sucesivas. Y Dios es la fuente postrema de la vida, así es que el orden cronológico es menos importante.

Dado que la posición del Antiguo Testamento sobre las relaciones entre varón y hembra en el Señor se modifica en cierta medida en 1 Corintios, hay una legítima pregunta relativa a si la referencia en 1 Timoteo al engaño de Eva, en una época en que había una condenación casi universal de Eva (especialmente por muchos rabinos) y en que la capacidad de las mujeres para enseñar quedaba, por tanto, ampliamente descartada, es tan pertinente para el ministerio de las mujeres en otras circunstancias como podría pensarse.

Significado Contemporáneo

Los beneficios espirituales de las actitudes correctas. La iglesia de hoy puede descubrir un importante beneficio espiritual de la apropiación de este pasaje. El capítulo comenzaba con un llamamiento a la oración, con el propósito final de cumplir con el deseo de Dios de que "todos sean salvos y lleguen a conocer la verdad" (2:4). Podemos dar por sentado que no solo este propósito es válido para hoy, sino que también el resto del capítulo es coherente con él. Es posible concentrarse tanto en lo que hombres y mujeres pueden o no hacer que nos perdamos el significado del pasaje como un todo. Puesto que el llamamiento a orar incluye la *manera* en que los cristianos deben hacerlo y va seguido de más instrucciones para ambos ellos y ellas con respecto a la forma de vivir y aprender, deberíamos procurar, llenos de confianza, actitudes y prácticas que honren a Dios y lleven a otras personas a él.

Hay tantos casos de personas con propósitos supuestamente morales que expresan una ira injustificada y cometen otras ofensas (uno piensa inmediatamente en las bombas contra clínicas de aborto y en las manifestaciones de movimientos de supremacía blanca) que es inmensamente importante poder levantar manos con pureza (v. 8). Y aunque las cristianas de hoy usan cosméticos y vestuario de mucho estilo, sin que sea causa de crítica, sigue habiendo algo que decir sobre el límite de los gastos en ropa, así como sobre la consideración de la modestia. Esto también tiene que ver con nuestro testimonio en el mundo. Si los versículos 11-15 se aplican solo al orden en la iglesia, dentro de las cuatro paredes de un edificio, hemos perdido algo del propósito de este capítulo.

Por supuesto, con tan amplias diferencias de interpretación, es difícil formular la aplicación de los versículos 11-15. Pero la actitud modesta que se fomenta en estos versículos puede ayudar al testimonio de la iglesia fuera de esas paredes. Esto puede contrastar con la dureza que aún caracteriza algunas relaciones entre hombre y mujer, así como con algunos de los estridentes llamamientos que uno solía oír, sobre todo a mediados del siglo veinte, de las denominadas feministas radicales. Este pasaje no se debe interpretar en el sentido de que consigna a todas las mujeres a las labores del hogar y de la maternidad para encontrar en ello un llamamiento a la fe, el amor, la santidad y la modestia.[23]

Teología, moralidad y costumbre. También debemos observar la restricción específica que Pablo colocó en las mujeres de su contexto. Este capítulo es una unidad y asuntos aparentemente diferentes, como la cosmética y la enseñanza, están relacionados. Lo que podríamos considerar hoy un asunto de escasas consecuencias, como los cosméticos y las joyas, tenía al parecer gran importancia moral en el mundo antiguo. Lo que podríamos considerar hoy un asunto *teológico*, como que una mujer enseñe a un hombre, pudo haber tenido entonces más significado en tanto que *costumbre* que comunicaba un mensaje *moral*. Pero esta costumbre tiene hoy un significado *moral* escaso. Fijémonos en que, aun después de todas las verdades bíblicas y teológicas a las que Pablo se refiere con respecto al cabello de las mujeres en 1 Corintios 11:2-16, al final de pasaje dice que es una "costumbre" (*synetheia*). Deberíamos buscar formas en las cuales las mujeres puedan expresar que su relación con sus maridos es como la descrita en Efesios 5 y que los honran

23. "Modestia" (NRSV, NLT) es quizá una mejor traducción de *sophrosyne* que la de la NVI, "sensatez".

en público con la actitud que se ve en 1 Corintios 11, por medios que tengan sentido hoy, que no alejen a las personas a quienes tratamos de alcanzar.

La importancia de ser coherente. En todo esto es crucial evitar la incoherencia. Sé de una misionera que concluyó su charla dada a las mujeres (en el sótano de una iglesia que prohibía que ellas predicaran o enseñaran a los hombres), solo para encontrarse con que ellos habían estado escuchando en la cocina contigua. Otra iglesia entrevistó a una misionera en vez de dejarla hablar, luego reprodujo una cinta de una oradora muy conocida en una convención misionera. En otro ejemplo, unos ejecutivos de una misión, que no le daban la palabra a una mujer en su iglesia, fueron a oírla a otra iglesia. Una congregación proyectó una película sobre una mujer que fundó y dirigió una iglesia en un país extranjero, pero no les permitía ni leer la Biblia en público. Una adolescente preguntó en cierta ocasión por qué estaba bien que ella dirigiera la oración en la reunión de los jóvenes en la planta baja, pero no en un culto de iglesia en el piso de arriba.

Además, para no caer en incoherencias es sabio evitar el legalismo y el dogmatismo. (En términos modernos podríamos añadir "la microgestión".) Uno oye discusiones sobre la edad en que un niño debe dejar de recibir lecciones bíblicas de una profesora. Uno también ha visto una lista extensa y detallada de qué ministerios puede o no puede realizar una mujer. Estos intentos de establecer reglas precisas pueden servir o para trivializar los asuntos o para ser rígidamente legalistas.

La restricción de Pablo sobre las mujeres y la enseñanza tenía sentido en un mundo que se negaba a prestar su oído a una maestra. En sus días, el Nuevo Testamento aún no se había completado ni circulaba, así es que las personas dependían de las palabras dichas con autoridad. Hoy, cuando alguien enseña Biblia a una clase de hombres y mujeres en la iglesia, esa persona no es una autoridad por sí sola, en cualquier momento la puede retar o corregir alguien con una Biblia abierta. En el púlpito, ninguno de los predicadores o predicadoras tiene autoridad por sí solo; la autoridad está en la Palabra de Dios que proclaman y a la cual se someten.

En el primer siglo, Pablo estaba dispuesto a hacerse todo para todos, para salvar a unos pocos (1Co 9:22). ¿No pensaría el apóstol que nuestro proceder es inapropiado si prohibimos a una presidenta de universidad que imparta una clase bíblica a estudiantes de ambos sexos, cuando tal restricción sería de "tropiezo" a las personas y las haría apartarse del evangelio? Otra clase de cuestión que se plantea a menudo es si está bien que una iglesia se vea privada del don espiritual de liderazgo que Dios puede haber dado a una mujer cuando se la limita a usarlo entre grupos femeninos.

Estas son situaciones reales que generan preguntas legítimas. Si, por un lado, las restricciones de Pablo *tuvieran el propósito* de prohibir que las mujeres impartan enseñanza misionera a hombres hoy, que dirijan un estudio mixto de la Biblia, o que sirvan entre un grupo de ancianos, esas restricciones no deberían ser ignoradas. Si, por otro lado, Pablo valorara como algo primordial principios misioneros como el de no ser obstáculo entre las personas y el evangelio, y si él considerara que prácticas como cubrirse la cabeza o impedir que enseñen a los hombres son algo secundario, debemos ser coherentes al respecto. No hay duda que los lectores reflexivos verán puntos fuertes en cada lado.

Hacer las preguntas correctas. Para comprobar si este pasaje pide que las mujeres deban tener prohibido cualquier enseñanza a hombres o cualquier participación en el liderazgo de la iglesia, podemos hacer las siguientes preguntas:

1. ¿El uso del verbo *authenteo* en este contexto prohíbe a la mujer autoridad de *cualquier* tipo, o tal vez aquí se tiene en mente un significado más fuerte de controlar, dominar o arrogarse la autoridad, reduciendo así el alcance de la restricción?

2. Si una mujer le enseña un grupo mixto hoy, ¿implica eso una autoridad como la que tenía la enseñanza de las primeras tradiciones apostólicas acerca de Cristo en el primer siglo?

3. Que una mujer enseñe a hombres o forme parte de un equipo de liderazgo, ¿se puede considerar que viola los estándares morales de decencia actuales como lo haría en el tiempo de Pablo?

4. La descripción que Pablo hace de su costumbre apostólica ("no permito") ¿era un mandato para todas las épocas y circunstancias, aun cuando no la expresó con un imperativo?

5. Al dirigirnos a nuestra sociedad bíblicamente analfabeta, ¿tiene sentido reflejar la prioridad cronológica de Adán y el engaño de

Eva prohibiendo a las mujeres enseñar a los varones y participar en el liderazgo?

6. Si pedimos a las mujeres que se abstengan de enseñar o participar en el liderazgo, ¿deberíamos también, en aras de la coherencia hermenéutica con las instrucciones sobre el velo en 1 Corintios 11 (dadas las ocho razones bíblicas y teológicas para esa práctica), exigir que se cubran la cabeza hoy?

Aplicar las respuestas. Si nuestra respuesta a *cualquiera* de estas preguntas es indecisa o suscita una duda legítima acerca de restringir el papel de las mujeres, mejor pensárnoslo bien antes de impedirles el ejercicio completo de los dones que el Espíritu les ha dado en la iglesia. El solo hecho de que sea difícil asignarle un significado contemporáneo específico a este pasaje, especialmente al versículo 12, hace que debamos encarar los asuntos difíciles apenas esbozados y no continuar ninguna práctica que equivocadamente podamos haber asumido como bíblica. Hemos enumerado estas preguntas para alentarnos a trabajar con diligencia en las respuestas y a respetar a quienes deciden sobre estos asuntos de modo diferente.

Hemos visto que hay dos lados opuestos en estos asuntos. Aun a riesgo de una simplificación excesiva, puede ser útil resumir estos dos puntos de vista. (1) No hay una manera legítima de evitar concluir, a partir de los versículos 11-15, que Pablo no permite a las mujeres enseñar a los hombres ni tener algún tipo de autoridad sobre ellos. Además, esta prohibición no estaba limitada a las condiciones sociorreligiosas de Éfeso. Así pues, cualquier intento de adaptarlo para Occidente o para cualquier otra cultura contemporánea son fútiles y equivocados. (2) La afirmación de Pablo estaba dirigida a circunstancias específicas de Éfeso y a la iglesia de esa ciudad, tales como la prominencia de las mujeres en la religión pagana, y el hecho de que algunos se estuvieran aprovechando de ellas. Es un error aplicarlo sin adaptarlo a otras circunstancias.

El punto fuerte de (1) es que se centra en las palabras y la gramática del texto. Su punto débil es que no presta la suficiente atención al contexto en su sentido amplio ni toma totalmente en cuenta los problemas de la aplicación.. El punto fuerte de (2) es su conciencia de que la carta se escribió para tratar circunstancias específicas que son diferentes de las nuestras. Su punto débil está en el excesivo énfasis en el trasfondo, quizá hasta el punto de la distorsión y (según los argumentos de algunos) en que exprime demasiado el texto.

(3) Hay, no obstante, un posible tercer modo de abordarlo. El vocabulario, la gramática *y* la estructura de esta sección y su contexto en el capítulo 2 se ven como una unidad. Se ocupa de la importancia de que "tengamos paz y tranquilidad, y llevemos una vida piadosa y digna" (v. 2), no solo como una bendición para los cristianos, sino para alcanzar a los no que no lo son (vv. 3-7). Esto concuerda con el tono y propósitos del corpus completo de las Pastorales. La intención de Pablo es que Timoteo siga su práctica de restringir el papel de las mujeres, aunque evita con mucho cuidado convertirlo en un mandamiento para todos los tiempos y lugares. Las instruccions no están limitadas a las condición es de Éfeso, sino que se aplican a toda la cultura antigua, judía y pagana, que consideraba inmoral para las mujeres que se saltasen ciertas restricciones públicas. Pablo tenía un propósito misionero, como en 1 Corintios 9:20, donde dice: "Entre los que viven bajo la ley me volví como los que están sometidos a ella [...] a fin de ganar a éstos". Según este modo de entender el pasaje, la aplicación debería facilitar el cumplimiento del propósito misionero de Pablo en nuestro propio contexto social, en vez de repetir las mismas restricciones que eran apropiadas entonces pero que ahora pueden ser un impedimento para que las personas se conviertan.

Determinemos lo que determinemos en cuanto a este asunto, los cristianos deberían procurar hoy los ideales de este pasaje, comenzando con la oración e incluyendo pacífica pureza por parte de los varones y modestia por parte de mujeres. Además, los hombres no deben justificar el abuso ni el rudo dominio sobre las mujeres, como a veces lo han hecho. Las mujeres no deberían descuidar su búsqueda de las virtuosas cualidades enseñadas en los versículos 9-15, como a veces lo han hecho también. *Y ninguna iglesia debería dividirse por estos asuntos.* Incitar a la disensión es hundirse hasta el nivel de los falsos maestros, a quienes las Cartas Pastorales condenan con tanta dureza. "Esfuércense por mantener la unidad del Espíritu mediante el vínculo de la paz" (Ef 4:3).

1 Timoteo 3:1-7

Se dice, y es verdad, que si alguno desea ser obispo, a noble función aspira. [2] Así que el obispo debe ser intachable, esposo de una sola mujer, moderado, sensato, respetable, hospitalario, capaz de enseñar; [3] no debe ser borracho ni pendenciero, ni amigo del dinero, sino amable y apacible. [4] Debe gobernar bien su casa y hacer que sus hijos le obedezcan con el debido respeto; [5] porque el que no sabe gobernar su propia familia, ¿cómo podrá cuidar de la iglesia de Dios? [6] No debe ser un recién convertido, no sea que se vuelva presuntuoso y caiga en la misma condenación en que cayó el diablo. [7] Se requiere además que hablen bien de él los que no pertenecen a la iglesia, para que no caiga en descrédito y en la trampa del diablo.

Sentido Original

La iglesia de Éfeso sufría por culpa de hombres que enseñaban el error y, en al menos algunos casos, vivían de manera inmoral. Los cristianos, especialmente las mujeres, estaban en peligro y necesitaban ayuda. Pablo apremió a Timoteo en el capítulo 1 para que enseñara la verdad y viviera una vida de acuerdo con sus enseñanzas. El capítulo 2 remarca la importancia de una conducta que sea coherente con la verdad de Dios, tanto en hombres como en mujeres. Ahora, Pablo entra a tratar el problema de los falsos maestros, asegurando que la iglesia tiene líderes que están moralmente cualificados y son "intachables". El capítulo llegará a su clímax con la exposición del "misterio de nuestra fe, en los versículos 14-16.

Pablo abordó los problemas de Creta de una forma similar: escribió a Tito para que designara ancianos (Tit 1:5-9). En Éfeso ya había ancianos (Hch 20:17), pero al parecer hacía falta ser más exigente con las cualificaciones. El texto de 1 Timoteo no dice si algunos de los falsos maestros eran ancianos o diáconos, pero no hay indicios en la lista de aptitudes de que hubiera errores doctrinales entre los que eran reconocidos como dirigentes. De hecho, sorprende que las aptitudes exigidas solo toquen indirectamente la doctrina; el énfasis se pone casi por completo en la integridad moral.

Antes de enumerar los requisitos de los supervisores [obispos], Pablo afirma la importancia de su trabajo: "Se dice, y es verdad" (v. 1) puede referirse a un dicho importante que circulase entre las primeras iglesias o puede significar simplemente: "puedes apoyarte en esto" (ver sobre 1:15; ver también 4:9; 2Ti 2:11; Tit 3:8). En cualquier caso, esta frase introduce una aseveración importante.[1] Aquellos que quieran servir de este modo deben recibir ánimo, tal vez igual que los que edifican la iglesia con materiales valiosos en 1 Corintios 3:12-14, una tarea que es ciertamente "noble".

El término que Pablo usa para referirse al liderazgo de la iglesia es *episkope*. Es difícil de traducir; "labor de supervisión" podría ser la mejor interpretación literal. Describe el trabajo o posición de un supervisor.[2] Que se deba emplear o no la palabra *obispo* está vinculado a la cuestión histórica de si la estructura episcopal se desarrolló después del Nuevo Testamento. Dentro del Nuevo Testamento, el término aparece en Lucas 19:44 y 1 Pedro 2:12, donde se refiere a la visitación de Dios y a su venida para supervisar el mundo y, por implicación, para traer juicio: Es el "tiempo de tu visitación" (Lucas [RVR60]; *Cf.* Pedro, "el día de la visitación" RVR60). Aparece la misma palabra griega en la traducción de los Setenta (LXX) de Job 31:14 para referirse a "cuando Dios me llame a cuentas". En Job 10:12 se refiere a los cuidados de Dios. De la idea de cuidado viene la de responsabilidad, y una persona que es responsable de algo está a cargo de ello, como el hijo de Aarón, Eliezer, lo estaba de todo el tabernáculo (Nm 4:16).

Un uso bien conocido de la palabra es el de Hechos 1:20, que cita Salmos 109:8: "Que otro se haga cargo de su *episkope*". Se refiere a Judas y su responsabilidad como apóstol. La implicación es que había una vacante en las filas de los apóstoles que debía cubrirse, la palabra "oficio" puede ser apropiada en este caso. (La diferencia entre "oficio"

1. Algunos han propuesto que "Se dice, y es verdad" en este pasaje hace referencia al versículo precedente (2:15) sobre las mujeres, pero ese versículo no parece ser el tipo de declaración, ni en forma ni en contenido, que hubiera de citarse como un dicho de peso.
2. Tenemos distintas traducciones, como "cargo de obispo" (LBLA), "obispado" (RVR60), "posición de obispo" (NKJV), "cargo de supervisor" (NASB), "cargo de obispo" (NRSV), "dirigente" (PDT), "dirigir una iglesia" (BLA), "cargo de anciano" (NTV), junto con la traducción inglesa de la NIV: "ser supervisor". [Nota del Traductor: en todo este comentario, con especial importancia en este capítulo, seguimos la traducción de la NVI ("obispo"), pero el lector debe tener en cuenta que el autor usa en inglés "overseer" (supervisor), como aparece en la NIV, que obviamente posee connotaciones diferentes a la palabra "obispo" en nuestro idioma y en nuestra cultura].

o "cargo" y "función" es que los primeros se refieren a un puesto por designación que existe aunque no haya titular del mismo en el momento.) Sin embargo, *episkope* no necesariamente da a entender siempre un oficio o cargo.

Es notable que, aquí en 1 Timoteo 3:1, Pablo defina el obispado en términos de función ("noble función"), no de estatus ni cargo. No alienta a las personas a buscar la posición, sino la responsabilidad. Si esta es *también* un "cargo" depende en parte del significado que le asignemos a esa palabra.[3] Debemos fijarnos en que no hay ninguna palabra que se corresponda con "cargo" acompañando a *episkope* en el texto griego de este pasaje. Pero, independientemente de cómo determinemos esta cuestión, *episkope* describe una posición de responsabilidad y liderazgo especial, tal como se desprende de los requisitos que conlleva.

Ha habido mucha incertidumbre en cuanto a si el término *obispo* es sinónimo de *anciano* (ver en la Introducción). En Hechos 14:23, Pablo y Bernabé nombraron "ancianos" en cada iglesia que habían establecido hasta entonces. En 20:17, las personas a las que Pablo convocó de Éfeso son llamadas "ancianos", pero en el versículo 28 dice que el Espíritu Santo los había hecho "obispos" para pastorear la iglesia. Obviamente, "ancianos" y "obispos" se refieren al mismo grupo en este pasaje. Se ha argumentado que este uso de dos palabras podría sugerir que, mientras que una iglesia puede nombrar a los ancianos, solo el Espíritu

3. Ha habido mucha discusión sobre los diversos tipos de liderazgo y autoridad (incluido sobre el estatus de ostentar un "cargo") que existe en la sociedad, sobre todo a partir de la obra de Max Weber. Ver especialmente Bengt Holmberg, *Paul and Power* (Filadelfia: Fortress Press, 1978) para un estimulante análisis de estas cuestiones con respecto a las iglesias paulinas. En los círculos del Nuevo Testamento, ha habido un debate de largo recorrido sobre dos tipos de liderazgo: carismático y oficial. Algunos han creído que son prácticamente excluyentes entre sí, poniendo a la iglesia corintia como ejemplo de liderazgo carismático y a las Cartas Pastorales (afirmando que son posteriores) como reflejo del liderazgo oficial, o por cargos. Otros han señalado que se puede ver organización en 1 Corintios 12 y actividad carismática en las Pastorales (como impartir un don espiritual por imposición de manos, 1Ti 4:14; 2Ti 1:6). Probablemente, ambos tipos de liderazgo se traslapaban. Se puede ver un útil resumen y conclusión en Ronald Y. K. Fung, "Charismatic versus Organized Ministry?", *EvQ* 52 (1980); 195-214. La KJV emplea el término "cargo" en varios contextos en los que no aparece en el texto griego (Lc 1:8-9; Ro 12:4; 1Ti 3:1; Heb 7:5). La influencia de esta clásica versión inglesa durante siglos ha hecho que generaciones de lectores supongan que existía un puesto formal en cada uno de esos casos. Esta circunstancia, lamentablemente, hace que sea fácil pensar en principio en términos de un cargo u oficio, en lugar de una función, en este pasaje.

los hace obispos, pero tal distinción no parece ser lo que se sostiene en 1 Timoteo. Asimismo, la idea de que "anciano" se refiere a la *persona*, mientras que "obispo" se refiere a la *labor* es cuestionable. Resulta precario identificar cualquier categorización directa de deberes en los primeros tiempos de la iglesia basándose en tales distinciones.

Por supuesto, los ancianos eran una figura bien conocida en el judaísmo desde los tiempos de Moisés hasta el segundo Templo. No hay ningún pasaje en el Nuevo Testamento que diferencie radicalmente entre el papel de los ancianos cristianos y los judíos. La palabra *episkopos* se usaba en el mundo secular para describir varios tipos de liderazgo de responsabilidad, en gran medida civil o financiero. En Tito 1, Pablo se refiere claramente al mismo grupo como "ancianos" (v. 5) y "obispos" (v. 7). Puesto que los obispos "pastorean" la iglesia (Hch 20:28), es razonable llamarlos también *pastores*, aunque ello no limita el trabajo de pastorear a un cuerpo de obispos.

También parece claro que los obispos son las mismas personas que "trabajan arduamente entre ustedes, y los guían y amonestan en el Señor" (1Ts 5:12), y los "dirigentes" de Hebreos 13:7 "que les comunicaron la palabra de Dios". En Hebreos 13:17 el escritor manda a los lectores: "Obedezcan a sus dirigentes y sométanse a ellos, pues cuidan [lit., están en guardia] de ustedes como quienes [en griego no hay referencia explícita a que el sujeto de la oración sean varones] tienen que rendir cuentas. Obedézcanlos a fin de que ellos cumplan su tarea con alegría y sin quejarse, pues el quejarse no les trae ningún provecho".[4] En las listas de los dones espirituales del Nuevo Testamento y de personas capacitadas por el Espíritu tenemos a los dotados para "dirigir" (Ro 12:8) y a "los que administran" (1Co 12:28).

En los versículos 2-7, Pablo propone algunos requisitos morales significativos para los obispos. Su preocupación de que sean "intachables" puede verse en paralelo con 5:7, referido a las viudas, donde aparece una variante del mismo término griego, y en 6:14. Su significado se explica en las instrucciones siguientes, que no describen a una persona completamente sin pecado, sino a una moralmente cuidadosa y

4. Ver también 1 Pedro 5:1-2, donde Pedro (que se hace llamar "anciano como ellos") se dirige a los ancianos de la iglesia y los anima no solo en cuanto a su ministerio ("cuiden como pastores el rebaño de Dios que está a su cargo"), sino también con respecto a su carácter ("no por obligación ni por ambición de dinero, sino con afán de servir, como Dios quiere").

responsable. Más adelante en la Pastorales, Pablo emitirán instrucciones morales para las personas en tres esferas sociales y respaldarán cada una de ellas con una referencia para la importancia de evitar culpa y realzar el evangelio (Tit 2:5, 8, 10).

El primer sentido en que un obispo debe ser "intachable" es en la fidelidad a su esposa. Como se observa a menudo, la expresión aquí usada traduce literalmente a "hombre [o esposo] de una mujer [o esposa]", pero esto precisa una interpretación cuidadosa. ¿Significa "esposo de una sola mujer" (NVI), "marido de una esposa" (NRSV), "casado solo una vez" (*The Message*), o algo así como "comprometido con su mujer" o (NLT) "fiel a su esposa" (NTV)? La misma expresión aparece más adelante en el versículo 12, donde cada una de las traducciones citadas usa la misma terminología que aquí. La expresión viceversa está en 5:9: "mujer [o esposa] de un hombre [o marido]", que la NVI no traduce con una expresión correspondiente a la que se usa aquí, sino con "fiel a su esposo".[5]

La terminología del versículo 2 equivale a una palabra latina que, en su forma femenina, *univira*, se refería a una mujer romana, normalmente a una de las nobles matronas romanas. A veces se encuentra como elogio en lápidas funerarias, donde da a entender que la mujer honró tanto a su marido que no se volvió a casar. Sin embargo, con el aumento del divorcio en el Imperio romano, ya no se daba por sentado que las matronas hubieran estado casadas solo una vez, de modo que empezaron a utilizarse otros términos para describir su buen carácter. Por el contrario, *univira*, que siguió aludiendo a un único matrimonio, llegó a usarse para describir a las mujeres de las esferas sociales más bajas.[6] Estas evoluciones hicieron que el término pudiera tener un amplio uso y así fue útil para la nueva y creciente iglesia cristiana. Con el tiempo, la iglesia lo usó para designar a quienes eran solteras después de la viudez.[7]

Podría deducirse, partiendo del trasfondo secular que Pablo había empleado en su modo de expresarse, que se refería a casarse una sola vez. Sin embargo, debemos tener presente que la preocupación principal de este pasaje es la pureza de carácter, y que su equivalente secular se usaba

---

5. La NLT tiene esta terminología de fidelidad en los tres pasajes; la NASB tiene "esposo de una sola mujer" en 3:12 y "esposa de un hombre" en 5:9; la KJV tiene "esposo de una mujer" o alguna expresión equivalente en cada lugar; la NRSV traduce de manera consistente con la expresión "casado una sola vez".
6. Majorie Lightman y William Zeisel, "*Univira*: An Example of Continuity and Change in Roman Society", *Church History* 46 (1977): 25-26.
7. *Ibid.*, 30-32.

como un medio de honrar el carácter de la persona. La fidelidad y el honor podían expresarse privándose de un segundo matrimonio tras la muerte del cónyuge. Pablo, en vez de ser legalista en cuanto a si un anciano se había casado más de una vez, ha escogido una frase que indica un modelo de matrimonio que se ganase el respeto en la sociedad dentro de la cual se movía la iglesia primitiva. El compromiso y la fidelidad darían a esa sociedad un mensaje más significativo que el simple hecho de que un hombre o una mujer se hubieran vuelto a casar después de enviudar.[8]

La palabra "moderado" (*nephalios*) no se refiere solo al vino; su significado debe determinarlo el contexto. En el versículo 11, donde se refiere a las esposas de los diáconos o diaconisas, aparece entre "no calumniadoras" y "dignas de toda confianza". También está en Tito 2:2, donde, en una descripción de los "ancianos", la lista empieza con *nephalios* y pasa a virtudes generales como "respetables" y "sensatos". La sección siguiente, dirigida a las ancianas, no tiene la palabra "moderada", pero especifica un área de moderación, la de no ser "adictas al mucho vino". Esto no significa que las mujeres tengan más probabilidad que los hombres de ser alcohólicas, es uno de los ejemplos que se aplican a ambos. En 1 Timoteo 3, la palabra "borracho" aparece aparte en el versículo 3. Quizá se encuentran en lugares separados de la lista porque no está implícito en "moderado" (v. 2), o puede que explique el significado de esa palabra.

De modo similar, "sensato" (v. 2) viene seguido de "ni pendenciero" en el versículo 3. Este último puede estar implícito en el primero, pero "sensato" tiene una aplicación más amplia. Es probablemente mejor reconocer estos términos como expresión de una selección de virtudes similares a las de los escritos moralistas seculares y comúnmente entendidas como retrato de un carácter encomiable a los ojos de la gente.

"Respetable" (v. 2) refuerza el hecho de que el obispo debe tener buena reputación.

Ser "hospitalario" era importante en el siglo primero, por las miserables condiciones de viaje que a menudo se encontraban. Las personas consideradas eran hospitalarias con las visitas. La palabra entraña mucho más que tener amigos invitados a cenar. Las instrucciones para las viudas en 5:10 también incluyen la hospitalidad (*cf.* también Ro 12:13; Heb 13:2; 1P 4:9).

---

8. Ver la discusión en términos similares pero con aplicación a las viudas en el comentario a 5:9.

La expresión "capaz de enseñar" (que traduce una palabra griega, *didaktikon*) se refiere a la capacidad, no el conocimiento (*cf.* 2Ti 2:24, donde, después de una referencia a los herejes, Pablo recurre al modo en que Timoteo debe refutarlos y la *capacidad* que debe tener para hacerlo). Aun cuando la enseñanza de la verdad era importante en Éfeso, por la extensión de la falsa doctrina, el énfasis se pone en la capacidad de enseñar, no en la sana doctrina, que se da por asumida.[9]

Las palabras elegidas para "no debe ser borracho" (v. 3) permiten tácitamente el uso moderado de bebidas alcohólicas (*cf.* 5:23). El punto, sin embargo, va más allá del consejo sobre la moderación. Junto con las siguientes palabras, "no pendenciero [...] apacible" y "ni amigo del dinero", ordena un comportamiento enfrentado a los hábitos manifiestamente ofensivos de los falsos maestros y otros impíos. Estas expresiones sirven para describir el carácter que se exige a los obispos, a modo de contraste. De nuevo, las instrucciones de 2 Timoteo 2:23-24 son parecidas: "No tengas nada que ver con discusiones necias y sin sentido, pues ya sabes que terminan en pleitos. Y un siervo del Señor no debe andar peleando; más bien, debe ser amable con todos, capaz de enseñar y no propenso a irritarse". La manera de conducir las discusiones y la actitud hacia el dinero que caracterizan a los maestros verdaderos o a los falsos son temas tan importantes que Pablo volverá a hacer hincapié en ellos en 1 Timoteo 6:3-10.

El siguiente requisito: "Debe gobernar bien su casa" (v. 4), no solo es más extenso, sino que también incluye una explicación. El paralelismo entre gobernar la propia familia y cuidar de la iglesia requiere una cuidadosa atención. Es importante ver dónde está el elemento de comparación. Hay uno común en este paralelismo: la habilidad del obispo de guiar y cuidar a quienes son su responsabilidad. Los elementos que difieren son (1) las personas con las que el obispo debe relacionarse (la familia y la iglesia), y (2) las palabras empleadas para describir su liderazgo (gobernar y cuidar de).

Los grupos familiares más extendidos en la sociedad del siglo primero, que incluían a los niños, a otros parientes y a los esclavos, exigían una gran capacidad de gestión doméstica. En la unidad sociológica con que se compara, la iglesia, la capacidad de liderazgo que se menciona es

9. En contraste, la sección sobre los ancianos en Tito 1:9 no tiene el adjetivo *didaktikos*, sino que se ocupa de la integridad doctrinal del anciano en un entorno diferente de falsa doctrina.

la de "cuidar de", no la de "gobernar". Esto no quiere decir que no haya cuidado involucrado en el gobierno ni gobierno en el cuidado. Pero, cuando en una iglesia los líderes se ven sobre todo como gestores, cabe esperar el desastre. Sabemos por Hebreos 13:17 que había que obedecer a los dirigentes de la iglesia. Mediante una palabra diferente para líder, ese texto dice: "Obedezcan a sus dirigentes y sométanse a ellos". Pero este énfasis es diferente en el pasaje que nos ocupa, donde Pablo no subraya la autoridad sino el lado compasivo del liderazgo. Incluso en casa el padre no debe desentenderse de su deber limitándose a dar órdenes. Los niños no deben únicamente "obedecer" al padre; deben tenerle "el debido respeto". Una vez más, el énfasis está en el carácter de los ancianos.

Puede hacerse la misma observación con respecto al versículo 6: "No debe ser un recién convertido". La advertencia no está en contra de la inmadurez doctrinal, aun siendo grave, sino en contra del peligro de un defecto de carácter: "presuntuoso". Los falsos maestros eran "vanidosos", entre otras cosas (2Ti 3:4), pero aquí la presunción procede la inmadurez espiritual, no de una depravación moral. No obstante, la consecuencia del engreimiento es terrible: esas personas caen "en la trampa del diablo".

Este juicio puede parecer severo, porque ser presuntuoso (*typhoo*) probablemente no nos parece hoy tan grave o reprochable. Pero el mismo verbo aparece en la descripción que Pablo hace de los últimos tiempos, que incluye actitudes pecaminosas como "jactanciosos, arrogantes, blasfemos [...] traicioneros, impetuosos, vanidosos" (2Ti 3:2-4). Como afirma Proverbios 21:4: "Los ojos altivos, el corazón orgulloso [...] son pecado".[10]

El versículo 7 subraya la importancia, señalada anteriormente, de una buena reputación entre "los que no pertenecen a la iglesia", para evitar el "descrédito". Pero Pablo también tiene aquí en mente el acechante peligro de Satanás. Incluso los obispos más maduros (Pablo no está ya hablando de los recién convertidos) deben tener cuidado de no caer "en la trampa del diablo". Pablo es muy consciente de las malignas

10. Algunos ven aquí una alusión al gobernador de Tiro de Ezequiel 28:1-19, donde parte de la terminología da la impresión de estar describiendo realmente a Satanás (como vv. 12-14: "Eras un modelo de perfección... Estabas en Edén... Fuiste elegido querubín protector"). El punto de la comparación es la terminología que Pablo usa aquí con respecto al engreimiento y a caer "en la misma condenación en que cayó el diablo". Ezequiel cuenta el juicio de Dios: "...en la intimidad de tu arrogancia dijiste: 'Yo soy un dios...'" (v. 2), y "Has llegado a un final terrible, y ya no volverás a existir" (v. 19).

intenciones de Satanás: "Practiquen el dominio propio y manténganse alerta. Su enemigo el diablo ronda como león rugiente, buscando a quién devorar" (1P 5:8).

La necesidad de tener líderes. La selección de líderes era de vital importancia para Pablo. Puede que haya habido una variabilidad considerable en cuanto a la forma que asumió el liderazgo en las primeras, e incluso en cuanto a la terminología. Es difícil definir los términos *anciano* y *obispo*, según su uso en el Nuevo Testamento, como categorías diferenciadas de liderazgo. A pesar de las diferencias en la nomenclatura y el trasfondo, parece que los términos se traslapaban en la persona y la tarea.

Lo que es más importante captar es la necesidad de un liderazgo reconocido, con autoridad, en la iglesia. Tiene autoridad en lo relativo a transmitir las enseñanzas de los apóstoles y en cuanto a la disciplina de los que no se conforman a ellas. La necesidad de tal liderazgo se ve en que Pablo y Bernabé nombraron ancianos con sorprendente rapidez en el regreso de su primer viaje misionero, aunque implicara nombrar a personas que estaban en los primeros meses de su fe (Hch 14:23). Inicialmente, la selección la hacían Pablo y Bernabé, pero el apóstol Pablo no podría hacerlo él en todas partes. Tenían que haber establecido alguna provisión para que, más allá de su presencia personal, hubiera un liderazgo piadoso en todas las iglesias.

Las circunstancias cada vez peores en Éfeso (y Creta) hicieron necesaria dicha provisión.[11] Las actividades de maestros, moral y doctrinalmente, dejaron clara la necesidad de ancianos capacitados. Al pasar el tiempo y no tener apóstoles que nombraran a los ancianos, el conjunto de directrices de aquí y de Tito sirvieron para dar dirección. Así, la situación en Éfeso y Creta dio providencialmente como resultado la disposición de instrucciones divinamente inspiradas adecuadas para muchas iglesias diferentes alrededor del mundo de entonces y hasta ahora. Independientemente de que el liderazgo resultante continúe a través de una tradición de sucesión apostólica o no, los mensajes de aquí y

11. Más tarde, la cada vez mayor amenaza de las herejías en la iglesia primitiva dio lugar a una mayor clarificación de la doctrina y al establecimiento de un dirigente por encima de los otros, que recibió el título oficial de obispo.

de Tito 1 son esenciales para la continuidad de iglesias doctrinalmente sanas.

La necesidad de líderes *cualificados*. La inclusión de "Se dice, y es verdad" en 1 Timoteo 3:1 también subraya la importancia de tener líderes cualificados. El dicho se dirige a los que, prudentemente, se preguntan si ponerse a disposición pública para la obra. No es solo que la iglesia deba buscar personas capacitadas, sino que quienes tienen el potencial deberían estar desarrollando en su interior las cualidades que los harán un día aptos para esa labor. No es suficiente que una iglesia vaya a última hora en busca de personas para elegirlas como ancianos en una reunión anual. Es un proceso activo, a largo plazo. Desde un primer momento, uno debería estar creciendo en su vida cristiana y usando los dones del Espíritu para el bien de la iglesia, con la posibilidad, considerada humildemente, de ejercer un ministerio especial, como el de ser anciano. Aunque en este pasaje no se diga, los ancianos y otros cristianos maduros deberían alentar a los creyentes más nuevos a buscar la guía de Dios en esa dirección.

La elección de "noble" por parte de Pablo para calificar esta la tarea nos lleva a preguntar en qué sentido merece ese adjetivo. No usamos esta palabra mucho hoy. Conlleva un sentido de dignidad que pocos valoran. En lugar de nobleza, cuando buscamos una tarea tendemos a procurar una que sea gratificante, satisfactoria, bien remunerada, agradable y quizá necesaria para la sociedad, pero sin pensar en si es o no *noble*. En griego es un término común que en la mayoría de contextos significa simplemente "bueno", pero en este contexto especial tiene ese matiz de nobleza que solía poseer en la literatura griega.

A veces se señala que la mayor parte de las cualidades requeridas en los ancianos se piden en algún otro sitio de las Escrituras para los cristianos en general. Así, que se les exija ser maridos de una sola esposa y no ser borrachos no da a entender que los cristianos que no son ancianos *puedan* ser polígamos o se embriaguen. Una perspectiva bíblica es que los ancianos deben ejemplificar el carácter cristiano como un modelo para los demás. Ser un anciano no es un derecho, sino un privilegio para personas responsables.

Los intérpretes no están de acuerdo en si la expresión "esposo de una sola mujer" excluye, por implicación, a las mujeres. Puede verse de una de estas dos maneras: (1) es una expresión intencionada del autor para excluir a las mujeres del cargo de anciano; o (2) simplemente asume la circunstancia habitual de que los ancianos judíos eran varones. Si (1) está en lo cierto, puede interpretarse como (a) impedimento perpetuo para la mujer, o (b) impedimento bajo las condiciones del tiempo de Pablo, pero (a falta de una prohibición explícita) no para siempre. Si lo correcto es (2), la posibilidad de que hubiera mujeres ejerciendo de ancianas habría sido tan escasa en aquellos tiempos que el lenguaje de orientación masculina sería lo natural, pero sin pretender ser excluyente.

Cabe mencionar que hay algunas evidencias de ancianas (tanto judías como cristianas) en el siglo II. Algunas de las pruebas presentadas eran exageradas o difíciles de confirmar, pero no pueden descartarse por completo las evidencias. Que tuvieran o no que ser ancianas junto con hombres dependerá en parte de la interpretación de cada uno y de la aplicación de las diversas citas bíblicas sobre el ministerio de la mujer (incluyendo 1Ti 2:12) y en parte de la clase de ministerios que los ancianos realicen en una iglesia determinada. Incluso algunos que sostienen que 2:12 impide a las mujeres ejercer autoridad sobre hombres piensan que el cargo de anciano está abierto a las mujeres porque (1) la autoridad que los ancianos tienen en su iglesia es corporativa y no de un individuo sobre otros de la congregación, y (2) el ministerio de los ancianos de pastorear es una labor en la que todos se benefician de la presencia de mujeres.

Obispos y ancianos. Hemos asumido que los ancianos y los obispos en tiempos bíblicos eran lo mismo, pero debemos tener presente que las tareas de liderazgo eran múltiples (ver 1Ti 5:17). Esto puede implicar que hubiera subgrupos. Había claramente una pluralidad de líderes (posiblemente en cada iglesia doméstica, pero seguro en la ciudad) y una pluralidad de cuerpos de liderazgo. Pudo haber habido tres grupos claramente definidos (los ancianos, los obispos y los diáconos), con funciones que se traslapaban entre los tres. El obispo pudo haber sido un anciano que poseyera un ámbito significativo de autoridad. Pudo haber habido simplemente un cuerpo gobernante y los diáconos, con funciones diferentes entre sus integrantes. En ese caso es posible, aunque dudoso, que a algunos se les conociera como ancianos y a otros como obispos, dependiendo de su labor.

Es digno de mención que cuando Pablo enumera varios ministerios en Efesios 4:11 (apóstoles, profetas, evangelistas, pastores y maestros), no asigna el título de *obispo* ni de *anciano* a ninguno de ellos individualmente ni como grupo. En Romanos 12:3-8 y 1 Corintios 12:28-30 se mencionan varios ministerios con dones, sin indicar que la utilización de estos fuera terreno particular de ancianos u obispos. Esos pasajes incluyen el ministerio de liderazgo (Ro 12:8; 1Co 12:28). Regresando a 1 Timoteo, parece haber diversidad de funciones entre los ancianos: "Los ancianos que dirigen bien los asuntos de la iglesia son dignos de doble honor, especialmente los que dedican sus esfuerzos a la predicación y a la enseñanza" (1Ti 5:17). Es posible que "especialmente" tenga aquí el sentido de "es decir" (ver comentarios sobre ese pasaje), pero de no ser así Pablo está reconociendo un ministerio especializado entre los ancianos, con algunos, pero no todos, dedicados a enseñar y predicar.

Concluimos, pues, que (1) había un cuerpo de líderes en cada ciudad, posiblemente en cada iglesia doméstica de una ciudad; (2) sus integrantes eran conocidos como ancianos u obispos, términos que posiblemente variaban por su situación social o su función; (3), en cada grupo había responsabilidades diferentes, como la de liderar (gobernar, pero sin ser "tiranos sobre" la iglesia, 1 P 5:3) predicar y enseñar (1Ti 5:17), cuidar y pastorear; y (4) el Espíritu también distribuía algunos de esos mismos dones que eran requisitos de estos ministerios a otros creyentes que no fueron ancianos u obispos.[12]

Significado Contemporáneo

Los obispos (o ancianos) como pastores. En la actualidad tendemos a juzgar el liderazgo con una mentalidad corporativa. Ser anciano puede verse como un logro, como una recompensa o como una oportunidad para progresar. Es demasiado fácil asumir que los deberes del anciano son paralelos a los de la junta directiva de una corporación. Esto puede llevar a concebir las reuniones de ancianos básicamente como un tiempo para la toma de decisiones, en que el director ejecutivo (el gerente, como se podría ver el papel del pastor) lleva a cabo las directrices de la Junta. En este panorama, es posible que los ancianos consideren que la preocupación y cuidados

12. No sabemos hasta qué punto las iglesias primitivas paulinas y no paulinas eran uniformes en sus costumbres. Por tanto, se plantea también la pregunta (que no podremos tratar aquí) de si la estructura de la iglesia era menos desarrollada y más flexible en la congregación corintia que en las iglesias de las que se habla en las Pastorales.

pastorales están fuera de su esfera de responsabilidad, pues están en la del pastor.

Ese es un error habitual y serio. Se corrige mediante las instrucciones de Pablo a los ancianos efesios en Hechos 20:28 ("los ha puesto como obispos para pastorear") y de Pedro a los ancianos en 1 Pedro 5:2 ("cuiden como pastores el rebaño de Dios que está a su cargo"). Los ejemplos de pastoreo (el buen pastor de Sal 23 y Jn 10 y nuestro "Pastor supremo" de 1P 5:4) también corrigen ese error. Conforme las iglesias actuales adoptan nuevas formas organizativas y el "pastor" verse cada vez menos involucrado en las necesidades individuales de la congregación, el cuidado pastoral puede pasar a aquellos que están aún más lejos de lo que debería ser el liderazgo espiritual de los ancianos. Por consiguiente, el ministerio pastoral de los ancianos es hoy vital y crucial.

Esto suscita la pregunta de si hay que tener un grupo oficial llamado "ancianos" que realice exactamente las mismas funciones que los del Nuevo Testamento. Por supuesto, las denominaciones se han distinguido durante años en cuanto a los nombres de las posiciones de liderazgo y en cuanto a si ser pastor y ser anciano de la iglesia es lo mismo. Algunas iglesias grandes han juntado a los integrantes del cuerpo pastoral y a los líderes "laicos" en un consejo de liderazgo (quizá incluyendo a mujeres), teniendo solo a algunos miembros como responsables de los ministerios más tradicionales de los ancianos y a los otros involucrados más intensivamente en visitas, música y adoración, evangelismo, disciplina, etc. Se puede argumentar, razonablemente, que dicho consejo puede cubrir con más eficacia las responsabilidades propias de muchas iglesias contemporáneas, que son más grandes.

Dos paradojas. Una de las paradojas en la historia de la iglesia es que algunas enseñanzas de la Escritura que tenían la intención, al menos en parte, de promover la unidad a veces han dado como resultado lo contrario. La Eucaristía o comunión, por ejemplo, en la cual el pan, además de su significado primario, simboliza el cuerpo unido de los creyentes, ha sido un motivo de desacuerdo y división. Lo mismo se puede decir del bautismo. Así ocurre también con los ancianos, entre cuyas funciones está la de tener el rebaño a salvo y unido. Es una desgracia que haya habido separaciones en las denominaciones incluso por la cuestión de la forma de gobierno de la iglesia. También está habiendo división en las iglesias por el asunto de tener ancianos mujeres.

Otra paradoja que puede afectar gravemente a las iglesias particulares es que quienes ostentan el liderazgo, que deberían ser personas de carácter dedicado a alimentar al rebaño, a veces lo dominan en lugar de cuidarlo y derriban las aspiraciones de otras personas espiritualmente dotadas. Los líderes autoritarios han causado mucho daño en algunos movimientos de la iglesia en casas y en algunas megaiglesias, así como en congregaciones de todos los tamaños. Algunas de las rupturas y divisiones religiosas, y a lo largo de la historia de la iglesia, han sido fruto de unos dirigentes que carecían de las cualidades propuestas explícitamente en 1 Timoteo 3. Los escándalos que sacuden a las iglesias pueden surgir por descuidar las advertencias contra comportamientos como la infidelidad conyugal, fuerte temperamento, disputas y avaricia. Es fácil que una persona que se embriaga de poder ignore las restricciones morales a las que están sujetos los cristianos "ordinarios".

¿Hay un mandato bíblico claro? Los líderes de la iglesia han estado preocupados durante siglos por determinar qué ordenamiento eclesial representa mejor el ejemplo y enseñanza bíblicos. Las conclusiones en el área van desde la indiferencia o la satisfacción pasiva con la costumbre denominacional de uno al no dejar de probar y experimentar. Cada nueva iniciativa misionera ha tenido que enfrentarse a esa cuestión en cuanto ha establecido nuevas congregaciones. Lo mismo se puede decir del rápido crecimiento de iglesias independientes en la segunda parte del siglo veinte. La conocida ilustración de tratar de definir la forma de un elefante al palpar sus distintas partes puede aplicarse al intento de determinar la estructura de la iglesia del Nuevo Testamento simplemente "sintiendo" los pasajes que tratan superficialmente el tema. Debemos encontrar los rasgos comunes generales que las iglesias del Nuevo Testamento compartían y reconocer que las variantes no ponen necesariamente en compromiso dichos rasgos.

En 1 Corintios 12, que enfatiza la obra carismática del Espíritu de Dios al repartir dones al pueblo del Señor, no se aborda, y por tanto no se excluye la cuestión de la estructura del gobierno de la iglesia. Cuando contemplamos pasajes que se ocupan del tema, vemos que hay liderazgo de ancianos. Recordemos otra vez cómo Pablo y Bernabé nombraron ancianos al revisitar sus iglesias (Hch 14:23). Antes de su viaje final a Jerusalén, Pablo se encontró con los ancianos de Éfeso en Troas (20:13-38). Parece ser, según Tito 1:5, que el correcto establecimiento de una iglesia no estaba cumplido hasta que se establecían ancianos.

Aunque esto no quiere decir que no hubiera lugar para el liderazgo individual (vemos que este es el que se ejerce en el concilio de Jerusalén en Hch 15:13-21) fue la congregación quien realizó la selección de líderes para ocuparse de los asuntos económicos en Hechos 6:3-6, y, en 1 Corintios 5.4-5, Pablo dirigió a una iglesia entera a tomar una decisión.

Liderazgo plural. Estos pasajes permiten la conclusión de que la iglesia primitiva solía tener un liderazgo plural. Sin duda era común que, en una ciudad con varias iglesias domésticas, cada grupito tuviera quizá un líder principal y también funcionaba bajo el liderazgo plural de los ancianos de la ciudad. Las cuestiones de la estructura y el gobierno son, sin embargo, demasiado amplias para considerarlas aquí, y no es el tema principal de 1 Timoteo 3. El Nuevo Testamento no da en ninguna parte un manual completo sobre estructura de la iglesia. El énfasis está aquí en los requisitos para ser anciano, y en el ingrediente principal de esas aptitudes, en el contexto de la situación de Éfeso, es el carácter cristiano.

Liderazgo moral. Uno de los cambios sociales destacados que serán recordados como identificativos del final del siglo veinte en Estados Unidos es que, desde la permisividad de los años sesenta, parece que ha cambiado la exigencia de responsabilidad por patrones morales, en particular entre los cargos públicos. Se dieron varios ejemplos llamativos en las Fuerzas Armadas. En cierta oportunidad, hasta el nombramiento del Jefe del Estado Mayor Conjunto se convirtió en un asunto moral. La opinión pública parecía exigir entre sus cargos electos una escala de valores más alta que la que se exigía a sí misma. Pero la reciente tolerancia ante la caída moral del presidente Clinton indica que la vida moral de un dirigente se considera ya menos significativa.

En 1 Timoteo 3:1-13 se plantea un patrón de comportamiento que, aunque no es diferente del que debería marcar la vida de cualquier cristiano, debe aplicarse con mayor rigor y examen entre ancianos y diáconos. Los únicos requisitos, aparte de los referentes a la moralidad, la responsabilidad familiar y la reputación en la comunidad, son los relativos a la enseñanza y la doctrina. Los ancianos debían ser capaces de "enseñar" (v. 2), y los diáconos de "guardar, con una conciencia limpia, las grandes verdades de la fe." (v. 9). Incluso estos requisitos se insertan, sin que se vea interrupción, en la lista de aptitudes de conducta: los diáconos no solo deben entender la verdad, sino guardarla "con una conciencia limpia" (*cf.* 1:5, 19).

El nombramiento de los obispos. En vista de estas cualificaciones, ¿cómo puede decidir una iglesia quiénes deben ejercer las funciones de obispos o ancianos? Podría ser más fácil si los requisitos principales fueran la capacidad de liderazgo, demostrada mediante el éxito empresarial, y una poderosa elocuencia, pues serían cualidades obvias. Sin duda, en muchas iglesias, los ancianos y los diáconos han sido elegidos por destacar en eso. ¿Pero cómo descubre una iglesia a personas dotadas con características morales y espirituales no tan obvias?

Sé de una iglesia que intentó evitar los escollos de una elección popular enfatizando la importancia de reconocer a aquellos en quienes Dios había puesto su aprobación, mediante los siguientes recursos. El domingo previo a la asamblea anual, el sermón estaba dedicado a la naturaleza del liderazgo en la iglesia y a la clase de personas que Dios escoge para dicho liderazgo. Se expusieron claramente los requisitos para ancianos y diáconos. Cuando los miembros llegaron a la reunión anual, recibieron una inusual tarjeta de voto. Arriba tenía las palabras de las Cartas Pastorales sobre las cualidades de ancianos y diáconos. Se pidió a la congregación que pensara en personas que cumplieran con esas aptitudes, cuyas vidas reflejaran los valores de 1 Timoteo 3 y Tito 1.

De entre los que fueron considerados dignos conforme a esos criterios, tenían que poner en una lista los nombres según los considerasen apropiados en respuesta a una o más de las tres preguntas que tenían a continuación. La primera pregunta era (por lo que puedo recordar): "¿A quién respetas lo suficiente como para seguirle y obedecerle como anciano?". La siguiente era: "¿De quién has aprendido la Palabra de Dios? ¿Quién te ha enseñado de las Escrituras y doctrina en privado o en público?". La última era: "¿A quién irías si necesitaras recibir consejo en tu vida espiritual? ¿Quién te ha atendido en un sentido pastoral?". Podían poner nombres diferentes en respuesta a las distintas preguntas.

La ventaja es obvia. Pone la atención en la vida y el ministerio de los ancianos, en vez de en la popularidad de figuras bien conocidas de la iglesia. También ayuda a evitar que uno simplemente escoja a los amigos. En la iglesia a la que me he referido ocurrieron algunas sorpresas saludables cuando se hizo esto. Naturalmente, no hay ningún procedimiento que sea el adecuado para todas las iglesias. Inevitablemente, conforme una iglesia crece se hace cada vez más difícil que las personas sepan quién realizaría mejor la función de anciano.

Esta misma iglesia abordó este problema en una posterior etapa de su historia de dos maneras. Antes de una asamblea anual, se invitó a la congregación a enviar las nominaciones a los ancianos. Ellos las tuvieron en consideración, añadieron algunas propuestas propias, y dieron a conocer las "nominaciones" a la congregación. Tras la respuesta de la iglesia, si un número significativo de personas mencionaba a alguien que no hubiera sido elegido como anciano, se entrevistaba a dicho hermano y, si veían potencial, lo invitaban a asistir a las reuniones de ancianos durante un año como "anciano en período de entrenamiento". (Se les pedía que se ausentaran de la reunión cuando se discutían asuntos confidenciales.) Al llegar la siguiente reunión anual, la reputación de esa persona solía ser lo suficientemente alta para obtener un apoyo mayoritario de la congregación. Esto evitó parte de los problemas que surgen cuando las nominaciones parten de cero, lo que hace difícil descartar, sin bochorno para el propuesto o para el proponente, a alguien cuya cualificación es cuestionable.

Desde luego, este sistema no era perfecto y hubo que añadirle modificaciones, pero vale la pena mencionarlo para aportar ideas que puedan resultar útiles en el intento de rescatar el aspecto sagrado de identificar a los ancianos elegidos por Dios de los riesgos de un procedimiento politizado. Para los diáconos se podría seguir el mismo método con algunas modificaciones.

¿Puede una persona divorciada ser obispo o anciano? En el intento de aplicar este pasaje acerca de los ancianos a la iglesia hoy, la cuestión del segundo matrimonio tras un divorcio aparece más a menudo que si es tras la pérdida del cónyuge. Las posiciones pueden variar mucho al respecto: (1) una persona divorciada no puede ser anciano, incluso si no se ha vuelto a casar, porque el divorcio indica algún fracaso en la relación. (2) Los que se han vuelto a casar después del divorcio son descartados, simplemente porque han estado casados más de una vez. Esta posición suele ser más fuerte cuando se refiere a alguien cuyo anterior cónyuge no se ha vuelto a casar. (3) Tal persona puede ser anciano si el divorcio ocurrió antes de la conversión. (4) Tal persona puede ser anciano si el problema estaba en el anterior cónyuge, sobre todo si ese cónyuge cometió adulterio, abusos o actos perversos. (5) Tal persona puede ser anciano solo después de sinceros esfuerzos por la reconciliación. (6) El divorcio en sí no impide el servicio como un anciano. (7) Quienes se han divorciado y vuelto a casar pueden servir, porque Dios perdona y sana, y quizá también porque esas personas pueden aconsejar a otros eficazmente gracias a su experiencia.

El asunto es demasiado complicado para dedicarle un tratamiento completo y responsable aquí, pero las siguientes observaciones pueden ser útiles: (1) por un lado, la conversión marca una diferencia, porque la persona es nueva a los ojos de Dios. Por otra parte, el matrimonio es algo social, no es simplemente una relación cristiana, y aunque la persona puede ser renovada, las circunstancias no han cambiado y uno o dos familias tal vez siguen sufriendo las consecuencias.

(2) Por un lado, aunque el anciano propuesto se hubiera convertido después y aunque la culpa principal fuera del anterior cónyuge, el divorcio puede indicar alguna deficiencia personal, falta de sabiduría u otra característica en el candidato, para lo cual necesita recibir consejo y sanidad. Por otra parte, tal consideración debería aplicarse a cualquier anciano candidato, porque no ser divorciado no garantiza que el individuo, el matrimonio y la familia estén bien.

(3) En la compleja sociedad de hoy, la culpa es a menudo difícil de determinar, y el estado de un antiguo cónyuge es igualmente difícil de saber a veces. Si la cuestión no solo consiste en que el anterior cónyuge se haya vuelto a casar, sino en si ha tenido relaciones con otra persona, el asunto se vuelve muy borroso.

(4) ¿Qué es lo ideal, que un anciano haya tenido un matrimonio perfecto y sea un ejemplo excelente a los de afuera, o que haya tenido una experiencia matrimonial imperfecta, quizás a causa de anterior pecado, y ahora pueda identificarse y ser de ayuda para otros en la iglesia que atraviesen el mismo problema?

Es posible caer en el legalismo en estos asuntos, y no quisiéramos legislar sobre decisiones internas de iglesia en las páginas de un comentario. Sin embargo, puede sugerirse lo siguiente: El estándar de que un anciano debe ser "intachable" seguramente se refiere a la vida actual. Pablo mismo escribe de sus anteriores pecados que habían sido perdonados, a fin de que pudiera ser apóstol. Al mismo tiempo, a veces un divorcio y un segundo matrimonio producen efectos permanentes que pueden complicar el testimonio y la labor de un anciano. Algunos asuntos pueden necesitar aclaración antes de considerar a esa persona para el cargo. Un anciano que ha experimentado pecado y perdón, divorcio y segundo matrimonio, ciertamente puede ser un consejero más sabio y comprensivo. Al mismo tiempo, uno no tiene que ser un anciano para dar consejo.

Que una persona haya estado divorciada no es el asunto principal. La cuestión es si la vida del hermano y el cuidado de su familia son actualmente ejemplos de carácter cristiano. Hay que decir también que existen ocasiones en que la vida de una persona es lo bastante compleja como para que sea aconsejable que procure otra oportunidad de ministerio, no el de anciano. Sin embargo, el testimonio de una persona piadosa que ha sobrevivido a un divorcio claramente causado por el anterior cónyuge, especialmente si fue antes de la conversión, puede ser un claro ejemplo de la gracia de Dios.

Otra cuestión es si una persona que nunca *ha estado casada* puede ser anciano. Dado que en los tiempos del Nuevo Testamento el anciano sería probablemente un varón casado, no es de extrañar que la redacción de los requisitos refleje esa realidad. Es cierto que alguien que nunca ha estado casado carece de una experiencia que puede ser valiosa para aconsejar, pero esa persona puede haber demostrado, a través del celibato, una autodisciplina de gran valor. La soltería no tiene que considerarse un impedimento para ser anciano. El texto no expresa tal declaración, sino que se ocupa más bien del carácter y la pureza de la relación sexual.

Los hijos. El asunto de un anciano candidato cuyos hijos no solo son incrédulos, sino que están viviendo en irrespetuosa rebeldía es complicado. Nos hace pensar en la cuestión de si la existencia de deficiencias en la educación de los hijos puede hacer que un anciano no sea apto para cuidar de la iglesia. Un padre no es necesariamente responsable de que un hijo suyo no se haya convertido en cristiano; esa es una decisión individual que ni siquiera un padre puede controlar. Este, sin embargo, puede haber sido tan injusto e incoherente que el hijo ha reaccionado poniéndose en contra de adoptar la misma fe. Las relaciones familiares son tan complejas hoy que los casos de abuso paterno, o de "síndrome de falsa memoria" por parte de algunos que afirman haber sufrido abusos, hace que sea aún más difícil determinar si un candidato a anciano debe ser objeto de compasión o debe ser desechado. De nuevo, es vital que el anciano sea respetado por los hijos y en la comunidad.

La importancia actual de tener ancianos que sean maestros capaces. La naturaleza e influencia del posmodernismo hacen que sean más importantes los requisitos de los ancianos. Cuando la *declaración* de las verdades cristianas (incluso la defensa apologética de la fe) obtiene escasa respuesta de "los paganos" de hoy, la *realidad demostrada* de la verdad en las vidas de los que representan a la iglesia cobra aún más importancia. Nosotros los cristianos sabemos que la verdad *es importante* y que la Escritura contiene el evangelio que salva, pero para comunicárselo a nuestro mundo debemos demostrar que es genuino por medio de su eficacia en nuestras vidas.

Con la combinación de los escándalos sobre predicadores y de los pronunciamientos críticos en contra de la "verdad del evangelio" popularizados por los medios informativos en los últimos decenios, esto se ha vuelto aún más crucial. Los ancianos necesitan conocer y responder a estas circunstancias mediante más estudio diligente de la Palabra de Dios y sus doctrinas, afilando sus habilidades de enseñanza, entendiendo los tiempos y aplicando la verdad en sus vidas, así como también en su enseñanza. Ya no es suficiente (si alguna vez lo fue) que sean solo los predicadores y profesores quienes se ocupen de estos asuntos. Otros, especialmente los que tienen la responsabilidad de supervisar la iglesia, deben entregar sus mentes, corazones y vidas a esta tarea de vivir en el mundo presente.

Puede parecer, dada la historia reciente de enfrentamiento entre los denominados liberales y evangélicos o, en los primeros decenios del siglo veinte, entre modernistas y fundamentalistas, que aquellos que no tienen una doctrina sana tendrían hoy más difícil que entonces librarse sin que los llamen a cuentas. También tenemos la ventaja de contar con seminarios excelentes, teológicamente sanos, cuyas facultades, estudiantes y exalumnos están bien capacitados para identificar y tratar la herejía. No obstante, todavía es posible que las iglesias reduzcan la cantidad e intensidad de su predicación doctrinal hasta el punto en que las congregaciones ya no son capaces de tratar con fundamento asuntos doctrinales. Por tanto, resulta apremiante que el anciano esté bien enseñado, alerta, y sea "capaz de enseñar".

Los ancianos deben también mantener una actitud equitativa en la evaluación de las tendencias del mundo evangélico de hoy. Los desacuerdos en algunas doctrinas importantes están aumentando incluso entre los evangélicos. Aunque uno espera que los pastores estén bien informados sobre estos asuntos, algunos no pueden. Y los pastores que están teológicamente alerta deben asegurarse de que los ancianos también, aunque no tengan una formación teológica reglada, cuenten al menos con una buena enseñanza sobre base bíblica y temas teológicos.

Al mismo tiempo, dada la facilidad con que particulares creadores de opinión cristianos, por medio de publicaciones y otros medios de comunicación, pueden acumular una popularidad y una apariencia de autoridad en asuntos que pueden estar más allá de su campo de conocimiento, los ancianos deben ser conscientes de las influencias extraeclesiales en la congregación. Es también posible que tales creadores de opinión usurpen la autoridad doctrinal de la iglesia local. También pueden, injustamente, hacer menguar la reputación y, en consecuencia, el ministerio de líderes con quienes disienten, incluso cuando puede que no se trate de un tema de doctrina esencial. En los últimos años, asuntos de ámbitos tan diversos como la opinión política, el ministerio de las mujeres, la traducción de la Biblia y la música en la iglesia se han tratado públicamente, a veces de forma divisoria y sin suficiente conocimiento. Los ancianos pueden proteger al rebaño de Dios de esas influencias perjudiciales, así como de la herejía.

El mensaje de las Cartas Pastorales no es hoy, para nosotros, la mera identificación de un tipo de herejía en particular, trate de leyendas o genealogías, del mal uso de la ley u otras desviaciones, sino también —y quizá aún más importante en algunas circunstancias— con la *manera* como hay que abordar esas desviaciones. En el estudio de las Cartas Pastorales veremos más claro que se atribuye tanta atención a la *forma* en que se enfrenta a la herejía el maestro sano como a qué herejías se enfrenta.

1 Timoteo 3:8-13

Los diáconos, igualmente, deben ser honorables, sinceros, no amigos del mucho vino ni codiciosos de las ganancias mal habidas. [9] Deben guardar, con una conciencia limpia, las grandes verdades de la fe. [10] Que primero sean puestos a prueba, y después, si no hay nada que reprocharles, que sirvan como diáconos.

[11] Así mismo, las esposas de los diáconos deben ser honorables, no calumniadoras sino moderadas y dignas de toda confianza.

[12] El diácono debe ser esposo de una sola mujer y gobernar bien a sus hijos y su propia casa. [13] Los que ejercen bien el diaconado se ganan un lugar de honor y adquieren mayor confianza para hablar de su fe en Cristo Jesús.

Pablo empieza esta sección sobre los diáconos sin definir ni describir sus deberes. Debemos deducir que tanto los remitentes como los destinatarios de la carta los conocían bien. El grupo lingüístico de términos griegos que comienzan con *diakon* era lo suficientemente familiar como para que cualquiera que lo oyese supiera que se refería a alguien con aptitudes de servicio. Pero en ninguna parte del Nuevo Testamento existe una descripción de cómo llegan a convertirse en un grupo reconocido o cuáles son sus obligaciones.

Los siete hombres que recibieron la responsabilidad de las necesidades económicas de un grupo concreto de viudas (Hch 6:1-6) pueden muy bien considerarse precursores de los diáconos. Conforme la iglesia crecía y aumentaban las necesidades existía el riesgo de que los líderes se apartaran de su ministerio de la Palabra y la oración (como ocurrió a los apóstoles en Hch 6), por lo que es posible que los asignados para cubrir esas necesidades fuesen llamados diáconos. El problema de este escenario es que las aptitudes requeridas a los hombres de Hechos 6:3 (llenos del Espíritu y de sabiduría) no son las mismas que menciona Pablo aquí. Sin embargo, dado que existía una indudable necesidad en el desarrollo de la iglesia de que hubiese personas que ejerciesen juntas en áreas específicas de servicio, y puesto que existía una palabra ("diácono") que podía describir a ese grupo, no es de sorprender que hacia la época de las Pastorales dicho término ya estuviera en uso. El término era lo suficientemente digno para Pablo como para aplicárselo a sí mismo y sus colaboradores como siervos (*diakonoi*) del evangelio (1Co 3:5; Ef 3:7) y del nuevo pacto (2Co 3:6). No obstante, hubo también grupos aparte llamados ancianos u obispos y diáconos, de modo que el texto prosigue dando instrucciones para estos últimos.

La preocupación de Pablo con la conducta y la reputación pública de los responsables de la iglesia continúa con los diáconos como "honorables". En el griego no viene la palabra "hombres", pero el sustantivo *diakonos* es masculino. Sin embargo, cabe subrayar que en tiempos de Pablo no existía ese término en femenino.[1] "Honorables" traduce *semnos*, una palabra que describe a una persona de dignidad, que da y recibe el respeto apropiado. Estos dos aspectos de dar y recibir permite el uso del sustantivo cognado semnotes para referirse a la actitud respetuosa que se exige de los hijos de un anciano u obispo en 3:5. La misma palabra aparece en 2:2: "…llevemos una vida piadosa y digna". Dado que los no cristianos, incluso "los gobernantes" y "todas las autoridades" pueden tomar nota de cómo viven los cristianos, hay otra posible traducción, "íntegra", que puede encajar bien en este contexto. La terminología que aquí se emplea describe a una persona de la que se puede confiar que actuará con transparente integridad.

La siguiente aptitud, "sinceros", también apoya lo dicho. Esta palabra se aplica a alguien cuyas palabras no revelan una disposición de conflicto hacia los demás (lit., "no de doble hablar", LBLA, nota).

Al igual que el obispo (3:3), el diácono debe ser moderado en lo relativo a la bebida y al dinero. La palabra *aischrokerdes*, traducida como "codiciosos de las ganancias mal habidas", incluye la idea de vergüenza (*aischro-*). Esto es coherente con el tema recurrente en las Pastorales de una reputación que no cause vergüenza al evangelio.

Puede parecer extraño que haya una referencia a la doctrina ("las grandes verdades de la fe", v. 9) con respecto a los diáconos y no en los

1. Que no haya una forma femenina de *diakonos* puede solucionar el problema de Febe en Romanos 16:1. Aunque la forma verbal significa servir en general, la forma sustantiva en el Nuevo Testamento suele indicar una posición que es más que la de simple siervo. No podemos dar por sentado que, como la forma en 16:1 es masculina y Febe era una mujer, no pueda significar "diácono" y haya que traducirla "sierva". Si el escritor quería decir que era una diácono o diaconisa, no había otra manera de hacerlo que usando la forma masculina.

requisitos de los obispos. La razón puede ser que se dé por sentada en los ancianos, pero tal vez no se creyera tan importante para los diáconos. Al traducir el *mysterion* griego "las grandes verdades" en vez de "el misterio", la NVI deja un posible malentendido de que haya doctrinas arcanas que solo ciertas personas pueden captar, pero la traducción de la NTV ("el misterio de la fe que ahora ha sido revelado") es mejor. El *mysterion* de Dios es su obra soberana a lo largo de la historia, que él revela gradualmente. Por ejemplo, el misterio del reino incluye verdades como que el bien y el mal coexisten hasta el momento decidido por Dios para el juicio (Mt 13:1-52), que durante el período de endurecimiento de Israel Dios demuestra compasión hacia los gentiles (Ro 11:25-27), y que en la iglesia el judío y el no judío están unidos en un solo cuerpo (Ef 3:2-6). Cristo es el centro del misterio de Dios (Col 1:25-27).

Aquí, la expresión "misterio de la fe" (trad. lit.) se refiere al corpus de verdades esenciales. Esto concuerda con la acepción de la palabra "fe" característica de las Pastorales: la verdad que todos los creyentes deben sostener. Los diáconos deben guardar (con convicción tenaz) estas doctrinas importantes "con una conciencia limpia". Esta es otra ocasión en la que Pablo insiste en la integridad personal de los que guían y sirven a la Iglesia. Pero su conciencia no es suficiente; es necesario que "primero sean puestos a prueba" para asegurarse de que no se les puede culpar de nada antes de empezar su servicio como diáconos.

El versículo 11 interrumpe las instrucciones acerca de diáconos con algunas directrices para las mujeres. El término *gyne* puede significar "mujer" o "esposa", así que es imposible decir si se refiere a las esposas de los diáconos o a las mujeres que estaban ejerciendo funciones de diáconos. Mediante la palabra traducida "Así mismo" se las identifica aparte de los diáconos a los que habla en vv. 8-10. Por un lado, puesto que este versículo aparece dentro de las instrucciones para los diáconos, el comportamiento de sus esposas puede considerarse como parte de sus requisitos. Si *gynai* fueran diáconos mujeres, cabría esperar que se las tratase fuera de este pasaje. Por otro lado, el versículo 11 podría ser un resumen de 8-10 aplicado ahora a las mujeres diáconos y estar insertado aquí antes de la siguiente declaración acerca de ser esposos de una sola mujer, algo que no es aplicable a ellas.

También puede ser que, al principio, las mujeres que servían como diaconisas fueran las esposas de los diáconos, por lo que habría sido natural que se les dirigieran unas palabras en la sección aplicada a sus maridos. Resulta extraño que no haya instrucciones similares dentro de la sección de los obispos. Cabría pensar que el carácter de sus esposas fuera al menos tan importante como el de las mujeres de los diáconos. Pero si las féminas en aquel entonces ejercían el diaconado, pero no el obispado, y si esas mujeres fueran al principio las esposas de los diáconos, el cuadro se aclararía.

El versículo 12 sobre las relaciones familiares de los diáconos se corresponde con 3:2b, 4-5 acerca de los obispos (ver comentarios), reforzando la importancia de la fidelidad conyugal y una familia fuerte. La traducción "ejercen" (v. 13) puede dar a entender que ya están en el servicio, aunque no es una deducción obligada por el participio aoristo, que puede expresar acción sin tener en cuenta el tiempo. Las palabras "lugar de honor" y "mayor confianza para hablar de su fe en Cristo Jesús" revelan cuán noble tarea es el servicio. El "lugar de honor" (*bathmos*) puede ser moral, una "posición ventajosa para la influencia", pero esta palabra llegó más tarde utilizarse para una posición o rango en la jerarquía de la iglesia.[2] La palabra "Cristo" aparece junto a "Jesús", precediéndolo como casi siempre en las Pastorales. Es llamativo que el servicio fiel por parte de diáconos fortalezca su propia "confianza para hablar de su fe".

Modelos de servicio. La primera mención directa de un grupo en los inicios de iglesia cuya función fuera cuidar de los demás está en Hechos 6:1-6.[3] Tenían que "servir a las mesas" para proveer a las viudas de habla griega, a quienes habían descuidado en la distribución de alimentos. Está claro que su servicio no era meramente hacer de "meseros", aunque la necesidad inmediata era la comida, sino también ocuparse de las necesidades materiales de las viudas. El grupo nombrado a tal efecto en Hechos 6 no se identifica mediante ningún título, pero su trabajo era desde luego similar a lo que los diáconos hacían.

En el mundo helenístico, el servicio humanitario se efectuaba de muchas maneras. Había agrupaciones de personas con intereses similares

---

2. Lock, *Pastoral Epistles*, 41.
3. Antes de esto estaban las mujeres que servían supliendo las necesidades de Jesús y sus discípulos (Lc 8:13).

que se preocupaban los unos de los otros y se ponían de acuerdo en momentos difíciles. Era natural que los cristianos, que estaban organizados en grupos sociales identificables, necesitasen tener alguna provisión para la responsabilidad de cubrir necesidades humanas. Pero estas necesidades no eran solo las materiales. Si en las comunidades seculares y judías se consideraba de gran dignidad servir a otros integrantes de su grupo, también era así en el cristianismo.

Además, el término *diakonos* se había aplicado a veces en la literatura griega a los que fueron mensajeros. Ante la ausencia de la palabra *diákonos* en Hechos 6, no es fácil decir si el hecho de que Esteban, uno de los siete nombrados en Hechos 6, fuera también un mensajero —en este caso, un evangelista— tiene importancia a este respecto. Pablo se presenta como un "siervo" del evangelio (Ef 3:7; Col 1:23), del nuevo pacto (2Co 3:6) y de la iglesia (Col 1:25). Aunque el testimonio y el cuidar de los demás es algo que compete a todos los cristianos, la iglesia, el cuerpo de Cristo, requiere para su funcionamiento la misma especialización que el cuerpo humano precisa de sus distintos miembros. Por eso, en sus distintas épocas y lugares, la iglesia ha tenido que proveer para realizar el mismo tipo de ministerio realizado por los diáconos en la iglesia primitiva.

Las capacidades de ayuda a las personas y liderazgo administrativo aparecen emparedadas entre los dones carismáticos de sanidad y lenguas en la lista de los que "Dios ha puesto" en 1 Corintios 12:28, pero son los únicos dones citados en los versículos 27-28 que no se repiten en 29-30 (comenzando con "¿Son todos los apóstoles?"). ¿Se debe esto a que estas eran capacidades *entregadas* a todos, de modo que no pertenecían a los grupos más limitados de 29-30? Otra posibilidad es que fueran personas a las que Dios designó, pero cuyo trabajo no precisara de un don carismático, sino solo de la voluntad de servir.

Dondequiera que esté la iglesia, los modelos de liderazgo y servicio presentados en 1 Timoteo 3 son importantes. Quienes asumen alguna responsabilidad administrativa de cualquier forma y propósito también asumen una posición en que se les observa mucho y han de dar cuentas. Tanto si están gestionando fondos de la iglesia a nivel interno como usándolos para cosas de afuera, su integridad personal es muy importante. El menor rastro de avaricia (v. 8) es fatal entre los que manejan el dinero, el abuso de bebidas alcohólicas pone en cuestión su fiabilidad, y la ausencia de sinceridad derribará cualquier pretensión de honradez.

Tales líderes también deben representar adecuadamente las convicciones doctrinales de la iglesia, y deben hacerlo "con una conciencia limpia" (v. 9).

Dificultades para la definición de los diáconos. Dado que (1) no hay una descripción específica de los deberes de los diáconos en el Nuevo Testamento; (2) a los "siete" de Hechos 6 no se les llama "diáconos", si bien sirvieron a la iglesia; y (3) hay muy pocos grupos específicos llamados "diáconos" en el trasfondo social del Nuevo Testamento, es difícil construir puentes entre nuestros contextos. Nosotros sabemos que los ancianos dirigían, enseñaban y cuidaban del rebaño, y que los diáconos, por definición, realizaban servicios. También reparamos en que el apóstol Pablo y sus colaboradores se consideraban servidores del evangelio y del nuevo pacto, pero ese uso no aclara la función corporativa de los llamados *diáconos*. Nótese también que Pablo ejerció como diácono cuando recogió dinero para los necesitados en Jerusalén durante sus viajes misioneros (2Co 8:1-15).

Hechos 14:23 nos dice que Pablo y Bernabé nombraron ancianos, pero el texto no menciona a los diáconos. En Filipos, Pablo se dirige a los "obispos y diáconos", junto con el grupo completo de los creyentes (Fil 1:1). Su omisión en Hechos 14 y la ausencia de diáconos en las instrucciones para los líderes en Tito 1:5-9 podrían llevarnos a leer entre líneas que o bien (1) los diáconos simplemente eran designados en función de las necesidades y no existían como comité permanente en todas las iglesias, o bien (2) los ancianos, no los diáconos, eran el grupo principal de liderazgo, de modo que nombrar diáconos o no dependía de las circunstancias particulares. Basándonos en Filipenses y en las instrucciones paralelas para ancianos y diáconos aquí, en 1 Timoteo 3, podría deducirse que ambos grupos tenían en común cierto estatus de liderazgo, aunque sus cometidos eran diferentes.

Es adecuado preguntarse si la forma de gobierno de la iglesia estaba todavía en proceso en aquel tiempo y, si es así, si existían todavía opciones abiertas. Las Escrituras parecen enseñar que la iglesia siempre debería reconocer a un cuerpo de líderes y maestros, se les llame o no ancianos, y que debería hacer provisión para el cuidado de los individuos y las necesidades corporativas, económicas y de cualquier otra índole que sea conveniente. A estas personas no es imprescindible llamarlas diáconos, pero siempre deberían estar presentes para servir.

Podríamos entender mejor el estatus y el papel distintivos de los diáconos si tuviéramos un mayor conocimiento de grupos similares en el trasfondo social. Las agrupaciones anteriormente citadas tenían el compromiso de atender a necesidades, pero es difícil encontrar un paralelismo exacto con lo que estaba ocurriendo en la iglesia. Había *diakonoi* en las religiones helenísticas, y su función era servir a distintos dioses y diosas. Las sinagogas judías tenían sirvientes conocidos como *hazzan*, que se encargaban del cuidado del edificio; pero el más importante era el asistente (gr. *hyperetes*, Lc 4:20) que se encargaba de los rollos sagrados de las Escrituras y enseñaba Sagrada Escritura en las escuelas de los niños. Es difícil determinar si esta figura fue un elemento significativo en el concepto de los diáconos cristianos.[4]

Con el paso del tiempo, el rol de los diáconos se fue haciendo más definido.[5] Cuando Ignacio fue a Roma en el 107—108 A.D., le acompañaba un diácono, y sabemos que a aquellas alturas estaban tomando forma los cargos de obispos, presbíteros y diáconos. Estos últimos llegaron a tener un papel importante en recolectar ofrendas de ayuda para repartirlas entre los necesitados. Sin embargo, con el transcurso de los siglos su importancia tendió a reducirse a ser un primer paso en la escala de las ordenaciones sagradas, aunque Calvino y otros trataron de devolverles un ministerio más importante.

Naturalmente, la necesidad de un grupo dedicado al servicio variará con las clases de servicio requerido por las circunstancias económicas y de otro tipo, como la disponibilidad de ayuda de fuentes gubernamentales. El cuidado del edificio de la iglesia y otras instalaciones dependerá del tamaño y complejidad de las mismas. Desde luego, una parte de las funciones de los diáconos tienen que realizarla empleados asalariados, pero si deja de haber actos voluntarios de misericordia, el espíritu de los primeros diáconos en una comunidad compasiva se habrá ido.

El liderazgo del siervo. El término *liderazgo del siervo* llegó a adquirir prominencia en los años ochenta. En algunas sedes de gestión trajo una necesidad de

4. Ver también 1 Corintios 4:1. La palabra aparece con frecuencia en el Nuevo Testamento para guardas y otros oficiales judíos.
5. Ignacio, *Carta a los filadelfianos* 11.1.

corrección. Se había visto lo difícil que era trasladar ese ideal al mundo empresarial, pero ¿es mucho más fácil en la iglesia que en la sociedad secular? Por supuesto, los cristianos respetan el ejemplo de Cristo y tienen otros modelos adecuados en la historia bíblica y de la iglesia, pero en la medida en que como seres humanos tenemos un deseo innato de aprobación e incluso de prominencia, tendremos problemas para conformarnos a estos modelos.

Algo complicado en el liderazgo del siervo es que por definición implica una posición de liderazgo desde la que comenzar, y en la iglesia solo puede haber un número determinado de líderes. Sin embargo, si pensamos en el liderazgo como cualquier ministerio en el que una persona guía y desarrolla el espíritu de otro, puede tener aplicación hasta para las relaciones más sencillas. Por consiguiente, en la iglesia uno puede ser un líder sirviente ya sea (1) ejercitando liderazgo con una actitud de siervo, como (2) sirviendo de tal manera que guíe mediante un ejemplo piadoso. De una u otra manera, el servicio debe caracterizar a los cristianos, sea o no público. El "ministerio" no debería ser una prerrogativa o una oportunidad para ejercer dominio, sino un servicio, como deja claro el término *diakonos* (*cf.* 1P 5:2-3).

Las variedades del ministerio de diácono. El diaconato significa hoy cosas diversas, como el primer nivel en la jerarquía episcopal y lo que es en efecto el cuerpo gobernante en las iglesias bautistas. Dado que el elemento central del ministerio de diácono no es liderazgo sino servicio, el aspecto de servir queda fácilmente minimizado en la comprensión popular. Lo que la iglesia necesita, y también las comunidades que nos rodean, es el amor promulgado en el nombre de Cristo.

Hay, de hecho, una agencia que sirve en distintas zonas del país y que ha incorporado ese ideal en su nombre: "Love INC (Amor INC, o Amor En el Nombre de Cristo, por sus siglas: algo así como "Amor S.A." en un entorno español). He podido remitir a personas con diversas necesidades reales o aparentes a este grupo. Ellos pueden discernir, mediante entrevista y a veces por la verificación de archivos de otras agencias locales, quién puede recibir ayuda para una necesidad inmediata genuina, quién puede ser ayudado mejor mediante asesoramiento financiero, oportunidades de trabajo, etcétera, y quién busca que le den algo por razones egoístas. En una iglesia donde he servido, hay una junta de diáconos para gestionar las instalaciones y encargarse de otras necesidades; hay también una "Sociedad Santiago" (de Stg 1:27), que ayuda confidencialmente a personas que están en situaciones diversas de necesidad; y también está Love INC. Ni Love INC ni la Sociedad Santiago se llaman "diáconos", pero pueden hacer gran parte del trabajo de los diáconos externa e internamente.[6]

En muchas iglesias de hoy se necesita una "Junta de diáconos" para ocuparse de reparaciones en el edificio, sueldos, recaudar fondos, y otros aspectos financieros de la iglesia. En tanto que trabajan en áreas de necesidad material, encarnan una parte de los ministerios que probablemente realizaron los diáconos del Nuevo Testamento. Es fácil, sin embargo, que esa junta pierda el "corazón" de su llamamiento, aun cuando arreglar un techo agujereado es un servicio al pueblo de Dios, como enviar dinero a muchos individuos necesitados mediante su fondo de ayuda.

Metas. Para cumplir con las metas de los primeros diáconos se necesitan tres cosas.

(1) Las iglesias deben tomar la iniciativa de buscar a los hombres y las mujeres que tienen la integridad moral y espiritual descrita en 1 Timoteo 3. (2) Tales personas necesitan tener la visión, el corazón y el deseo de servir, y deben haberlo demostrado en actos de bondad práctica antes de su designación pública. Deben *ser* diáconos antes de ser *nombrados* diáconos. (3) La iglesia hace que sea un ministerio con propósito en nombre de todo el cuerpo. Debería ser visible para la comunidad en general, a fin de que no solo puedan *experimentar*, sino también *percibir* el ministerio de amor de la iglesia. Es verdad que la mano izquierda no debería saber lo que hace la derecha, y que está mal "pregonar" las limosnas (Mt 6:2-4). Pero al mismo tiempo, Jesús dijo: "Hagan brillar su luz delante de todos, para que ellos puedan ver las buenas obras de ustedes y alaben al Padre que está en el cielo" (5:16).

¿Cuál es entonces la diferencia entre ser un siervo y ser un diácono? La clave podemos encontrarla en Romanos 12 y 1 Corintios 12. Así como hay un grupo de líderes reconocidos llamados *ancianos*, aunque al mismo tiempo estos pasajes se refieren a los individuos con ciertos dones y que sirven como líderes, también hay un grupo de líderes reconocidos llamados *diáconos*, aunque a la vez hay también una referencia en Romanos 12:7 al servicio (donde se emplea el término *diakonia*).

---

6. Por supuesto, existen otras organizaciones mundiales y paraeclesiales que se ocupan de necesidades importantes que ninguna organización local podría seguramente acometer.

Uno puede servir activamente sin ser un diácono. Igualmente, uno no tiene que ser un anciano para guiar a los otros espiritualmente ni tiene que ser un diácono para servir a los demás (*cf.* 1Co 12:28).

Pero en la iglesia existe la necesidad de tener a personas escogidas como diáconos y que reciban un encargo de actuar responsablemente en nombre de toda la iglesia. Cuidan de las personas en los aspectos prácticos, así como también en los espirituales, manejan los asuntos financieros de la iglesia sin avaricia ni engaño, y proveen las instalaciones que necesita la iglesia. Esto va más allá de un simple ministerio individual, personal. Es un compromiso de los diáconos como grupo, nombrados por la iglesia y responsables ante ella. Aunque la enseñanza de Jesús citada anteriormente acerca de la luz y las buenas obras sea una palabra para todos los cristianos, los diáconos tienen el privilegio particular de cumplir con ello en nombre de toda la congregación.

1 Timoteo 3:14-16

Aunque espero ir pronto a verte, escribo estas instrucciones para que, [15] si me retraso, sepas cómo hay que portarse en la casa de Dios, que es la iglesia del Dios viviente, columna y fundamento de la verdad. [16] No hay duda de que es grande el misterio de nuestra fe: Él se manifestó como hombre; fue vindicado por el Espíritu, visto por los ángeles, proclamado entre las naciones, creído en el mundo, recibido en la gloria.

Tanto la primera referencia personal en singular de los versículos 14-15 como la descripción de las circunstancias personales ("espero ir… [pero] si me retraso") llevan al lector a asumir que el autor es Pablo. Si el texto lo hubiera elaborado algún seguidor de Pablo, habría sido un auténtico malabarismo o un engaño categórico hacer que pareciera que el apóstol lo escribió.[1] La preocupación sobre esta posible demora provocó providencialmente no solo que Pablo escribiera las instrucciones de este capítulo, sino que, en relación con ellas, afirmara la importancia de la iglesia y añadiera la declaración de credo que tenemos en el versículo 16.

El propósito de la epístola es primordialmente ocuparse de los falsos maestros y enseñanza, pero en la necesidad de la verdad y la integridad personal está también implicada la preocupación por las relaciones como "casa" de Dios. Pablo subraya esto cuando concluye la sección sobre los obispos y diáconos con una declaración de su propósito: "para que… sepas cómo hay que portarse en la casa de Dios, que es la iglesia", donde aparece otra vez la terminología de la casa (ver también 3:4-5, 12).

Pero el texto pasa a poner el énfasis en la doctrina: "la iglesia del Dios viviente, columna y fundamento de la verdad". Esta redacción nos trae a la memoria la verdad de la gran confesión de Pedro: "Tú eres el Cristo, el

1. Para saber de una posición opuesta a la de arriba, véase el lenguaje descriptivo en el comentario de Bassier, que se refiere a "la situación ficcional de la carta… El escenario resultante provee un pretexto ideal para presentar las exhortaciones de la epístola…" (*1 Timothy*, *2 Timothy*, *Titus*, 72).

Hijo del Dios viviente", y la respuesta de Jesús: "... sobre esta piedra [es decir, el *fundamento*] edificaré mi iglesia" (Mt 16:16, 18).[2] Las palabras "columna" y "fundamento" pueden tener la intención de recordar la sólida estructura de la casa de Dios, el templo, en el Antiguo Testamento.

La introducción a la gran declaración de credo que hace Pablo en el versículo 16 comienza con una de la que "no hay duda". Aunque esto se podría aplicar a la fiabilidad del credo, gramaticalmente se refiere al adjetivo "grande" en posición de predicado nominal. Nadie puede disentir de la grandeza del credo, de modo que de eso es de lo que "no hay duda". Si nos estuviéramos refiriendo a la fiabilidad del credo, Pablo habría usado probablemente más bien su expresión familiar: "Este mensaje es digno de crédito". Su argumento aquí es la magnificencia de la verdad revelada a la que se llama "el misterio de nuestra fe".

La palabra "misterio" (*mysterion;* ver comentarios en 3:9) describe la revelación que Dios hace de su obra soberana a lo largo de la historia. En este contexto, Pablo puede estar pensando en Cristo como centro del misterio (*cf.* Col. 1:25-27). Cristo no fue conocido hasta su revelación a través de la encarnación y posteriores etapas de su experiencia (p. ej., "designado con poder Hijo de Dios por la resurrección"). Donde leemos "de nuestra fe", el griego dice "de la piedad" (*eusebeia;* ver también comentarios sobre esta palabra en 2:2). Es un término de significado amplio que aparece en la literatura griega con el sentido de religión o devoción personal. Cristo es la fuente de la piedad cristiana y de nuestra vida espiritual (*cf.* 1Co 1:30). Por eso "el misterio de nuestra fe" es Cristo mismo, revelado y vindicado.

La forma del himno que tiene esta destacada declaración nos pide un análisis de su estructura.[3] Aunque dicha estructura es, obviamente, menos importante que el contenido, su estudio ayuda al lector a poner

---

2. Ver también "cómo se convirtieron a Dios dejando los ídolos para servir al *Dios vivo* y *verdadero* (1Ts 1:9), y "nadie puede poner un *fundamento* diferente del que ya está puesto, que es Jesucristo" (1Co 3:11, cursivas añadidas).

3. No se conoce el origen del himno. Se supone que es un himno debido a su estructura, aunque no está claro si estaba completo (o solo era un fragmento) que Pablo incorporó o si el apóstol lo compuso. Lo aceptamos como parte de la Escritura en su contexto canónico. Que la primera palabra en el original fuera probablemente "quien, el cual" (que tiene una calificación de "A" en el texto de las SBU sobre la base de su extenso apoyo en los manuscritos más antiguos) en lugar de "Dios", suele considerarse indicativo de un himno, aunque están cambiando las opiniones acerca de Filipenses 2:5-11 a este respecto.

el foco de atención sobre el contenido y sus puntos de énfasis. Entre los posibles análisis de su estructura tendríamos:

(1) Cronológico

Él se manifestó como hombre,	la encarnación de Jesús
fue vindicado por el Espíritu,	la vida terrenal de Jesús
visto por los ángeles,	la resurrección de Jesús
proclamado entre las naciones,	la proclamación misionera
creído en el mundo,	la respuesta a esa proclamación
recibido en gloria	su aceptación y glorificación en el cielo

El problema obvio aquí es que cronológicamente la última frase parece corresponder a un punto anterior en la secuencia. Además, hay suficiente ambigüedad en el credo (el significado de "vindicado por el Espíritu" y el tiempo en que fue "visto por los ángeles") como para que resulte difícil establecer una cronología clara y firme. La vindicación por el Espíritu pudo haberse llevado a cabo en la resurrección (*cf.* 1P 3:18, "el Espíritu hizo que volviera a la vida"), y Jesús pudo haber sido "visto por los ángeles" en su ascensión. Pero en Hechos 1:2 "recibido en gloria" se refiere a la ascensión, y también aparece en Lucas 9:51, aludiendo casi con certeza a la ascensión. ¿Cómo pudo preceder a esto la proclamación misionera y la respuesta de las naciones a la misma?

(2) De alternancia

En lo terrenal	*En lo celestial*
Él se manifestó como hombre	.......fue vindicado por el Espíritu,
En lo celestial	*En lo terrenal*
visto por los ángeles	.......proclamado entre las naciones,
En lo terrenal	*En lo celestial*
creído en el mundo	.... recibido en gloria,

Este esquema presta más atención a la estructura literaria y resulta coherente. Su estructura bipolar induce al lector (y al orador) a tener en la mira los dos ámbitos de la revelación de Cristo.

(3) Enfático

La reaparición cerca de la mitad de cada línea de los sufijos griegos, *lo* (indicando la tercera persona singular del aoristo pasivo) dirige nuestra atención a los verbos. Cada verbo expresa un tipo de vindicación, manifestación, o un tipo de testimonio. Esto está incorporado en la estructura del texto griego y se mantiene cualquiera que sea el esquema que propongamos.

(4) Quiástico

A. Él se manifestó como hombre,	Manifestación en tierra
B. fue vindicado por el Espíritu,	Aceptación en el ámbito espiritual
C. visto por ángeles,	Comprensión por los seres celestiales
C.' predicado entre las naciones,	Comprensión por los seres humanos
B.' creído en el mundo,	Aceptación en el ámbito terrenal
A.' Recibido en gloria.	Manifestación en el cielo

Puesto que el quiasmo (una estructura literaria que implica la repetición, en orden inverso, de palabras, expresiones o, como aquí, ideas) era un esquema estructural aceptado en la antigüedad para llamar la atención sobre ideas sucesivas y sus relaciones, es legítimo considerar que aquí pueda haber uno. Pero hay que cuidarse de no ir más allá de la intención del escritor e imponer dicho esquema en un texto inapropiadamente.

El himno en su contexto. Este himno es una conclusión magnífica para los capítulos 2—3. Pero es más que eso: es un clímax y un punto crucial. Es un *clímax* en tanto que se trata de una forma literaria distintiva, comprende verdades esenciales pertinentes para los versículos anteriores, y lleva al lector a un punto álgido de alabanza. Es un punto crucial en tanto que constituye un eje doctrinal en el que pivotan los capítulos precedentes, en los que Pablo ha estado argumentando "cómo hay que portarse en la casa de Dios" (3:15), y el capítulo 4, donde el apóstol habla de cómo enfrentar la herejía mencionada en el capítulo 1.

Pablo ha dejado claro que el ministerio y el liderazgo sabio y piadoso en la iglesia son esenciales para el mantenimiento de la pureza doctrinal, y que dicha doctrina y la conducta están estrechamente relacionadas.

Como ya señalamos antes, los requisitos para ser obispo en 1 Timoteo no incluyen una prueba doctrinal. Esa omisión es significativa en tanto que pone el peso en el carácter y la moral personales. Pero este himno muestra que la doctrina está en el corazón de todo ello. Es profundamente cristológico. Sea cual sea el esquema literario más cercano para la intención original, lleva nuestra atención a los acontecimientos que trajeron gloria a nuestro Señor. La idea dominante es que quien era uno con el Padre, e invisible para los hombres, en el pasado eterno, se manifiesta en su encarnación. Ha sido aceptado y honrado por el Espíritu Santo, por los seres divinos que le recibieron en su ascensión y por los seres humanos que escucharon y creyeron la predicación acerca de él. Las imágenes de este himno son representativas, pero no exhaustivas. ¡Proveen tanto un medio de alabanza (¡uno apenas puede *estudiar* este pasaje sin alabar!) y un modelo para más alabanza.[4]

Himnología y cristología. Hay grandes himnos a Cristo que celebran las etapas sucesivas de su ministerio, muerte, resurrección, gloria presente y gloria venidera. Otros abarcan aspectos de su ser y sus obras. Entre estos tenemos "Al Salvador Jesús" (Matthew Bridges y Godfrey Thring),"Tú que eras rico" (Frank Houghton), "Ante el nombre de Jesús" (Caroline Maria Noel), "¡Jesus! Nombre supremo" (Charles Wesley), "Ved al Cristo, Rey de gloria" (Thomas Kelly), "Todos los nombres gloriosos" (Isaac Watts), y "A ti venimos, Cristo" (E. Margaret Clarkson). Los dos más recientes son los de Houghton y Clarkson. En la sección «Significado contemporáneo» comentaremos acerca de la contribución de las canciones contemporáneas de alabanza.

Las verdades que de manera tan sorprendente se presentan en el himno cristológico del versículo 16 han perdurado a través de los siglos y dentro de las distintas sociedades que ha habido después de la Éfeso del siglo primero. Que la Escritura incluya un himno tan bien condensado y estructurado debería validar la empresa de reproducir las doctrinas esenciales acerca de Cristo, en formas que sean vehículos aceptables de la verdad en cada cultura. Las naciones, tribus y grupos diversos han transmitido normalmente la verdad entre generaciones de muchas maneras, como canciones, narraciones, anécdotas, representaciones y diálogos interactivos. Hay una historia que contar a las naciones, y para hacerlo bien necesitaremos lo mejor de las habilidades que Dios nos ha dado.

4. Young (*Theology of the Pastoral Letters*, 59-68) resume este pasaje junto con otros sobre cristología en las Pastorales

El anuario y el leccionario de la iglesia pueden aportar un marco y un contexto bíblico dentro del cual avivar el recuerdo de los aspectos principales de la vida y ministerio de Jesús. Pero hay otras formas también. No es necesario pintar o representar los acontecimientos en la vida de Jesús, como en la Edad Media, pero hay formas de mostrar de manera clara su historia en cada época. La película *Jesús* lo ha hecho de maravilla en nuestro tiempo.

Parece ser que la función del himno de versículo 16 es recordarles a los creyentes en Éfeso, por medio de Timoteo, cuál es el fundamento de la iglesia que los falsos maestros no pueden destruir. La doctrina de Cristo (cristología) es la parte indispensable e invariable de la teología cristiana. Dado que siempre habrá adversarios del evangelio, este himno es siempre necesario y fundamental.

La inclusión de un himno que omite la cruz no es un descuido, ya que su tema principal (la venida de Cristo como una epifanía, con su vindicación y su aceptación en cielo y tierra) es apropiada aquí. El tema de la epifanía se repite en varios momentos en las Pastorales (1Ti 6:14; 2Ti 1:10; 4:1, 8; Tit 2:11, 13; 3:4). Las enseñanzas subcristianas o anticristianas entran a menudo disimuladamente mediante un vago lenguaje religioso. En contraste, este himno sobre la manifestación de Cristo es abierto y claro por naturaleza. Todo esto, como dijo Pablo, "no sucedió en un rincón" (Hch 26:26).

Significado Contemporáneo

Proclamar la verdad de Cristo. No debemos dejar de subrayar la centralidad de la cristología. En los años previos a la elaboración de este comentario se ha podido apreciar un renovado interés en el Jesús de los Evangelios, un interés que desafortunadamente ha quedado marcado por el escepticismo del "Jesus Seminar" y sus publicaciones resultantes. Al mismo tiempo, destacados líderes evangélicos y católicos han declarado su lealtad común a ciertas doctrinas centrales, como la deidad de Cristo. Independientemente de cuántos otros ámbitos de acuerdo sean necesarios para la cooperación en empresas morales, evangelísticas o sociales, la cristología siempre debe ser fundamento esencial para la comunión cristiana.

En 1998, los Bautistas del Sur celebraron su convención anual en el territorio mormón de Salt Lake City. Esto ocasionó una discusión considerable por ambos lados acerca de si los mormones deberían ser considerados cristianos genuinos. Uno de los problemas con respecto a los mormones sigue siendo el significado que tienen los términos bíblicos relativos a Cristo y su muerte sacrificial, su resurrección y su ascensión. El himno que consideramos contribuye significativamente a cualquier discusión cristológica.

Numerosos estudios sobre la religión de la generación del *Baby Boom* y de la llamada Generación X han señalado que la himnología contemporánea es más una expresión de intimidad personal con Dios que una declaración firme de verdades objetivas acerca de Dios (también habría que subrayar, no obstante, que parte de los himnos más apasionados acerca de Cristo salieron de los monasterios medievales). Además, para esta generación, el aprendizaje de la verdad debe ir acompañado de su aplicación. Las verdades eternas deben tener inmediatez. Un Dios distante también debe ser próximo. Lo que es estático debe ser transformado en algo activo. Hay que ocuparse de la ausencia de propósito y esperanza.

El mensaje del himno cristológico de 3:16 es apropiado para estas preocupaciones. Su estructura se apoya en verbos en vez de en sustantivos. Gira alrededor del Cristo que llegó a nosotros y la respuesta que él ha recibido y merece recibir más allá de nosotros. La proclamación de Cristo suscita una respuesta. Hay un sentido de propósito y esperanza conforme Cristo se traslada, por así decirlo, de su encarnación a su ascensión. Los que se sienten incomprendidos pueden identificarse con el Cristo que necesitó vindicación. Los que se sienten solos como los cristianos pueden ser alentados con el recordatorio de cuán ampliamente extendida está la fe en Cristo en nuestro mundo. A los que se centran en sí mismos este himno cristocéntrico les recuerda a dónde pertenece nuestro centro de atención y afecto. Junto con todo esto debe haber aún un fundamento cristológico objetivo.[5]

La música de iglesia tradicional y contemporánea. Si alguna generación ha necesitado cantar, es la nuestra, aunque en muchos sentidos somos pasivos en nuestra música. Cuando vamos acompañados de nuestros reproductores de música es difícil imaginar una época pasada que no tuviera cedés, radios, televisores o multimedia. Puede que no nos

---

5. Es un error pensar que esto ha estado ausente en la música de adoración contemporánea. Como ejemplo ideal, se me ocurre una de las primeras canciones contemporáneas, "There Is a Redeemer", de Melody Greene.

cantemos tanto a nosotros mismos como lo hacían nuestros antepasados, pero nos gusta escuchar. Sin embargo, aparte de lo que produzca quizá una emisora de música clásica por cada gran ciudad, lo que oímos en la mayoría de estaciones interesa más por su ritmo y su emoción que por elevadas líneas melódicas, y mucho menos por el contrapunto mental.

Gran parte de los himnos tradicionales cristianos, según se dice, carecen de las características que hoy nos conmueven, como la de centrarse en un solo tema. Los que critican las "canciones de alabanza" contemporáneas sostienen en ocasiones que no son tan bíblicas como los antiguos himnos. Aunque eso se podría aplicar a muchos "coritos" y otras tonadas de décadas recientes, no es cierto en cuanto a las mejores canciones de alabanza modernas. Muchas de estas son citas de la Escritura, a menudo de Salmos. En 1997 apareció una fuerte defensa de la música contemporánea de adoración a cargo del teólogo John M. Frame.[6]

Cada período de música eclesial ha tenido sus énfasis y sus omisiones. Al planificar una serie de servicios de culto que sean edificantes y honren a Dios, deberíamos asegurarnos de que hay un contenido doctrinal enriquecedor y variado. Si hay un énfasis entusiasta en la alegría y la victoria, debemos asegurarnos de que se preste atención también a la cruz, el sufrimiento y el discipulado. Queremos cuidarnos de no solo celebrar a Cristo, sino también a Dios como Padre y a la persona y obra del Espíritu Santo. La exaltación y la intercesión actual de Cristo a la diestra del Padre parecen mencionarse pocas veces, si es que se cita, y el himno que estamos considerando, con su mira puesta en el recibimiento divino de Cristo, bien pudiera ser incorporado en nuestros cultos para ayudar a rectificar ese descuido.

Los momentos devocionales privados también pueden verse inmensamente enriquecidos por la meditación de himnos de períodos diversos de la historia cristiana. Los himnarios suelen tener listas de cánticos por temas, un medio para que se aborden todas las grandes doctrinas de la fe. Un modo de construir una posible lista de himnos y canciones en el culto de adoración es comenzar con ejemplos como el de 1 Timoteo 3:16, examinando su contenido doctrinal, su utilidad para brindar alabanza y su potencial para instruir a los cristianos que lo cantan.

Se pueden examinar otros pasajes clave. El libro de Salmos, por supuesto, es una alternativa obvia, pero tampoco cubre todo el abanico de

6. Ver su *Contemporary Worship Music: A Biblical Defense* (Phillipsburg, N.J.: Presbyterian and Reformed, 1997).

la teología bíblica. Colosenses 1 y Filipenses 2 han producido grandes himnos y canciones de alabanza. Pero, con todo lo importantes que son, la adoración privada a Dios puede también encontrar beneficio de ese cuidado recorriendo la amplitud de temas doctrinales diversos en los himnos y canciones y entretejiéndolos en el tiempo a solas en la presencia de Dios.

Los predicadores cargan con la responsabilidad de transmitir el "misterio de nuestra fe" en muchos sermones en toda una vida. Las herejías que nos amenazan diferirán de las de Éfeso, pero el mensaje cristológico esencial es relevante y debe ser proclamado una y otra vez. Las afirmaciones verbales individuales del versículo 16 ("se manifestó", "fue vindicado", "fue visto", "fue proclamado", "fue creído", "fue recibido") nos llevan de la presentación de Cristo y sus declaraciones a su aceptación terrenal y celestial. Esta es la meta del evangelismo y las misiones cristianas: predicación y enseñanza fieles, testimonio y apología eficaces. Reafirmar esto es la constante y gozosa tarea de los creyentes.

1 Timoteo 4:1-5

El Espíritu dice claramente que, en los últimos tiempos, algunos abandonarán la fe para seguir a inspiraciones engañosas y doctrinas diabólicas. [2] Tales enseñanzas provienen de embusteros hipócritas, que tienen la conciencia encallecida. [3] Prohíben el matrimonio y no permiten comer ciertos alimentos que Dios ha creado para que los creyentes, conocedores de la verdad, los coman con acción de gracias. [4] Todo lo que Dios ha creado es bueno, y nada es despreciable si se recibe con acción de gracias, [5] porque la palabra de Dios y la oración lo santifican.

Cuando leemos en 4:1 "El Espíritu dice claramente" nos preguntamos dónde. Cuando Pablo se dirigió a los ancianos de la iglesia de Éfeso —los mismos que ahora estaban enfrentándose a la herejía— les advirtió de las desviaciones doctrinales que vendrían (Hch 20:17-35). En el transcurso de esa conversación se refirió al Espíritu Santo en relación con sus propias acciones y con la designación de los ancianos. Gracias a este y otros ejemplos sabemos que Pablo era consciente de la intervención directa del Espíritu con respecto a esa iglesia. También sabemos que el Espíritu inspiró a Pablo en la escritura de sus cartas, que incluyó predicciones acerca de desviaciones venideras (p. ej., 2Ts 2:1-11). En 1 Corintios 7, cuando Pablo no tenía un mandato directo del Señor Jesús en una materia, no escribió su propia opinión, sino lo que él entendió que el Espíritu de Dios enseñaba (*cf.* vv. 10-12, 40).

Sabemos también que Jesús predijo la llegada de falsos profetas engañadores (Mt 24:11; Mr 13:22). Entre las cartas a las siete iglesias de Apocalipsis 2-3 hay una para Éfeso, que predecía la oposición de la iglesia a los falsos apóstoles (Ap 2:2). Estas cartas se las entregó a Juan el Señor glorificado, pero también leemos que expresaban "lo que el Espíritu dice a las iglesias" (2:7; ver también 2:11, 17, 29; 3:6, 13, 22). Por eso sabemos que lo que Jesús dijo era también lo que el Espíritu dijo: "El Señor es el Espíritu" (2Co 3:17).Pablo, por tanto, pudo haberse referido a enseñanzas del Señor Jesús acerca de la herejía que se estaba introduciendo, a advertencias del Espíritu incluidas en las Escrituras inspiradas, o a profecías que el Espíritu dio a los creyentes y se comunicaron a las iglesias en el nombre del Señor (1Co 14:26).

"Los últimos tiempos", una expresión que solo encontramos en este pasaje, recoge el concepto del tiempo considerado en fases. Los pensadores judíos hablaban de la edad presente y la edad venidera. Desde la perspectiva cristiana ya estamos participando de la bendición de la segunda, puesto que el Mesías ya ha venido. Aunque somos conscientes de la necesaria espera hasta que él regrese, estamos en la nueva era, en el reino, y ya experimentando las "regiones celestiales" (Ef 2:6; *cf.* Col. 3:1-4). En Hebreos se marca un contraste entre el pasado en que Dios "habló a nuestros antepasados en otras épocas por medio de los profetas" y "estos días finales" en que "nos ha hablado por medio de su Hijo" (Heb 1:1-2). Estos "días finales" se caracterizan por el derramamiento del Espíritu de Dios en hombres y mujeres, jóvenes y ancianos, y por la disponibilidad de salvación, invocando el nombre del Señor (Jl 2:28-32; Hch 2:17-21), pero también por "burladores" que rechazan la verdad de Dios (2 P 3:3; Jud 18).

En 1 Timoteo 4:1, Pablo se refiere a esos que "abandonarán la fe". El verbo usado aquí (*aphistemi*) se da en varios textos de la literatura griega clásica y en la Septuaginta, así como también en el Nuevo Testamento, para describir un acto de separación o retractación.[1] La implicación en su uso aquí no es simplemente que se apartan por negligencia, sino que abandonan o "apostatan de" (RVR60) la fe (es decir, la doctrina) que antes habían profesado.

Este texto nos da un vislumbre de lo que ocurre entre bambalinas y nos permite saber que los perpetradores reales de la herejía no son solo los herejes, sino las fuerzas espirituales de maldad que los engañaron y les enseñaron. Esto nos recuerda Efesios 6:12, donde leemos que nuestra lucha espiritual no es contra seres humanos, sino contra poderes espirituales invisibles. La palabra "engañosas" (*planao*) aparece varias

1. Unos pocos de los muchos ejemplos del Antiguo Testamento son Gn 14:4; Nm 14:9; 2Cr 21:8; 29:6 (donde significa ser infiel en un contexto de apartarse del Señor y su templo) Ez 20:38 (donde significa rebelarse). Aparece varias veces en el Nuevo Testamento en un sentido neutral o bueno (p. ej., "apartarse" en 2Ti 2:19). El significado negativo aparece en la interpretación de la parábola de los terrenos en Lucas 8:13, refiriéndose a los que "se apartan" en el tiempo de la prueba. En Hebreos 3:12-14, los que se apartan "del Dios vivo" se contrastan con los que no se endurecen "por el engaño del pecado", sino que retienen "firme hasta el fin" la fe. El sustantivo relacionado, *apostasía*, es de donde procede nuestro término apostasía y se usa en 2 Tesalonicenses 2:3 para referirse a la rebelión venidera, cuando sea revelado el "hombre de maldad".

veces en las Pastorales. Pablo se refiere intencionadamente al engaño religioso,[2] y esta terminología se aplicaba a las disputas entre predicadores en el paganismo, así como también en la esfera del cristianismo.

El uso que hace el apóstol de las formas activas y pasivas de ese verbo, "engañando y siendo engañados", aparece de forma destacada en 2 Timoteo 3:13. En ese pasaje hay otros dos puntos interesantes relacionados con nuestro texto. (1) Uno es la referencia a los embusteros o embaucadores (*goetes*). Esa palabra era un insulto común en el primer siglo ("mago o brujo"), referido a las personas que se valían de algún tipo de embuste, y vivían así vagando por el Imperio romano gracias a sus trampas o estafas. No solo se usa este término entre cristianos, también los predicadores itinerantes paganos se acusaban entre sí de ser unos *magos* (en su sentido siniestro, como brujos). Los que fueran a escuchar a tales personas debían estar en guardia ante los artistas del embuste religioso o filosófico, que se desvían de la verdad y engañan a otros.[3]

(2) Un segundo punto de comparación entre este pasaje y 2 Timoteo 3:13 está en que ambos describen una situación de agravamiento gradual ("los embaucadores irán de mal en peor"), aunque en este último caso no se usa la expresión "últimos tiempos". En su discurso escatológico del monte de los Olivos, Jesús predijo que los impostores tratarían de "engañar, de ser posible, aun a los elegidos" (Mt 24:24).

El énfasis de Pablo en 1 Timoteo 4, sin embargo, no es tanto en los engañadores humanos sino en los poderes sobrenaturales que inducen a las personas a ser engañadas. Se habla de "inspiraciones engañosas y doctrinas diabólicas" que, como tales, tienen influencia sobrehumana. Estos seres espirituales malignos operan a través de seres humanos malvados, "embusteros hipócritas". Tres cosas los caracterizan: no son lo que parecen ser, lo que enseñan es falso, y sus propias conciencias están encallecidas hasta el punto de la insensibilidad.

Las dos enseñanzas falsas citadas en el versículo 3 ("Prohíben el matrimonio y no permiten comer ciertos alimentos") no son fáciles de entender. Una pista puede estar en 2 Timoteo 2:18, donde se desaprueba seriamente la enseñanza de que la resurrección ya ha pasado. La idea de

2. Ver esp. 2Ts. 2:3-5.
3. Se puede encontrar una descripción de cómo los predicadores ambulantes solían denigrarse entre sí empleando esa terminología en Walter Liefeld, *The Wandering Preacher As a Social Figure in the Roman Empire* (Ann Arbor: University Microfilms, 1968), 272-99.

que los cristianos ya han entrado en la edad venidera tiene, como hemos visto, un aspecto de verdad, pero no en el sentido en que al parecer lo estaban enseñando estos herejes. Para ellos no se trata de la nueva vida en el Espíritu ni de disciplina personal en los casos donde el matrimonio, bajo ciertas circunstancias, puede ser desaconsejable.[4] Tampoco parece que el segundo elemento se pueda explicar del todo en términos de convicciones dietéticas personales, leyes alimentarias judías o abstención de carne ofrecida a los ídolos.[5] Más bien, el error parece ser un juicio en contra de todo matrimonio y de ciertas comidas como cosas malas en sí mismas.[6]

Esta conclusión es claramente contraria a la declaración de Pablo en el versículo 4: "Todo lo que Dios ha creado es bueno". Si en esta enseñanza falsa hay afinidad con la prohibición que el apóstol critica en Colosenses 2:21 ("No tomes en tus manos, no pruebes, no toques"), puede que comparta con la herejía colosense, y con otras enseñanzas que acabaron formando lo que conocemos como gnosticismo, la premisa de que el mundo físico, o algunos aspectos del mismo, era malo de por sí. Sin embargo, la única información claramente relevante que tenemos en 1 y 2 Timoteo es que algunos enseñaban que la resurrección ya se había producido. De algún modo, los herejes estaban imaginándose un entorno espiritual alterado o elevado, en el que el matrimonio y ciertas comidas eran innecesarios, incluso malos.[7]

Pablo indica la falsedad de tales ideas cuando afirma que "los creyentes, conocedores de la verdad, los coman con acción de gracias". Podemos asumir que, por analogía, Pablo diría lo mismo acerca del matrimonio, pero en este pasaje trata solo sobre la comida. Aquí se hace necesaria una observación detallada de las pautas semánticas:

---

4. Pablo se ocupa de esto en 1 Corintios. 7, y en el curso de sus instrucciones deja claro que el matrimonio en sí no es malo ni menos espiritual.
5. Entre otros lugares, Pablo se ocupa de estas cuestiones en Romanos 14 y 1 Corintios 8.
6. La NIV inserta la palabra "ciertos" antes de "alimentos". Puesto que es un término general, y damos por sentado que estas personas comían, tenían que seleccionar algunos tipos de comida y rechazar otros.
7. Towner presenta una valiosa observación: Pero también es posible que eta conducta reflejase el intento de promulgar el paraíso de la vida resucitada siguiendo el modelo dado en Génesis 1 y 2, antes de la caída en el pecado" (Towner, *1—2 Timothy & Titus*, 104-5). Él se refiere a la enseñanza de Jesús de que en la resurrección no habrá matrimonio (Mt 22:30) y sugiere que "el vegetarianismo parece haber sido la norma en el paraíso del Edén".

Dios creó la comida...
Que los falsos maestros **prohíben**
para que **sea recibida**
con **acción de gracias**
por los que creen y conocen **la verdad.**
Todo lo **que Dios creó** es bueno
y nada debe ser **despreciado** [como los falsos maestros hacen cuando prohíben alimentos]
si es **recibido**
con **acción de gracias**
porque está santificado por **la palabra de Dios** y la oración.

Despreciar el alimento es invalidar la obra creadora de Dios. Recibirlo y estar agradecido es reconocer su obra y nuestra dependencia de él. Hay una conexión vital de causa y efecto entre el Dios verdadero y el mundo creado, algo que los gnósticos más tarde negaron por su idea equivocada de que el mundo era malo y solo pudo haber sido creado por un intermediario, no directamente por Dios mismo. Los falsos maestros eran claramente ingratos, un pecado que estaba en el corazón de la rebelión humana contra Dios (Ro 1:21).

No está claro hasta qué punto la confusión de estos herejes pudo haber sido una distorsión de las leyes judías sobre la comida. El propio Pedro tuvo que reconocer que ningún alimento era impuro si Dios lo había purificado (Hch 10:15). Jesús ya había tratado la incorrecta aplicación de las leyes dietéticas del Antiguo Testamento cuando declaró que “nada de lo que viene de afuera puede contaminar a una persona” (Mr 7:15). El énfasis en recibir da a entender un acto consciente de tomar la comida de la mano del Dios que la creó. Desde la dependencia básica en Dios para nuestro pan diario (Mt 6:11) hasta la vivencia del bello misterio del matrimonio (Ef 5:32), también rechazado por los falsos maestros, debemos recibir todos los dones de Dios con acción de gracias.

La acción de gracias, la oración y la Palabra de Dios hacen que la comida sea legítima. Aunque esto no quiere decir que sea necesario un acto formal de bendecir cada vez que se consume un alimento, sí da a entender que es apropiado y deseable un reconocimiento de su procedencia y del hecho de que “todo lo que Dios ha creado es bueno”. Los relatos de la alimentación de los cinco mil y los cuatro mil por parte de Jesús se preocupan de mencionar que dio gracias (Mt14:19; 15:36; Mr 6:41; 8:6; Lc 9:16; Jn 6:11) y, por supuesto, Jesús dio gracias antes de partir el pan y repartir el vino en la última cena (Mt 26:26-27; Mr 14:22-23; Lc 22:17, 19). También la bendición judía de la mesa cuenta con una larga tradición.

Sabemos que lo que es secular puede ser "santificado", es decir, apartado para Dios y considerado perteneciente a él. Si un esposo no creyente y los hijos de la pareja pueden ser "santificados" en el sentido de 1 Corintios 7:14, ciertamente el don de Dios de la comida puede ser consagrado y disfrutado, no importa qué razón doctrinal aduzcan los herejes en contra. Esta consagración se consigue por "la palabra de Dios y la oración".

Pese a las diversas sugerencias acerca de qué pasaje en particular tenía Pablo en mente en el versículo 5, el uso en los escritos paulinos de la expresión "palabra de Dios" tiene un campo de referencias que no se limita al Antiguo Testamento. Es más, cuando las Pastorales se refieren a textos bíblicos *específicos*, *no* se usa la expresión "palabra de Dios" para presentarlos (1Ti 5:18; 2Ti 2:19); y cuando en estas epístolas se emplea el término *logos* (palabra) en singular (ver comentarios sobre 4:6; 2Ti 2:15; 4:2; Tit 1:3), no se refiere a un texto concreto. Esto no significa que se descarte que sea una referencia bíblica, pero es muy probable que el escritor tenga en mente la verdad de Dios (conocida, por supuesto, principalmente a partir de las Escrituras) que se recuerda en la oración de acción de gracias.[8]

Las *falsas enseñanzas* en los "últimos tiempos". Esta sección no solo está relacionada con los anteriores pasajes acerca de las preocupaciones por los falsos maestros, sino también, de un modo particular, con el himno de 3:16. Hay un contraste entre las verdades manifiestas del himno y las engañosas falsedades descritas en 4:1-3.[9] La naturaleza insidiosa de las enseñanzas falsas

8. Tiene mérito la propuesta de Kelly, de que la oración "es la oración real de bendición de los alimentos" y la palabra "son los extractos de la Escritura que, de acuerdo con la costumbre judía, constituían el contenido [de la oración]" (Kelly, *Pastoral Epistles*, 97), si se permite que, junto con "extractos de la Escritura" podamos incluir "verdades de la Escritura".

9. No hay una interrupción gramatical entre 3:16 y 4:1. El uso de una conjunción (*de*) señala una conexión. Es cierto que es costumbre en la gramática griega conectar la mayoría de frases con una conjunción, omitiéndola normalmente solo cuando se introduce una

descritas en este capítulo, así como también esas enseñanzas en sí, caracterizan los "últimos tiempos".

¿A qué período de historia se refiere esto? No es inusual encontrar en las tradiciones orales o escritas de una cultura una memoria tribal de una edad de oro primigenia. Esa época se recuerda como un tiempo de gran realización y paz. Las civilizaciones surgen y caen. La historia bíblica misma da cuenta de ciclos de degeneración. De hecho, el análisis dispensacionalista de la historia llegaba a la conclusión de que cada "dispensación" terminó en fracaso en lo que se refiere a la capacidad de las personas para agradar a Dios. Más allá de esta lúgubre trayectoria de mentiras y fracaso está lo que el Antiguo Testamento y el Nuevo mencionan como el "día del Señor", un día en el cual Dios interviene de manera determinante. Los que, satisfechos de sí mismos, esperan que Dios les traiga bendiciones especiales con la llegada de ese momento, aunque están desobedeciendo irresponsablemente a Dios, tienen que enterarse de que el día de Señor para ellos no significa regocijo sino juicio (Am 5:18).

La expresión usada en el versículo 1, "últimos tiempos", no se refiere a ese punto específico en el tiempo, pero contiene la idea de un período que precede a ese día. Nos recuerda la frase similar "días finales". Tenemos esa expresión en Hebreos 1, referida al tiempo de Cristo en contraste con el tiempo del Antiguo Testamento (Heb 1:2). Pedro, en Hechos 2:17, usa una variante de lo mismo para interpretar Joel 2:28. En otros pasajes, la expresión mira adelante a un tiempo importante de la intervención decisiva de Dios (Is 2:2; Os 3:5; Mi 4:1; Jn 6:39-40, 44, 54; 11:24; 12:48; Stg 5:3; 2P 3:3).Tanto en este pasaje (1Ti 4:1) como en 2 Timoteo 3:1 (que habla de los "tiempos difíciles"), parece ser que la descripción de los últimos días se hace con la intención de alertar a los lectores de lo que ya ha empezado a producirse. Aunque los tiempos de mayor degeneración moral aún sean futuros, no tendría mucho sentido que Pablo los citara en el contexto de las Pastorales si las condiciones que describe no se estuvieran viendo ya en los días de esta correspondencia.

Las tres formas de la expresión ("en estos días finales", Heb 1:2; "en los últimos tiempos", 1Ti 4:1; "en los últimos días", 2Ti 3:1) nos permiten

---

nueva sección o tema, pero cuando presenta su función hay que observarla. En este caso no es una conjunción fuerte (indicada solo mediante "pero" en LBLA y omitida en la NVI), pero su presencia indica un nivel de continuidad.

pensar que las condiciones descritas, en una forma u otra, podrían tener lugar en cualquier período de intenso declive moral o desviación doctrinal durante la era de la iglesia y antes del "día del Señor". Es útil considerar qué problemas podemos esperar ver repetidos durante estos últimos días. (1) Un problema es el alejamiento de la fe (ver también 2P 2:1-22; Jud 8-16, que describe esto claramente). (2) Detrás de esta apostasía están los espíritus malignos. Seguro que no todos los errores vienen directamente de Satanás o los demonios, pero el rechazo de la fe y la verdad tiene a menudo una inspiración demoníaca. El diablo es "el padre de la mentira" (Jn 8:44). (3) Los espíritus demoníacos tienen socios humanos a través de los cuales hacen su trabajo; así que no es de extrañar que sus enseñanzas "provienen de embusteros hipócritas" (1Ti 4:2).

Principios para recibir lo que Dios nos da. Las características de las doctrinas falsas que siguen en el texto pueden ser resultado de un ascetismo parecido al gnóstico, si no realmente pregnóstico. Las prohibiciones pueden parecer, al principio, tan particulares y limitadas que es difícil ofrecer principios generales a partir de ellas. La mera abstinencia de ciertos alimentos no es inusual en una cultura, pero negar a las personas el derecho a casarse es raro, salvo en algunas órdenes y grupos religiosos.

Pablo esboza aquí varios principios aplicables a cualesquiera reglas que se propongan con relación a estos asuntos. (1) Todas las cosas han sido creadas por Dios y son, como se indica repetidamente en Génesis 1, buenas. (2) Los dones creados de Dios deben ser recibidos y no rechazados. (3) Los que Dios nos da debemos recibirlo con acción de gracias. (4) Al disfrutar lo que Dios nos da debemos hacerlo con una comprensión de la verdad y con fe, y debemos santificarlo mediante la palabra de Dios y la oración.

Es paradójico que tantas personas que han tratado de ser religiosas hayan intentado serlo rechazando los dones que Dios ha creado. No es lo mismo cuando hablamos del ayuno cristiano, que es una abstinencia temporal de comida o cualquier otra cosa que nos pueda distraer de una devoción completa a Dios. Sin embargo, lo normal es que el cristiano reciba de buen grado todos los alimentos dados por Dios para una vida saludable y satisfecha.[10] El problema de que la regla para la espiritualidad se centre en lo que uno consume o deja de consumir

10. Los pecados de avaricia y excesos se tratan en el capítulo 6.

consiste en que dirige su atención fuera de Dios como creador y proveedor, así como de la naturaleza práctica de la espiritualidad. "Porque el reino de Dios no es cuestión de comidas o bebidas sino de justicia, paz y alegría en el Espíritu Santo" (Ro 14:17).

Significado Contemporáneo

Afrontar los "últimos días". Sea cual sea el lugar que ocupamos en el cuadro cronológico total de la edad de la iglesia, y cualquiera que sea nuestra distancia de esos "últimos días", la mayoría estaremos de acuerdo en que ahora parece haber una intensa actividad por parte de los espíritus engañosos. Las creencias y las prácticas a las que hace algunas generaciones solo se enfrentaban los misioneros transculturales las encontramos ahora en Estados Unidos. Esto no es lo mismo que la posesión demoniaca (también una amenaza en nuestros tiempos), que implica el control de un individuo por uno o varios espíritus malignos. Lo que tenemos delante en este pasaje es la actividad maligna que ciega a las personas para que no vean la verdad y sean seducidas por el error.

El Jesús resucitado le dijo a Pablo que fuera a los gentiles "para que les abras los ojos y se conviertan de las tinieblas a la luz, y del poder de Satanás a Dios" (Hch 26:18). Hasta las personas que no muestran evidencias de control demoníaco pueden estar bajo el "dominio de la oscuridad" y pueden necesitar ser trasladadas "al reino de su amado Hijo" (Col 1:13). Satanás también engaña a las naciones (Ap 20:3). Cuando esto se suma a las sectas "*made in America*", encontramos que la oposición a la verdad bíblica es tremenda. El espíritu del pluralismo y el posmodernismo dificulta que uno pueda criticar sistemas de creencia opuestos sin que lo acusen de intolerancia. En los años sesenta, muchos padres cristianos estaban consternados y se quedaban perplejos cuando sus hijos, que habían crecido bajo una enseñanza cristiana ortodoxa, se volvían a las religiones orientales. Las décadas posteriores vieron la llegada de las enseñanzas Nueva Era.

Desde entonces, la situación se ha ido haciendo cada vez más compleja. La Biblia nos dice que uno de los dones que Dios da a su iglesia es el de discernir entre los distintos espíritus (1Co 12:10). Este don es hoy urgentemente necesario. Pero uno no necesita dones especiales para estudiar la Palabra de Dios y aprender sana doctrina que sirva para poner a prueba las distintas afirmaciones que circulan. Las iglesias que enseñan la verdad de Dios con claridad, que ponen énfasis en las doctrinas capitales, que evitan una actitud dogmática acerca de los asuntos menores (los llamados *adiaphora*), y que potencian el amor como el propósito de los mandamientos de Dios son bien capaces de lidiar con las falsas enseñanzas. Están en una posición favorable para enseñar a los jóvenes, que serán fieles a la verdad y a la vida cristiana.

Discernir entre clases de abstinencia. ¿Hay ejemplos hoy del tipo de prohibiciones establecidas por los falsos maestros en este pasaje? Podemos referirnos a los *Shakers*, una secta que ha prohibido el matrimonio y que, como consecuencia, está casi extinguida. Muchas religiones han tenido leyes dietéticas de una clase u otra. Este pasaje se ha utilizado en ocasiones para criticar a la Iglesia Católica, cuyos sacerdotes no se casan y cuyos practicantes (al menos hasta hace unas décadas) se supone que no comen carne los viernes. Tales prácticas, sin embargo, *no* se corresponden con las enseñanzas intensamente malignas de los réprobos falsos maestros, los enemigos de Timoteo.

Por lo tanto, está claro que este pasaje no debería emplearse de manera arbitraria para condenar a las personas por uno u otro tipo de abstinencia. En Romanos 14 se aborda esta cuestión de lleno. La verdad importante a aplicar hoy a partir de este pasaje es que debemos tener cuidado con las personas engañosas, cuyas enseñanzas son contrarias a la Escritura (posiblemente originadas en fuentes demoniacas), y cuyas prácticas son resultado de su origen maligno. El error específico a tratar es la idea de que la creación de Dios no es, en parte o en su totalidad, buena.

Por supuesto, no hace falta decir que algunas cosas, aun siendo parte de la creación, son dañinas y no deben ingerirse. Hay venenos y ciertas drogas que no existen para nuestra alimentación. En las últimas décadas, el tabaco ha estado en el centro de muchas discusiones y los ejecutivos de ese sector han tenido que enfrentarse recientemente a acusaciones de incrementar las ventas procurando atrapar especialmente a los jóvenes en la dependencia del tabaco. Menos clara es la cuestión del alcohol. Por un lado, la Biblia celebra la alegría del vino o su uso medicinal (1Ti 5:23); por otro lado, aconseja moderación (3:3). Pero en el pasaje que tenemos delante no se trata de efectos químicos o sociales adversos, sino de la negación de la bondad inherente del mundo material.[11]

11. Aunque el budismo, por ejemplo, tiene una perspectiva sobre este mundo, el deseo y la naturaleza del "estado" (o no estado) final del Nirvana, que es diferente de la del

El ascetismo y el apartarse de la sociedad pueden ser resultado de una autodisciplina extrema, de subestimar algunas partes de la creación (suponiendo que son buenas, pero prescindibles), o de la creencia, ilustrada por los gnósticos, de que el mundo físico es intrínsecamente malo. El último de estos conceptos es el que debemos desechar. Los otros son cuestiones de prioridad. Dios ha creado un mundo maravilloso para que lo disfrutemos: belleza, orden, música, colores, fragancias y formas, entre muchos otros deleites.

cristianismo, ni siquiera esta filosofía es gnosticismo. En nuestra cultura, este pasaje debería hacernos abordar quizás la cuestión de cómo se está restando valor al mundo material.

1 Timoteo 4:6-10

Si enseñas estas cosas a los hermanos, serás un buen servidor de Cristo Jesús, nutrido con las verdades de la fe y de la buena enseñanza que paso a paso has seguido. [7] Rechaza las leyendas profanas y otros mitos semejantes. Más bien, ejercítate en la piedad, [8] pues aunque el ejercicio físico trae algún provecho, la piedad es útil para todo, ya que incluye una promesa no sólo para la vida presente sino también para la venidera. [9] Este mensaje es digno de crédito y merece ser aceptado por todos. [10] En efecto, si trabajamos y nos esforzamos es porque hemos puesto nuestra esperanza en el Dios viviente, que es el Salvador de todos, especialmente de los que creen.

Sentido Original

Las referencias a "la verdad" (v. 3) y "la palabra de Dios" (v. 5) llevan a Pablo a recordarle a Timoteo su formación en "las verdades de la fe y de la buena enseñanza que paso a paso has seguido" (v. 6), un énfasis importante en las Pastorales. La palabra "nutrido" es una descripción significativa del papel que tiene la enseñanza como sustento para la vida en el cristiano en crecimiento. Cierto que algunos siguen siendo bebés en cuanto a su desarrollo espiritual (1Co 3:2). Pero no Timoteo, porque él ha sido nutrido en la fe. El Nuevo Testamento enumera tres fuentes de su enseñanza: el conocimiento bíblico de su madre y su abuela (2Ti 1:5; 3:14-15); la experiencia en la iglesia, deducible de Hechos 16:2; y la formación por medio del servicio con Pablo. El tiempo presente de "nutrido" en el original implica que este proceso de nutrición y crecimiento continúa.

La "enseñanza" que Timoteo ha recibido, mencionada como "buena", suele calificarse como "sana" en las Pastorales (1Ti 1:10; 2Ti 4:3; Tito 1:9; 2:1). En 1 Timoteo 4:13, la enseñanza aparece como un elemento del ministerio de Timoteo a los demás (ver comentario sobre ese versículo). En esta sección también, las cosas que Timoteo ha aprendido debe enseñarlas a otros, sobre todo "a los hermanos" (v. 6). Pablo emplea el término *hermanos* con bastante frecuencia refiriéndose a hombres y mujeres (p. ej., Ro 12:1), por lo que una traducción contemporánea podría añadir justificadamente "y hermanas". En otras palabras, no cabe duda de que Pablo quiere que las mujeres también aprendan estas cosas (*cf.* 1Ti 2:11). Probablemente no se está refiriendo únicamente a líderes, sino a la iglesia en su totalidad, que necesitan conocer y respetar las credenciales de Timoteo. Esta carta estará en posesión de Timoteo, lista para leerse cada vez que su autoridad delegada necesite respaldo.

"Si enseñas estas cosas" (v. 6) es una forma de expresar lo que se le ha encargado a Timoteo. El "encarga y enseña" del versículo 11 es una expresión más fuerte de lo mismo. Al hacerlo será un buen "servidor de Cristo Jesús". La palabra "servidor" (*diakonos*) se usa para referirse a alguien que sirve a Dios, así como para el grupo especial descrito en 3:8 (ver comentarios). Pablo se aplica esta palabra en sus cartas a sí mismo y a cualquiera que sirva con él en la obra de evangelización y misión (Ro 16:1; 1Co 3:5; 2Co 3:6; 6:4; 11:23; Col 1:7, 23, 25; 4:7).

La parte negativa de esta comisión está en evitar enredarse en "las leyendas profanas y otros mitos semejantes". Tales enseñanzas no solo carecen de contenido verificable ("leyendas") o la aceptación religiosa ("profanas", un término con varios significados, todos ellos provenientes de la idea de terreno fuera del recinto de un templo sagrado), sino que son tan poco fiables como otros "mitos semejantes". Esta referencia, en el griego, tiene para nuestra cultura una connotación sexista y discriminatoria de los mayores ("mitos de viejas"), pero era una expresión hecha, y se usaba para describir cuentos insustanciales como los que contaban las abuelas a sus nietos.[1] Sea o no deliberada, esta descripción de las enseñanzas profanas y nada fiables de los herejes constituye un contraste con la rigurosa formación de Timoteo en la piedad y en el "mensaje digno de crédito" mencionado en el versículo 9.

Esta formación en la piedad es tan importante que supera al ejercicio físico (v. 8). Puesto que Pablo dice que este último trae "algún provecho", los comentaristas y predicadores han postulado, con distintos grados de énfasis, una exhortación a Timoteo para que se mantuviera en buena forma. Es importante apreciar los patrones semánticos. En la última cláusula del versículo 7 aparecen dos palabras significativas: "ejercítate" (*gymnaze*)" y "piedad" ([*pros*]*eusebeian*). En el versículo 8, Pablo recoge la raíz gymnaz-, la expresa en forma sustantivada

1. Ver Platón, *República* 1.350, así como la información de la entrada γραύς in LSJ, 359. Como contraste, véase el tipo de enseñanza que los hijos deberían recibir de sus madres y abuela (2Ti 1:5).

("ejercicio"; gr. *gymnasia*), y señala que este tiene "algún provecho". Pero su énfasis no está ahí. Recoge la palabra "piedad" (*eusebeia*) y hace una declaración de estructura paralela, sustituyendo eusebeia por somatike *gymnasia*, "ejercicio físico", y *pros panta*, "para todo" por *pros oligon*, que significa "para algunas cosas":

somatike gimnasia	*pros oligon*	*estin ophelimos* (es provechoso)
eusebeia	*pros panta*	*ophelimos estin* (es provechoso)

El énfasis está claramente en la segunda cláusula; la primera funciona como base para la comparación, no es un mandamiento a Timoteo para que haga un poco de ejercicio ni un menosprecio del entrenamiento atlético. El *pros panta* ("para todo") de la segunda cláusula se ve amplificado por un comentario añadido de que esta "incluye una promesa no sólo para la vida presente sino también para la venidera". Esto implica que el "algún provecho" que menciona Pablo se refiere a la relativa brevedad de esta vida en comparación con la venidera. Es posible que este pensamiento siga con el rechazo de Pablo al ascetismo de los falsos maestros (vv. 1-5), pero el texto no establece una conexión directa.

El "mensaje digno de crédito" (ver comentarios sobre 1:15) mencionado en el versículo 9 son probablemente las palabras que encontramos en el versículo 8, no las del 10. Knight usa un esquema similar al que mostré más arriba para determinar el curso del texto, en su caso para mostrar que los versículos 8 y 9 van juntos y constituyen un dicho familiar.[2] Una razón más, y quizá de más peso, para afirmar que el versículo 10 probablemente no sea un "mensaje digno de crédito" es que viene introducido en griego por la conjunción gar y parece aportar una explicación o razón a lo que la precede, de modo que no es una cita traída al texto. Apunta al versículo 8 como base para las instrucciones de Pablo.

La siguiente instancia de esta cláusula, en el versículo 10, empieza con el griego *hoti*, que puede significar "que" o "porque". Entendido como "que", podría introducir una cita como las de "mensaje digno de crédito". Sin embargo, como ya hemos señalado, este no parece ser el caso. Si *hoti* tiene el sentido de "porque", nos ofrece una razón por la que Pablo lucha, la cual proporciona a su vez una base para sus palabras a Timoteo en el versículo 8, que constituye el "mensaje digno de crédito". Expresados, pues, en secuencia invertida, los versículos 8-10 dan a entender: "Esperamos en Dios, el Salvador, y por tanto trabajamos

2. Knight, *Pastoral Epistles*, 199.

duro; lo hacemos por causa de la promesa de vida venidera que premia el ejercitarse en la piedad". Si esta es la comprensión correcta de las relaciones entre las cláusulas, la nota dominante aquí es la de esperanza, expresada en la "promesa… para la vida… venidera" (v. 8) y en la "esperanza en el Dios viviente".

La NVI interpreta estos versículos de otra manera, entendiendo 10b como el "mensaje digno de crédito". Comienza un nuevo párrafo en el versículo 9 y separa "Este mensaje es digno de crédito" del material precedente. Entonces aborda del problema de la cláusula de *gar* que aparece entre el versículo 9 y la segunda cláusula en el 10 convirtiéndola en un paréntesis y traduciendo *gar* como "y" en vez de "porque". El resultado es: "Este mensaje es digno de crédito… (y por esto trabajamos) …que hemos puesto nuestra esperanza…". La LBLA, por el contrario, lo mantiene todo en el mismo párrafo y sigue la secuencia: "…para la [vida] futura. Palabra fiel es ésta, y digna de ser aceptada por todos. Porque por esto trabajamos y nos esforzamos, porque hemos puesto nuestra esperanza…".[3]

Hay dos expresiones en el versículo 10 a las que debemos dedicar mucha atención para no entenderlas mal: "El salvador de todos" y "especialmente de los que creen". Estas palabras podrían ser interpretadas como que Dios al final salva a todo el mundo (una idea llamada universalismo), pero que los creyentes lo experimentan de una forma especial. Este no es el caso, por varias razones. (1) Pablo, Jesús y las Escrituras en general dejan claro que no todos se salvan, pues algunos se niegan deliberadamente a aceptar la gracia salvadora de Dios.

(2) Aunque el término *salvador* puede tomarse en un sentido no teológico —es decir, que Dios cuida de todos y los rescata a todos del mal— esto no encaja en el uso de "Salvador" en las Pastorales.

(3) La palabra "todo" en la Sagrada Escritura a menudo se refiere a los creyentes, y el contexto lo deja claro.

3. Ver también la NLT para una estructura similar. El texto griego de las SBU tiene un punto tras el versículo 8 y un punto y coma tras el 9, ligando así el "mensaje digno de crédito" con lo que sigue. Una nota al pie explica cómo interpretan diversas traducciones la puntuación. El lector de la NLT notará que, a diferencia de la mayoría de traducciones, vierte cada aparición de *pistis ho logos* de una manera distinta, y aquí usa ocho palabras. Por desgracia, así no alerta al lector de la repetición de una fórmula y, por tanto, no logra comunicar con claridad que Pablo está mencionando una *serie* de citas que él considera de gran importancia.

(4) En este contexto, "todo" puede significar "todas clase de", una posibilidad apoyada por el uso de *anthropos*, que se refiere a la humanidad (debería traducirse con "personas", no "hombres", como hace la NVI).

La segunda frase, "especialmente de los que creen", no es la mejor traducción de las palabras griegas usadas aquí; más que probablemente significa "en particular" o "quiero decir" (como en Gá 6:10; quizá también Fil 4:22;1Ti 5:8, 17; 2Ti 4:13; Tit 1:10-11).[4]

Enfrentarse a la herejía en un nivel personal. La protección del rebaño es una responsabilidad capital (aunque no la única) de los pastores. El discurso de Pablo a los ancianos de Éfeso en Hechos 20 lo destaca. Los depredadores, les dijo, iban a "enseñar falsedades" (v. 30). Ahora Timoteo debe tomar parte en el cuidado de ese mismo rebaño y enfrentarse al error que se había introducido. Pero, a pesar de la gravedad del error, este pasaje no instruye a Timoteo en más cuestiones teológicas. Lo que Pablo hace es remitir a Timoteo a su herencia cristiana, citando las "verdades de la fe" y la "buena enseñanza" que había seguido. Pero la promesa de Pablo no es que si Timoteo "enseña estas cosas" derrotará a los espíritus engañosos, vencerá a los falsos maestros o salvará al rebaño del error, por muy importantes que sean estas consecuencias. Más bien, lo que Pablo hace es concentrarse en Timoteo como "buen servidor de Cristo Jesús". En la sección siguiente exhortará a Timoteo acerca de su vida personal. Como se suele decir con respecto a los misioneros y otros servidores de Cristo, la persona es más importante que el trabajo.

Pablo sigue este elogio con las instrucciones para evitar completamente las "leyendas profanas" que está encontrando. Pero, una vez más, Pablo no describe estas leyendas o "cuentos de viejas" ni le muestra a Timoteo cómo combatirlas. Esto, desde luego, aumenta la frustración de nuestros intentos por determinar la naturaleza exacta de la herejía a la que Pablo quiere que Timoteo se enfrente. Este mero hecho, sin embargo, es un sólido indicador de que las Pastorales no son primordialmente un manual ni de orden eclesial ni de doctrina. Como hemos señalado varias veces, esta carta es única en su minuciosa fusión de

4. Ver T. C. Skeat, "'Especially the Parchment': A Note on 2 Timothy IV. 13", *JTS* 30 (1979): 173-77.

doctrina y vida. El mensaje real de las Pastorales no es una u otra de estas, sino la combinación de ambas.

Por consiguiente, en este pasaje, Pablo se refiere a la enseñanza falsa, pero en lugar de explayarse en ella habla inmediatamente la *manera* en que Timoteo debe vivir y responder a esa enseñanza. La antítesis de enredarse con estas leyendas y mitos no es, en este contexto, formular un arsenal de teología en contra de ellos y a favor de la piedad. El riguroso pero extraño estilo de vida de los herejes tiene que ser enfrentado con un igualmente riguroso estilo de vida de la piedad. Esto tiene un valor inmenso "no sólo para la vida presente sino también para la venidera". Claro está que esto no significa que no debamos luchar nunca contra error punto por punto con la verdad, solo digo que ese no es el mensaje principal de *este* libro. La mezcla de error e impiedad es contrastada con la fusión de verdad y santidad. Ese es el mensaje que de este texto para todas las culturas y épocas.

Leyendas, cuentos y esperanza. Sin perder el cometido principal del pasaje, también debemos considerar el hecho de que cada época tiene sus mitos y leyendas. Los que han estudiado las religiones grecorromanas antiguas han visto que, aunque los nombres de los dioses eran algo prominente, era la religión popular la que controlaba las vidas de la gente. La fertilidad, la protección de los linderos entre propiedades y la salud personal eran los temas que preocupaban a las personas y que los movían a las actividades religiosas. Las leyendas y cuentos se han propagado por el boca a boca, por medio de los sacerdotes paganos, por la página impresa o el teléfono, y ahora por internet. No hay un estándar de verdad ni criba de errores en internet, e incluso encontramos recursos cristianos con errores flagrantes que se toman y se repiten literalmente por todo el mundo.

La conclusión del versículo 8 dirige nuestra atención a la otra vida. En el momento en que hablamos esto nos encontramos en el reino de la esperanza. Esto no destaca tanto en las Pastorales como lo hace en Romanos 5 y 8 o en las magníficas líneas de 1 Pedro 1:3-9. Pero está aquí, y sirve como recordatorio para no estar preocupados por nuestra situación presente (ya sea por la maldad o por la actividad presentes), para no perder de vista lo que nos aguarda más adelante. Dios es el "Dios viviente", que trasciende todas nuestras experiencias presentes, y es el Salvador. Como tal, él nos rescata de todas las circunstancias del presente, así como de nuestros pecados.

Significado Contemporáneo

Mantenerse centrado en la era de la tecnología. Vivimos en un tiempo en que los líderes cristianos son más conocidos y, por consiguiente, tienen un mayor impedimento o un mayor beneficio potenciales para el evangelio que en ninguna otra época de reciente recuerdo. Esto, por supuesto, es así en gran medida por la exposición de los líderes cristianos en la televisión y otros medios de comunicación. Además, los fundadores de nuevas iglesias tienden a captar ellos mismos el foco visible de esas iglesias. Las mismas cualidades que los capacitan para tener éxito en el establecimiento y crecimiento de congregaciones —ímpetu, habilidades prácticas y la capacidad de hablar la Palabra de Dios a una audiencia contemporánea— son cualidades que los colocan en situación prominente.

Los programas de televisión, radio y publicaciones cristianas, naturalmente, presentan a los predicadores e iniciadores de iglesias que son exitosos. Esto pone una pesada carga sobre estos siervos de Cristo. En los inicios de su ministerio, Billy Graham decidió ser transparente en todos sus asuntos financieros y nunca estar a solas con una mujer aparte de su esposa.[5]

Pero no todos han seguido tan sabias directrices, y la caída de los que no lo hacen se conocen hoy mucho mejor que hace cincuenta años. No siempre es porque los predicadores sean más vulnerables, sino porque son más visibles.

Este pasaje nos apremia a ser disciplinados. Esto está implicado en la comparación de la piedad con el ejercicio físico. La piedad no es pasiva sino activa. Así como el ejercicio físico desarrolla el cuerpo y la gimnasia aeróbica mejoran la función del corazón, un andar piadoso tiene sus efectos benéficos en el carácter. En estos tiempos se presta menos oído a los intentos de restar importancia al ejercicio físico que antes de que las investigaciones mostraran el efecto del ejercicio y la dieta saludable en la esperanza de vida de las personas. Tiene su valor, como dice Pablo en el versículo 8, pero la importancia de la salud espiritual y moral es mucho mayor.

La formación espiritual. En las últimas décadas, el término *formación espiritual*, por mucho tiempo usado por los católicos, se ha hecho

5. Billy Graham, *Just As I Am* (Nueva York: HarperCollins; Grand Rapids: Zondervan, 1997), 128.

más común entre los protestantes evangélicos. Se admite que áreas como el crecimiento espiritual, la sensibilidad moral y ética, una apropiación práctica de la Sagrada Escritura, la inmersión en la oración y la meditación, así como la implicación en la comunidad de fe, deberían recibir una mejor atención. Los seminarios evangélicos tendían antes a concentrarse en lo académico. En general asumían que, puesto que el desarrollo espiritual debía ser responsabilidad de la iglesia, el seminario no necesitaba incluirlo en su plan de formación. La atención dada al aspecto espiritual de la formación para el ministerio se encontraba sobre todo en los cultos de la capilla y en los grupos pequeños.

Ahora, sin embargo, como parte del plan de estudios de seminarios y universidades cristianas encontramos más dirección espiritual deliberada y cursos específicos sobre crecimiento espiritual. Un ejemplo es la colaboración del Instituto Bannockburn y la Universidad Internacional Trinity para propiciar seminarios que faciliten este proceso, no solo en la comunidad educativa, sino también en la de los negocios.[6]

Algo que todavía se descuida a veces en la iglesia y la escuela es el desarrollo del *carácter*. La oración, la lectura de la Biblia, la asistencia a las reuniones, dar testimonio, la adoración, la obediencia a textos bíblicos específicos, los momentos de introspección espiritual, e incluso el avivamiento son tremendamente importantes. Sin embargo, con acciones y eventos esporádicos no se desarrolla necesariamente el carácter. Para conseguirlo hay que traer esas disciplinas espirituales juntas a nuestra vida, a nuestras actitudes y decisiones, y a nuestras relaciones y acciones.

Las herramientas para nuestro desempeño en las distintas fases del ministerio cristiano hoy son extraordinarias, y es posible que nos enredemos más de lo preciso con la asombrosa variedad de tecnología disponible. El uso de herramientas como dispositivos electrónicos, Internet y recursos multimedia ocupa ya (según confesión de algunos) demasiada atención y demasiado tiempo. En la medida en que esto nos distrae del tiempo a solas con Dios y de la adoración y la dependencia de Dios, nos puede apartar de la meta de 1 Timoteo 4:6-10.

Enredarse demasiado en la tecnología no es el único riesgo, también podemos estar angustiados con nuestro combate contra el mal. En

6. Una de las empresas del Instituto es The Center for Personal and Relational Growth (El centro para el crecimiento personal y relacional), que ha sido establecido para fomentar el desarrollo espiritual. La dirección del Instituto es 2065 Half Day Road, Bannockburn, IL 60015, EE. UU.

1 Timoteo 4 se abre el capítulo con una referencia a las enseñanzas de demonios, así que Pablo, en los asuntos expuestos, es consciente de que está tratando con el mundo invisible. Pero sus instrucciones para Timoteo no se centran en eso. Más bien se ocupan del desarrollo de su carácter y de la disciplina. Pablo ni siquiera pone el foco exclusivamente en aquello en lo que Timoteo estaba involucrado en ese momento. El apóstol mira adelante basándose en la promesa de que la piedad es útil "no sólo para la vida presente sino también para la venidera".

Esto presenta el tema de la "esperanza en el Dios viviente" y eleva el punto de mira del servidor de Cristo, que puede tender a embarrarse en el lodo de las obligaciones cotidianas. Cuando Pablo enumeraba lo que él había sufrido por Cristo, añadió en 2 Corintios 11:28: "Y como si fuera poco, cada día pesa sobre mí la preocupación por todas las iglesias". Los pastores, misioneros y otros que sienten la carga, no solo por los que pueden ser atraídos con engaño por enseñanzas falsas (como los de Éfeso), sino también por todos los creyentes en sus luchas diarias, pueden aprender de los versículos 8-10 a mirar a lo alto y esperar en el Dios viviente. Él es el Salvador de todos, y a él le importan infinitamente más que a nosotros las personas entre las que trabajamos a diario.

1 Timoteo 4:11-16

Encarga y enseña estas cosas. [12] Que nadie te menosprecie por ser joven. Al contrario, que los creyentes vean en ti un ejemplo a seguir en la manera de hablar, en la conducta, y en amor, fe y pureza. [13] En tanto que llego, dedícate a la lectura pública de las Escrituras, y a enseñar y animar a los hermanos. [14] Ejercita el don que recibiste mediante profecía, cuando los ancianos te impusieron las manos.

[15] Sé diligente en estos asuntos; entrégate de lleno a ellos, de modo que todos puedan ver que estás progresando. [16] Ten cuidado de tu conducta y de tu enseñanza. Persevera en todo ello, porque así te salvarás a ti mismo y a los que te escuchen.

Sentido Original

Los versículos 11-16 contienen una serie de importantes imperativos que resumen y amplían las secciones precedentes. Estamos nuevamente ante *parangello* (ver comentarios sobre 1:3), con un abanico de significados desde "dar órdenes" hasta "exhortar" o "animar". Aquí, con el objeto impersonal "estas cosas", significa "encargar". Igual que en 1:3 y 5, Pablo ha mandado a Timoteo y le autoriza a expresar mandatos, así también en 4:11 el apóstol le dice a su discípulo: "Encarga y enseña estas cosas". En 1:3, Timoteo tiene que mandar a algunos que "dejen de enseñar doctrinas falsas". Tras pronunciar un imperativo negativo con respecto a enseñar falsedades, Pablo expresa ahora un imperativo positivo a Timoteo para que enseñe la verdad acerca de la cual ha estado leyendo en esta carta. El apóstol no define claramente "estas cosas". Las posibilidades son: (1) la declaración doctrinal del final del versículo 10: "… que es el Salvador de todos, especialmente de los que creen"; (2) el contenido del mensaje digno de crédito (v. 9, probablemente referido a v. 8); (3) todo lo que hay tras la anterior aparición de "estas cosas" (v. 6); (4) todas las declaraciones doctrinales de la carta; o (5) todo el contenido de la carta que es aplicable a la iglesia de Éfeso. Dado que "estas cosas" aparece reiteradamente,[1] lo más probable es que aquí y en otros lugares se refiera a (5). Al mismo tiempo, el término

1. Ver, p. ej., 1Ti 3:14; 4:6, 11, 15; 5:7, 21; 6:2; 2Ti 2:2, 14; Tit 2:15; 3:8.

viene provocado por las declaraciones que aparecen justo antes, por lo que (1) y (2) no deben excluirse.

John Stott observa que el versículo 11 habla de la responsabilidad que Timoteo tiene de transmitir las instrucciones de Pablo a las iglesias, mientras que el 12 expresa su juventud. Estos dos versículos están en un "contraste dramático" en el que se llama a Timoteo al liderazgo cristiano, independientemente de su edad.[2] Este contraste no es un fenómeno pasajero, sino que expresa la trama principal, si puede llamarse así en una carta, de la brillante verdad en oposición al oscuro error con un guerrero relativamente joven al mando, blandiendo una espada que recibió del envejecido apóstol.

El ánimo para no dejar que la gente menosprecie su juventud (v. 12) suscita la cuestión de la edad de Timoteo. En la historia del joven rico, esta misma palabra (*neotes*) se refiere a un periodo anterior en su vida, aunque probablemente no tan joven como puede dar a entender el término "muchacho" en algunas traducciones (Lc 18:21, NVI). En Mateo, se le llama *neaniskos*, que puede describir a un hombre de veinticinco a treinta años (Mt 19:20, 22). Después de dar ejemplos del rango de edad que el término abarca en la literatura antigua, Knight subraya el útil dato de que en Hechos 7:58 Lucas utilice la misma palabra para referirse a Pablo.[3] Si, como es probable, Timoteo tenía treinta y tantos años, el lector contemporáneo se lleva una impresión equivocada de las palabras "joven" y "juventud", puesto que nosotros solemos reservar esas palabras para los adolescentes y personas de veintipocos años.

Reaparece aquí el tema que impregna las cartas, la necesaria fusión de sana doctrina y vida piadosa en la vida de líderes de la iglesia. No hay un solo pasaje en las Pastorales donde se den juntas todas las virtudes requeridas (o doctrinas, en este caso). En este pasaje, la palabra clave es el "ejemplo" en cinco áreas: palabras, vida, amor, fe y pureza. Estas son lo suficientemente específicas, pero, tomadas en conjunto, también abarcan lo suficiente como para constituir un "ejemplo" apropiado (*typos*).

Lock entiende que typos es "no tanto 'un modelo que los fieles deben seguir'", en analogía de 1 Tesalonicenses 1:7, como "un modelo de lo que los fieles son" (como apoya Tit 2:7).[4] El estilo de vida de

2. Stott, *Guard the Truth*, 119.
3. Knight, *Pastoral Epistles*, 205.
4. Lock, *Pastoral Epistles*, 52.

Timoteo "llamará la atención a todos los hombres [...] y los atraerá a la total salvación". Él piensa que 1 Pedro 5:3, "sean ejemplos para el rebaño", no es una expresión equivalente a la de 1 Timoteo 4:12, que él entiende como ser ejemplo para los de afuera. Knight asume la posición opuesta.[5] Aunque exegéticamente hay que elegir entre ambas opciones, en definitiva el resultado es el mismo, como se ve en el deseo de Pablo de que los demás sigan su ejemplo igual que él imita a Cristo (1Co 11:1). Así, si Timoteo es modelo de las virtudes cristianas para los creyentes efesios, ellos llegarán a ser ejemplos junto con él para el mundo no creyente. Pero, en este momento, Timoteo debe ser un ejemplo para *los creyentes*. La predicación y la enseñanza mencionadas en el versículo 13 son una forma en la cual él puede dar ejemplo en "la manera de hablar". Más adelante, Pablo le advierte a Timoteo sobre las discusiones (6:3-5; 2Ti 2:14-16).

La palabra "conducta" (v. 12) traduce *anastrophe*, que puede describir el comportamiento de uno en una circunstancia particular (Gá 1:13) o un estilo de vida (Ef 4:22). Aquí se refiere a lo segundo, en conjunción con los rasgos de carácter expresados en amor, fe y pureza. Es una repetición de 1:4-5.

"En tanto que llego" (v. 13) es una verdadera referencia "de tiempo real" y, por consiguiente, sirve tanto para apoyar la genuina autoría paulina de la carta como para situar la comisión de Timoteo en su contexto. Sus deberes no son los de un pastor tal como imaginamos ese ministerio hoy, puesto que "en tanto" introduce la idea de la duración limitada o incierta del ministerio de Timoteo, que depende en el tiempo del regreso de Pablo. A este respecto, el texto no da ninguna indicación de que la lectura, la predicación y la enseñanza de las Escrituras constituyan el todo, ni siquiera la parte principal, de las obligaciones de un pastor. Sin embargo, ese es el deber principal de Timoteo como representante de Pablo en el conflicto doctrinal de Éfeso.

No obstante, dado que los ancianos de Éfeso habían sido advertidos para guardarse de la herejía (Hch 20:28-30) y que el ministerio principal de los ancianos es predicar y enseñar (1Ti 5:17), la enseñanza de la Palabra de Dios es claramente de suma importancia en la iglesia, aunque no sea el ministerio específico de cada pastor o cada anciano. Asimismo, cabe señalar que este texto no implica que la lectura, predicación y

5. Knight, *Pastoral Epistles*, 205.

enseñanza de la Biblia sea el componente principal del culto. Fee observa: "Aunque está claro que hace referencia a lo que Timoteo debe hacer en el culto público, sería una visión demasiado estrecha ver en esto la intención de establecer un modelo".[6] Este comentarista menciona citas bíblicas que muestran que "el culto público de adoración incluía oraciones (2:1-7;1Co 11:2-16), canto (Col 3:16; 1Co 14:26; *cf.* 1Ti 3:16), expresiones carismáticas (1Ts 5:19-22; 1Co 11:2-16; 12-14), y la Cena del Señor (1Co 11:17-34)".

La lectura del texto bíblico por parte de Timoteo con comentarios y predicación refleja el uso de Sagrada Escritura en los inicios de iglesia, así como también en la sinagoga. En Lucas 4:16-21 tenemos un ejemplo del procedimiento en la sinagoga, donde se leían y comentaban las Escrituras ante todos. La exhortación era secundaria con respecto a la Sagrada Escritura misma. En Hechos 13:13-15 vemos la diferencia aún más claramente: "Al terminar la lectura de la ley y los profetas, los jefes de la sinagoga mandaron a decirles: 'Hermanos, si tienen algún mensaje de aliento para el pueblo, hablen'". Knight señala que la palabra "aliento" (*paraklesis*) es la misma que se traduce como "animar" aquí en 1 Timoteo 4:13.[7]

La palabra "Escrituras" no está en el griego del versículo 13, pero se sobreentiende, dado que la lectura de las Sagradas Escrituras era lo habitual en el culto. La importancia de la lectura de la Biblia subraya la relevancia de que Pablo le pida a la iglesia en Colosas que se lea su epístola en la iglesia de Laodicea y que la carta a los laodicenses se lea entre los colosenses. Stott dice: "Son instrucciones extraordinarias. Indican que el apóstol pone sus escritos al nivel de las Escrituras del Antiguo Testamento".[8]

El versículo 14 contiene no solo una palabra urgente para Timoteo, sino un mensaje de afirmación para los creyentes efesios que también estarían oyendo la carta, y un vislumbre, para posteriores lectores como nosotros, de un acontecimiento importante en la vida de Timoteo. Pablo se refiere aquí a "el don" de Timoteo (*charisma*, la misma palabra que en 1Co 12). Podemos asumir que este don, como los de Corintios, era algo dado como capacitación por el Espíritu Santo. También podemos asumir que era una capacidad espiritual a la que uno podía dejar de

6. Fee, *1 and 2 Timothy, Titus*, 107.
7. Knight, *Pastoral Epistles*, 207-8.
8. Stott, *Guard the Truth*, 121.

echar mano, aun moviéndose en el ministerio. Si "descuida" ese don, Timoteo verá dificultada su efectividad espiritual.

Cuando Timoteo recibió ese don tuvieron lugar dos acciones visibles: la expresión de una palabra profética divina y la imposición de manos por el cuerpo de ancianos. Las preposiciones griegas indican que la imposición de manos acompañó (gr. *meta*) a la impartición del don espiritual, pero que fue "mediante [*dia*] profecía" como le fue dado en realidad. Sin embargo, el hecho de que en 2 Timoteo 1:6 Pablo diga que el don lo recibió Timoteo "cuando [*dia*] los ancianos te impusieron las manos" puede significar que la distinción entre preposiciones no excluye que la imposición de manos junto con el mensaje profético sean el canal mediante el cual fue impartido el don. Lo que es más importante de señalar es que el texto no dice que el don consistiera en otorgarle algún cargo.

Comúnmente, a este acto se le llama ordenación. Kelly emplea este término en su traducción del versículo.[9] Aparte de las cuestiones de eclesiología (el significado de la ordenación) y de historia de la iglesia (la ordenación como la conocemos hoy no se dio hasta dos siglos más tarde), se plantean dos cuestiones interpretativas esenciales: el significado bíblico de la imposición de manos y la costumbre judía de ordenar a los rabinos.

(1) En el Antiguo Testamento y en el Nuevo la imposición de manos era más que algo simbólico. El poner las manos sobre una persona podía acompañar a una bendición o una curación. Una "imposición" de manos (el verbo *samak* implica apoyar, no solo tocar) fue lo que acompañó al nombramiento de Josué como sucesor de Moisés (Nm 27:18, 23). Según Deuteronomio 34:9, recibió un don adicional de espíritu de sabiduría. En contraste con esto, el establecimiento de los ancianos de Números 11:16-17, 24-25 no incluyó la imposición de manos. Cuando se apartó a los levitas para un servicio especial (Nm 8:14, 19) y cuando Pablo y Bernabé fueron apartados para una obra especial (Hch 13:2), hubo una imposición de manos (Nm 8:10; Hch 13:3). En estos casos, quienes las imponían eran sus iguales, no predecesores ni superiores.

(2) No hay pruebas de que en el tiempo de Pablo se ordenara a los rabinos mediante imposición de manos. Sí se hacía para admitir a las personas en el sanedrín (*m. San.* 4:4), pero esa costumbre no era equivalente

9. Kelly, *Pastoral Epistles*, 107.

a la ordenación rabínica. Antiguamente se creía que las ordenaciones rabínicas aportaban el trasfondo para 1 Timoteo 4:14, pero estudios recientes han demostrado que no solo es escasa la evidencia de que los rabinos judíos de los tiempos de Pablo se ordenasen con imposición de manos, sino que en realidad hay pruebas de lo contrario. Nótese además que la función para la que se ordenaba a los rabinos era diferente de la de Timoteo. Lo que es más importante en el caso de Timoteo es que él recibió un don espiritual, que se vio ratificado mediante una palabra profética y la imposición de manos.[10]

Los versículos 15-16 continúan de forma natural lo anterior. La capacitación sagrada que recibió y la tarea igualmente sagrada que tiene delante requieren un compromiso de todo corazón, pero también demandan que no haya incoherencia en su vida. Pablo no duda en repetir la instrucción a Timoteo de que aúne "vida y doctrina". Tiene que ser vigilante al respecto porque los demás le están mirando; deben "ver que estás progresando". De hecho, es para eso (*hina,* "de modo que") para lo que se le manda que sea tan diligente.

El llamamiento a la perseverancia, en el versículo 16, concuerda con las palabras de Pablo a otros (Ro 11:22; Col 1:22-23; *cf.* Hch 13:43). Lo que sorprende no es que Timoteo se salvará si persevera él (este pensamiento está ya en 1Co 15:2), sino que así también salvará "a los que te escuchen". En el contexto de las Pastorales, con su énfasis en la necesidad de que el siervo del Señor lleve una vida piadosa ante el escrutinio de otros, este versículo puede interpretarse mejor diciéndolo negativamente: "Si no combinas la piedad con la sana doctrina en tu vida, desmentirás tu propia pretensión de ser salvado y serás un obstáculo para otros que tratan de salvarse".

10. Sobre la imposición de manos, ver Marjorie Warkentin, *Ordination* (Grand Rapids: Eerdmans, 1982); Lawrence A. Hoffman, "Jewish Ordination on the Eve of Christianity", *Studia Liturgica* 13 (1979): 11-41; Edward J. Kilmartin, "Ministry and Ordination in Early Christianity Against a Jewish Background", *Studia Liturgica* 13 (1979): 42-69; Stephen Westerholm, *Jesus and Scribal Authority*, Coniectanea Biblica N.T. Series 10 (Lund: CWK Gleerup, 1978), 26-39; Everett Ferguson, "Laying on of Hands: Its Significance in Ordination", *JTS* 26 (1975): 1-12; y David Daube, *The New Testament and Rabbinic Judaism* (Londres: Athlone, 1956), 224-46.

Sobre la doctrina y la vida. Los sermones de ordenación y nombramiento se basan a menudo en 2 Timoteo 4:1-5, y suelen girar alrededor de los *deberes* del ministerio, sobre todo la predicación. Pero este pasaje muestra la unión de doctrina y *vida* que es característica de las Cartas Pastorales. Las palabras iniciales de 1 Timoteo 4:11 establecen el ministerio de proclamación y enseñanza autoritativas. Aunque es un encargo a Timoteo, es también indirectamente un encargo a la congregación para que obedezca el mandato y aprenda de las enseñanzas. Sin embargo, lo que viene a continuación es concretamente para Timoteo, y combina varios aspectos: el versículo 12 pone el énfasis en la conducta, el 13 hace hincapié en el ministerio y las Escrituras, y el 14 subraya el don de Timoteo.

No se nos dice qué edad tenía Timoteo entonces, pero está claro que era lo bastante joven como para que algunos le escatimaran el respeto debido. Los terapeutas del habla dan testimonio de que los predicadores a veces procuran apoyarse en un intento de hablar con tono más grave de lo normal, para conseguir así una impresión de autoridad. Pablo no está defendiendo aquí nada parecido. La atención y respeto que Timoteo debía recibir tenía que proceder del ejemplo de su vida. La "manera de hablar" que se menciona, lejos de ser un despliegue artificioso de oratoria con voz estentórea, debe ser digna y con la gracia de un cristiano. La "conducta" se refiere al comportamiento en general, mientras que las palabras "amor, fe y pureza" representan áreas específicas de la vida.

Los ministerios de los cristianos diferirán de una situación a otra, y las cualidades mencionadas en el versículo 11 pueden ejercerse en cualquier ministerio en cualquier parte en cualquier momento. El ministerio de predicación del versículo 13, por el contrario, es específico y con un claro enfoque. Durante siglos, en las iglesias litúrgicas la Eucaristía ha sido algo central, y en las iglesias calvinistas y otras el ministerio de la predicación solía recibir el foco principal. Un reciente mayor énfasis sobre los dones espirituales en algunas iglesias y sobre los cultos para buscadores en otras ha cambiado algo esta perspectiva, pero la proclamación de la palabra de verdad siempre ocupará un lugar prominente. Esto es de especial importancia en cualquier parte donde, como en Éfeso, haya error para corregirse con la verdad.

La “lectura pública de las Escrituras” puede no parecer tan importante ante la amplia disponibilidad de Biblias en la lengua del pueblo, pero donde la Biblia no está disponible o donde hay un grado alto de analfabetismo es esencial. Esta lectura y exposición de las Escrituras sería algo nuevo y fresco en los oídos de muchos de la congregación de Timoteo. Un reto para todos los predicadores es asegurarse de que la Palabra es asequible, eficaz y comprensible, tanto públicamente como en privado. Ninguna congregación deja nunca de necesitar la exposición de la Palabra de Dios.[11] Si una iglesia está cumpliendo con su trabajo de evangelización, siempre es como un jardín de infancia. Siempre habrá quienes necesiten los fundamentos. El encargo de Pablo a Timoteo acerca de las Escrituras nunca necesitará modificación en lo esencial, aunque el método y el lenguaje de la lectura, predicación y enseñanza pueden variar.

El don de Dios. Para lograr su tarea, Timoteo debe depender del don que Dios le otorgó en la imposición de manos. Si bien no se define la naturaleza de ese don, no cabe duda de que fue una capacitación sobrenatural. Timoteo recibió algo que él de otro modo no tendría. Pudo haber sido nuevo ánimo, confianza o audacia. Pudo haber sido alguna habilidad específica. Fuera lo que fuese, esa ocasión señaló una obra bien definida del Espíritu Santo.

El “mensaje profético” fue también obra del Espíritu Santo. De acuerdo con la enseñanza acerca de la profecía en las Escrituras, esto no consistía en un mero dicho sabio a nivel humano. Más que eso, Dios hablaba. Juntos, este don y esta profecía eran el modo especial en que Dios capacitó a Timoteo para su ministerio y para mostrar a los presentes que él era un ministro especial de Jesucristo. La función primaria de la imposición de manos en la práctica puede haber sido trasladar el don espiritual, o puede en principio haber expresado la confianza y buena consideración por parte de los ancianos. Si puedo hablar de mi experiencia personal, diré que las veces que respetados ancianos y pastores han puesto sus manos sobre mí me han producido paz y seguridad en momentos en los que yo tenía dudas acerca de mi llamamiento y ministerio.

11. Ver W. Liefeld, *New Testament Exposition* (Grand Rapids: Zondervan, 1984) para examinar métodos para ir del texto al sermón.

La imposición de manos. Al aplicar el versículo 14 acerca de la imposición de manos sobre Timoteo, debemos tener cuidado no sea que leamos demasiado en él o que no deduzcamos todo lo que debiéramos. Es a la vez menos y más de lo que se asume en las ordenaciones hoy, dependiendo de la teología denominacional del ministerio. (1) En el sentido en que es *menos*, la mayoría de ceremonias de ordenación actuales están concebidas para impartir un estatus y privilegio clericales que no se dieron a Timoteo. Si lo que vivió Timoteo fue un equivalente de la ordenación y un patrón para las ordenaciones de hoy, nos enfrentamos a varios obstáculos históricos.

(a) No existe un claro caso de ordenación en el Nuevo Testamento. Otros casos de imposición de manos eran para propósitos diferentes. Pablo y Bernabé ya llevaban tiempo en el ministerio cristiano cuando les impusieron las manos en Hechos 13, y el ministerio para el que los apartaron no era un ministerio de por vida, sino que lo "terminaron" con la conclusión de su primer viaje misionero (Hch 14:26).

(b) Además, aunque la imposición de manos sobre Timoteo ha sido comparada con la ordenación rabínica, no hay pruebas rabínicas de que estos impusieran las manos en sus ordenaciones (ver más arriba).

(c) Además, la naturaleza del servicio y la autoridad rabínicos era distinta de la de los ministros cristianos. La iglesia primitiva vio un desarrollo de la práctica, con patrones que cambiaron en cuanto a lo que nosotros ahora llamaríamos la confirmación, y luego en lo que hoy conocemos como ordenación. El ritual de ordenación no quedó establecido con firmeza hasta el siglo tercero. Si en la ordenación otorgamos un rango litúrgico o un privilegio que la persona a ordenar no tenía ya previamente, estamos yendo más allá de la experiencia de Timoteo, al menos según se describe en las Pastorales.

(d) No hay prueba que a Timoteo —o a cualquier otro en los inicios de iglesia tal como se describe en Hechos o en las cartas del Nuevo Testamento— se le otorgara el derecho exclusivo a predicar, bautizar o presidir en la mesa del Señor, como si estos fueran derechos que los "laicos" no tenían.

(2) Hay un sentido en el que la imposición de manos en Timoteo fue *más que* de lo que se suele considerar en las ordenaciones de muchas iglesias protestantes actuales. En términos generales, en estas iglesias la ordenación se centra en lo que los participantes está haciendo más que en lo que Dios está haciendo. Las iglesias carismáticas serían una excepción en este aspecto, pero no se suele sentir mucho que Dios le esté dando a la persona que se ordena un *don espiritual* en el momento de la ordenación. Tampoco hay un mensaje profético audible de parte de Dios para el ordenando. Lo típico es que el que se ordena se arrodille y reciba la imposición de manos, a la vez que se ofrece una oración por él. Ni que decir tiene que esa oración es importante, pero es una acción de seres humanos dirigiéndose a Dios en lugar de una acción de Dios dirigiéndose a la persona que se ordena.

Esto no quiere decir que deba dejar de realizar ordenaciones, sino más bien que deberíamos reexaminarlas en lo que se refiere a su significado. La experiencia de Timoteo tal vez no sea un modelo exacto, pero nos da elementos y lecciones válidos, como también los da Hechos 13 cuando apartan a Pablo y Bernabé. Quienes sirven a Dios cumpliendo con cargos especiales o en ministerios destacados deben ser reconocidos, confirmados y encomendados. La oración es importante, pero hay que abrir el corazón a Dios para que responda como él elija.

Hay que reconocer que no se trata de la elevación de un clérigo privilegiado a una clase superior exclusiva (como lo era el sacerdocio del Antiguo Testamento), son la aceptación de alguien que Dios ha dado a su iglesia para trabajar no por encima de, sino entre, el pueblo de Dios. La encomendación de misioneros quizás sea susceptible de una comparación más estrecha con la imposición de manos sobre Pablo y Bernabé, y no tanto con la de Timoteo.

Aquí se instruye a Timoteo para que no descuide el don que así ha recibido. Se honra a Dios y se propicia su obra no simplemente por la *memoria* de nuestra ordenación, sino por permitir que los dones espirituales que Dios ha dado *operen* de manera plena y poderosa a través de nosotros. Ya sea este don la capacidad de predicar y enseñar como se mandó a Timoteo aquí, ya sea ánimo (como 2Ti 1:6-7 puede implicar), o ya sea alguna otra cosa que no se explica aquí y que resulte distinta en cada uno, se nos exhorta por medio de este texto a mantener en nuestra mente y nuestro esfuerzo dicho don.

1 Timoteo 5:1-16

No reprendas con dureza al anciano, sino aconséjalo como si fuera tu padre. Trata a los jóvenes como a hermanos; [2] a las ancianas, como a madres; a las jóvenes, como a hermanas, con toda pureza.

[3] Reconoce debidamente a las viudas que de veras están desamparadas. [4] Pero si una viuda tiene hijos o nietos, que éstos aprendan primero a cumplir sus obligaciones con su propia familia y correspondan así a sus padres y abuelos, porque eso agrada a Dios. [5] La viuda desamparada, como ha quedado sola, pone su esperanza en Dios y persevera noche y día en sus oraciones y súplicas. [6] En cambio, la viuda que se entrega al placer ya está muerta en vida. [7] Encárgales estas cosas para que sean intachables. [8] El que no provee para los suyos, y sobre todo para los de su propia casa, ha negado la fe y es peor que un incrédulo.

[9] En la lista de las viudas debe figurar únicamente la que tenga más de sesenta años, que haya sido fiel a su esposo, [10] y que sea reconocida por sus buenas obras, tales como criar hijos, practicar la hospitalidad, lavar los pies de los creyentes, ayudar a los que sufren y aprovechar toda oportunidad para hacer el bien.

[11] No incluyas en esa lista a las viudas más jóvenes, porque cuando sus pasiones las alejan de Cristo, les da por casarse. [12] Así resultan culpables de faltar a su primer compromiso. [13] Además se acostumbran a estar ociosas y andar de casa en casa. Y no sólo se vuelven holgazanas sino también chismosas y entrometidas, hablando de lo que no deben. [14] Por eso exhorto a las viudas jóvenes a que se casen y tengan hijos, y a que lleven bien su hogar y no den lugar a las críticas del enemigo. [15] Y es que algunas ya se han descarriado para seguir a Satanás.

[16] Si alguna creyente tiene viudas en su familia, debe ayudarlas para que no sean una carga a la iglesia; así la iglesia podrá atender a las viudas desamparadas.

La siguiente sección principal de la carta (5:1—6:2) trata sobre las relaciones. Dado el reiterado énfasis de las Pastorales en la importancia de fundir sana doctrina y vida piadosa, no es de extrañar que Pablo le dedique tanta atención a un área de la vida que ofrece tanto potencial para una manifestación pública del carácter interior.

Relaciones en la familia cristiana (5:1-2)

Los versículos 1-2 nos proporcionan una concisa introducción al tema. Las instrucciones son generales, cubren las cuatro relaciones posibles: ancianos, hombres jóvenes, ancianas y mujeres jóvenes. Las instrucciones no se dirigen a estos grupos, como se haría en las instrucciones domésticas habituales, o a *sus* responsabilidades. En lugar de ello, se dirigen a Timoteo para guiarle a él en *su* relación con *ellos*.

El primero está en singular, "anciano"; los otros están en plural. En este contexto está claro que el término griego *presbíteros* se refiere a la edad, no a un anciano de la iglesia. Aunque Timoteo ha recibido una autoridad considerable para tratar con la falsa enseñanza y los falsos maestros, su actitud hacia los mayores no debe ser dura cuando tenga que corregirlos. Esto es así sobre todo porque sus relaciones en la iglesia son como las de una familia. Además, puesto que "un siervo del Señor no debe andar peleando; más bien, debe ser amable con todos" (2Ti 2:24), Timoteo no debe tratar "con dureza" al anciano. El verbo empleado aquí para "reprender" (*epiplesso*) significa atacar a golpes a alguien (aquí en sentido figurativo, golpear verbalmente).

Esta prohibición va seguida de un imperativo en contraste, que rige las tres siguientes instancias. El verbo positivo "aconsejar" es *parakaleo* (traducido como "encargar" y "recomendar" en 1:3; 2:1; 6:2). La palabra "encargar" no encaja en la estructura de la frase en nuestro idioma (p. ej., no dice qué es lo que Timoteo debe encargar a los más jóvenes), y la traducción "animar" (4:13 traduce "animar" el sustantivo relacionado con *parakaleo*) tampoco cuadra bien. Las otras dos relaciones necesitan poca explicación, salvo para subrayar la importancia que el siervo del Señor trate a las mujeres jóvenes "con toda pureza".[1]

Cuidar de las viudas (5:3-16)

"La clasificación de las viudas no solo fue un dolor de cabeza pastoral en la iglesia primitiva, también se ha convertido en un auténtico

---

1. Para encontrar un importante estudio sobre el tema de la casa/familia en las Cartas Pastorales, se puede ver David C. Verner, *The Household of God*, SBLDS 71 (Chico, Calif.: Scholars, 1983), 161-66.

quebradero de cabeza exegético para los comentaristas modernos".[2] A primera vista, puede parecer obvio quién es viuda, o incluso quién es una viuda necesitada. ¿Por qué Timoteo y sus compañeros de servicio necesitan ayuda para clasificarlas? El tema básico parece ser la provisión de ayuda económica para las viudas necesitadas, pero hay varias otras cuestiones relacionadas con esto que necesitan ser abordadas. El texto implica que en la iglesia se planteaban estas preguntas: (1) ¿qué viudas están realmente en necesidad? (2) ¿Cuál es la responsabilidad de la familia u otros parientes? (3) ¿Cómo puede la iglesia determinar cuáles viudas son aptas para que las incluyan en la lista? (4) ¿Cómo debe la iglesia tratar a las mujeres que no reúnen los requisitos para ello?

Los problemas principales a los que se enfrenta el exégeta son: (1) ¿por qué este pasaje está precisamente en este lugar de las Pastorales? (2) ¿Cómo debemos entender la expresión "viudas que de veras están desamparadas"? (3) ¿Qué es esa "lista"? ¿Consiste únicamente en ayuda económica e incluye a todas las viudas verdaderamente "desamparadas" o se trata de una lista especial de las viudas que tienen un papel de honor o servicio en la iglesia, quizás similar al orden de las viudas de la iglesia postapostólica? (4) ¿Por qué se da por sentado que una viuda que no es apta para la lista caerá probablemente en un estilo de vida disoluto y siguiendo a Satanás? (5)¿Contribuye este pasaje al problema que muchos comentaristas ven en esta carta de mujeres que están siendo víctimas especialmente de los falsos maestros?

En el antiguo Imperio romano, la vida era corta. Cuando uno pasaba de los cuarenta se podía considerar anciano. Había pocos viudos; los hombres morían antes.[3] Las viudas podían estar en buena posición económica y eso las hacía especialmente deseables. Esto describe probablemente el contexto social de la iglesia en la que Timoteo ministraba, en Éfeso. Podemos dar por sentado que había más mujeres solteras que hombres disponibles y que algunas pudieron llegar a perderlo todo y otras pudieron caer en una vida de disolución y con el tiempo en las garras de Satanás.

El cuidado de las viudas era importante en la tradición judía. "Porque el SEÑOR tu Dios es Dios de dioses y Señor de señores [...]. Él defiende la causa del huérfano y de la viuda" (Dt 10:17-18). El pueblo de Dios

---

2. B. W. Winter, "Providentia for the Widows of 1 Timothy 5:3-16", *TynB* 39 (1988): 83
3. L. P. Wilkinson, *The Roman Experience* (Washington, D.C.: Univ. Press of America, 1974), 26.

debía hacer lo mismo: "No explotes a las viudas ni a los huérfanos" (Éx 22:22). "No le niegues sus derechos al extranjero ni al huérfano, ni tomes en prenda el manto de la viuda" (Dt 24:17). "Maldito sea quien viole los derechos del extranjero, del huérfano o de la viuda" (Dt 27:19; *cf.* Is 1:17; Zac 7:10).

La preocupación judía por las viudas aparece también en el Nuevo Testamento: "La religión pura y sin mancha delante de Dios nuestro Padre es ésta: atender a los huérfanos y a las viudas en sus aflicciones, y conservarse limpio de la corrupción del mundo" (Stg 1:27). Hechos 6:1-6 revela el cuidado que la iglesia antigua de Jerusalén tenía de las viudas, primero de las de habla hebrea y luego de las de habla griega. En cuanto al mundo romano, fuera del judaísmo, una viuda debía ser bien atendida por sus hijos en la casa de su marido o, si no era posible, debía regresar a la casa de sus padres.[4]

Un factor que pudo haber estado influyendo en el trasfondo de 1 Timoteo es el concepto antiguo de honor y vergüenza. El "reconoce" del versículo 3 traduce el verbo griego "honrar" (*timao*). ¿Se refiere esta palabra a la ayuda económica, como parece que sucede con un sustantivo similar (*time*) en el versículo 17 (ver comentarios más abajo)? Debería tener en cuenta como trasfondo que una mujer casada participaba del honor de su esposo, asumiendo que ella tenía el adecuado sentido de vergüenza. Dicha vergüenza no era lo mismo que estar avergonzado por una mala conducta, ni estaba meramente relacionada con la modestia. Malina y Neyrey afirman:

> Las mujeres que no estaban bajo la tutela de un varón (p.ej., sobre todo las viudas y las divorciadas) eran vistas como despojadas del honor propio de las mujeres (es decir, "sin vergüenza"), de modo que las veían más como a varones que como a hembras, y por consiguiente como sexualmente depredadoras y agresivas, y, por tanto, peligrosas. Solo un nuevo matrimonio les devolvería su verdadero rol sexual. Esto señala la precaria posición de la viuda y la divorciada [...]. Estas actitudes culturales hacia las viudas aparecen articuladas en 1 Timoteo 5:3-16.[5]

4. Winter, "Providentia for the Widows", 85.
5. Bruce J. Malina y Jerome H. Neyrey in *The Social World of Luke-Acts: Models for Interpretation*, Jerome H. Neyrey, ed. (Peabody, Mass.: Hendrickson, 1991), 44.

El 1Timoteo 5:3—6:2 se hacen comentarios sobre tres grupos de personas: dos de ellos son grupos sociales (las viudas y los esclavos) y entre ellos hay un grupo eclesial (los ancianos). Esto parece explicar la ubicación de este pasaje, sobre todo si tenemos la idea de "honor" como hilo conductor (5:3, 17; 6:2). Las mujeres también reciben atención en el capítulo 2 y los ancianos en el 3. El tema económico surge otra vez en el capítulo 6. Como es típico en las Pastorales, los temas aparecen esparcidos en vez de agrupados.

Resumen del argumento de Pablo. En cuanto a este tema de las viudas, ¿cómo debe la iglesia ocuparse de sus necesidades sociales, personales y religiosas? El primer paso es determinar las necesidades económicas. Pablo deja claro que no todas aquellas que han perdido a su esposo merecen recibir ese sustento. Algunas ya tienen quien las cuide y otras no están viviendo de una manera que recomiende ese apoyo. Por tanto, es necesario limitar la definición de "viuda" para poder decidir quién recibe la ayuda.

Después de darle a Timoteo instrucciones para honrar a las viudas realmente desamparadas (v. 3), Pablo las define primero como viudas que se han quedado solas, sin familiares que se hagan cargo de ellas. Además, deben confiar en Dios, no vivir buscando placeres (vv. 5-6). Las tres características mencionadas en el versículo 11 identifican a las que deben ser puestas en "la lista" (ver más abajo comentarios sobre qué es esa lista). Para figurar en "la lista", una viuda debe tener más de sesenta años de edad (v. 9), tiene que haber sido fiel a su marido (v. 9b) y contar con una reputación de "buenas obras" (v. 10). Los versículos siguientes (vv. 11-15) explican por qué las viudas menores no deberían estar en esa lista. La sección concluye reiterando que la familia debe cuidar de sus viudas, ahora centrándose en los miembros femeninos de la familia (v. 16).

Detalles específicos. El significado del verbo inicial, "reconocer debidamente" (*timao* en v. 3; NIV, "dar el reconocimiento adecuado") es claro. Además de las ideas de fondo mencionadas arriba acerca del honor, este verbo tiene una historia ilustre con el significado de honrar, incluso reverenciar, a personas dignas. Lo que no es seguro es si en este pasaje tiene un sentido más amplio de honrar proveyendo un estipendio o presente monetario. Este significado probablemente va ligado a su derivado sustantivo griego *time* (v. 17), lo suficientemente cercano a este pasaje como para tomarlo en cuenta. Este versículo establece que los ancianos "que dirigen bien los asuntos de la iglesia son dignos de doble honor, especialmente los que dedican sus esfuerzos a la predicación y a la enseñanza". El significado de "honorario" o "apoyo económico" es plausible al leer el versículo 18, que continúa diciendo: "Pues la Escritura dice: 'No le pongas bozal al buey mientras esté trillando', y 'El trabajador merece que se le pague su salario'".

Pero un poco más adelante instruye a los siervos para que reconozcan el "respeto" u "honor" (LBLA) que sus señores merecen. En este caso no implica nada de dar dinero. En otras palabras, *timao* puede significar simplemente "honor" o "respeto" también en el pasaje que estamos estudiando. Es cierto que el apoyo económico es el tema de este pasaje, pero ese hecho no exige que tenga el mismo significado en el versículo 3. Además, aun tratándose de una orden de viudas oficial y remunerada, esta no se aborda hasta los versículos 9-10. La traducción de la NVI, "reconocer debidamente", tal vez sea débil, pero sirve en el propósito del pasaje, que es encargar a la iglesia que identifique a las viudas que merecen el apoyo.

El verbo *timao* está en imperativo en el versículo 3, lo que indica que el dar a las viudas lo que merecen no es optativo. Honrar y sostener a las viudas son responsabilidades que la comunidad debe emprender en serio. Pero el pasaje expresa un propósito positivo y uno negativo. En el sentido positivo, hay que identificar y ayudar a las viudas realmente desamparadas; en el negativo, las que no merecen el apoyo deben quedar excluidas. Parece como si las que no cumplen los requisitos para recibir ayuda no debieran ser en absoluto tenidas por viudas.[6] No es cuestión de ignorar su duelo; más bien se trata de determinar sus necesidades financieras. A este respecto, esta sección no es un pasaje "pastoral" en el sentido que le damos a ese término.

Los versículos 4-8 establecen una conexión entre la "piedad" de uno y su preocupación por los demás. Puede tener su origen en los Diez Mandamientos, donde el quinto dice: "Honra a tu padre y a tu madre, para que disfrutes de una larga vida en la tierra que te da el SEÑOR tu Dios" (Éx 20:12). El mandato "honra" puede ser la palabra claveque une nuestro pasaje con el de Éxodo. Aunque no hay conexión directa, vemos una verdad importante en común: quien es de veras religioso

6. El texto de la NVI, "viudas que de veras están desamparadas" es una paráfrasis del griego literal "realmente viudas", de modo que pierde algo de su carácter chocante, pero expresa con exactitud su significado.

respetará a los demás, una verdad que se encuentra también en el llamado "segundo" gran mandamiento acerca del amor al prójimo. La enseñanza de Jesús en Marcos 7:9-13 (acerca de no usar excusas pretendidamente religiosas para eludir obligaciones, como la de cuidar de los padres) contiene también este mandamiento. Santiago 1:27, citado más arriba, elogia el ocuparse de los huérfanos y las viudas.

Pablo especifica en el versículo 8 que los miembros de la familia deben cuidar de sus viudas o de lo contrario se les considerará peor que los incrédulos, y el versículo 4 deja claro que los familiares que tienen mayor responsabilidad son los hijos de la viuda. La dimensión religiosa se subraya también en la conclusión del versículo 4: "porque eso agrada a Dios". Uno no puede ser verdaderamente religioso y agradar a Dios cuando ignora las necesidades de los seres humanos, sobre todo de los de su propia familia.

Pero si la familia de la viuda es responsable ante Dios por la manera en que la trata, ella a su vez es responsable ante él por su actitud y su vida (v. 5). La descripción de una viuda desamparada se toma del versículo 3. Sus cuatro características determinantes son: (1) ha quedado "sola"; (2) "pone su esperanza en Dios"; (3) "persevera... en sus oraciones y súplicas"; y (4) y lo hace "noche y día". Puede que estos rasgos estén puestos en orden de importancia para seleccionar a las viudas dignas de estar en la lista. No basta con estar sola, porque puede estar sin compañía y no buscar a Dios. Igualmente, puede confiar en Dios, pero sin entregarse a la oración.

El versículo 5b contiene palabras con el significado de oración. Una es más general (*proseuche*, "orar") y otra (*deesis*, "*pedir*", menos habitual en el Nuevo Testamento), sugiere una súplica por ayuda. Esta última da a entender peticiones por la viuda misma y por otros, mientras que la anterior sugiere expresiones devocionales de adoración. La expresión "día y noche", junto con el verbo "persevera", expresan una dedicación total. Nos recuerda a la anciana viuda Ana: "Nunca salía del templo, sino que día y noche adoraba a Dios con ayunos y oraciones", quien dio testimonio acerca del niño Jesús (Lc 2:37).

Las aptitudes espirituales de la viuda realmente necesitada se enfatizan mediante el contraste con la que vive para servirse a sí misma (v. 6). La rara palabra griega que la describe (*spatalao*) se da en solo otros dos pasajes bíblicos, la Septuaginta de Ezequiel 16:48, que se refiere a

Sodoma, y Santiago 5:5, donde se describe al rico que vive en el lujo y el desenfreno. No es solo que esta viuda disfrute de la vida mientras la "realmente desamparada" viva en una lóbrega austeridad, sino que busca sin preocupación su propio placer descuidando el de los demás, mientras que la viuda digna obtiene su placer del Señor. La egocéntrica "está muerta en vida", una expresión interesante al aparecer en un pasaje que habla de personas que han sufrido la muerte de un ser querido. Podría referirse a su relación con Dios (como en Ef 2:2).

Es importante (v. 7) que Timoteo transmita este mandato acerca de la viuda mundana junto con el de la otra, de modo que la iglesia pueda ser intachable. Esta preocupación por lo que otros puedan pensar acerca del cristianismo aparece en otras partes de las Pastorales (véanse las cláusulas de expresión de propósito en Tito 2:5, 8, 10). La implicación de estos versículos es que los incrédulos andan buscando inconsistencias que criticar.

Esta sección concluye (v. 8) con una advertencia acerca de quienes no proveen para sus familias. Aquí tenemos una expresión fuerte, usada en Santiago 3:14 ("faltar a la verdad") y en Judas 4 ("niegan a Jesucristo"): la persona irresponsable "ha negado la fe". Pablo no aclara lo que quiere decir con "peor que un incrédulo", pero 1 Corintios 5:1 describe a una persona que comete un pecado que ni entre los paganos se ve. Según Romanos 2:14, los gentiles todavía pueden hacer por naturaleza lo que la ley judía (que ellos no tienen) enseña. La literatura grecorromana anteriormente citada muestra una preocupación por las viudas. Los cristianos, por consiguiente, no deberían caer por debajo de los estándares morales de los incrédulos que los rodean.

En los versículos 9-10, Pablo explica qué hace falta para que una viuda sea puesta en la "lista". La NVI dice "lista de las viudas", para aclararlo, pero algunos opinan que esta es una lista para una clase en particular de viudas, es decir, para las que desempeñan el "cargo" de viudas, sirven de maneras especiales, a diferencia de otras viudas. Sabemos que existió una orden de viudas en la iglesia postapostólica, que aparentemente se formó basándose en las instrucciones de este pasaje. Más tarde hubo una orden de vírgenes también, y con el tiempo se establecieron los conventos. A las viudas se las llamaba "el altar de Dios", lo que muestra el respeto que tenían por su devoción a Dios.[7] Ignacio habló de las

7. Policarpo, *A los Filipenses* 4.3.

"vírgenes llamadas viudas", una referencia a la decisión que tomaban esas mujeres de no volver a casarse, sino de vivir para Dios.[8]

Hipólito (170–235 A.D.) es cuidadoso acerca de cuáles serían aptas para pertenecer al orden de viudas:

> Cuando se designa a una viuda, no se la ordena, se la nombra. Pero si hace mucho tiempo que perdió a su marido, sea designada. Si hace poco tiempo que perdió a su marido, no se confíe en ella. Aunque sea anciana, hay que tenerla a prueba durante un tiempo, pues a menudo las pasiones se acrecientan en quien les da lugar en su interior. Sea instituida la viuda por palabra solamente y sea contada entre las viudas de la lista.[9]

A finales del siglo IV, las *Constituciones apostólicas* desarrollaron más instrucciones, como la de que una buena viuda debía ser modesta, no orgullosa, y había que encontrarla "sentada en casa".[10] Esto nos muestra una trayectoria desde 1 Timoteo 5 hasta el siglo IV que da por sentado un orden u oficio de viudas. Hipólito insistía en que las viudas no debían ser ordenadas como un oficio del clero, aunque algunos las consideraban candidatas apropiadas para cierto tipo de ordenación, porque constituían un grupo ministerial distinto dentro de la iglesia.

¿Pero enseña 1 Timoteo que debía haber un orden *oficial* de viudas en la iglesia? Una de las marcas de un "oficio" o cargo desde un punto de vista sociológico es una selección específica señalada por algún tipo de investidura. Otra es que suele haber algún estipendio.[11] Sería útil saber si "la lista" de las viudas implicaba una especie de toma de posesión del cargo y si la ayuda económica aquí mencionada constituía una remuneración por el servicio. Pero hay poca evidencia sólida de esto en la Escritura o en otros escritos cristianos tempranos, y esta puede ser una lectura condicionada por circunstancias posteriores.

Otra consideración, por supuesto, es si el Nuevo Testamento contempla cualquier otro cargo aparte de los ancianos y diáconos, y si de hecho

8. Ignacio, *A Esmirna* 13.1.
9. *Tradición apostólica* XI.1.4.5. Y añade: "Pero no será ordenada, porque no ofrece la oblación ni tiene un ministerio litúrgico. Pero la ordenación es para el clero, debido a su ministerio. Pero la viuda es nombrada para la oración, y esta es una función de todos los cristianos".
10. *Constituciones apostólicas* 3.7.
11. B. Holmberg, *Paul and Power* (Filadelfia: Fortress, 1978).

es apropiado el término *cargo*, u *oficio*, aquí. Un problema es que no se usa en el Nuevo Testamento un vocablo griego para cargo (p. ej., *prostasia*, en referencia a la autoridad del liderazgo). En inglés, la versión King James emplea *office* (cargo u oficio) ocho veces en el Nuevo Testamento, pero en ninguno de los textos hay una palabra específica que se pueda traducir por ese término.[12] La extendida utilización de la Biblia King James ha hecho que generaciones de lectores vieran como normal este concepto.[13]

Puede que tengamos una pista acerca de si en una época tan temprana de la iglesia existió un orden de viudas. Está en 1 Timoteo 3:11, donde se dan instrucciones específicas para las mujeres, diaconisas o "esposas de los diáconos" (ver comentarios). A la pregunta de si constituían un orden paralelo al de los ancianos y los diáconos o si eran las esposas de los diáconos puede contestarse con el hecho de que las esposas de los diáconos servían en un ministerio que *más tarde* se organizó de forma separada al de sus maridos. Si es así, el ministerio de las viudas pudo haber tenido una historia similar: de un grupo informal a un orden reconocido. Es anacrónico, sin embargo, decir que "1 Timoteo habla de viudas que deben figurar en una lista como miembros del clero".[14]

También deberíamos observar que la referencia a dar honor (NVI "reconoce debidamente") en el versículo 3 no implica necesariamente que figure en una lista especial, pero el verbo *katalego* del versículo 9, sí.[15] Sin embargo, sin más pruebas, esa diferencia no es suficiente para asumir como premisa que existen dos categorías bien definidas: el "honor" general (con el significado de sostén económico) y la aceptación en un orden de viudas para el servicio. Se puede concebir que el reconocimiento mismo constituía una "toma de posesión" del cargo y el "honor"

12. En Romanos 11:13 la KJV dice: "Engrandezco mi oficio", pero la palabra "oficio aquí": 4, "No todos los miembros tienen el mismo oficio", el griego es *praxis*, "función". La palabra "oficio" en 1 Timoteo 3:1, "Si un hombre desea el oficio de obispo", representa a *episkope*, "supervisar". En las frases "sirvan el oficio de diácono" y "ejercen el oficio de diácono" (1Ti 3:10, 13), el término griego traducido "oficio" es simplemente una forma de *diakoneo*, "servir". En tres instancias, la KJV inserta "oficio" en una frase que se refiere al "sacerdocio" (judío) (Lc 1:8, 9; Heb 7:5).

13. Oficio, o cargo, se puede distinguir de función en que el primero implica una posición que siempre existe y requiere alguien que lo ocupe. Si, por ejemplo, muere un senador, hay que nombrar a otro para que ocupe su cargo. Por otro lado, un fiscal general estadounidense puede nombrar a un ayudante de fiscal para ejercer durante un tiempo con un propósito particular.

14. Kroeger y Kroeger, *I Suffer Not a Woman*, 91.

15. Un ejemplo que da la BAGD es el reclutamiento militar (412).

del versículo 3 incluía una remuneración por el servicio, pero la sección introducida por el versículo 3 no parece describir un orden oficial, como sí lo hacen los versículos 9-10, donde (significativamente) no se menciona ninguna remuneración.

Asumimos, por tanto, la postura de que la "lista" se menciona primero en el versículo 9, porque Pablo está dando más detalles específicos acerca de los requisitos para el apoyo económico (como tener una cierta). No cabe duda de que el verbo que tanto NVI como LBLA traducen como poner o incluir en la lista implica seleccionar y apuntar. Así pues, aun cuando no significa figurar en un orden de servicio, sí que significa ser incluida en una lista de un grupo definido y reconocido que cumple los requisitos para recibir ayuda económica.

La edad de sesenta años (v. 9) se consideraba anciana en el mundo antiguo, pero Platón decía que era la edad mejor para la entrada en el servicio sacerdotal en su estado ideal.[16]

El significado del siguiente requisito es objeto de debate. Literalmente es "[la] mujer [o esposa] de un hombre", pero esto no soluciona el problema. ¿Significa "esposa de un solo marido" (LBLA) o "fiel a su esposo" (NVI)? La misma expresión (adaptada al género) describe a los diáconos en 1 Timoteo 3:2 (ver comentarios).Es equivalente a la palabra latina *univira* (de género normalmente femenino; se solía aplicar a las mujeres).La palabra se aplicaba a las nobles matronas romanas e incluso se ha encontrado como elogio en lápidas. Pero, al aumentar el divorcio en el Imperio romano, se dejó de dar por sentado que estas matronas se hubiesen casado solo una vez, y se emplearon otros términos honoríficos. A la inversa, *univira* llegó a usarse para mujeres de *otras* clases sociales que *habían* estado casadas solo una vez.[17]

Esto hizo que la expresión se pudiese aplicar a la nueva y creciente iglesia cristiana. Con el tiempo, la iglesia la empleó de un modo más particular, para designar a las que no se habían casado después de quedar viudas.[18] Parecería, además, desde el uso secular y pagano, que la expresión se refiere a alguien casada una sola vez. Pero se ha argumentado que asignarle este significado restrictivo a nuestro pasaje resulta en una contradicción interna. Es decir, aunque Pablo pide que

16. Ver su *Las leyes*, 757d.
17. Majorie Lightman y William Zeisel, "*Univira*: An Example of Continuity and Change in Roman Society", *Church History* 46 (1977): 25-26.
18. *Ibíd.*, 30-32.

las viudas que reciben remuneración no deben haberse vuelto a casar (v. 9), su consejo para las viudas jóvenes es que *deberían volverse a casar* (v. 14). Pero su consejo para estas últimas pudo haber sido con la intención de proporcionarles un sustento económico por medio de sus nuevos maridos, así como para guardarlas de la inmoralidad. Debemos tener presente que el punto en cuestión es si dar o no ayuda financiera a una viuda, no se está juzgando el volverse a casar. No se nos dice cómo debía la iglesia responder a las necesidades de las viudas jóvenes que más tarde enviudan de nuevo después de haberse vuelto a casar.

Quizá la mejor conclusión a la que podemos llegar es que Pablo expresa como *ideal* que no haya segundo matrimonio. La frase usada aquí (y en 3:2) concuerda entonces con el estado civil que había ganado gran respetabilidad en la sociedad donde se movía la iglesia antigua. La terminología estaba en trance de formación, y dentro de la comunidad cristiana de aquel entonces tenía un significado más relacionado con la vida moral del individuo que con si él o ella se había vuelto a casar. Por consiguiente, la traducción "fiel a su esposo" (NVI) es la que probablemente mejor refleja la intención del requisito.

La expresión del versículo 10, "reconocida por sus buenas obras", guarda semejanza con uno de los requisitos para los ancianos en 3:7: "Se requiere además que hablen bien de él los que no pertenecen a la iglesia". Ambas cláusulas tienen una palabra derivada de la raíz de *martyr-* (lit., "testigo": "reconocida por" y "hablen… de él") y una forma de *kalos* ("bueno"), pero en una relación gramatical diferente. Al igual que con los ancianos, la reputación de una viuda es importante para su reconocimiento en la iglesia. Sus buenas obras deben aprovechar "toda oportunidad". Pablo generaliza así después de haberse referido a cuatro ejemplos bien definidos: "criar hijos, practicar la hospitalidad, lavar los pies de los creyentes, ayudar a los que sufren".

El contraste entre las viudas más jóvenes y las mayores en 11-15 de los versículos es más fuerte de lo que uno habría esperado. No es solo que las viudas jóvenes tengan más probabilidad de volverse a casar y por tanto no necesiten ayuda económica. Hay que excluirlas de la lista porque sus deseos sensuales pueden interponerse entre ellas y Cristo. El verbo (*katastreniao*) contiene la idea de deleitarse en o abrirse a impulsos lujuriosos. En Apocalipsis 18:9, la forma básica de ese verbo, *streniao* ("llevar una vida de opulencia, vivir sensualmente"), describe a los reyes de la tierra, que adulteran y comparten lujo con Babilonia. El sustantivo relacionado (*strenos*) aparece en 18:3, donde habla de lujos y despilfarro. El problema no está en que las viudas jóvenes se vuelvan a casar, dado que Pablo les recomienda hacerlo en el versículo 14. Está más bien en que dejen que sus impulsos las aparten de Cristo, como se indica mediante la relación del sustantivo *Christos* con el verbo.

Dada esta perspectiva, no es de extrañar que estas jóvenes resulten culpables (v. 12). Han faltado "a su primer compromiso". Esto puede referirse a un compromiso que adquirieron al figurar en la lista de las viudas, pero eso solo pudo haber ocurrido antes de, o a pesar de, las restricciones de Pablo a las viudas más jóvenes. Podría referirse a su promesa inicial de seguir a Cristo, pero esta no es la forma usual de describir la conversión. Es difícil determinar con precisión lo que significa el "primer compromiso", pero está claro que se trata de un compromiso que han quebrantado.

Estos son más bien comentarios de vista rápida acerca de cuán precaria era la situación de las viudas jóvenes (ver más abajo algunas consideraciones que moderan esta perspectiva). Pero hay todavía un problema: la tendencia de las viudas más jóvenes a usar su libertad para eludir responsabilidades (v. 13). Esto no significa que las mujeres sean más propensas a la ociosidad que los hombres (ver 2Ts 3:6-15, donde son probablemente ellos, no ellas, quienes están ociosos). Naturalmente, el uso de tiempo libre para visitar a las amistades da pie a que surjan los chismes, pero ¿es esto más probable en las viudas que se vuelven a casar?

La alternativa preferible (v. 14) es que las viudas más jóvenes se vuelvan a casar, para no dejarse llevar por sus pasiones, sino aceptar la responsabilidad de tener hijos y encargarse de su familia. Cabe subrayar que Pablo aboga por que tengan hijos, pero no da un motivo. Tal vez haya que interpretarlo a la luz de 2:15. Una sencilla razón práctica puede ser que al tener hijos que cuidar hay menos tendencia a "andar de casa en casa". Pero seguramente no aconsejaría tener hijos por la segunda razón a menos que también creyera que tenerlos era algo deseable en el matrimonio, ¿y supondría esto una razón más para una viuda vuelta a casar que para cualquier otra esposa?

Pablo también aconseja a las viudas jóvenes que "lleven bien su hogar". El término "llevar bien" traduce a *oikodespoteo*, que, con sus cognados, tiene una historia interesante. El verbo y los sustantivos relacionados se usaban en la astrología para referirse al planeta dominante en un "hogar". En la forma nominal se podía usar para describir al padre de la familia o al señor de la casa, como en Mateo 10:25: "Si al jefe de la casa lo han llamado Beelzebú, ¡cuánto más a los de su familia!". Dado el lugar dominante de la astrología en la antigüedad y el papel prominente de Beelzebú en el pensamiento pagano, es digno de destacar el uso de *oikodespoteo* para referirse a la responsabilidad de una joven viuda sobre su hogar.[19] Indica que esta mujer tendría un rol de gran envergadura en su nueva familia.[20]

La preocupación de que no se vuelvan "chismosas y entrometidas" concuerda con el versículo 7 (ver comentarios arriba).El enemigo podría aprovecharse de una mala situación, y Pablo inmediatamente identifica a ese acusador como "Satanás" (v. 15). Puesto que algunas de las viudas jóvenes ya se habían "descarriado para seguir a Satanás", entendemos que Pablo use palabras tan duras para el juicio del versículo 12. Satanás puede aprovecharse de los pecados y debilidades humanos (1Co 7:5; 2Co 2:11; Ef 4:26-27).

Otra vez, y como conclusión (v. 16), Pablo aconseja a los familiares a cuidar de las viudas para evitar una carga adicional a la iglesia. La persona que debería ayudar es una mujer creyente.[21] El fin del versículo muestra la preocupación de Pablo por las viudas verdaderamente necesitadas. Si a lo largo del texto había cambiado el tema de las viudas necesitadas por el de una orden de servicio formada por viudas, ahora ha regresado claramente a su preocupación inicial.[22]

El trato con las personas. La relación de un cristiano con otras personas no es menos importante que otros aspectos de la vida cristiana

19. Ver LSJ, 1204.
20. Hay que tener presente este texto cuando se considera el rol de la esposa en la familia
21. Es posible que Pablo usara un término masculino en vez de femenino, aunque las evidencias de los manuscritos se inclinan por el femenino en el texto original. Esta no sería la primera vez que un copista antiguo cambiara el texto para dar preferencia al varón.
22. Para profundizar en el estudio, ver también M. Bassler, "The Widows' Tale: A Fresh Look at 1 Tim. 5:3-16", *JBL* 3 (1984): 23-41; R. A. Campbell, "*kai malista oikeion*: A New Look at 1 Timothy 5.8", *NTS* 41 (1995): 157-60; Verner, *The Household of God*, 161-66; Paul Veyne, ed., *A History of Private Life. 1. From Pagan Rome to Byzantium*, trad. Arthur Goldhammer (Cambridge, Mass.: Harvard Univ. Press, 1987), 75, 497-98, 535, 568, 598, 604; B. W. Winter, "Providentia for the Widow".

ni es simplemente una responsabilidad entre tantas. Jesús no solo hizo que el perdonar a los demás fuera una condición para nuestro propio perdón (Mt 6:14-15), sino que también dijo que, si solo amamos a los que nos aman y únicamente saludamos a nuestros hermanos y hermanas, no estamos haciendo más que los despreciados publicanos o los paganos (5:46-47). Si esto es importante para todo cristiano, resulta crucial para los creyentes en puestos de liderazgo.

Aun esa misma persona cuya suave voz es escuchada en la radio o cuyas animadas palabras son leídas en una publicación puede, entre bambalinas, ser un demagogo. Tristemente, a veces, cuanto más importante llega a ser un líder cristiano, menos importantes piensa él que son sus colaboradores. No tenía que ser así con Timoteo ni aunque alguno necesitase corrección; el joven pastor no debía reprender duramente a esa persona, sino exhortarla como a un padre (v. 1).

Tales eran las instrucciones de Pablo para Timoteo con respecto a los hombres mayores que él. Pero tampoco debía ser duro con los jóvenes; debía tratarlos como a hermanos. Uno se asombra ante la cantidad de copastores o ayudantes que han dejado el ministerio cristiano debido a las duras críticas de sus mentores. Por supuesto, no se indica que los hombres y mujeres mencionados en este pasaje fuesen estrechos colaboradores de Timoteo. Y, dada la baja consideración en que se tenía a las mujeres en aquel tiempo, era posible que incluso un varón cristiano sincero cayese en un sentimiento de superioridad sobre sus hermanas en Cristo. Desde luego, esto puede ocurrirles a los misioneros que están en alguna cultura que carece del respeto debido a las mujeres, sobre todo si no reciben ese respeto de los hombres de su propio grupo étnico o social. También es fácil que los varones (incluidos, o tal vez sobre todo, los que están en el ministerio cristiano) "utilicen" a las mujeres más jóvenes de la congregación para conseguir sus propias metas.

Las necesidades de viudas. Las instrucciones de los versículos 1-2 nos preparan para la llamada de Pablo a que prestemos atención a un grupo necesitado del primer siglo: las viudas. Resulta instructivo ver cómo emplea su fusión de doctrina y vida para abordar esta cuestión. En el versículo 4, los hijos y nietos de una viuda deben aprender "primero a cumplir sus obligaciones con su propia familia" y así agradar a Dios. He tenido ocasión de ver a muchas personas religiosas que prácticamente se desentendieron de sus padres cuando se hicieron mayores y estaban necesitados. A veces, los hijos que tienen medios para ayudar eluden su obligación y los dejan a una hermana, quizá la soltera, para que los cuide. Quienes escuchan a esta persona predicar, cantar u orar con hermosas palabras tal vez no tengan idea de que el tal "no agrada a Dios". Las palabras del versículo 8 sorprenden por su contundencia al declarar que quien no provee para su familia "ha negado la fe y es peor que un incrédulo". La fe se refiere aquí al conjunto de la doctrina cristiana. Esa persona no solo no ha puesto la doctrina en práctica, sino que la ha negado.

La posición social, así como la económica, de una viuda variará en las diferentes sociedades. Los recursos disponibles también serán distintos. Las costumbres con respecto a volverse a casar también difieren de una cultura a otra. Los cristianos deben proceder con suma cautela a la hora de determinar cuál es la mejor forma de poner en práctica la doctrina y expresar amor y respeto al cuidar de las viudas en su sociedad.

Las necesidades de las personas de edad avanzada, y especialmente de viudas, son universales, aunque no reciban ayuda igual en todas las sociedades. Uno duda si decir que son un problema, porque, además de la actitud que revela esa palabra, para un anciano, pensar en sí mismo como un problema puede añadirle un sentido de inutilidad, carga e incluso culpa. Aunque la necesidad es universal, tanto las viudas como los ancianos son considerados y tratados de distintas formas. Algunas culturas tienen por tradición hogares multigeneracionales, en los que cada generación se siente amada y querida y los que sufren algún duelo o están mayores permanecen en casa en sus últimos años. Otras culturas muestran menos aprecio por los ancianos y los ignoran mientras languidecen en la precariedad o los tratan con indiferencia trasladándolos de un hogar a otro y consignándolos antes de hora en una "residencia". En contraste, cuando las parejas recién casadas forman un hogar que es monogeneracional (hasta que tienen hijos), se apartan deliberadamente de padres, abuelos y tíos que pueden con el tiempo necesitar cuidados.

Algunas familias, con la voluntad de hacer lo mejor para una persona mayor, encuentran una comunidad u hogar residencial muy adecuados, pero luego sufren una inmensa culpabilidad por no cuidarlos personalmente en casa. Recuerdo que mi madre decía: "Este es el peor día de mi vida", cuando la llevábamos a una hermosa residencia, administrada con suma atención por un amigo nuestro. Pero, al cabo de unos meses, cuando la llevábamos de regreso a ese lugar tras pasar Acción de Gracias con nosotros, nos sorprendió contándonos lo contenta que estaba de volver para estar con sus amigos. Tuvo allí una vida apacible hasta los noventa y cuatro años.

¿Cómo podemos entonces determinar qué es lo mejor para las viudas basándonos en 1 Timoteo 5:3-16? ¿Qué principios expresa Pablo? Debemos considerar las necesidades de la viuda, las responsabilidades de su familia, y las responsabilidades de la viuda misma.

(1) *Determinar las necesidades.* Debemos ser sensibles a las necesidades reales de las viudas. Muchas de ellas en la actualidad tienen una riqueza considerable gracias a inversiones, programas de jubilación y fondos fiduciarios. Pero hay necesidades de una naturaleza diferente que fácilmente no se reconocen. A veces, cuando una mujer ha perdido a su esposo, se da por sentado que es incapaz de tomar las decisiones prácticas diarias que antes tomaba él. La familia puede subestimar sus capacidades, puede fallar en cuanto a tomar suficientemente en cuenta sus sentimientos, y tomar decisiones por ella. Algo que suele pasar es que le insisten en que deje su casa y cambie de sitio, dejando su entorno habitual y a sus amigos. Esta decisión la toman con frecuencia demasiado pronto y sin consultarla debidamente con ella. Insisto, debemos ser sensibles a sus necesidades reales.

(2) *Responsabilidades familiares.* El cuidado de una viuda es primordialmente responsabilidad de su familia. Aun cuando haya disponibles otras fuentes de ayuda (como la iglesia en el tiempo de Pablo), la familia debe asumir la responsabilidad. Puede parecer innecesario sugerir que en la sociedad contemporánea, donde una viuda puede estar a cierta distancia de sus familiares, puede venir bien el uso frecuente del correo y el teléfono; muchas viudas se sienten abandonadas y olvidadas. Una llamada telefónica o una visita son más importantes que dinero o un regalo. Recuerdo cuánto significó para mi madre, cuando ya tenía más de noventa años y luchaba para no perder la memoria, que yo le trajera una guía urbana del barrio que conoció siendo niña y que le ayudara a recordar así los dulces momentos de su infancia.

Cada circunstancia proporciona una oportunidad para un apoyo creativo a las viudas, especialmente las ancianas. Con frecuencia, en mis propios ministerios pastorales y en visitas a amigos de mi madre, he escuchado a las viudas quejarse de que apenas tenían noticias de su familia. La otra cara de la moneda es que sus familias a menudo no saben qué hacer o decir. Como ocurre con las personas que se mueren de una enfermedad de desgaste. Verlas y encaminar la conversación a algo que tenga sentido y les dé ánimo. Si una persona anciana —y debemos ampliar esto más allá de las viudas— vive en o visita un hogar con personas más jóvenes que a su vez tienen hijos, la situación puede conllevar otras dificultades. La generación más joven probablemente estará dedicada a sus propios asuntos y, a la hora de comer, se involucrará en conversaciones acerca de sus actividades y perspectivas. La persona mayor se queda fuera, sin nada que aportar, y quizás ni siquiera entenderá el vocabulario que usan. La pérdida de audición o una incipiente demencia complican aún más el problema.

La responsabilidad más obvia de las familias es la económica, tal como Pablo afirma en el versículo 4 de nuestro pasaje. El apóstol nos recuerda que para nosotros cuidar de un padre o de un abuelo es en realidad una forma de recompensar los años de cuidado que ellos nos han dado. Conforme la persona mayor se va haciendo más anciana, podemos encontrarnos en una posición de ser un padre para nuestros padres, sobre todo si su agudeza mental mengua. Las personas mayores puede que no se den cuenta de cuánto está pagando su familia por su sostenimiento. Lo que es peor, puede que lleguen a sospechar de que sus hijos o nietos les estén quitando su dinero o posesiones. Desgraciadamente, a veces tienen razón. Pero, incluso en las situaciones buenas, las personas mayores pueden desarrollar un temor de que se les quiten cosas. Puede que se guarden sus fondos y luego acusen a otros de haberles robado. Estas circunstancias dan a la familia una oportunidad, difícil pero maravillosa, de honrar al padre y a la madre (Éx 20:11). La Biblia enseña también que cuidar de las viudas es un deber religioso (ver de nuevo Stg 1:27). No podemos decir que agradamos a Dios si estamos descuidando a una viuda, sobre todo a una de nuestra familia. El versículo 16 indica que el cuidado de una viuda en la familia debería correr a cargo de una mujer creyente de esa misma familia. Esto puede sugerir que haya una mayor sensibilidad en la mujer hacia las viudas, pero también puede ser reflejo de un tiempo en que los hombres eran los que traían el salario y las mujeres solían quedarse en casa, donde podían cuidar de los miembros necesitados de la familia. Sin embargo, lo que Pablo establece es que la mujer debe tratar de asumir la carga para que no pese sobre la iglesia. Es una cuestión de preocuparse por los demás.

(3) *Las responsabilidades de la viuda.* De forma recíproca, la viuda tiene una responsabilidad de buscar a Dios, confiar en él y orar por los

demás de manera continuada. El versículo 9 implica que debe seguir honrando a su marido. Debe hacer buenas obras, cuidar en lo posible de los demás, hasta el punto de que se gana una reputación por hacerlo. Puede que tarde un tiempo después de empezar el duelo, pero una viuda tiene que aprender a confiar en Dios para sus necesidades y su futuro, mirando a él "noche y día" (v. 5). Entonces puede dirigir su atención a las necesidades de los demás (v. 10).

En cuanto a las viudas más jóvenes, en muchas culturas ya han tenido una educación y pueden entrar o volver al mercado laboral. Muchas se volverán a casar. Por supuesto, todas las personas solteras deben guardar sus deseos sexuales (como todo el mundo) y abstenerse de relaciones impropias. Es apropiado que las viudas más jóvenes se vuelvan a casar, sin reproche, e inicien una nueva familia. Si Pablo exhorta a las viudas casadas de nuevo a que lleven bien sus hogares, podemos esperar lo mismo de todas las mujeres casadas. Aunque se puede interpretar a Pablo en el sentido de que piensa que el único rol de administración que las mujeres pueden tener está en el hogar, el texto no dice eso. Lo que nos sorprende es la fuerza de la expresión "llevar bien". Esto debería apelar a los hombres que, en su afán por ser "cabeza", intentan gestionar sus hogares y entrometerse en todas las áreas de su administración. El versículo 14 reivindica a las mujeres que dedican sus dones a la administración de sus hogares.

Significado Contemporáneo

Las viudas en la sociedad occidental contemporánea. La edad a la que las mujeres se quedan viudas ha cambiado, por supuesto, de una generación a otra y de un país a otro. Salvo por accidentes y enfermedades, la mujer de hoy en las sociedades occidentales tiene muchas más probabilidades de sobrevivir al parto y a diversas infecciones para llegar a vivir setenta, ochenta y hasta más de noventa años. Existe una preparación económica para el cuidado de las mujeres, y las pólizas de seguro están a su alcance. En otras culturas, la familia extendida, por así decirlo, tiene su seguro en la existencia de varias generaciones y varios trabajadores en un hogar. Sin embargo, algunas regiones del mundo no han incorporado pautas de cuidado, y las provisiones de este pasaje son entonces más relevantes.

Al mismo tiempo, sin embargo, los costes médicos y de instalaciones para el cuidado de mayores se han disparado en Estados Unidos. Hoy tenemos la necesidad de planificar nuestros años del futuro a la vez que ayudamos a nuestros padres a prepararse para los suyos. Algunas personas piensan que una buena inversión y conseguir buenas pólizas de seguro son muestras de una falta de fe. Pero no proveer los medios significa que tendrá que ser otro el que lo haga: tal vez un pariente, el gobierno o la iglesia.

Actualmente es relativamente fácil asegurarse de la necesaria información a partir de instituciones y publicaciones, y solicitar el consejo de gerontólogos y especialistas geriátricos que pueden ayudar a entender las circunstancias de la edad avanzada psicológica, médica, sociológicamente, etc. Las iglesias pueden proporcionar asesoramiento, programas de ayuda financiera, así como ayuda espiritual a aquellos que se han quedado solos. Hay muchas viudas, y también viudos, que sufren el duelo y luchan solos en una habitación individual en hoteles e instituciones, o en las calles. Existe una gran abundancia de oportunidades de fusionar nuestra fe con nuestra práctica en estos días en el cuidado de las viudas.

Santiago 1:27 y 1 Timoteo 5 se refieren a viudas literales. Hay también huérfanos literales que necesitan ayuda (Stg 1:27). Sin embargo, en nuestro mundo de hoy, hay situaciones semejantes en las que podemos expresar nuestra combinación de doctrina y vida para ayudar a los que están desamparados. Actualmente hay muchas personas divorciadas que están solas, sufriendo, sintiéndose incomprendidas y tal vez con problemas financieros. También hay hijos de divorcios. Recientes estudios han mostrado que el divorcio puede tener un efecto sobre los hijos que perdura incluso en sus vidas de adulto. No son huérfanos, pero son niños necesitados de amor, lo que implica comprensión y cuidado. También hay niños que han sufrido abuso. Ellos y las mujeres en la misma situación (junto con algunos hombres también) brindan a los cristianos la oportunidad de conjugar la fe con la práctica. En estos asuntos, Santiago y las Pastorales comparten la posición de que la "religión" tiene que fusionarse con las obras. Nuestras iglesias deberían ser centros de sanación. Entre los libros que tengo cerca de mí durante este estudio se encuentran *Beyond Widowhood*,[23] *Women as Widows*,[24] *Bereavement:*

23. De Robert C. DiGiulio (Nueva York: Free Press, 1989).
24. De Helena Znaniecka Lopata (Nueva York: Elsevier, 1979).

Counseling the Grieving Throughout the Life Cycle,[25] y *Our Aging Society*.[26] Estos libros son un testimonio de la atención que se ha dado en años recientes tanto a las personas mayores como a las viudas. Estos temas están, por supuesto, relacionados, tienen que ver en gran medida con la cada vez más amplia proporción de nuestra sociedad que se ve representada por el término *ciudadano senior*. Muchas comunidades tienen grupos de apoyo mutuo para los ancianos y los que han perdido un cónyuge. Y la gran mayoría son viudas. La Seguridad Social cuenta con provisiones específicas para las esposas que se han quedado solas. Los ancianos tienen a su disposición cuidado sanitario, sobre todo por medio de Medicare. Las aseguradoras privadas ofrecen seguros para su cuidado a largo plazo, seguros para asilos y otros planes especiales.

Debido a esos programas, se podría decir hace unos años que los cristianos en general ya no tendrían la necesidad que había en épocas anteriores de proveer para los ancianos y las viudas. Los programas de prestaciones del gobierno estaban haciendo lo que antes solían hacer las familias. Sin embargo, en los años noventa quedó claro que la población de mayor edad era demasiado numerosa para mantener esos programas. Los republicanos se aferraron a la cuestión de si Medicare caería pronto en la bancarrota. Los costes desorbitados de la Sanidad se convirtieron en un asunto político candente, con las empresas y el gobierno tratando de endosarse la responsabilidad el uno al otro. La carga futura sobre la generación joven de hoy es un asunto que genera gran ansiedad (¡junto con el tema de los costes universitarios!).

El trabajo y prepararse para la jubilación son temas tratados en un buen número de libros, revistas y artículos de prensa. La discriminación por edad es un temido monstruo tanto entre los que necesitan seguir trabajando para vivir como entre los empresarios, que tienen que ser cautos a la hora dar de baja a un trabajador que está perdiendo facultades, no sea que los denuncien. Y al final está la cuestión de la "calidad de vida", el suicidio asistido, y los testamentos vitales con instrucciones para poner fin a medidas artificiales de prolongación de la vida.

De repente la iglesia ha tenido que abrir los ojos al hecho de que los cristianos van a tener que considerar de nuevo qué deben hacer con los ancianos y las viudas. Hay un programa ejemplar para los ciudadanos mayores que lanzó hace unos años la Iglesia de LaSalle Street de

25. De David A. Crenshaw (Nueva York: Continuum, 1990).
26. De Alan Pifer y Lydia Bronte, eds. (Nueva York: W. W. Norton, 1986).

Chicago, y que sigue señalando el camino a las iglesias para el cuidado no solo de los suyos, sino también de las personas de la comunidad. El amor de Cristo se expresa en comida, cuidado pastoral, asesoría legal y viviendas de coste social. Cuando un fuego se llevó las vidas y hogares de ancianos en una residencia cercana, la Iglesia de LaSalle Street celebró un funeral para toda la comunidad.

Formas específicas de ayudar. Hay varias formas concretas en las que los cristianos de hoy pueden ayudar a suplir las necesidades de las viudas "realmente desamparadas".

(1) Pueden tener un miembro de la iglesia capacitado para el cuidado terminal, de manera que si una persona está al borde de la muerte, pueda entender lo que el otro cónyuge está experimentando y quizá también pueda participar en el cuidado de esos días finales. Puede también preparar a otros cristianos para ayudar.

(2) La iglesia puede prestar su asistencia en las fases del duelo. Hay muchísima ayuda para las personas en las primeras etapas. No todos atraviesan la misma secuencia de luto, pero entender las formas en que se produce el duelo ayuda a los que desean dar consuelo y ánimo.

(3) También sería bueno tener al menos un miembro de la iglesia, quizá un diácono, que se familiarice con los programas de prestaciones del gobierno, como la Seguridad Social, Medicare y Medicaid, incluyendo los procesos de inscripción, periodos

de cotización y cálculo de prestaciones. Debe ser también capaz de encontrar determinadas informaciones financieras, como planes de jubilación, planes que desgraven y programas 401K, así como la renegociación de beneficios pagados tras la jubilación a tiempo para evitar la tributación. Muchas personas mayores se sienten incapaces de encargarse adecuadamente de sus asuntos, sobre todo las ancianas sin experiencia en negocios.[27] Esto significa no solo estar atentos para ayudar en asuntos prácticos, sino también ser conscientes de la profunda aprehensión que tienen sobre la salud de su futuro financiero. Los pastores, amigos y consejeros laicos deben saber que existe esta ansiedad generalizada.

Una cuestión delicada es evaluar las necesidades económicas reales de una viuda. Son varias las formas en que se puede estructurar una

27. Otros bien pueden ser capaces de tomar sabias decisiones financieras y se sentirían menospreciados si se les ofrece demasiada ayuda.

cartera, y muchas tienden a tener miedo y son reacias a revelar sus asuntos financieros a terceras personas. No obstante, si hemos de aplicar 1 Timoteo 5, debe haber algunas personas responsables que estén informadas del alcance de la necesidad. Preferiblemente, debe involucrarse más de una persona, de modo que no haya oportunidad para la sospecha o la manipulación.

(4) Hay que prestar atención a la familia. Puede haber diferentes perspectivas en los parientes de la persona mayor acerca de la seguridad financiera y de qué decisiones son más convenientes. Algunos no querrán o no se sentirán capaces de proporcionar asistencia, de manera que habrá que explicarles lo que dice 1 Timoteo 5:14, 16. Puede ser que los miembros de la familia busquen un beneficio personal. Algunos pueden tratar de convencer a la viuda de que les haga grandes donaciones o regalos. Esto no solo podría beneficiarlos personalmente a expensas de ella, sino que también podrían hacerlo bajo la excusa de evitar impuestos de sucesión, cuando en realidad están pensando en reducir los activos de la persona para que sea apta para recibir ayudas estatales, con lo que al final consiguen que su responsabilidad recaiga sobre el gobierno.

(5) Las visitas pastorales a las viudas también son importantes. Una vez visité a la viuda de un anciano cristiano. Marido y esposa habían sido intensamente espirituales y tenían un hijo que era misionero. Cuando entré vi que estaba preparando unos sobres. Me dijo que estaba enviando "tratados" del evangelio a todos los que aparecían en el listín telefónico. Entonces me dijo que tenía una preocupación espiritual de la que quería hablar conmigo. Me contó que no estaba segura de ser salva. Eso me parecía algo ridículo, dado su amor por Dios y su deseo de ver a otras personas venir al Señor por medio de su proyecto. Pero me di cuenta de que era una manifestación de su profundo duelo, quizás un sentimiento de que no había sido digna, y por eso Dios se había llevado a su marido. Sea como sea, necesitaba ayuda para sentirse segura y para su relación continuada con su Señor, tal como enseña 1 Timoteo 5:5 y 10.

Las viudas más jóvenes. Hasta ahora, una gran parte de la enseñanza de 1 Timoteo se puede aplicar con una comprensión inteligente y espiritual de las circunstancias y sentimientos individuales de la viuda de más edad. Las instrucciones para la viuda joven, como la edad a la que es apta para recibir apoyo, son más difíciles debido a las diferencias en la percepción del envejecimiento en las diferentes culturas y en distintos periodos de la historia. Hoy es habitual que las mujeres más jóvenes hayan podido establecerse una carrera profesional o al menos un empleo estable. Pueden mantener una buena salud y tener maneras de conservar su aspecto físico.

Sigue siendo verdad, como se implica en el texto, que las mujeres jóvenes son más atractivas sexualmente, pero el deseo sexual de una mujer va más allá de lo que a menudo se ha pensado. Algunas investigaciones recientes parecen mostrar que los hombres decaen en su salud más rápidamente que las mujeres en sus últimos años. Pero la edad parece tener poco que ver con ser holgazán y andar de casa en casa visitando a gente (o, en la actualidad, llamando por teléfono). Usar el tiempo libre para entrar en la red y buscar contactos en internet, o el empleo del correo electrónico, constituyen otra cuestión. Las mujeres más jóvenes son más propensas a aficionarse demasiado a los ordenadores. Internet da muchas facilidades a las que quieren entrar en contacto con hombres. Los problemas morales del ciberespacio son bien conocidos, y Satanás todavía puede seducir tanto a mujeres como a hombres para entrar en situaciones peligrosas. Así pues, las advertencias de 1Timoteo 5:11-15 siguen siendo aplicables.

Se debería animar a las mujeres (si son renuentes) a que se vuelvan a casar, y la edad no es la línea limitadora que solía ser. Asimismo, difícilmente haya que animar a una mujer a que administre su hogar, sobre todo teniendo en cuenta el acceso a literatura femenina sobre el hogar y a recursos cristianos relativos a la educación de los hijos y la buena relación de pareja. Probablemente también tienen más educación y formación general útiles para ser buenas administradoras.

En todo esto debemos recordar que, en las instrucciones de Pablo a Timoteo, es la iglesia la que debe asumir la responsabilidad por las viudas. Aun cuando haya varios recursos disponibles en la actualidad (que ni estaban ni se concebían en los tiempos de Pablo), el gobierno no puede hacerlo todo, ni debe. La iglesia sigue siendo un “grupo familiar”, la familia de Dios.

1 Timoteo 5:17–6:2

Los ancianos que dirigen bien los asuntos de la iglesia son dignos de doble honor, especialmente los que dedican sus esfuerzos a la predicación y a la enseñanza. [18] Pues la Escritura dice: «No le pongas bozal al buey mientras esté trillando», y «El trabajador merece que se le pague su salario». [19] No admitas ninguna acusación contra un anciano, a no ser que esté respaldada por dos o tres testigos. [20] A los que pecan, repréndelos en público para que sirva de escarmiento.

[21] Te insto delante de Dios, de Cristo Jesús y de los santos ángeles, a que sigas estas instrucciones sin dejarte llevar de prejuicios ni favoritismos.

[22] No te apresures a imponerle las manos a nadie, no sea que te hagas cómplice de pecados ajenos. Consérvate puro.

[23] No sigas bebiendo sólo agua; toma también un poco de vino a causa de tu mal de estómago y tus frecuentes enfermedades.

[24] Los pecados de algunos son evidentes aun antes de ser investigados, mientras que los pecados de otros se descubren después. [25] De igual manera son evidentes las buenas obras, y aunque estén ocultas, tarde o temprano se manifestarán.

[1] Todos los que aún son esclavos deben reconocer que sus amos merecen todo respeto; así evitarán que se hable mal del nombre de Dios y de nuestra enseñanza. [2] Los que tienen amos creyentes no deben faltarles al respeto por ser hermanos. Al contrario, deben servirles todavía mejor, porque los que se benefician de sus servicios son creyentes y hermanos queridos. Esto es lo que debes enseñar y recomendar.

Estos versículos continúan la sección sobre las relaciones personales (ver comentarios sobre 5:1-2). El primer tema de este segmento es cómo debe relacionarse la iglesia con los ancianos (5:17-25). Los versículos 17-18 abordan el respeto y la ayuda material que merecen los ancianos. Los versículos 19-20 tratan de la posibilidad de que los ancianos sean acusados de pecar. El versículo 21 es un mandato general que, en este contexto, se aplica a la manera de tratar a los ancianos. Es difícil relacionar el versículo 23 con el contexto, pero 23-25 siguen con el tema del pecado público y privado abierto por el versículo 20. En 6:1.2, Pablo pasa al asunto de los esclavos y de cómo deben ellos vivir como cristianos.

Honrar a los ancianos (5:17-20)

Las instrucciones de 3:1-7 relativas a los "obispos" se aplican ciertamente a los ancianos, pero, como la palabra griega habitual para anciano (*presbíteros*) no aparece aquí, esta es la primera ocurrencia directa de instrucciones sustanciales acerca de ellos. "Dirigen bien los asuntos de la iglesia" (v. 17) es una ampliación de los términos griegos traducibles como "gobiernan bien".[1] El verbo aquí empleado es *proistemi*, el mismo que sirve para referirse a los obispos y diáconos en su forma de llevar la familia propia (3:4, 12). El adverbio "bien" (*kalos*) aparece también tanto en aquel contexto como en este.

Aunque la referencia al "respeto" (3:4) que un anciano u obispo debe recibir de sus hijos es diferente del "doble honor" mencionado aquí, es significativo que la evidencia de la dignidad y reconocimiento de los ancianos aparezca en ambos contextos. Los comentaristas difieren en cuanto a si la expresión "doble honor" significa (a) respeto, (b) remuneración, o (c) ambos, y acerca de si, en el caso de que sea (b), significa que debían recibir literalmente el doble de remuneración que los ancianos que no dirigen bien o no ministran la Palabra. En apoyo de (a), el honor era mucho más importante en aquella sociedad que en la nuestra y habría sido una "recompensa" profundamente apreciada por los ancianos dignos de ella. En apoyo de (b), Pablo argumenta con firmeza en otro lugar en pro de un apoyo económico adecuado para los siervos del Señor (*cf.* 1Co 9:14, donde además se vale de una cita de Dt 25:4 acerca de no poner bozal al buey).[2] Por último, puesto que la provisión para las necesidades debía de haber sido una expresión práctica de dar honor, no tienen por qué ser mutuamente excluyentes los dos posibles significados, de modo que (c) es posible.

---

1. La construcción de participio en el griego aquí incluye el adverbio "bien" entre el artículo y el participio. Esto, junto con el tiempo perfecto, implica que las personas consideradas aquí son las caracterizadas por un buen liderazgo.
2. Ver también las instrucciones de Jesús a los que envió en Mateo 10:10 y Lucas 10:7. En un caso se traduce "merece" y en otro "tiene derecho a", aquí es "son dignos de", con *trophos* ("alimento", es decir, provisión diaria de las necesidades de uno).

El término traducido “especialmente” (*malista*) puede tener el sentido de “o sea” o “es decir” (ver 4:10; 5:8; 2Ti 4:13; Tit 1:10, y comentarios sobre estos pasajes), pero aquí lo más probable es que signifique “especialmente”. Podemos inferir de ello que los ancianos como grupo tenían la responsabilidad del liderazgo, que todos tenían que ser sólidos en doctrina y eficaces en la enseñanza, pero que solo algunos de ellos dedicaban suficiente tiempo a predicar y enseñar para que les fuera necesario un apoyo económico adicional. Esto favorece al argumento de la “remuneración” o al de “honor y sustento”.

Con el versículo 19, el pasaje da un pronunciado giro de *honrar* a *acusar* a los ancianos, aunque aún se les honra en el hecho de que se aplique tal cautela en cuanto a su acusación. Las instrucciones son claras. El requisito del Antiguo Testamento de que haya dos o tres testigos (Dt 19:15) se aplica aquí de manera apropiada. Su uso es crucial en este pasaje no porque los ancianos sean más importantes que los demás, sino porque la reputación de un anciano es tan importante para el testimonio de la iglesia y porque Satanás puede usar la deshonra para sus propios fines (*cf.* 3:7).

El tiempo verbal de “pecar” en el versículo 20 implica que el anciano en cuestión no solo se ha demostrado que es culpable del pecado de que se le acusa, sino que persiste en él. Puesto que la reputación del pueblo de Dios en el mundo es tan importante en las Pastorales (ver también Tit 2:5, 8, 10), si sale a la luz el pecado de un anciano (con al menos dos o tres testigos que dan cuenta de él), hay que tratarlo públicamente. Pero John Stott observa:

> Este rechazo público, aunque es un elemento disuasorio eficaz, debe ser el último recurso. Es una regla garantizadora de que los pecados privados deban ser tratados de forma privada, y solo los pecados públicos lo sean de manera pública, hasta que se hayan agotado todas las posibilidades.[3]

Instrucciones adicionales acerca del pecado y la pureza en la iglesia (5:1-25)

La advertencia del versículo 21 de evitar la “parcialidad” y el “favoritismo” parece cuestión de sentido común y cortesía. Sin embargo, puesto que Timoteo está colaborando estrechamente con los ancianos, su

3. John Stott, *Guard the Truth* (Downers Grove, Ill.: InterVarsity, 1996), 139.

tendencia natural puede ser la renuencia a actuar con firmeza contra un dirigente que ha pecado. Pablo inicia estas instrucciones con la artillería pesada de una solemne advertencia, poco menos que un juramento, instando "delante de Dios, de Cristo Jesús y de los santos ángeles" como testigos (*cf.* también 2Ti 2:14; 4:1 y comentarios). La referencia a los "santos ángeles" resulta desconcertante, sobre todo porque la expresión no ocurre en ninguna otra parte de la Escritura. Es posible que "santos" ("elegidos" en la NIV) simplemente subraye la importancia de los testigos angélicos. Pero también puede poner énfasis en el soberano derecho de Dios a elegir a los ángeles, o tal vez se refiere a la capacidad de los ángeles, como siervos de Dios, y a diferencia de los seres humanos, de elegir no pecar.

Timoteo no solo debe tener extremo cuidado en el asunto de los ancianos acusados y en evitar favoritismos, sino que debe además ser cauto a la hora de imponer las manos a alguien (v. 22). Con el paso del tiempo, ha ido saliendo intermitentemente la cuestión de si esta es la imposición de manos en el sentido de 1 Timoteo 4:14 o la de volver a recibir, por medio de la misma señal, a una persona arrepentida (presumiblemente alguien que fue anciano).

Algunos interpretan la cautela a la que anima Pablo aquí en términos de prácticas de la iglesia primitiva, pero esto puede resultar anacrónico si lo aplicamos al periodo apostólico. No obstante, Hanson reconoce que la práctica de la reconciliación de los excomulgados mediante la imposición de manos de un obispo "no está atestiguada hasta más de cien años después de la época del autor", pero a este autor le parece que esta es la interpretación más natural.[4] Entre los primeros comentaristas del siglo veinte, Lock tiene una exposición detallada, aunque concisa, con referencias históricas. También opta por la recepción del pecador penitente.[5]

Aunque esto es posible, la única referencia a la imposición de manos hasta ahora en las Pastorales es 4:14. Por tanto, otros comentaristas creen que la acción "precipitada" es seleccionar a la persona errónea para el liderazgo. Pero la advertencia de Pablo a conservarse "puro" implica que es real la posibilidad de pecado en la selección original del anciano infractor.[6] Está claro que *ninguna* de las dos acciones, seleccionar

4. Hanson, *The Pastoral Epistles*, 103.
5. Lock, *The Pastoral Epistles*, 63-64.
6. Fee, *1 and 2 Timothy, Titus*, 131-32; Knight, *Pastoral Epistles*, 239; Oden, *First and Second Timothy and Titus*, 152; Stott, *Guard the Truth*, 139-40.

o disciplinar, debe hacerse de una forma "precipitada", en el sentido de despreocupada, descuidada o laxa en cuanto al pecado. La negligencia en estas cuestiones significa pecar uno mismo. El mandamiento a Timoteo para conservarse puro (*cf.* también 4:12; 5:2) puede entenderse como que se refiere particularmente a una posibilidad de asociación con el mal o como un mandamiento general.

La explicación más natural para los comentarios de Pablo en el versículo 23 acerca del vino es que su mención de la pureza proporciona un puente a la cuestión de la abstinencia. Los peligros del beber en exceso eran bien conocidos en el mundo antiguo. Los que hacían el voto nazareo debían abstenerse de vino durante el periodo de su apartamiento (Nm 6.3-4). Juan el Bautista se abstenía del vino (Lc 1:15; 7:33). Sin embargo, según las Pastorales, los ancianos simplemente debían evitar la ebriedad o adicción al vino (1Ti 3:3; Tit 1:7). Es natural que Timoteo planteara la cuestión de si podía siquiera tomar algo de vino. Es posible que, como los corintios que le hicieron a Pablo varias preguntas en una carta (1Co 7:1), Timoteo hubiese trasladado esta duda a Pablo. El apóstol no solo permite a Timoteo que tome "un poco de vino" por motivos de salud, sino que le manda hacerlo. Luego, retomando el tema del pecado, privado y público una vez más, Pablo establece en los versículos 24-25 que más pronto o más tarde tanto los pecados como las buenas obras se hacen públicos.

Esclavos y amos (6:1-2)

El ejemplo final de relaciones en esta sección es el de los esclavos y sus amos. Retomando la idea de honor de 5:17, Pablo dice a los esclavos que los amos "merecen todo respeto". La razón es similar a los motivos dados en Tito 2:9-10 para una adecuada conducta por parte de los esclavos, las mujeres y los jóvenes (*cf.* 2:5, 8): la reputación de los cristianos en la comunidad (*cf.* También 1Ti 3:7; 5:14). Los esclavos cristianos irrespetuosos e independientes podían acarrear una terrible vergüenza al evangelio.

El vasto número de esclavos en la sociedad antigua y en la iglesia implica que no se les podía omitir en un tratamiento debidamente amplio de las relaciones humanas. Las Pastorales no se amoldan al patrón habitual de los códigos sociales (*Haustafeln*, que aborda los diferentes roles o puestos en la vida; *cf.* Ef 5:21–6:9).[7] El tema predominante aquí no

7. Acerca de este tema ver David C. Verner, *The Household of God.*

es alguna pauta tradicional de relaciones mutuas (sumisión, amor, etc., como en Efesios), sino una conducta piadosa en las diversas relaciones de la vida y el efecto del comportamiento en el testimonio cristiano. En el caso de los esclavos, aquí reciben instrucciones ellos, pero no hay mensaje para los amos.

Los esclavos están bajo un "yugo" (RVR60, v. 1). Aunque no era necesario usar un término tan gráfico (puesto que *esclavitud* es una palabra que ya conlleva su miserable condición), el yugo subraya que los esclavos no tienen derechos por sí mismos. Pablo no está "hurgando en la herida", sino más bien estableciendo la base para su contundente término que tanto en general (v. 1) como particularmente cuando los esclavos tienen un amo cristiano (v. 2), deben (en sentido positivo) respetarles y (en sentido negativo) no faltarles al respeto. El término griego traducido como "respeto" en el versículo es el mismo que se traduce como "honor" debido a los ancianos en 5:17; la palabra vertida como "faltar al respeto" es la misma que se usa en 4:12 con respecto a los que "menosprecian" a Timoteo.

En lugar de aprovecharse de sus amos cristianos "por ser hermanos", los esclavos deben recordar que sus amos son también "creyentes y hermanos queridos". El pasaje es directo, salvo por la última frase: "los que se benefician de sus servicios [*energesis*]". Puesto que *energesis* se refiere en la literatura griega al servicio prestado por un superior a un inferior, la lectura natural es inusual. Sin embargo, las alternativas también tienen sus deficiencias, de modo que la de la NVI es probablemente la preferible.

La sección concluye con una familiar exhortación a enseñar y animar a "estas cosas" (*tauta*, ver comentarios sobre 4:11). Aunque esta palabra se refiere probablemente, como es habitual, a lo que la precede, y por tanto la NVI lo presenta como conclusión del párrafo, el versículo 3 brota de manera natural de dicho párrafo, porque este versículo establece la antítesis de la falsa doctrina. Los editores del texto griego estándar colocan esta frase al principio de un nuevo párrafo, como hace la NRSV.

La vergüenza el amor y las relaciones. Los conceptos de vergüenza y honor varían según la sensibilidad de cada cultura. Los estudios sobre la importancia del honor y la vergüenza en distintas apariciones en el Nuevo Testamento han sido útiles en la comprensión de pasajes bíblicos relevantes.[8] Puede ser difícil entender por qué la Escritura impone a alguien respetar a una clase particular de personas, como cuando se dice a los esclavos que respeten a sus amos o cuando en Efesios 5 se dice a los maridos que amen a sus esposas. En este último caso, las ideas de los estadounidenses acerca del amor y el matrimonio deben ser objeto de escrutinio en comparación con los antiguos presupuestos judíos y romanos sobre las relaciones entre marido y mujer.

Muchas sociedades han fomentado honor y respeto por los mayores, aunque esto ha estado cambiando en los tiempos actuales. Aunque en 1 Timoteo 5:17 no está claro si el término *time* ("honor") significa simplemente honor u honorario (ver comentarios más arriba), está claro que se implica el honor, y el principio citado aquí se encuentra en el Antiguo Testamento (ver v. 18; *cf.* también 2Ti 2:6). Hay que recompensar el trabajo duro, tanto en la iglesia como en la sociedad.

Un profundo respeto por los ancianos nos lleva al problema del presunto pecado entre los ancianos. No se debe actuar precipitadamente basándose en acusaciones presentadas por particulares. El principio veterotestamentario de tener varios testigos es importante en tales casos. El principio que tenemos aquí parece ser que cuando se ha corrido públicamente la voz de que un anciano ha estado viviendo en pecado, la corrección tiene que ser también pública.

En todo esto debemos tener presente la situación humana. El contexto social es el de un grupo relativamente pequeño de personas que se han estado reuniendo en una o más casas, que han desarrollado una intensa relación unos con otros y que además son parientes. La cantidad de personas emparentadas en una iglesia doméstica podría haber sido proporcionalmente mucho mayor que en una iglesia, por ejemplo, de unos doscientos miembros. Además, existían otras relaciones, como la de esclavos y amos o los benefactores y sus dependientes. En tales circunstancias, el favoritismo podría fácilmente eclipsar a la imparcialidad.

Una vez tenemos la adecuada perspectiva y el sentido proporcional con respecto al escenario de la iglesia del Nuevo Testamento, podemos

8. Un estudio útil de este tema en los escritos de Lucas es Jerome H. Neyrey, ed. (*The Social World of Luke-Acts: Models for Interpretation* (Peabody, Mass.: Hendrickson, 1991).

proceder a realizar la aplicación pertinente en nuestras propias circunstancias. Siempre hay que mantener la imparcialidad. No es nada insólito en las iglesias que una figura del liderazgo haya sido sorprendida en un terrible pecado, pero se libra fácilmente de cualquier consecuencia debido a los fuertes apegos personales en la congregación.

Estas caídas no se pueden predecir ni evitar completamente, pero la precaución al seleccionar a los ancianos es una importante medida proactiva, como señala el versículo 22. La manera tan superficial como muchas iglesias realizan la elección de sus líderes puede incrementar la posibilidad de posteriores problemas. Estas instrucciones se dieron en primer lugar a Timoteo, de modo que son una advertencia a todos los que mediante actividades evangelizadoras o misioneras establecen iglesias o a los que son considerados líderes fundadores. Estas personas deben mantenerse lejos del pecado y libres de acusaciones y contra-acusaciones. Los líderes de la iglesia y otros pueden, si se precipitan, perder su objetividad y pureza.

El alcohol en la vida cristiana. El versículo 23 parece aislado del texto anterior y posterior, aunque los versículos 24-25 parecen pertenecer a 17-22. Una vez señalado esto, podemos comentar los versículos 23-25 como una secuencia. Los cristianos que hacen un viaje internacional por primera vez se sorprenden a menudo ante la gran variedad de perspectivas que hay entre los cristianos con respecto a asuntos como el alcohol. No siempre es fácil extraer principios de la Escritura que se apliquen a tales prácticas con carácter universal, pero este parece bastante claro. Los principios son: (1) no se exige la ausencia total de alcohol; (2) el vino es aconsejable, al menos bajo ciertas condiciones de salud; (3) el uso del vino debe hacerse con moderación ("un poco de vino").

Este pasaje no aborda cuestiones más amplias como el de las bebidas como actividad social, el alcoholismo o actitudes hacia el alcohol vinculadas a ciertos países o regiones. En otros pasajes, la Biblia advierte seriamente sobre el alcohol (Pr 20:2; 32:31; Ef 5:18; 1P 4:3). Al mismo tiempo, 1 Timoteo 4:4-5 nos recuerda que "todo lo que Dios ha creado es bueno y nada es despreciable si se recibe con acción de gracias porque la palabra de Dios y la oración lo santifican".

Los versículos 24-25 recogen la cuestión de la gravedad de una vida pecaminosa. Por supuesto, el argumento aquí es que, con respecto a lo que hemos hecho, tanto el mal como el bien serán un día revelados.

Aunque escrito en un contexto diferente, esto refleja la verdad de 2 Corintios 5:10. La diferencia es que donde daremos cuentas es ante el tribunal de Cristo, si bien aquí ni los pecados ni las buenas obras pueden esconderse para siempre.

Significado Contemporáneo

El sostenimiento de los siervos del Señor. En su autobiografía, *Tal como soy*, Billy Graham describe las circunstancias en que decidió que sería mejor recibir un salario de su organización que ofrendas voluntarias de los asistentes al final de cada campaña evangelística. Había habido reportajes periodísticos acerca de la cantidad de dinero que Graham estaba recibiendo a través de esos donativos agradecidos. Para evitar rumores y situaciones embarazosas le aconsejaron recibir un salario que sería "comparablemente mejor que el del ministro medio de una iglesia de gran ciudad".[9] Aunque los salarios de los deportistas de hoy son irracionalmente altos, el público es más crítico con funcionarios y predicadores que alcanzan unos ingresos demasiado altos.

Tal vez sea el momento de volver a examinar el mundo del primer siglo y reflexionar sobre lo que el Nuevo Testamento tiene que decir acerca del tema (ver comentarios en las secciones Significado Contemporáneo de 6:3-10, 11-21). Para las iglesias, resulta difícil encontrar un criterio con el que calcular cuáles son los salarios adecuados para los pastores. A Billy Graham le aconsejaron aceptar un salario equiparable al de un pastor urbano, pero ¿es esta la mejor manera de determinar un salario de pastor? Una propuesta que vale la pena señalar es la de averiguar el sueldo de un administrador educativo (de instituto de secundaria) en la comunidad; existe una similitud suficiente entre la educación y al menos algunos de los ministerios de un pastor típico como para apoyar esa comparación. Es preferible esto al cálculo mediante comparación con los salarios de hombres de negocio exitosos de la iglesia o su comunidad, aun cuando la iglesia puede pensar que los pastores merecen una compensación igual a la de los líderes empresariales de la comunidad.

Todo esto suscita la cuestión de si un pastor debe siquiera tener un salario. En una iglesia en la que serví, yo quería vivir "por fe", pero la iglesia, que contaba con bastantes personas de posición y de éxito, tenía

9. Graham, *Tal como soy* (Miami: Vida, 1997), pp. 185-86 de la edición en inglés.

miedo de que cualquier cosa parecida a un "donativo de amor" fuese demasiado. Al final llegamos a un acuerdo en el que mis ingresos variaban en función de las ofrendas, pero era cuidadosamente seguido por el tesorero. Un peligro es que el pastor se convierta en un profesional a sueldo, como los del mundo secular, que espera aumentos de año en año y que con el tiempo tal vez acabe marchándose a una iglesia que le pague más todavía. Otro peligro es que un "pastor titular" recibirá una suma inadecuadamente superior a la que reciben otros miembros del equipo pastoral. Añadamos la consideración de que la reputación de la iglesia y, por consiguiente la reputación del Señor mismo (que es una preocupación destacada en las Cartas Pastorales), no se vea dañada por una obvia deficiencia en la provisión de un sustento digno para el personal pastoral.

Problemas de caídas entre los líderes. No es apropiado en esta sección extendernos en detalles sobre problemas actuales de caídas entre los líderes de la iglesia. En lugar de ello, presento las siguientes observaciones: (1) las circunstancias de la caída moral son a menudo complejas, debido a la dureza de las exigencias que pesan sobre el ministro contemporáneo, con cada vez mayores tensiones en el hogar y por la gran cantidad de personas que entran en el ministerio procedentes de hogares rotos y donde ha habido abusos.

(2) Cuando un pastor no ha tenido en su infancia una vida estable con apoyo moral y de amor, cuando está agotado, a menudo ocupado en aconsejar a personas con problemas sexuales, y cuando está embarcado en frecuentes reuniones de noche que interfieren en la vida en casa y con la familia, especialmente con la esposa, en esas circunstancias las tentaciones, sobre todo las de tipo sexual, pueden ser fuertes.

(3) A esto se añaden las cargas de la guerra espiritual: el hecho de que un pastor es un objetivo más probable para el enemigo de las almas, y la realidad de las tentaciones descritas en Santiago 1:13-15 que todos afrontamos. En tales situaciones son necesarios la comprensión y el asesoramiento.

(4) Por último, la comprensión y el asesoramiento no impiden una acción definitiva por parte de la iglesia, como la que se describe en esta sección en 1 Timoteo.

Aplicación de las relaciones entre amos y esclavos. En 1 Timoteo 6:1-2 se cierra el tema del capítulo 5 que contiene los consejos acerca de las viudas, los ancianos y los esclavos. Las instrucciones de Pablo aquí atañen solo a los esclavos, y no (como en Ef 6:5-9; Col 3:22–4:1) tanto a siervos como a señores. Establece dos puntos: los amos merecen pleno respeto (vv. 1-2a) y los esclavos deben prestar un servicio incluso mejor a sus amos cristianos (v. 2b). Esta sección nos da un ejemplo más de la fusión de doctrina y vida.

La razón por la que deben respetar a sus señores es porque así no se difama el nombre de Dios y la enseñanza apostólica. Este respeto se debe manifestar en hacer bien el trabajo. Es una labor ética que incorpora los dos "grandes mandamientos" (aunque no se mencionan aquí). Para los esclavos, amar a Dios con todo su ser y amar a su prójimo (en este caso, sus amos) como a ellos mismos significará que sirvan a sus señores bien, honrando así a Dios (*cf.* Tit 2:2-10). La mención de los esclavos no implica que Pablo aprobase la esclavitud. Por desgracia, se ha aplicado en ese sentido. Todo esto concuerda con la enseñanza de las Pastorales, que pone de manifiesto la preocupación de estas cartas por que los cristianos honren a Dios en todas sus relaciones.

1 Timoteo 6:3-10

Si alguien enseña falsas doctrinas, apartándose de la sana enseñanza de nuestro Señor Jesucristo y de la doctrina que se ciñe a la verdadera religión,[4] es un obstinado que nada entiende. Ese tal padece del afán enfermizo de provocar discusiones inútiles que generan envidias, discordias, insultos, suspicacias[5] y altercados entre personas de mente depravada, carentes de la verdad. Éste es de los que piensan que la religión es un medio de obtener ganancias.[6] Es cierto que con la verdadera religión se obtienen grandes ganancias, pero sólo si uno está satisfecho con lo que tiene.[7] Porque nada trajimos a este mundo, y nada podemos llevarnos.[8] Así que, si tenemos ropa y comida, contentémonos con eso.[9] Los que quieren enriquecerse caen en la tentación y se vuelven esclavos de sus muchos deseos. Estos afanes insensatos y dañinos hunden a la gente en la ruina y en la destrucción.[10] Porque el amor al dinero es la raíz de toda clase de males. Por codiciarlo, algunos se han desviado de la fe y se han causado muchísimos sinsabores.

Sentido Original

A lo largo de esta carta, Pablo ha vuelto una y otra vez a la necesidad de tener tanto una buena doctrina como una vida piadosa. Este tema no está desarrollado siguiendo una conexión lógica, como si estuviese escribiendo un tratado. Lo que encontramos es el tipo de carta que cabría esperar de un misionero veterano que escribe con urgencia. Se ocupa de un tema, sigue a través de algunas implicaciones del mismo o lo amplía en algunos aspectos, y luego regresa a dicho tema de nuevo, tratándolo de un modo ligeramente distinto.

Descripción del falso maestro (6:3-5)

La última descripción que Pablo hizo de los falsos maestros la tenemos en 4:1-5, que siguió de una palabra diferente para Timoteo en tanto que él debía obrar como un buen siervo del Señor. En este pasaje, los versículos 3-5 describen a los falsos maestros y el versículo 6 establece un contraste producido por la repetición de la palabra “religión”.

Otra sección principal como esta la tenemos en 2 Timoteo 3:1-9, aunque el contraste aquí no se hace con Timoteo, sino con la propia vida de Pablo (vv. 10-11). Resulta significativo que tanto en 1 Timoteo 6 como en 2 Timoteo 3, una de las críticas de Pablo a los falsos maestros tiene que ver con la avaricia. Aquí aparece en la mitad de la sección; en 2 Timoteo 3:1-9 se presenta al principio (v. 2). En ambos pasajes, sin embargo, la avaricia se contrasta con la verdadera religión o piedad. La codicia de dinero se menciona también en otra sección más acerca de los falsos maestros (Tit 1:10-16, esp. v. 11).

El hecho de que Pablo no dude en atribuir motivos pecuniarios a los oponentes a su evangelio no solo abre la puerta a su insistencia sobre la combinación de verdadera piedad con sana enseñanza, sino que también refleja algo propio del mundo grecorromano: acusar a los oponentes de tener esos intereses para desacreditarlos.[1] No obstante, hay que subrayar que aquí no se trata de un mero uso convencional del argumento, pues contaminar el mensaje del evangelio por obtener ganancias económicas era, y es, un asunto grave.

El versículo 3 empieza con una cláusula condicional: "Si alguien enseña falsas doctrinas". Pablo ya ha dejado claro que hay personas que lo están haciendo, así que la cláusula condicional es una manera de expresar algo que se da por hecho. Podría traducirse mejor como "todo el que" o "quienquiera que" (NRSV). El verbo traducido como "enseñar falsas doctrinas" (*heterodidaskaleo*) lo encontramos en 1:3 (ver comentarios). Esta sigue siendo su preocupación.

La doctrina falsa va en contra de la "sana enseñanza" y de la "doctrina que se ciñe a la verdadera religión". Son dos expresiones que reflejan el tema recurrente en las Pastorales. El término "sana" traduce el participio del verbo *hygiaino*, que conlleva la idea de tener buena salud (ver

---

1. El historiador judío del siglo primero Josefo llamó al revolucionario Teudas *goes*, hechicero, la misma palabra que usó para describir a un falso profeta egipcio y a un grupo de bandidos (*Guerras* 2.13.5, 6 [261, 264]; *Antigüedades* 20.5.1 [97]). Cualquier misionero de una nueva religión podía ser acusado de ser un *magus* (es decir., un mago charlatán). En otro pasaje, Pablo se refirió a las distintas opiniones sobre él con las palabras "veraces, pero tenidos por engañadores" (2Co 6:8). En 1 Tesalonicenses 2:3 declaró que su "predicación no se origina en el error ni en malas intenciones". Esas malas intenciones suelen implicar la avaricia, de modo que Pablo se defiende diciendo que él no ha "recurrido a las adulaciones ni a las excusas para obtener dinero" (v. 5) y que, lejos de constituir una carga (económica) para ellos, trabajó "día y noche" (v. 9). Se pueden ver otros ejemplos en W. Liefeld, *The Wandering Preacher As a Social Figure in the Roman Empire* (Ann Arbor: University Microfilms, 1968), 272-87. Ver también comentarios sobre 4:2.

comentarios sobre 1:10).[2] La "enseñanza" de la NVI representa al plural de *logos*, que tiene un significado mucho más amplio que meramente "palabras". Así pues, no tiene por qué referirse a las palabras concretas de Cristo, aunque en ocasiones se toma con ese sentido (como en NRSV). Las Pastorales no mencionan citas

específicas de Cristo que los herejes contradigan. Más bien, la enseñanza de estos va en contra de las doctrinas básicas que él enseñó a sus seguidores. La expresión "que se ciñe a la verdadera religión", complemento modificador de "doctrina", es un concepto importante en las Pastorales, donde hace referencia tanto al carácter de las personas como a la doctrina.[3]

La persona que se aparta de la verdad "es un obstinado que nada entiende" (v. 4; "un pomposo ignorante", REB; *cf.* 1:7; 3:6). Hay una descripción en cierto modo similar en Romanos 1:21-22, 25, 28. El que rechaza la "sana" doctrina tiene una "enfermiza" o morbosa obsesión por las "discusiones inútiles". Lock las llama "menudencias bizantinas: contiendas en las que las palabras son las armas y hasta puede que el motivo; no hay nada real tras ellas".[4]

Los cinco resultados de etas discusiones tienen que ver con trastornos en las relaciones interpersonales: "envidias", "discordias" (contenciosos, a menudo originados en la envidia, que estropean una relación), "insultos" (*blasphemiai*, en este caso, con difamaciones recíprocas, no contra Dios), "suspicacias" y "altercados". No se trata de meras fricciones, sino de las actitudes disfuncionales que se dan entre personas que tienen tres rasgos característicos: una "mente depravada", son "carentes de la verdad" y están dirigidos por un concepto perverso de la "religión". Su mal concepto consiste en que la religión es solo un medio para ganar dinero.

El contentamiento y la verdadera religión (6:6-10)

En el versículo 6, Pablo recoge la palabra "ganancias" del versículo 5 y establece un contraste con la visión interesada de la religión que acaba de criticar. Hay una gran ganancia en la religión, pero solo si se la

2. Ver también 2Ti 1:13; 4:3; Tit 1:9, 13; 2:1.
3. En 1 Timoteo aparece en 2:2; 3:16; 4:7, 8, así como, en este pasaje, en vv. 3, 5, 6, 11; también aparece en 2Ti 3:5; Tit 1:1. El verbo cognado se encuentra en 1Ti 5:4 y el adverbio en 2Ti 3:12; Tit 2:12.
4. Lock, *Pastoral Epistles*, 68.

combina con estar "satisfecho con lo que uno tiene", lo contrario de la avaricia. Esta manera de referirse al contentamiento traduce *autarkes*, una palabra que empleaban los estoicos para referirse a la virtud de la autosuficiencia. Pablo usó este término en un sentido cristiano también en Filipenses 4:11: "No digo esto porque esté necesitado, pues he aprendido a estar satisfecho en cualquier situación en que me encuentre".

Es interesante que Pablo no hable aquí de Cristo como nuestro contentamiento. Sin duda, para él lo es, pero lo que quiere decir en el versículo 7 es un aforismo semejante a: "Esto no puedes llevártelo contigo". El versículo 8 especifica lo esencial para estar satisfecho: "ropa y comida". Esto incorpora las firmes enseñanzas de Jesús contra la avaricia y sobre confiar en Dios para las necesidades materiales que encontramos en Lucas 12:13-34 (ver también la oración: "Danos cada día nuestro pan cotidiano", y otras enseñanzas del Sermón del Monte en Mt 6:9-13, 19-34).[5]

Lo que los versículos 9-10 quieren decir no es que la riqueza sea algo malo, sino que lo es el desearla. Queda claro con tres frases: (1) "Los que *quieren* enriquecerse", (2) "el *amor* al dinero es la raíz de toda clase de males" y (3) "Por *codiciarlo*, algunos se han desviado" (cursivas añadidas). La NIV [no así la NVI] evita acertadamente el artículo antes de "raíz", porque Pablo no está diciendo que el dinero es *la* raíz, y la NVI inserta "clase de" para mostrar la implicación de la palabra "toda" antes de "males".

Las palabras con que concluye el versículo 10 señalan la interconexión entre la codicia el desviarse de "la fe". Vemos una vez más el contraste entre la combinación de verdadera religión y fe por un lado y las malas motivaciones y la incredulidad por el otro. El conocido versículo 7 no es solo una verdad de Perogrullo, es un hecho de gran valor que debe motivar nuestro modo de vida. De hecho, toda la sección de los versículos 6-10 nos suena familiar.

El trasfondo de la preocupación de Pablo. Como hemos señalado antes, parece ser que Pablo se va preocupando cada vez más por la turbia mescolanza hecha con posos de falsa doctrina y carácter pecaminoso de los falsos maestros. Esto no es como

5. Ver también Young, *Theology of the Pastoral Letters*, 19, 33-34, que comenta sobre Reggie M. Kidd, *Wealth and Beneficence in the Pastoral Epistles*.

las ofensivas acusaciones que los antiguos predicadores (tanto religiosos como filosóficos) solían lanzarse unos a otros. Pablo no está simplemente hablando mal de sus oponentes, está intentando mostrar la conexión que hay entre las malas personas y las malas enseñanzas que están imponiendo sobre los cristianos en Éfeso.

Timoteo se enfrenta aquí a una perversión intelectual, tal como se muestra en la continua búsqueda de detalles que no edifican, sino que siembran controversias. Estos falsos maestros tienen al parecer dos malvados propósitos en su instrucción religiosa: ganancias económicas y conquistas sexuales (ver también 2Ti 3:6). Esta es, por supuesto, la descripción que los novelistas han usado para presentar a los evangelistas (en algunos casos, justificadamente). La religión provee una tapadera

inigualable para el mal. En un siglo posterior, pero aún en el Imperio romano, el escritor satírico Luciano describía a los predicadores filosóficos y religiosos, muchos de ellos itinerantes, que solían valerse de su profesión para conseguir dinero y sexo. Un ejemplo era el del falso profeta Alejandro, que vendía profecías y se estableció en una región donde la gente era supersticiosa y crédula. También encontró una rica mecenas.[6] Más famosa fue la figura de Peregrinus. Este hombre siempre buscaba atención y al final la consiguió cuando se inmoló en una hoguera en una festividad griega, cuando todo el mundo estaba mirando. En el transcurso de su accidentada carrera, Peregrinus descubrió que los predicadores cristianos itinerantes eran muy bien tratados en cuanto a hospedaje y apoyo por los cristianos sinceros. Por eso se convirtió del cinismo al cristianismo, durante un tiempo.[7]

Profesar una religión motivado por ganancias personales era algo ya muy conocido en tiempos de Pablo. El apóstol dijo a los tesalonicenses que él no había querido ser una carga ni quedar en deuda con ninguno de ellos y, por tanto, mientras les predicaba el evangelio estuvo trabajando en su oficio "día y noche" (1Ts 2:3-9). Predicó a pleno tiempo solo cuando Silas y Timoteo llegaron de Macedonia, posiblemente porque traían ayuda de los creyentes de allí (Hch 18:5; *cf.* Fil 4:10-19).[8] En

6. Luciano, *Alejandro*. Ver también W. Liefeld, *The Wandering Preacher As a Social Figure*, 85-88.
7. Luciano, *Peregrinus*. Ver también Liefeld, *The Wandering Preacher As a Social Figure*, 53-59.
8. El hecho de que los predicadores cínicos ambulantes usaran una bolsa para pedir puede ser una razón por la que Jesús dijo a sus discípulos que no llevaran tal bolsa (Lc 9:3; 10:4).

contraste con todos esos que piensan que la religión es un medio de obtener ganancias" (v. 5), la afirmación paulina de que "con la verdadera religión se obtienen grandes ganancias, pero sólo si uno está satisfecho con lo que tiene" (v. 6) es un fuerte testimonio personal. Tenemos aquí un ejemplo maravilloso de fusión de religión y práctica, de piedad y contentamiento.

El "amor al dinero". Después de exhortar a sus lectores a estar satisfechos con tener ropa y comida. Pablo presenta un aforismo que a menudo se cita mal y casi siempre se menciona separado de su contexto: "Porque el amor al dinero es la raíz de toda clase de males (v. 10). Con frecuencia se señala que Pablo afirma que el dinero es la raíz de todo mal; es el *amor* al dinero lo que alimenta el mal, no es *la* raíz de todo mal, sino *una* (NIV, NRSV) raíz o "está en la raíz" (NLT) de *todas las clases* de mal, como implica el texto griego.

En otra mezcla bien lograda de doctrina y fe, Pablo afirma que "por codiciarlo, algunos se han desviado de la fe" (v. 10). Hemos visto que en la Pastorales, cuando aparece "la" antes de "fe" implica que no se está pensando en la confianza personal de uno en Cristo, sino en el corpus de la doctrina cristiana. Los motivos codiciosos apartan de la verdad. Pablo recoge este tema en la siguiente sección cuando le dice a Timoteo que pelee "la buena batalla de la fe" (v. 12).

Todo esto pone de manifiesto la importancia de tener una motivación adecuada en el ministerio. Nuestros corazones son engañosos; el amor al dinero (aun cuando llevemos un estilo de vida sencillo) y la lujuria (aun cuando podamos predicar sermones contra ella) han hecho naufragar ministerios y a demasiadas personas. Cuánto más peligroso es cuando se mueve sin freno en los corazones de quienes ni siquiera son creyentes.

Significado Contemporáneo

Mantener el equilibrio en nuestra chequera. Los seres humanos parecemos tener problemas para mantener el equilibrio. Con respecto a esta sección, nuestra tendencia es no ofender a nadie, así que nos callamos las implicaciones de la verdad. Pablo deja claro que el mal motiva, al menos algunas veces, la mentira que hay tras las doctrinas malas. Pero la acusación de pecados de codicia y otros motivos indignos a quienes no están de acuerdo con la doctrina ortodoxa puede fácilmente ser una forma de extralimitarse.

No debemos olvidar que Pablo estaba escribiendo inspirado por el Espíritu Santo y que lo que escribía era verdad porque era de hecho la Palabra de Dios. Por el contrario, nosotros no tenemos un juicio libre de error al evaluar las motivaciones de otros. No solo podemos provocar rechazo en las personas si nuestras vidas no respaldan lo que estamos afirmando, sino que podemos causarlo también por acusar a los demás de eso mismo. Para esto se requiere mucho discernimiento de parte de Dios y una delicada combinación de amor y audacia.

En el pasado, los cristianos fundamentalistas criticaron duramente a la Iglesia Católica por sus bienes materiales. En el número del 4 de agosto de 1997 de la revista *Time* se puso a los mormones bajo el mismo foco. Pero hay suficientes edificios de culto construidos con gran lujo y fastuosas casas de predicadores protestantes con autos caros como para abstenernos de pensar y hablar sobre esta cuestión. Los cristianos verdaderamente satisfechos con tener comida y ropa son menos de los que pensamos. Por desgracia, podemos considerar el "estilo de vida sencillo" solo como un noble gesto fruto de los años sesenta.

No les iría mal a los predicadores (ni a cualquiera de nosotros, a este respecto) dividir unos cuantos folios en dos columnas, una con la cabecera "necesito" y otra con "quiero", y apuntar en las columnas pertinentes nuestros hogares con su precio de mercado, nuestros autos, tal vez el número de trajes y zapatos que tenemos, y otros artículos que precisan ese tipo de valoración, y luego poner esas listas ante Dios en un tiempo de oración, con la determinación de llevar a cabo lo que resulte apropiado a la luz de nuestra evaluación. Un amigo que había ganado lo suficiente para vivir de manera confortable ofreció sinceramente a Dios reducir significativamente su nivel de vida, ¡y recuerda el miedo que sintió ante lo que eso podía implicar!

1 Timoteo 6:11-21

Tú, en cambio, hombre de Dios, huye de todo eso, y esmérate en seguir la justicia, la piedad, la fe, el amor, la constancia y la humildad. [12] Pelea la buena batalla de la fe; haz tuya la vida eterna, a la que fuiste llamado y por la cual hiciste aquella admirable declaración de fe delante de muchos testigos. [13] Teniendo a Dios por testigo, el cual da vida a todas las cosas, y a Cristo Jesús, que dio su admirable testimonio delante de Poncio Pilato, te encargo [14] que guardes este mandato sin mancha ni reproche hasta la venida de nuestro Señor Jesucristo, [15] la cual Dios a su debido tiempo hará que se cumpla. Al único y bendito Soberano, Rey de reyes y Señor de señores, [16] al único inmortal, que vive en luz inaccesible, a quien nadie ha visto ni puede ver, a él sea el honor y el poder eternamente. Amén.

[17] A los ricos de este mundo, mándales que no sean arrogantes ni pongan su esperanza en las riquezas, que son tan inseguras, sino en Dios, que nos provee de todo en abundancia para que lo disfrutemos. [18] Mándales que hagan el bien, que sean ricos en buenas obras, y generosos, dispuestos a compartir lo que tienen. [19] De este modo atesorarán para sí un seguro caudal para el futuro y obtendrán la vida verdadera.

[20] Timoteo, ¡cuida bien lo que se te ha confiado! Evita las discusiones profanas e inútiles, y los argumentos de la falsa ciencia. [21] Algunos, por abrazarla, se han desviado de la fe.

Que la gracia sea con ustedes.

El apóstol está listo para concluir la carta. Toda esta sección está dedicada a Timoteo, que debe distanciarse de los falsos maestros y seguir viviendo una existencia dedicada a la fe cristiana. Pablo incluye también algunas conclusiones de despedida que el joven pastor debe presentar a los que son ricos en el mundo.

Esta sección entera es dirigida a Timoteo, quien debe distanciarse de los falsos maestros y continuar viviendo una vida se aplicó a la fe cristiana. Pablo también incluye algunas instrucciones de despedida que el joven pastor le debe ofrecer a esos que son enriquecedoras en el mundo.

Honrar a Dios cumpliendo su llamamiento (6:11-16)

Esta sección se abre con un fuerte contraste: "Tú, en cambio…", mediante el cual se manda a Timoteo que mantenga las distancias con las personas descritas en los versículos 3-10. Pablo se dirige a él como "hombre de Dios", una expresión usada solo aquí y en 2 Timoteo 3:17 en el Nuevo Testamento. Aparece en bastantes ocasiones en el Antiguo Testamento, en referencias a Moisés (Dt 33:1; Jos 14:6; Esd 3:2; título de Sal 90), Samuel (1S 9:6), David (2Cr 8:14; Neh 12:24, 36), Elías (1R 17:18), y Eliseo (2R 4:7). A primera vista parece referirse a los líderes más poderosos. Pero, aunque pudo haberse usado con ese sentido para el rey David, las dos referencias que él hace están relacionadas con sus instrucciones con respecto al papel de los levitas en la adoración. Cabe señalar que la expresión en el Nuevo Testamento usa el genérico *anthropos* ("ser humano", no "hombre" en el sentido de varón).

Siguen varios imperativos siguen en poco espacio. "Huye [*pheugo*] de todo esto" se refiere a las maldades mencionadas en los versículos 3-10.Mientras que en la literatura moralista de ese período *pheugo* podía tener el sentido de rehuir o evitar, el hecho de que inmediatamente a continuación aparezca "esmérate en seguir" presenta una vívida imagen de una persona escapándose del mal y corriendo hacia el bien. Timoteo debe perseguir una serie de virtudes que le ayudarán a mantener el carácter que Pablo ha estado promulgando a lo largo de la carta.

- "Justicia" aquí no es la justicia forense de Romanos, sino la integridad de la vida descrita por la palabra "rectos" con que se describe a Zacarías y Elisabet en Lucas 1:6.
- "Santidad" es la bien conocida *eusebeia*, destacada en 6:3-6.
- "Fe" es una de las primeras virtudes mencionadas en las Pastorales: la obra de Dios es "por la fe" (1:4).A veces el término *fe* se refiere a la doctrina (esp. con el artículo definido), otras veces es una virtud o una cualidad de la relación del creyente con Jesús.
- Entre las virtudes frecuentemente vinculadas en las Pastorales a la fe está el "amor" (ver 1:5, 14; 2:15; 4:12; 2Ti1:13; 2:22; 3:10; Tit 2:2).
- Después de la fe y el amor vienen "la constancia y la humildad" (ver también Tit 2:2 para la constancia en las Pastorales).La palabra traducida como "humildad" es única en el Nuevo Testamento; puede parecer extraña aquí, dado que el siguiente imperativo es "pelea".

Sin embargo, el verbo "pelea" se refiere a un certamen deportivo, no al combate militar, y también sabemos que Timoteo debía ser amable y cortés cuando estaba instruyendo a los incrédulos (2Ti 2:24-25). En realidad, el contexto de 6:12 no es en contra de otras personas; es el "la buena batalla de la fe", que es la "competición atlética" personal de Timoteo para el dominio propio.

En cuanto a esto, Timoteo debe "hacer suya" la vida eterna. La ha recibido de Dios y ahora tiene que echar mano de ella. El aoristo de este imperativo no implica que sea un hecho de un solo momento. Para Timoteo, "hacer suya" la vida eterna significa apropiarse de los que Dios le ha dado, puesto que ya ha sido "llamado" a ello. (De los varios aspectos el llamamiento en las Escrituras, ver 2Ts 2:13-14). Un significado más específico de "hacer suya" la vida lo encontramos en 1 Timoteo 6:19, donde los ricos han de hacer suya la vida en el sentido de usar las riquezas para el bien, estableciendo así un fundamento para "el futuro".

Hay debate en cuanto al significado y ocasión de la "admirable declaración de fe" (v. 12) de Timoteo.[1] El problema tal vez esté más en la traducción que en el griego, por los problemas de traducir literalmente. "Haz tuya la vida eterna, a la que fuiste llamado y por la cual hiciste aquella admirable declaración de fe" suena chirriante. En Romanos 10:10, Pablo dice (literalmente): "La confesión de lengua es hecha para [*eis*] salvación". Nótese, sin embargo, que si este pasaje se considerase una construcción paralela a la del que estamos comentando, haría que la vida eterna fuese algo contingente en función de la declaración de fe personal de uno.

Hay dos aspectos de la traducción del versículo 12b en la NVI que fectan a la interpretación. (1) Una es que el *momento* de la declaración

1. La NVI ("por la cual hiciste aquella admirable declaración") liga la declaración con el llamamiento en un sentido temporal. La LBLA ("*de la que* hiciste buena profesión") presenta igualmente un vínculo, asumiendo que el sintagma preposicional *eis hen* que introduce el verbo del llamamiento (donde se traduce "a la cual") también introduce el verbo de la profesión (donde se traduce "de la que"). La NLT, por alguna razón, omite completamente el llamamiento. Igual que la NRSV, construye la cláusula sobre la confesión como una cláusula de relativo, introducida por el pronombre relativo "la cual", que tiene como antecedente "vida eterna". La idea de que ambos verbos continúan la metáfora de la lucha la rechazaron Ellicott (*Commentary on the Epistles of St. Paul*, 108) y otros en el siglo XIX, y no parece haber suscitado comentarios en el siglo XX.

es el mismo que el momento del llamamiento de Timoteo y la recepción de la vida eterna. Si es así, tenemos un problema, porque en cierta medida distorsiona la comparación con la declaración de Cristo Jesús ante Poncio Pilato (v. 13). Dicha declaración no tiene nada que ver con una conversión por parte de Jesús, ni era una confesión ante una multitud amistosa, como sí sería en el caso del bautismo de Timoteo o en su imposición de manos (*cf.* 4:14). Pero este último problema lo tenemos de todos modos, a menos que aboguemos por alguna experiencia de oposición que Timoteo tuviese, en medio de la cual hizo esa declaración admirable de fe.[2] Puesto que el llamamiento aquí mencionado tiene que ver con la recepción de Timoteo de la vida eterna y puesto que tuvo lugar mucho antes del incidente de 4:14, este probablemente se refiere al bautismo (algo que, hay que admitirlo, es una conjetura) o a alguna otra experiencia temprana en su vida cristiana. (2) La expresión final, "delante de muchos testigos", se refiere casi con seguridad a más que simplemente algunos ancianos poniendo sus manos sobre él.

El versículo 13 contiene otro solemne encargo de Pablo, introducido con el término *parangelllo*, "te encargo" (ver también 1:3; 4:11; 5:7; 6:17). Lo hace "teniendo a Dios por testigo) [lit. en presencia de Dios], con la descripción adicional "el cual da vida a todas las cosas". Esto, junto con la referencia siguiente a Cristo como el segundo testigo del encargo, otorga al mandamiento una gran solemnidad y de fuerza. La referencia a Dios como dador de la vida es un recordatorio de que Timoteo y todos los seres vivientes dependen de Dios para su existencia diaria. La referencia a Cristo y a su "admirable testimonio" sirve para recordar el valiente y noble ejemplo que Timoteo debe seguir.

La primera cuestión a la que nos enfrentamos en el versículo 14 es la de identificar "este mandato". Pablo usa tres palabras distintas para "mandato" en las Pastorales: *epitage* (1Ti 1:1; Tit 1:3; 2:15), *parangelia* (1Ti 1:5, 18), y *entole* (en este pasaje y en Tit 1:14; ver

---

2. Casi todos los comentaristas ven la situación como "amistosa". Lock (*Pastoral Epistles*, 71), Fee (*1 and 2 Timothy, Titus*, 150), Kelly (*Pastoral Epistles*, 141), Stott (*Guard the Truth*, 57) y Scott (*Pastoral Epistles*, 77) sostienen que esta era una confesión bautismal. Ellicott (*Commentary on the Epistles of St. Paul*, 108), Knight (*Pastoral Epistles*, 264-65), y Towner (*1–2 Timothy & Titus*, 143) piensan que era parte de una ceremonia de encomendación u ordenación. Ambas opciones se presentan igualmente en Dibelius/Conzelmann (*Pastoral Epistles*). Hanson (*Pastoral Epistles*, 110-11) cree que se refiere a su bautismo, con un recordatorio de su ordenación. Calvino (*Commentaries*, 163) lo considera una referencia a todo el ministerio de Timoteo.

comentarios sobre1Ti 1:1, 5). Fee resume convenientemente las diversas maneras de entender el término referido como "mandato": (1) las exhortaciones de 1 Timoteo 6:11-12, entendidas de forma colectiva; (2) un supuesto encargo bautismal al que se alude en el versículo 12; (3) un encargo de ordenación; (4) la fe cristiana entendida como una especie de nueva ley; o (5) un mandamiento a Timoteo para que persevere en su propia fe y en su ministerio, como en 4:16, para salvarse a sí mismo y a los demás.

Con respecto a 6:20 y 2 Timoteo 4:7, Fee opta por la última opción como la que "realmente resume el énfasis esencial de la carta: que la mejor manera para Timoteo de poner freno a los falsos maestros es dedicarse resueltamente a su fe y su llamamiento". Aunque exegéticamente resulta frustrante no poder identificar un solo mandamiento específico ni en el capítulo 1 ni aquí, esta ambigüedad apunta al hecho de que Dios está llamando y dirigiendo a Timoteo repetidamente por varios medios. Su llamamiento a la vida eterna es el principio de un proceso de llamado y dirección en el que el apóstol juega un papel importante.[3]

El mandato de Pablo tiene alusiones morales. No era solo un *encargo* de hacer algo, sino un *mandato* de *ser* algo: "sin mancha ni reproche". Gramaticalmente, las palabras "sin mancha ni reproche" son adjetivos que modifican a "mandato". Sin embargo, la implicación no es que el mandamiento en sí sea susceptible de mancha, sino que la respuesta de Timoteo a él podría verse embarrada, desprestigiando así su misión y su comisión.

La palabra traducida como "sin mancha" (*aspilos*) describe en otros pasajes la perfección de Cristo como cordero sacrificial (1P 1:19) y el carácter que se espera de los cristianos (Stg 1:27; 2P 3:14). "Sin... reproche" (*anepilemptos*) solo aparece en las Pastorales (ver también 1Ti 3:2; 5:7). Retoma el asunto de las Pastorales de no dar a otros la oportunidad de tener reproches contra la conducta de los cristianos. En la primera instancia se aplica a los ancianos; en la segunda, a la gestión de las cuestiones de las viudas. Aquí se aplica específicamente a Timoteo.

La "venida" (*epiphaneia*) de Cristo se refiere a la segunda (ver también 2Ti 1:10; 4:1, 8; Tit 2:13). El verbo relacionado (*epiphaino*, ver Tit 2:11, 3:4) se refiere a la manifestación de la gracia de Dios en la primera venida de Cristo (ver comentarios sobre Tit 2:11, 13). Timoteo

3. Ver la sección Construyendo Puentes para encontrar más observaciones sobre este tema.

debía llevar a cabo su misión de enseñanzas específicas hasta la llegada de Pablo (1Ti 4:13), pero su ministerio cristiano en general tenía que llevarlo a cabo durante toda su vida o hasta la venida de Cristo. De modo similar, el viaje misionero al que fueron encomendados Pablo y Bernabé mediante imposición de manos en Hechos 13:2-3 ya se había terminado en 14:26, pero Pablo prosiguió su servicio al Señor hasta que haber "terminado la carrera" (2Ti 4:6-8). Este último pasaje, como el que ahora comentamos, se refiere a la manifestación de Cristo. Quizás conlleva la idea de una aprobación en público del ministerio que uno desarrolla.[4] El hecho de que Pablo espere que tanto Timoteo como él sigan en el ministerio hasta la venida de Cristo es una de las razones por las que cabe rechazar la idea de que las Pastorales se escribieran en un tiempo en que Pablo, o quizás un escritor posterior, hubiera dejado atrás la esperanza de estar vivo cuando Cristo regresara.

La doxología de los versículos 15-16 emplea un vocabulario rico y de alto nivel para exaltar a Dios. Se presenta mediante una declaración que incluye la referencia anterior a la venida de Cristo. Esta afirmación hace hincapié en la soberanía de Dios, que hará que se cumpla esa venida "a su debido tiempo".[5] Dios es "bendito" (*makarios*; ver en Ef 1:3 otra palabra de bendición o alabanza: *eulogetos*). Él es el "único… Soberano"; en la doxología de 1 Timoteo 1:17, es el "único Dios". *Dynastes* (traducido aquí como "Soberano") se emplea en el resto del Nuevo Testamento únicamente en Lucas 1:52 y Hechos 8:27. La palabra se usaba en el griego secular para referirse a cargos importantes y para el dios principal de los griegos: Zeus. Puesto que las expresiones "Rey de reyes" y "Señor de señores" también se usaban fuera de los escritos bíblicos durante este periodo, Pablo parece emplear deliberadamente una terminología familiar a sus lectores para expresar la supremacía del Dios verdadero.[6]

Otra característica particular de Dios que se celebra en esta doxología es su inmortalidad. El adjetivo *monos* subraya aquí que Dios es el único que no está sujeto a la muerte. Algunos sostienen que es inapropiado referirse al "alma inmortal" de alguien que no ha recibido la vida eterna

4. En 2 Tesalonicenses, Pablo se refiere al juicio de "aquel malvado", que será destruido con el "esplendor" (*epiphaneia*) de la venida de Cristo (la *parousia*).
5. Ver 2:6, donde se traduce como "a su debido tiempo", igual que en Tito 1:3.
6. Ver Dt 10:17; Sal 136:2-3 para "Dios de dioses" y "Señor de señores". Tenemos "Rey de Reyes y Señor de señores" en Ap 19:16, y la inversa "Señor de señores y Rey de reyes" en Ap 17:14.

de Dios, pes creen que los seres humanos solo poseen inmortalidad si Dios se la ha dado (1Co 15:53-54).[7]

Este es el Dios que vive en una luz a la que no podemos acercarnos.[8] La luz de Dios pone al descubierto el mal (Ef 5:11-14). Él está rodeado de luz (Dn 2:22; *cf.* Éx 3:5) y se viste de luz (Sal 104:2). Además, Dios no dejó a Moisés que le mirase directamente al rostro, "porque nadie puede verme y seguir con vida" (Éx 33:20). Pablo refuerza aquí ese hecho. Así como los hombres no poseen inmortalidad por naturaleza, sino que la reciben por gracia, del mismo modo los que han sido incapaces de ver a causa del pecado serán un día semejantes a él cuando se manifieste, "porque le veremos tal como él es" (1Jn 3:2). Estas verdades son aplicables única y exclusivamente a Dios, por lo que él merece "el honor y el poder eternamente".

Palabras para los ricos (6:17-19)

El versículo 17 contiene una última aparición del verbo *parangello*, "mandar" (ver comentarios sobre v. 13; también 1:3). Puede parecer extraño que Pablo regrese al tema de la riqueza en este párrafo, cuando ya la ha tratado en los versículos 5-10. Sin embargo, sabemos que las primeras iglesias cristianas no carecían de miembros de la clase social alta y rica. Sea cual sea la manera como obtuvieron sus riquezas, posiblemente antes de ser creyentes, ahora las poseían y necesitaban instrucciones sobre su uso. (1) Estas personas debían reconocer el carácter temporal de las riquezas "de este mundo", que solo durarán hasta la venida de Cristo recién mencionada. (2) No deben ser arrogantes. (3) No deben poner "su esperanza en las riquezas", porque son muy "inseguras".

Esta advertencia viene seguida de una conjunción adversativa fuerte, *alla* ("pero") y de la instrucción positiva que responde punto por punto

7. El término griego para inmortalidad (*athanasia*) y sus cognados se usaban en la literatura griega para referirse a los dioses y, con un sentido honorífico, a algunos seres humanos (*LSJ*, 30-31). Acerca de la inmortalidad de Dios, ver comentarios sobre 1 Timoteo 1:17; sobre la inmortalidad que Dios otorga a los creyentes, véanse comentarios sobre 2 Timoteo 1:10. Para una evaluación minuciosa (y rechazo) de la "inmortalidad condicional", ver Millard J. Erickson, *How Shall They Be Saved?* (Grand Rapids: Baker, 1996), 217-32.

8. Para ver referencias a la aparición de la palabra "inaccesible" (*aprositos*) en otra literatura griega (su único uso en el nuevo Testamento es el de este pasaje), ver *LSJ*, 230.

a las negativas en una especia de quiasmo: su esperanza debe estar en Dios, él es el único que "nos provee de todo en abundancia para que lo disfrutemos", y, en lugar de ser arrogantes, deben hacer "el bien" y ser "generosos, dispuestos a compartir" (v. 18). Todo esto se expone dentro de la espera del "futuro" (v. 19), marcado por la venida de Cristo en el debido tiempo que Dios disponga (vv. 14-15). El "seguro [lit. bueno o hermoso] caudal" para el porvenir sustituye a la inseguridad de las riquezas (v. 17). Así como Timoteo se apropia de la vida eterna (v. 12), así también los ricos deben apropiarse de, u obtener, "la vida verdadera".

Conclusión (6:20-21)

Con el versículo 20 comienzan unas palabras finales para Timoteo. Es difícil saber qué es lo que se le ha "confiado" (ver comentarios sobre 2Ti 1:12, donde hay algo que se le confía a Dios; 1:14, donde algo se le confía a Timoteo). En este contexto puede referirse al don que Timoteo recibió cuando le impusieron las manos (1Ti 4:14).

Pero justo después de decirle que "cuide" esto, Pablo escribe acerca de evitar "los argumentos de la falsa ciencia". Este mandato parece ser un resumen de todas las exhortaciones de esta carta destinadas a seguir la verdad y oponerse a la herejía. Si es así, lo "confiado" y que debe ser cuidado probablemente sea la "buena enseñanza" o sana doctrina. Así parece, desde luego, en el caso de 2 Timoteo 1:14, que viene precedida de una referencia a seguir "el ejemplo de la sana doctrina" (v. 13). Es especialmente importante que Timoteo lo haga así porque algunos han abrazado la falsedad y "se han desviado" en ese camino.

Algunos cristianos tienen la costumbre de leer regularmente un libro o una porción de la Escritura que encuentran especialmente significativo. Este puede ser el caso de Salmos o tal vez del Sermón del Monte. El pasaje de 1 Timoteo 6:11-21 sería un buen candidato a esa atención reiterada.

La expresión "hombre de Dios" es frecuente en el Antiguo Testamento, normalmente refiriéndose a un profeta. La única otra ocurrencia del término en el Nuevo Testamento está también en las Pastorales (2Ti 3:17), donde la Escritura capacita al "siervo de Dios… para toda buena obra". Dado que estos pasajes del Nuevo Testamento no parecen estar dirigidos a profetas, podemos llegar a la conclusión de que se aplican a todos los hombres y mujeres que sirven al Señor. Si es así, resulta fácil trasladar esta verdad a la era actual.

Preocupación por la gloria de Dios. Esta sección comienza con nuestra vida y carácter interiores (v. 11). Pablo acepta el hecho de que todos los cristianos enfrentamos luchas (v. 12). Le recuerda al lector la vida eterna que todos los que son de Dios poseen, aunque las circunstancias del llamamiento especial que hayamos recibido serán distintas. Sean cuales sean las circunstancias que concurrieron en la vida de Timoteo, incluían una "admirable declaración" ante los demás. A todos nos hace recordar el ejemplo de Cristo ante Pilatos, y a todos nos hace mirar adelante a la futura venida de Cristo. Ambos deben motivarnos para cumplir el llamamiento de Dios y su mandato para nosotros.

Dios está en el trono y es digno no solo de nuestra obediencia, sino también de nuestra adoración. La preocupación que Pablo ha mostrado en esta carta acerca de mantener la sana doctrina y el carácter cristiano adecuado a ella es en última instancia una preocupación por la reputación, la gloria, de Dios. Así pues, las doxologías que encontramos en las Pastorales son pertinentes y expresan de forma apropiada esta fusión de doctrina y vida.

La batalla de la fe del cristiano. Si el mandato de pelear "la buena batalla de la fe" se refiere al ministerio de Timoteo, hay que tomarlo en concordancia con las instrucciones de las Pastorales en el sentido de no ser contencioso y belicoso. Si, por una parte, se trata de una lucha interna, como parece dado el contexto, describe la experiencia típica de los cristianos. Obtener la victoria en las luchas en que estamos sumidos puede ser un aspecto de "hacer nuestra la vida eterna". Como señalamos anteriormente, los ricos se apropian de la vida verdadera usando sus riquezas para el bien de los demás y con la mirada puesta en el futuro. Siguiendo la analogía, Timoteo y los cristianos en diversas situaciones de la vida pueden prepararse para el futuro utilizando lo que Dios les ha dado en su vida.

En la sección Sentido original discutimos la posible conexión entre el llamamiento de Timoteo, su declaración y su "hacer suya" esta vida. Podemos estar confiados en que el llamamiento de Dios a la vida eterna tiene en sí esta dimensión eterna. La decisión de Dios no se produjo simplemente cuando Timoteo estaba en presencia de los testigos (v. 12).

Esta declaración, que reafirma el llamamiento de Dios, se realizó en un momento en particular, posiblemente, como hemos visto, en el bautismo de Timoteo. El ejemplo de Cristo ante Pilato (v. 13), sin embargo, no ocurrió en un acontecimiento espiritual como el del bautismo, sino en un momento de oposición; esto da a entender que en cualquier momento se nos puede llamar a realizar nuestra "admirable declaración". Pablo mira entonces adelante, al momento de la consumación, cuando Cristo venga, y concluye con una doxología al Dios inmortal que es digno de "el honor y el poder eternamente".

Ser consciente de que Cristo aparecerá en gloria es una gran motivación para obedecerle "sin mancha ni reproche". Según 2 Corintios 5:10, todos compareceremos ante el tribunal de Cristo. Esto por sí solo ya debe motivarnos a una buena conducta, pero la venida de Cristo a la tierra también debe llevar a los creyentes a un modo santo de vida y de servicio. Lo mismo debería producir el recordatorio de este pasaje de la santidad de Dios, que vive en luz inaccesible.

Confesión. Nuestro uso común de la palabra "confesión" puede causar una defectuosa comprensión de algunas traducciones de los versículos 12-13 [que traducen "confesión" donde la NVI pone "declaración" y "testimonio"]. Una búsqueda en diccionarios y ejemplos nos enseña que la mayor parte de las personas entiende esta palabra con el sentido de reconocer un pecado. Habitualmente tiene que ver con la admisión de una falta o un crimen y a menudo se emplea como referencia a reconocer nuestra culpabilidad ante Dios o ante un tribunal. Tiene, sin embargo, un uso tradicional de indicar la aceptación firme de una verdad doctrinal (como en las grandes "confesiones" de fe de la iglesia). Tiene también un lugar firme en el vocabulario del cristiano como aceptación verbal de nuestra fe en Cristo (Ro10:9-10).[9] Las palabras "confesar" y "confesión", por consiguiente, seguir usándose y entendiéndose. Cada generación de creyentes tendrá oportunidad, quizá bajo amenazas, de confesar a su Señor delante de los incrédulos.

Los cristianos y su riqueza. Pablo sabía que muchos falsos maestros, tanto profesantes de la fe cristiana como claramente paganos, tenían motivos mercenarios. En 1 Tesalonicenses 2:1-9 deja claro que no era ese su caso. Pero también tiene un consejo para aquellos que no

9. En Mateo 10:32-33 y su paralelo, Lucas 12:8-9, la NVI y otras versiones modernas traducen el griego como "cualquiera que me reconozca", no como "cualquiera que me confiese".

han obtenido su riqueza necesariamente por medio de astucias ni son avaros. La riqueza puede provocar arrogancia y llevar a las personas a depender de ella (v. 17), pero los creyentes deben usar sus riquezas con generosidad haciendo el bien para los demás. No sabemos qué clase de "tesoro" aguarda a estas personas, pero sí sabemos que la buena utilización de sus recursos asegura un caudal para su futuro. Esta es su manera de apropiarse de "la vida verdadera" (v. 19).

Espiritualidad. Los cristianos mantienen diferentes puntos de vista en cuanto a lo que constituye espiritualidad y cómo se "consigue". Algunos son activistas, se involucran en "ejercicios", métodos y programas espirituales. Para otros, la pasividad es el ideal, con un énfasis en permanecer en Cristo. Sin embargo, aun cuando minimizamos nuestro papel hay luchas legítimas. Hay que tomar una decisión y emprender una acción deliberada para levantarse pronto por la mañana para leer la Biblia y orar; puede ayudar perderse el programa de televisión de última hora de la noche. Del mismo modo, hay que concentrarse para vencer las distracciones cuando estamos intercediendo por otros.

También hace falta aguda visión y objetividad para tratar con nuestra propia personalidad. Lo que podemos pensar que es humildad espiritual e indolencia ante el pecado por nuestra parte pueden en realidad ser factores de nuestra humanidad de los que deberíamos ocuparnos. Y lo que interpretamos como espiritualidad o falta de la misma en otros puede también ser una cuestión de personalidad. En otras palabras, con demasiada facilidad descartamos el factor humano cuando estamos evaluando la espiritualidad.

Para Pablo, sin embargo, la espiritualidad implica cosas *que hacer*. "Huye", "esmérate en seguir", y "pelea" son verbos activos. "Haz tuya" también requiere acción y decisión positiva. El desarrollo del carácter cristiano, tan importante en estas cartas, implica decisiones sabias y obediencia rápida. (1) El cristiano necesita saber de qué huir. En 2 Timoteo 2:22 es de "las malas pasiones de la juventud". En 1 Corintios 6:18 nos dice que huyamos de la inmoralidad sexual; en 10:14 nos advierte para que huyamos de la idolatría. (2) También necesitamos seguir la paz (1P 3:11-12, citando Sal 34:12), así como "la justicia, la fe, el amor y [de nuevo] la paz" (2Ti 2:22). La lista aquí en 1 Timoteo 6:11 es más larga, incluye elementos del grupo anterior: "la justicia, la piedad, la fe, el amor, la constancia y la humildad". Sin ser fríos o legalistas, sería bueno seleccionar una de estas metas junto con una acción opuesta de la que huir, y considerarlas durante varios días para probar y mejorar nuestro comportamiento. (3) La "pelea" bien puede comenzar con nuestra decisión de hacer esto. Es posible que la batalla espiritual más grande esté por venir, puesto que Satanás siempre está buscando formas para "devorarnos" (1P 5:8). Mi observación personal, sin embargo, es que algunos cristianos están demasiado inclinados a acusar a Satanás de sus fracasos, en lugar de a sus propios "malos deseos" (Stg 1:13-15).

Confesar a Cristo. Este pasaje también nos enseña a dar un buen testimonio. En cualquier momento el creyente puede ser llamado a confesar a Cristo. Para algunos, habrá sido en circunstancias de persecución, con la amenaza de tortura para los que le confiesan en lugar de negarle. Aunque tal circunstancia no agota el significado de este pasaje y puede que no alcance a muchos de los que leen este comentario (ni a su autor), en este mismo instante es una posibilidad que viven muchos cristianos en el mundo.

Siempre habrá quienes intenten empujar a los cristianos a maldecir a Jesús, pero debemos, y podemos, por medio del Espíritu decir: "Jesús es el Señor" (1Co 12:3). Hay que tener presentes las palabras de Pedro: "Más bien, honren en su corazón a Cristo como Señor. Estén siempre preparados para responder a todo el que les pida razón de la esperanza que hay en ustedes" (1P 3:15). Las palabras con que empieza el versículo siguiente a este "Pero háganlo con gentileza y respeto", se parecen al énfasis de las Pastorales (p. ej., 2Ti 2:24-26).

Doxología y adoración. Los doxologías en las Cartas Pastorales elevan nuestro corazón y lo dirigen al Dios que es digno de todo honor y adoración. Sin embargo, podemos perder una gran oportunidad si nos limitamos a leer estas palabras en el transcurso de nuestro estudio o esperamos hasta que quien dirige el culto las introduzca en un servicio dominical. ¡Están ahí para usarlas en cualquier momento!

Con frecuencia se dice que nuestros tiempos personales de oración deberían incluir la adoración. Dicha adoración la podemos expresar, por supuesto, con nuestras propias palabras, inspiradas por el Espíritu en lo más profundo de nuestra mente y corazón. También pueden venir por medio de letras de himnos y escritos devocionales. No es solo una manera útil de ampliar nuestros pensamientos y vocabulario de adoración, sino también un medio de unirnos a las voces de personas de otras tradiciones religiosas como parte de la gran iglesia que adora a nivel mundial. Esto abre posibilidades emocionantes. Personalmente, por ejemplo, encuentro maravillosamente estimulante ofrecer un himno vespertino cuando es tarde o noche en alguna *otra* parte en el mundo de Dios, uniéndonos a, y orando por, los creyentes de esa zona horaria.

Lo mejor de todo, sin embargo, es adorar a Dios con sus palabras: por medio de los Salmos, los cánticos de Apocalipsis y otros pasajes. Esta doxología, que celebra, junto con 1 Timoteo 1:17, al Dios inmortal, es un maravilloso instrumento de adoración. También puede ser un medio para acordarnos de la iglesia universal y de todos aquellos —creyentes en la tierra y el cielo, ángeles y otros seres— que por la eternidad van a adorar juntos a Dios.

Responsabilidades de los ricos. Puede parecer brusco pasar directamente de un pasaje de tal exaltación a uno que habla de las riquezas materiales, pero no lo es en el mundo de Dios. Todo lo que tenemos es suyo. Los que poseen riquezas tienen una oportunidad especial de poner su esperanza en el Dios "que nos provee de todo en abundancia para que lo disfrutemos". También tienen la libertad de compartir sus bienes.

El contexto del aforismo de Pablo acerca del amor al dinero en el versículo 10 es (1) la importancia de la verdadera religión con contentamiento, (2) el hecho de que no podemos llevarnos ninguna de nuestras posesiones a la otra vida, y (3) el deseo de riqueza, que puede traer tentación y destrucción. Ahora, en un tono optimista, Pablo añade el privilegio de compartir y la oportunidad de "haz tuya la vida eterna" mediante el uso de las bendiciones materiales de la vida terrenal para hacer el bien.

Me acuerdo con frecuencia de mi amistad con una pareja que tenía una casa grande, con una cara piscina y su caseta, dos costosos autos y un avión. Los conocía lo suficiente como para ver que al final del verano estaban agotados tras haber tenido a muchos grupos de la iglesia disfrutando de su piscina, que luego ellos tenían que limpiar. También sabía que él usaba su avioneta para la obra del Señor, en particular para llevar a un evangelista a sus reuniones, y que la esposa, entre otras "buenas obras", entregó incontables horas en obras benéficas. Sus mejores amigos estaban igualmente involucrados en obras de caridad y ministerios que muchas personas ni sabían. No es el dinero, sino el *amor* al dinero lo que supone un riesgo potencial, y estas personas entendieron ese hecho y su anhelo no era el dinero, sino "su venida" (2Ti 4:8).

En contraste, mientras escribo esto, hay personas que pasan la frontera a un estado vecino donde pueden comprar boletos de lotería para un premio de cientos de millones de dólares. Esta noche se celebra el sorteo, y los noticieros están llenos de fotos y breves declaraciones (un hombre dice que, si ganara, tendría "mujeres en todas partes").

Tratar con los falsos maestros. A nosotros, como a Timoteo (y Tito), se nos ha confiado algo (v. 20). En el proceso de desarrollar ese legado, a nosotros, como a ellos, se nos encarga tratar no solo con el error, sino con los pecados de los falsos maestros. Es fácil llegar a enredarnos con alguno de los problemas que procuramos resolver. En el proceso de liberar a otras personas del error, debemos tener cuidado de no liarnos en el tipo de discusiones y polémicas que ellos emplean. Si lo que enseñan es "argumentos de la falsa ciencia", nuestra tentación puede ser argumentar más allá de lo que es útil para poner de manifiesto su error.

Por otra parte, podemos llegar a abstenernos de cualquier enfrentamiento directo y optar más bien por verlo todo como una labor de Satanás que hay que tratar únicamente con oración. Es significativo que Satanás no se menciona aquí y, de hecho, se dice de los que están en el error que se han "desviado" de la fe. Aunque puede ser una elección deliberada, está claro que hay muchos que se desvían sin darse cuenta. Necesitan oración, porque Satanás ciega los ojos de las personas, pero también necesitan instrucción concienzuda y amorosa. Al mismo tiempo, al cuidar de lo que se nos ha confiado, debemos estar seguros de que damos la espalda a las "discusiones profanas" y "argumentos de la falsa ciencia". Al hacerlo, necesitamos la gracia que Pablo menciona en el cierre de la carta (21b).

2 Timoteo 1:1-7

Pablo, apóstol de Cristo Jesús por la voluntad de Dios, según la promesa de vida que tenemos en Cristo Jesús, [2] a mi querido hijo Timoteo: Que Dios el Padre y Cristo Jesús nuestro Señor te concedan gracia, misericordia y paz.

[3] Al recordarte de día y de noche en mis oraciones, siempre doy gracias a Dios, a quien sirvo con una conciencia limpia como lo hicieron mis antepasados. [4] Y al acordarme de tus lágrimas, anhelo verte para llenarme de alegría. [5] Traigo a la memoria tu fe sincera, la cual animó primero a tu abuela Loida y a tu madre Eunice, y ahora te anima a ti. De eso estoy convencido. [6] Por eso te recomiendo que avives la llama del don de Dios que recibiste cuando te impuse las manos. [7] Pues Dios no nos ha dado un espíritu de timidez, sino de poder, de amor y de dominio propio.

Sentido Original

El hecho de que tengamos tres cartas pastorales nos permite algunas comparaciones útiles. En 1 Timoteo, que hace sonar las alarmas contra la enseñanza falsa, Pablo no solo describe a los maestros heréticos con duros términos, sino que también emplea palabras fuertes de mandato al escribir a su hombre de confianza en Éfeso. Pablo "encarga" a Timoteo; este debe a su vez hacer lo mismo con la congregación. La descripción de sí mismo con que Pablo empieza, identificándose como apóstol (1Ti 1:1), incluye el sustantivo "mandato". Sin embargo, cuando le escribe a Tito, aunque también está motivado por el peligro de los falsos maestros, el tono es más positivo. Las palabras de inicio en esa carta hablan de la fe mediante la cual "los elegidos de Dios lleguen a conocer la verdadera religión".

Saludo de Pablo (1:1-2)

Aquí en 2 Timoteo, Pablo vincula su apostolado con la "voluntad de Dios, según la promesa de la vida que tenemos en Cristo Jesús". Como en Tito, el saludo incluye la idea de vida, y, como en las otras Pastorales, provee una realista descripción del autor, el destinatario y los problemas de la congregación. Sin embargo, en esta carta hay un marcado dramatismo que no aparece en las otras. Pablo se refiere a su prisión y sufrimientos (1:8), reflexiona sobre el dolor de que muchos le hayan abandonado (v. 15) y más adelante regresa a este tema después de expresar lo que parece ser la anticipación de una muerte inminente (4:6-18). Aunque en el canon se colocan juntas las dos cartas de Timoteo, seguidas de Tito, el tono de esta epístola lleva a muchos a situarla cronológicamente después de Tito, como las últimas palabras escritas por Pablo.

Acerca del apostolado de Pablo, véase el comentario sobre 1 Timoteo 1:1.Su referencia a la "voluntad de Dios" es única en las Pastorales, aunque no entre las epístolas paulinas (ver 1Co 1:1; 2Co1:1; Ef 1:1; Col 1:1).

¿Pero por qué añade Pablo en 1:1 las palabras "según la promesa de vida que tenemos en Cristo Jesús"? También se refirió a la vida eterna en Tito 1:2, pero allí tiene que ver con la fe y conocimiento de la verdad, no como aquí, relacionada directamente con el apostolado de Pablo. La idea de promesa aparece en otras partes de los escritos de Pablo, especialmente en Gálatas, donde argumenta que las "promesas" fueron dadas a Abraham mucho antes de que entrara la ley (Gá 3:15-22). La razón de que haya aquí una referencia a la "promesa de vida" es que "la misión de Pablo es dar a conocer que esta promesa recibe su cumplimiento a través de la comunión con Cristo".[1] La frase también nos recuerda 1 Timoteo 4:8, donde la "promesa" está relacionada tanto con "la vida presente" como con "la venidera".

La palabra "según" de la NVI traduce la preposición *kata* ("para", BLP). Hay diversas opiniones en cuanto al significado de la preposición y su sintagma. Ellicott dice que *kata* denota "el objeto y la intención del llamamiento [...] 'para anunciar, dar a conocer la promesa de la vida eterna'".[2] Kelly la traduce como "en referencia a".[3] Para Lock, la frase "presenta el patrón por el cual Dios escoge [a Pablo] y con el que debe adecuarse su apostolado".[4] (Véanse mis comentarios sobre Tito 1:1-4, donde *kata* aparece cuatro veces. Su primer uso en Tito, donde puede conllevar la idea de propiedad, parece próximo al de este pasaje, y he sugerido que Juan 2:6 nos da otro ejemplo.) El término *kata*

1. Kelly, *Pastoral Epistles*, 153.
2. Ellicott, *Commentary on the Epistles of Saint Paul*, 121.
3. Kelly, *Pastoral Epistles*, 153.
4. Lock, *Pastoral Epistles*, 82; Knight adopta la perspectiva de Ellicott (*Pastoral Epistles*, 364).

probablemente indica que el apostolado de Pablo no es tanto *anunciar* la promesa (Ellicott) como adecuarse a ella (NIV).

La referencia a Cristo en el versículo 1 es una de las treinta y dos que encontramos en las Pastorales, casi siempre junto con "Jesús". En esta combinación, 2 Timoteo casi siempre pone "Cristo" antes de "Jesús", y suele pensarse que en aquel tiempo "Cristo" se usaba sobre todo como un título. Pero este orden no es uniforme (ver 1Ti 6:3, 14; Tito 1:1; 2:13; 3:6). Esto, por supuesto, no implica una fecha tardía para las Cartas Pastorales. La palabra "Cristo" es en primer lugar un título ("Mesías" o "el Ungido"). En Filipenses 1 (por tomar un ejemplo de un escrito paulino de autoría no discutida) "Cristo" aparece dieciocho veces, y la encontramos tanto sola como con el nombre de Jesús en las dos posiciones. El sintagma preposicional "en Cristo Jesús" puede ser uno de los muchos usos de Pablo en los que conlleva la idea de una estrecha relación o unión.

En el versículo 2, Pablo identifica a Timoteo como su "querido hijo", una expresión más natural y personal que "verdadero hijo en la fe" (1Ti 1:2; ver también Tit 1:4). Pablo repite "hijo" con el posesivo al principio de la exhortación de 2 Timoteo 2:1. El resto del saludo en 1:2 es similar a 1 Timoteo 1:2 y Tito 1:4 (ver comentarios sobre 1Ti 1:2), excepto que este último omite la palabra "misericordia".

Recuerdo del don espiritual y la fe de Timoteo (1:3-7)

A diferencia de 1 Timoteo 1:2-7 y Tito 1:5-9, las referencias de este pasaje al destinatario de la carta no adquieren la forma de un encargo. Son más de carácter reflexivo, comenzando con una acción de gracias a Dios por los recuerdos sobre Timoteo. El contenido de esta sección es más próximo a los elementos típicos de las epístolas grecorromanas que en el caso de 1 Timoteo o Tito. Lo acostumbrado era presentar comentarios agradables, a veces elogiosos, acerca del destinatario. Pablo es tierno y sincero en sus pensamientos. Pero también entra en algunos comentarios acerca de su propio servicio a Dios antes de continuar con sus palabras sobre Timoteo.

La palabra "sirvo" traduce a *latreuo*, que a menudo se refiere a la adoración, sobre todo con respecto a la presentación de alabanza en un contexto de culto. En la Septuaginta, por supuesto, tiene el sentido de la adoración divina ofrecida al Señor en su templo. Al traducirla como "servir" se pierde el significado del contexto de adoración, pero traducirla como "adorar" no conseguiría indicar que en el ministerio de Pablo este verbo tomaba la forma de un servicio activo. La referencia a sus "antepasados" recuerda su herencia judía (Fil 3:4-5) en un sentido positivo.[5] La "conciencia limpia" de Pablo nos recuerda su insistencia en esta aptitud para los diáconos en 1 Timoteo 3:9 (ver también 1:5, 19). Aunque en Filipenses 3 Pablo rechaza cualquier justicia basada en las obras como medio de salvación, aquí tiene una conciencia limpia en cuanto al servicio sincero que ha ofrecido a Dios junto con sus fieles antepasados judíos.

Lo que sigue es una serie de palabras acerca del recordar. (1) Pablo recuerda a Timoteo en sus oraciones. Describe su perseverancia en la oración por Timoteo con dos expresiones: (a) lo hace "siempre". Pablo usa palabras como estas en otros pasajes también para describir algo que no cesa (oraciones en Ro 1:9; 1Ts 1:2; 2:13; 5:17; angustia por sus "hermanos" incrédulos en Ro 9:2-3). (b) Ora "de día y de noche". No quiere decir que Timoteo no esté en ningún momento fuera de sus pensamientos, sino que durante sus frecuentes oraciones nunca deja de mencionar al joven pastor. Vale la pena repasar las oraciones constantes de Pablo por los creyentes de Tesalónica, junto con su referencia a trabajar "de día y de noche" para no suponerles una carga (1Ts 1:2, 3; 2:9, 13; 3:10; 5:17; *cf.* también 1Ti5:5, acerca de la viuda que "persevera noche y día en sus oraciones"). (2) A continuación, Pablo recuerda las lágrimas de Timoteo (v. 4). No sabemos a qué ocasión se refería. Pudo haber sido cuando dejó Éfeso (1Ti1:3), puesto que no sabemos de ninguna reunión posterior entre los dos. Lo que importa es lo que dice acerca de su relación. Claramente, Timoteo no es el único que está triste, pues Pablo desea verle para poder él mismo llenarse "de alegría". (3) Pablo recuerda luego la "fe sincera" de Timoteo (v. 5).Comparando este pasaje con Hechos 16:1-3, entendemos que las opiniones de sus conocidos diferían en cuanto al tipo de hogar en que Timoteo creció. Está claro que su madre era judía, lo que significaba que Timoteo lo era también. Pero el matrimonio de ella con una persona no judía significó una ruptura en su relación con su religión. Así, por un lado, Timoteo era "técnicamente un judío apóstata, porque era incircunciso", y, por otra

---

5. El término griego no excluye a las mujeres, aunque en la literatura Helena se podía añadir *gyne* para especificar a un ancestro femenino.

parte, los gentiles lo miraban como prácticamente judío.[6] Para aclarar su situación y proteger su propia aceptación en la sinagoga, Pablo hace que Timoteo sea circuncidado. Pero sabía bien cuando le conoció que Timoteo ya tenía una fe judía auténtica, gracias a la devoción de su madre Eunice y de su abuela Loida. (4) El cuarto es en realidad un recordatorio de Pablo a Timoteo para avivar la llama del don de Dios (v. 6). Esto puede presuponer que había menguado la efectividad de Timoteo. No sabemos cuánto tiempo transcurrió entre las dos cartas a Timoteo ni sabemos el efecto que el enfrentamiento con los falsos maestros en Éfeso pudo haber causado en él. Las palabras de Pablo no significan necesariamente que la pasión de Timoteo hubiera disminuido, aunque el verbo traducido como "avivar la llama" puede tener el sentido de reavivar un fuego que se está apagando. La base de la exhortación de Pablo ("Por eso") es la fe de Timoteo (v. 5), así que sabemos que no hay problemas en ella.

Al entender el versículo 7 es común hacer una "lectura de espejo", es decir, dar por sentado que la mención "de poder, de amor y de dominio propio" implica que Timoteo carece de los tres y que, como se menciona su timidez, esta es su problema. Parece razonable asumir que las capacidades interiores que Dios le dio a Timoteo para el ministerio —poder, amor y dominio propio— se estaban viendo debilitadas conforme se imponía la timidez. En esta lectura, para vencer una reticencia natural a hablar y actuar con confianza, Timoteo necesita dejar que el don espiritual retome su domino y restaure un nivel más alto de efectividad en su ministerio. Esta reconstrucción tiene en cuenta todos los elementos de los versículos 6-7.[7]

---

6. F. F. Bruce, *Hechos de los Apóstoles: introducción, comentario, y notas* (Grand Rapids: Libros Desafío, 2007), p. 352 de la edición en inglés.

7. La mayoría de comentaristas han entendido esta referencia a la timidez (o "cobardía", *deilia*) como alusiva a Timoteo. Pueden apoyarse en la referencia a 1 Corintios 16:10, donde Pablo dice: "Si llega Timoteo, ved que esté con vosotros sin temor" (LBLA). C. R. Hutson replica a esta traducción ("Was Timothy Timid? On the Rhetoric of Fearlessness [1 Corinthians 16:10-11] and Cowardice [2 Timothy 1:7]" in *Journal of the Chicago Society of Biblical Research* 42 [1997]: 58-73). Su propuesta para ese texto de Corintios es: "Si llega Timoteo, reconozcan que él está sin temor ante ustedes". Él sostiene que la referencia a la timidez en nuestro pasaje se puede comparar con la retórica de los filósofos a sus estudiantes, que buscaba apelar a su sentido de vergüenza para que *no* fueran tímidos. No hay nada en Hechos ni en las otras cartas de Pablo que sugiera que Timoteo fuera tímido. Por el contrario, era un firme colaborador de Pablo, a quien no se debía desdeñar por motivo alguno, sino aceptarle como enviado del apóstol. No era un "novato tembloroso" a quien Pablo envió "para tratar con los

Nos queda por observar la forma de redactar la recepción del “don [*charisma*] de Dios” que le fue dado “cuando [*dia*] te impuse las manos”. Esto puede implicar que Pablo fue uno de los ancianos que le impuso las manos (1Ti 4:14). Hay una diferencia entre esta redacción y la de 1 Timoteo 4:14, donde la entrega del don fue “mediante [*dia*] profecía, cuando [*meta*] los ancianos te impusieron las manos”. Puede que Pablo quiera ahora enfatizar que su papel, y el de los ancianos, no era solo acompañar la entrega del don, sino que también estaban involucrados en la misma.

El uso de *anazopyreo*, “avivar la llama”, suscita una cuestión teológica: ¿puede un don espiritual interior recibido de Dios extinguirse como un fuego y ser reavivado mediante un acto de la voluntad? ¿Tiene uno mismo el control sobre algo que es la obra soberana del Espíritu Santo de Dios? Una verdadera comprensión de este versículo debe ser coherente con la respuesta adecuada a estas preguntas. El hecho de que 1 Corintios 14:22-40 Pablo enseñe la regulación de los dones espirituales muestra que los cristianos tienen responsabilidad sobre su uso. La propia palabra traducida como “dominio propio” significa tomar la responsabilidad de ser moderado o actuar de manera razonable. Implica que la persona ejerce control. Para el cristiano, la motivación y el poder para ello vienen del Espíritu Santo, pero debemos responder tomando las decisiones correctas y realizando las acciones adecuadas.

El “espíritu” mencionando en el versículo 7 es probablemente el Espíritu Santo, no el espíritu humano. Es algo que Dios dio y era probablemente parte del don mencionado en el versículo 6. El don parece haber sido una medida o clase de poder, amor y capacidad de control propio que va más allá de nuestras capacidades normales, y que únicamente puede proceder del Espíritu Santo. Él no es un Espíritu que imparta timidez.

El sentido de urgencia ante el apremio de un mandato y contra las fuerzas malignas, que es el factor característico de 1 Timoteo, ya no está. Tampoco está el sentido de conflicto contra los enemigos engañosos que marca el principio de Tito. Por el contrario, 2 Timoteo abre con el recordatorio de la “promesa de vida”

---

rebeldes corintios” (*Ibíd.*, 62). Puede que sea cierto, pero Timoteo tal vez haya tenido una timidez natural que se hiciese visible en el más hostil entorno de Éfeso.

en Cristo. Esto no significa que ya no haya oposición. Ya en 1:15 Pablo reflexiona sobre sus tristes circunstancias y su sentimiento de abandono. La presencia del mal y la herejía en Éfeso se señalan claramente en el resto de la epístola.

Sin embargo, uno tiene la sensación al leer esta carta de estar ante dos amigos hablando. Están alerta por los problemas, pero comentan sobre todo acerca de sus vidas y de cómo están saliendo adelante en el conflicto. Pablo aparece más como un mentor que como un superior. En 1 Timoteo 1 se maravillaba ante la gracia de Dios que le salvó y le llamó al ministerio. En 2 Timoteo vemos un elemento adicional: Pablo está sufriendo (1:11-12; 2:8-10; 3:10-13), pero está confiando en Dios para el futuro. La mayoría de eruditos entienden 4:6-8 en el sentido de que esperaba su ejecución inminente. Imaginémonos a Timoteo leyendo en privado esta carta con emoción profunda, posiblemente compartiendo parte de ella con la iglesia (quizá menos que la primera carta, aunque en su momento la entrega para su "publicación"). Apenas podemos imaginarnos sus sentimientos cuando la volvió a leer tras la muerte de Pablo.

La promesa de vida en Cristo. No nos sorprende, pues, sabiendo que Pablo esperaba su muerte, que comience su carta con una referencia a la "promesa de vida que tenemos en Cristo Jesús". Esto no significa que tengamos a un Pablo distinto (o a otra persona). Él sigue preocupado con la importancia de mantener una "conciencia limpia", como lo estaba en 1 Timoteo 1:5, 19, pero inmediatamente dirige su atención a Timoteo y a los sentimientos de él. En unas pocas líneas ya ha vuelto a combinar fe y conciencia. Pero esta vez es la fe de la madre y la abuela de Timoteo. A los nombres de Loida y Eunice pueden añadirse los de Mónica (la madre de San Agustín), Susanna Wesley (la madre de Juan y Carlos Wesley), y generaciones de cristianas que eficazmente han instruido y han orado por sus hijos y nietos. El énfasis que a veces ponemos en 2 Timoteo 2:2 acerca de discipular a otros puede subrayar también este pasaje sobre la importancia de la crianza cristiana en nuestra familia.

Sean cuales sean las estadísticas sobre las generaciones anteriores, parece que ahora, aunque muchos jóvenes de familias no cristianas están acudiendo a Cristo, muchos hijos de familias cristianas le están volviendo la espalda. Tenemos la ventaja de abundante literatura sobre ser padres y, sin embargo, parece que tenemos una gran dificultad en pasar nuestro valores y fe cristianos a nuestros hijos. Con esta observación no restamos peso a la culpa de cada cual, sino que señalamos la importancia del carácter y la instrucción cristianos en el hogar. Ya en la etapa temprana del cristianismo representada en 1 Timoteo 1 nos encontramos con personas cuyo camino a la salvación estaba pavimentado con la fe de sus padres y abuelos.

Un hogar donde hubiera al menos algunos fervorosos creyentes judíos era un lugar maravilloso para la preparación para la fe personal en el Mesías. Alguien acuñó la expresión “Dios no tiene nietos”. Tiene razón en el sentido de que cada generación debe venir a Dios como algo nuevo y de que no somos salvos por la fe de nuestros padres. Sin embargo, la historia cristiana ha mostrado, y los que llevamos toda una vida en la obra de Dios lo hemos observado, que cuando las personas acuden a Cristo, con frecuencia hay padres, abuelos u otros en el trasfondo de los nuevos creyentes, personas que han estado orando con fervor durante mucho tiempo por la salvación de ellos.

Esos “otros” bien pueden ser profesores de escuela dominical. No hace mucho se celebró un funeral por un hombre que tenía muchos amigos y había sido un vigoroso testigo de Cristo, pero que nunca había tenido una posición prominente de liderazgo en la iglesia. Pero la imagen predominante que tenían de él era la de un fiel maestro de escuela dominical. Muchos de sus antiguos alumnos estaban allí y dieron testimonio de su fidelidad y total entrega a ellos, que iba mucho más allá de los domingos. Su ejemplo, influencia y oraciones influyeron en las vidas de ellos durante décadas.

El don de Timoteo. La referencia del versículo 6 a avivar la llama del don Dios añade contenido a nuestra comprensión de la imposición de manos que se menciona primero en 1 Timoteo 4:14. Tal vez resulte extraño que a lo largo de la historia se haya hecho tanto hincapié en la imposición de manos como un ritual mediante el cual se ordena a alguien en un *cargo*, cuando el énfasis bíblico es tan claramente la impartición de un *don* espiritual. Aparte de las cuestiones de interpretación bíblica y práctica eclesiástica, hay que decir que probablemente sea más fácil aceptar un acto de ordenación que declara un cambio de estatus que creer que, cuando unas personas ponen sus manos sobre un individuo, Dios mismo da por medio de ellos, de una manera real, un nuevo don o poder del Espíritu Santo a esa persona. Pero esto es precisamente lo que ambos textos enseñan, y Pablo pasa a argumentarlo en 2 Timoteo 1:7.

Con esto no se niega que los dones de Dios puedan también venir a los creyentes en la conversión o en circunstancias posteriores. Tampoco se niega que todos los creyentes tienen dones espirituales recibidos de Dios. De hecho, el versículo 7 implica que los tienen, cuando habla del don que Dios "nos" ha dado (a menos que Pablo se refiera estrictamente a Timoteo y a sí mismo). No obstante, en este caso, Timoteo ha recibido claramente, por medio de la imposición de manos de Pablo, un don de Dios que o no lo tenía antes o no lo poseía de la misma manera y con la misma magnitud. De algún modo, el Espíritu Santo trajo al espíritu humano de Timoteo nuevo "poder... amor y... dominio propio" (v. 7). Los cristianos se encuentran a menudo en un dilema acerca de si "hacerse a un lado y dejar hacer a Dios", es decir, rendirse a él y esperar de manera pasiva que los transforme espiritualmente, o adoptar una actitud activa en la formación de su carácter cristiano.

Son asuntos profundos y complejos, demasiado para tratarlos detalladamente aquí. Pero no deberíamos pasarlos por alto, y se han suscitado en este punto por la referencia al don impartido a Timoteo en la imposición de manos. ¿Se dio el Espíritu Santo mismo, quien trae con él el poder, amor y dominio propio que necesitamos, o consistió el don en cualidades y capacidades? Si lo que se da es el Espíritu, ¿Timoteo no tenía el Espíritu antes de esa ocasión? ¿Era el don una unción renovada del Espíritu? Y, si es así, ¿hay alguna cita de la Escritura que describa y explique claramente esta impartición suplementaria del Espíritu? Y en uno u otro caso, ¿era el don algo que Timoteo no habría poseído de otra manera?

Puede que así fuese en cuanto al "poder", pero ¿y en cuanto al "amor"? No se está hablando el poder de echar fuera demonios; más bien se trata probablemente del poder de llevar a las personas de las tinieblas a la luz (Hch 26:17-18). Esto no es algo que podamos hacer nosotros. ¿Pero no es el amor algo de lo que somos responsables nosotros, ya sea como acto de obediencia a los dos mandamientos principales o como expresión de un carácter cristiano maduro? ¿Y qué decir del "dominio propio"? ¿Es algo que esperamos recibir de Dios o es algo que somos responsables de conseguir? El hecho de que Timoteo debiera avivar la llama de este don implica que él mismo cargaba con la responsabilidad de alimentarlo.

La respuesta a estas preguntas debe al menos incluir varias consideraciones. El poder, el amor y el dominio propio no son cosas; son actitudes y acciones. Como tales, no son dones estáticos y envueltos en paquetes que podamos poseer. Deben ser ejercitados por el individuo. Pero en la medida en que la motivación y la voluntad para ejercitarlos son débiles o no están, deben venir de Dios.

Desde el famoso incidente en el que se descubrió que en una fábrica se produjo un incremento en la eficacia laboral de los empleados no causado por el cambio cuantitativo en el nivel de alumbrado sino por el hecho de que los trabajadores vieran que alguien estaba lo suficientemente preocupado por ellos como para hacer mejoras en el alumbrado, los estudios motivacionales han avanzado intensamente. Nuestro desempeño en cualquier actividad depende en gran medida de lo que nos motiva. Por supuesto, esto no implica solo los estímulos externos, sino nuestra disposición interna y nuestro sentido de los valores. El temor puede ser un poderoso motivador tanto positiva como negativamente. Como hemos señalado más arriba, el problema de Timoteo tal vez no fuera el temor, la timidez o la cobardía, pero los tres pueden afectarnos profundamente. En ciertas situaciones, el temor puede hacernos tanto pisar el freno como apretar el acelerador. La cobardía solo pisa el freno. El trío de poder, amor y dominio propio constituye una impresionante y efectiva fuerza de contrapeso a la timidez.

Significado Contemporáneo

Los Timoteo de hoy. Los líderes de misión actuales se están encontrando con un tipo diferente de voluntarios del que estaban acostumbrados hace un par de generaciones. Lo mismo se puede decir de los orientadores de admisiones en los seminarios y a menudo de los comités de búsqueda de pastor en las iglesias. Un gran número de candidatos han crecido en familias no cristianas y muchos (de familias cristianas y no cristianas) han pasado por el divorcio de sus padres o han sufrido abusos. Los "viejos tiempos" en los que un candidato a pastor se había criado con conocimientos de la doctrina cristiana, había estudiado griego, latín y quizás historia antigua como preparación para el seminario y luego se inscribía en un curso del seminario siguiendo la tradición hace tiempo que ya pasaron. Las juntas y ejecutivas misioneras de hoy tienen que ser sensibles a las historias y a la salud emocional de sus candidatos y misioneros de campo. Hay que atribuir a la gracia de Dios y al dominio propio de dichos candidatos que hayan sido capaces de vencer el efecto de los años de drogas y amor libre en Estados Unidos para entrar en el servicio a Dios.

Las habilidades y conocimiento profesional necesarios para el servicio a Dios hoy se pueden conseguir de muchas formas. Lo que es más difícil de lograr es el carácter y la sabiduría. Estas son cualidades que a veces no se ven en las figuras religiosas profesionales. El seminario, la iglesia, la misión u otra organización paraeclesial pueden ayudar a los candidatos al servicio centrándose todo lo posible en su bienestar personal y espiritual. Las pruebas psicológicas y la asistencia psiquiátrica apropiada no deberían ser vistas negativamente, sino bien valoradas. Las Loida y Eunice de hoy pueden ser un miembro del equipo de los grupos bíblicos de la universidad y un profesor de seminario, y el Pablo actual puede ser un ejecutivo de la misión.

Nunca es muy tarde para fomentar el desarrollo del carácter o la sabiduría en el siervo del Señor, pero no queremos dar por perdidas las oportunidades de una formación temprana. Sigue siendo tarea de los padres y abuelos examinar sus propias vidas y su cuidado paterno para asegurarse de que dan a sus hijos un crecimiento sano. Los abuelos, que solían orar por sus nietos con un alegre optimismo, necesitan ahora ser proactivos en sus oraciones, contemplando la debilidad de hasta los mejores hogares cristianos así como las fuerzas que actúan contra el desarrollo espiritual de sus nietos en el vecindario, la escuela y el lugar de trabajo.

También pasaron ya, en la mayoría de los casos, los días en que un joven que es fiel en la escuela dominical y que quizá ayuda en varios ministerios sea notado en la iglesia, se ocupe de su cuidado el pastor u otros líderes y sea pastoreado hacia el ministerio cristiano. En la actualidad, los pastores, ancianos, maestros de escuela dominical, líderes de jóvenes y demás deben orar por jóvenes hombres y mujeres que respondan al llamamiento de Dios a la vida y el servicio cristianos. Aquí también debemos ser proactivos, buscando en oración a personas adecuadas para ministerios especiales y animándolas personalmente. Muchos de los que siguen hacia tales ministerios y la obra misionera han dejado su hogar para estudiar o por otras razones, muchos se han convertido en el instituto o la universidad y ahora les piden apoyo financiero para su ministerio a iglesias que apenas los conocen.

Lo que necesitan los Timoteo de hoy es sobre todo acompañamiento y guía personal, no una mera mentoría en el sentido de dar información y orientación. Con demasiada frecuencia ese modelo se convierte en un medio para controlar y reproducir nuestro caso en el otro, inculcándole nuestras perspectivas y opiniones. Podemos pensar que hemos discipulado o actuado como mentores de una persona cuando el otro adopta nuestro punto de vista sobre las cosas, ora como nosotros, testifica como nosotros y, si se trata de una relación pastoral, predica como nosotros. Me viene a la mente la palabra "clon".

En la antigua *Vida de Apolonio de Tyana*, una figura pagana formada en la literatura para parecer un competidor superior al Jesús de los cristianos, hay una escena curiosa acerca de él subiendo a una barca. Sus discípulos imitan artificialmente cada movimiento suyo conforme le siguen. La mentoría y el discipulado cristiano no consisten en eso. Ser mentor de un Timoteo significa estar disponible, pasar tiempo con él o ella, entender las diferencias y procurar facilitar más que controlar el uso que esa persona hace de sus dones particulares. Un atleta corre su carrera en solitario, pero solo después de pasar meses o tal vez años con alguien que le entrena y anima. Y puede que esta tarea no la haga solo un entrenador, sino también otros cercanos al deportista. En Pablo, Timoteo tenía a una persona cercana, que le escuchaba y entendía, que reconocía sus dones y que tenía confianza en él.

El papel de la iglesia. En estas cartas se está desarrollando un retrato de un siervo de Dios que ejerce independientemente de, pero en estrecha comunión con, la iglesia. Timoteo fue criado por una madre y una abuela creyentes. Tenía buena reputación en la iglesia (Hch 16:2). Ayudó a Pablo a transmitir las decisiones de la iglesia de Jerusalén (16:4). Los ancianos de la iglesia le impusieron las manos (1Ti 4:14). Hoy, cuando muchas personas están viniendo a Cristo aparte de la iglesia, parece que este retrato nos lleva a animarlas a entrar en la comunión de la iglesia y a trabajar en cooperación con el liderazgo de esta. Aunque en ocasiones ha habido grandes misioneros y otros siervos que han tenido que actuar independientemente debido a la falta de visión de los líderes de la iglesia, una congregación saludable animará y allanará el camino al ministerio a quienes quieren servir al Señor.

Esta descripción incluye el presupuesto de Timoteo —y nuestro— de que somos responsables del *desarrollo de nuestro carácter*. Los dones de Dios no son sustitutos del carácter personal; ayudan en su desarrollo. Aunque es cierto que el misionero actúa en amor para ayudar a una víctima de algunas enfermedad que la hace repulsiva, y que obra así porque Dios le ha dado el don del amor por medio de su Espíritu, también es verdad que el misionero toma una decisión consciente de responder a ese amor, para crecer en él de manera personal y para ponerlo en acción donde hay profunda necesidad de él. Al igual que Timoteo podía hacer frente a un paralizador sentido de vergüenza cuando testificaba (y podía evitar avergonzarse de las prisiones de su "supervisor" Pablo) gracias a los dones que Dios le había concedido (ver comentarios sobre 1:8), del mismo modo podemos también nosotros experimentar el efecto de esos dones en nuestras vidas.

En resumen, existe una relación de reciprocidad en la que los dones sobrenaturales de Dios y nuestra respuesta en obediencia y desarrollo del carácter obran juntos. Los dones por sí solos pueden resultar en logros visibles, pero, a menos que se les deje obrar tanto dentro como fuera de la persona, el desarrollo espiritual y caracterial que deberían producir no tendrá lugar. Serán como la fe sin obras y como los dones de 1 Corintios 12 sin el amor de 1 Corintios 13. Dicho brevemente, las iglesias, como los padres y los abuelos, deben estar mucho más atentas para encontrar y animar a los Timoteo y aportarles la oración, los recursos espirituales y el apoyo que necesitan para servir a Dios.

Sin embargo, aun haciendo todo esto, sigue siendo el Espíritu de Dios el que concede la capacitación necesaria para el ministerio cristiano. Así era en generaciones pasadas, cuando había individuos a veces toscos, de mala educación, más vistos con desolación que con expectativas por parte de los líderes de la iglesia, pero que salían solos en el poder de Dios y lo veían obrar de maneras maravillosas. Lo mismo se puede decir hoy, cuando muchos de los que participan en movimientos importantes como JCUM o Promise Keepers poseen una escasa formación en teología. Puede parecer irónico, pero es significativo que, mientras que los pastores que se han esforzado en sus estudios de Biblia y Teología en el seminario predican sermones simplificados para atraer y ganarse a los buscadores, haya laicos con poca o ninguna formación en esas áreas que están enseñando en las clases de escuela dominical, en grupos caseros y en estudios bíblicos en su comunidad a personas hambrientas de una enseñanza más profunda. Estos maestros y aprendices son algunos de los Timoteo de hoy, motivados por el Espíritu de Dios y necesitados de todo el apoyo y formación que puedan conseguir.

Otra forma de alentar a los Timoteo de nuestros tiempos es dar apoyo y ánimo personal a estudiantes pertenecientes a minorías y a los de países emergentes. Los seminarios necesitan fondos para ello. También hay organizaciones, como la Christian International Scholarship Foundation, que ayudan a apoyar a prometedores obreros de países en vías de desarrollo. Seleccionan a los que ya son líderes contrastados, pero que necesitan estudios avanzados para servir al Señor de una forma más eficaz en sus países. Asimismo, las escuelas bíblicas y seminarios de los campos de misión necesitan ayuda de sus hermanos y hermanas estadounidenses.

La necesidad de la oración. El factor más importante de todos en la vida de Timoteo puede verse en estas pocas palabras del versículo 3: "Al recordarte de día y de noche en mis oraciones". Timoteo necesitaba las fieles y concretas oraciones constantes de su mentor. El escritor de este comentario, como muchos otros cristianos de nuestros días, no solo se ha beneficiado de las oraciones de otros, sino que tiene el privilegio y la responsabilidad de recibir peticiones de oración casi diarias de misioneros y otros siervos en la obra del Señor. El correo electrónico hace posible conocer y traer las necesidades inmediatamente ante Dios.

Pero no hay que conocer las circunstancias inmediatas de los siervos del Señor para orar fielmente por ellas "de día y de noche". Las oraciones de Pablo, la fe de la madre y la abuela de Timoteo, la confianza de los que le impusieron las manos, y el don de Dios que él recibió nos llevan todos a la conclusión con que comienza la sección siguiente: "Así que no te avergüences de dar testimonio de nuestro Señor, ni tampoco de mí, que por su causa soy prisionero" (1:8).

2 Timoteo 1:8-18

Así que no te avergüences de dar testimonio de nuestro Señor, ni tampoco de mí, que por su causa soy prisionero. Al contrario, tú también, con el poder de Dios, debes soportar sufrimientos por el evangelio.[9] Pues Dios nos salvó y nos llamó a una vida santa, no por nuestras propias obras, sino por su propia determinación y gracia. Nos concedió este favor en Cristo Jesús antes del comienzo del tiempo;[10] y ahora lo ha revelado con la venida de nuestro Salvador Cristo Jesús, quien destruyó la muerte y sacó a la luz la vida incorruptible mediante el evangelio.[11] De este evangelio he sido yo designado heraldo, apóstol y maestro.[12] Por ese motivo padezco estos sufrimientos. Pero no me avergüenzo, porque sé en quién he creído, y estoy seguro de que tiene poder para guardar hasta aquel día lo que le he confiado.

[13] Con fe y amor en Cristo Jesús, sigue el ejemplo de la sana doctrina que de mí aprendiste.[14] Con el poder del Espíritu Santo que vive en nosotros, cuida la preciosa enseñanza que se te ha confiado.

[15] Ya sabes que todos los de la provincia de Asia me han abandonado, incluso Figelo y Hermógenes.

[16] Que el Señor le conceda misericordia a la familia de Onesíforo, porque muchas veces me dio ánimo y no se avergonzó de mis cadenas.[17] Al contrario, cuando estuvo en Roma me buscó sin descanso hasta encontrarme.[18] Que el Señor le conceda hallar misericordia divina en aquel día. Tú conoces muy bien los muchos servicios que me prestó en Éfeso.

Igual que en 1:3-7 había un conjunto de términos relacionados con recordar, aquí hay otra serie de palabras que tienen que ver con la vergüenza y el sufrimiento en los versículos 8-12. Esto, junto con una referencia a la prisión de Pablo (v. 8), se retoma en el versículo 16 con respecto a Onesíforo, quien "no se avergonzó de mis cadenas". El tema del sufrimiento en el versículo 8 (*synkakopatheo*, lit., "sufrir juntos") aparece de nuevo en el versículo 12 (el verbo simple *pascho*, "sufrir"), y reaparece en 2:3, una vez más en la forma compuesta *synkakopatheo* ("compartir los sufrimientos"; LBLA, "sufrir penalidades con").

Los versículos 13-14 no hacen referencia a la vergüenza, el sufrimiento o la cárcel, pero mencionan por primera vez en 2 Timoteo el tema de la "sana doctrina", que es característico de las Pastorales.

Sin motivo para la vergüenza (1:8-12)

Los versículos 8-12 forman en griego una frase larga. La introduce el conector "así que" (o "por tanto"), que indica que la capacidad de Timoteo para resistir que lo avergüencen radica en los dones de poder, amor y dominio propio (v. 7). El término traducido como "avergonzarse" (*epaischynomai*) es un verbo compuesto con un significado más intenso que la forma simple de que deriva (*aischynomai*). En este contexto, avergonzarse contrasta con unirse a Pablo en su padecimiento. En otros pasajes del Nuevo Testamento, este verbo se usa también en una construcción de contraste, específicamente frente a "confesar a Cristo". Eso es coherente con este pasaje: no te avergüences de dar testimonio de nuestro Señor". "*'Επαισχύνομαι* juega un papel especial en el lenguaje confesional del cristianismo primitivo. Puede referirse a cuando un ser humano niega a Jesucristo o a cuando el Hijo del hombre rechaza a un ser humano".[1]

De este modo Timoteo puede unirse a Pablo en "soportar sufrimientos por el evangelio". Este soportar es "con el poder de Dios" (*cf.* la palabra "poder" en v. 7). El versículo 9 muestra dos maneras en las que Dios ha expresado ese poder. Una es al salvarnos; la otra, al llamarnos. En las Pastorales, el verbo "salvar" aparece varias veces (1Ti 1:15; 2:4,15; 4:16; 2Ti 1:9; 4:18;Tit 3:5). El verbo "llamar", sin embargo, solo aparece en estas cartas en 1 Timoteo 6:12 (ver comentarios). Allí el llamamiento es a la vida eterna; aquí, se implica que se llama "a una vida santa". La NVI infiere esto del dativo que significa (lit.) "con un santo llamamiento".

En 1 Corintios 1:2 dice que somos llamados a "ser su santo pueblo [o a ser santos]". Según 1 Tesalonicenses 4:7, "Dios no nos llamó a la

---

1. A. Horstman, "αἰσχύνομαι," *EDNT*, 1:42-43. Ver Marcos 8:38 y paralelos; también Romanos 1:16, donde la expresión negativa "no me avergüenzo del evangelio" representa la idea de estar dispuesto a posicionarse y confesar la verdad del evangelio. En este contexto, dicho proceso incluye una disposición a ser identificado con los que representan a Cristo, aun cuando sean humillados.

impureza sino a la santidad [lit., en santidad]". En estos dos pasajes y el presente, la NVI asume que, puesto que la acción de llamar tiene un sujeto y un objeto, y como se sabe que Dios es santo, la santidad a la que se refiere se extiende a la vida de las personas llamadas. El énfasis en este versículo está en la naturaleza soberana del llamamiento de Dios, que no depende de las obras que podamos hacer.

La importancia de la expresión "por su propia determinación y gracia" (v. 9) puede entenderse mejor si nos fijamos en Efesios 1:3-14, donde Pablo hace constar que la gracia de Dios se fundamenta en sus propósitos eternos. Ese pasaje utiliza una serie notable de palabras, frases y construcciones gramaticales que expresan la idea de propósito de Dios, sabiduría, beneplácito y plan, a través de los cuales nos lleva a la salvación. El mismo concepto se refuerza en 2 Timoteo 1:9 mediante la referencia temporal, indicando que la gracia la recibimos realmente "en Cristo Jesús antes del comienzo del tiempo", pero que "*ahora* lo ha revelado" (cursivas añadidas).

En el versículo 10 hay tres palabras de especial importancia en las Cartas Pastorales.

(1) La palabra traducida como "revelar" (*phaneroo*) aparece en la importante declaración de credo de 1 Timoteo 3:16, "Él se manifestó como hombre" y en Tito 1:3, "y a su debido tiempo manifestó su palabra" (RVR60). Conectada con esta idea de manifestación tenemos el vocablo relacionado *epiphaneia*, que denota la aparición de Cristo (1Ti 6:14; 2Ti 4:1, 8; Tit 2:13; ver comentarios sobre Tit 2:13, junto con 2:11; 3:4, que contiene el verbo "manifestarse"; Pablo usa la misma terminología para referirse a la primera y a la segunda venida de Cristo).

(2) La palabra "salvador" es también significativa en las Pastorales, puesto que, aparte de en 2 Pedro, este sustantivo es relativamente inusual en el Nuevo Testamento (ver también 1Tim 1:1; 2:3; 4:10; Tit 1:3, 4; 2:10, 13; 3:4, 6). Uno de los distintivos de las Cartas Pastorales está en atribuir la salvación directamente a Dios. En el resto del Nuevo Testamento, la salvación, que en el Antiguo Testamento es obra de Dios, es ahora obra de Cristo. (Para la identificación de Dios como Salvador en las Pastorales véanse los comentarios sobre 1Ti 1:1; ver también la vinculación de Dios y Cristo como Salvador en Tit 2:13).

(3) La extensa frase griega que empezó en el versículo 8 continúa con un participio ("quien destruyó"; lit. "habiendo destruido"), que se usa

como forma adjetival para describir la actividad de Cristo en su manifestación. La cláusula es una construcción *men... de*, que es un recurso para equilibrar dos miembros de declaraciones alternativas. Esta sección se podría traducir literalmente: "quien *por un lado* había destruido la muerte y *por otra parte* ha sacado a luz la vida y la inmortalidad por medio del evangelio". La primera acción, que Cristo realizó en la cruz, tenía que cumplirse antes de la segunda. Cristo, por así decirlo, dejó incapacitada a la muerte. Desde luego, sigue siendo un enemigo que será destruido al final (1Co 15:26), pero aun así ya no es una amenaza para el creyente. Además, sabemos que Cristo hizo posible que *tengamos* vida eterna por medio de su resurrección, pero el énfasis aquí está en que "sacó *a la luz* la vida incorruptible" (cursivas añadidas). Es el evangelio el que ha logrado esto.

Este evangelio ya lo estuvo proclamando Cristo durante su vida terrenal; predijo su resurrección así como su sufrimiento y muerte (Mt 16:21 y otros), y el contenido de lo que Pablo identificaba como "el evangelio" y como base fundamental de su predicación incluía "que resucitó al tercer día, conforme a las Escrituras" (1Co 15:1-4). Estas verdades son tan importantes que casi sorprende que Pablo no haya incorporado aquí un "mensaje digno de crédito" que las resuma. Puede que aquí esté citando partes de alguna declaración cristiana primitiva.

Tal como hizo en 1 Timoteo 1:12-16 y brevemente en 2 Timoteo 1:3, Pablo habla ahora de su propio ministerio (v. 11) por causa del evangelio. Los tres ministerios que menciona en este versículo —heraldo, apóstol y maestro— están relacionados con el evangelio. Para que Pablo ejerciese estas tres funciones necesitó una acción específica de Dios. No era algo que hubiese escogido por sí solo, aunque estaba agradecido por ello.

En este contexto, no debe entenderse que las tres palabras —heraldo, apóstol y maestro— sean mutuamente excluyentes, sino que expresan tres formas distintas en las que Pablo sirve al evangelio.[2] El hecho de que primero aparezca "heraldo", y no "apóstol", sugiere que Pablo no dirige la atención a su posición o autoridad, sino más bien a las maneras en que trabaja para el avance del evangelio. Es natural que primero aparezca el heraldo como persona que realiza el anuncio, que trae las buenas nuevas. El maestro explica la verdad de Dios con el propósito de edificar a la iglesia. El término "apóstol" describe la comisión especial

2. Nótese que las tres mismas palabras aparecen en 1 Timoteo 2:7, y en el mismo orden.

de Pablo, en cuyo cumplimiento proclamaba y enseñaba, pero que poseía otras dimensiones (como la de representar al que le envió, el Señor Jesucristo, y cumplir su voluntad dondequiera que estuviera). Knight observa que Timoteo no era un apóstol, pero Pablo puede animarle por ser un modelo de heraldo y de maestro, que son dos ministerios que el propio Timoteo podía llevar a cabo siguiendo el ejemplo de él.[3]

Conforme se acerca al final de su frase, Pablo recoge en el versículo 12 lo que ha dicho acerca de dar testimonio del evangelio y declara que es por este motivo por lo que él padece "estos sufrimientos" (LBLA, "también sufro estas cosas"), dando probablemente a entender que el sufrimiento es también parte de su comisión, como lo es para Timoteo (*cf.* 3:12). Habiendo aludido al versículo 8 en cuanto al sufrimiento, añade que, como le ha aconsejado a Timoteo, él mismo no se avergüenza. Esta declaración viene seguida de una afirmación contundente en medio del versículo 12, introducida por la conjunción *gar* ("porque"), que aporta la base sobre la cual puede afirmar que no se avergüenza. Esta viene acompañada de la afirmación "sé", seguida inmediatamente de la cláusula conocida "en quién he creído", que incluye el poder de Dios para guardar "hasta aquel día lo que le he confiado [lit., mi depósito].

¿Pero qué ha sido confiado? ¿y a quién? En 1 Timoteo 6:20 Timoteo es responsable de cuidar algo que le ha sido confiado. En 2 Timoteo 1:14 se le encarga de nuevo que cuide lo que se le ha confiado ("la buena enseñanza"), en este caso "con el poder del Espíritu Santo que vive en nosotros". Dado que en el versículo 13 se instruye a Timoteo a seguir "el ejemplo de la sana doctrina" que aprendió de Pablo, parece claro que el depósito confiado a Timoteo en el versículo 14 es la doctrina o enseñanza. Pero es Dios quien guardará el depósito en el versículo 12. En este versículo, "lo que le he confiado" parece ser una referencia al ministerio de Pablo. Así, la secuencia de pensamiento de los versículos 12-14 es la siguiente: Pablo está cumpliendo su parte al sufrir por causa del evangelio, entregando su vida y ministerio a Dios como un depósito para el futuro día de rendición de cuentas. Timoteo, por su parte, debe cuidar las enseñanzas que Dios le ha confiado, y él le ha dado el Espíritu Santo para ayudarle a hacerlo.

---

3. Knight, *Pastoral Epistles*, 377-78.

Seguir el ejemplo de la sana doctrina (1:13-14)

Nuestra comprensión de los versículos 13-14 debe tomar en cuenta la anterior discusión sobre el versículo 12 y el uso de la expresión *sana doctrina* a lo largo de las Pastorales (1Ti 1:10; 6:3; 2Ti 4:3; Tit 1:9, 13; 2:1-2; ver esp. la exposición en 1Ti 1:10, que es importante para entender el significado de "sana doctrina" aquí). La palabra griega traducida "ejemplo" en el versículo 13 puede tener cualquiera de estos tres sentidos: un esquema o bosquejo, un modelo o patrón, o "una figura retórica mediante la cual se esboza vívidamente un asunto en palabras".[4] Aquí se refiere probablemente a un modelo detallado que ha de ser seguido de manera escrupulosa. Esto concuerda con todo el lenguaje de mandamientos con autoridad que Pablo da a Timoteo, sobre todo en su primera epístola.

El énfasis que se da a "ejemplo" (al ser la primera palabra en la frase griega), considerado junto con la expresión clave "sana doctrina" y con la instrucción acerca de cuidar la enseñanza en el versículo 14, deja incuestionablemente claro que Timoteo no es libre de desviarse de la enseñanza apostólica. Las palabras "Con fe y amor en Cristo Jesús" recuerdan la dimensión de la piedad personal que caracteriza a las Pastorales, comenzando con 1 Timoteo 1:4 (fe), 1:5) (amor y fe) y 1:19 (fe).

La bondad de Onesíforo (1:15-18)

Los versículos 15-18 revelan algo de los sentimientos personales de Pablo. Esta sección recoge el tema del sufrimiento y la vergüenza que empieza y termina en los versículos 8-12. También proporciona una base para la exhortación de Pablo a Timoteo en 2:1. Lo que podía haber sido "una causa de depresión para el sensible y fiel Timoteo" se convierte en "un inspirador y apremiante llamado a renovar esfuerzos en la causa del evangelio".[5]

La naturaleza del abandono de "todos los de la provincia de Asia" (v. 15) ha sido objeto de discusión. Posiblemente, antes de escribir esto algunos de Asia habían estado en Roma durante la prisión de Pablo allí y no le habían mostrado apoyo. También es posible que tenga en mente alguna desviación doctrinal, dado que el verbo traducido como "abandonar" (*apostrepho*) se refiere a eso en 4:4 y Tito 1:14. Sin embargo, el contexto de este pasaje no contiene nada que sugiera algo más que

---

4. LSJ, 1,900.
5. Ellicott, *Commentary on the Epistles of Saint Paul*, 130. 0

un abandono personal (*cf.* el uso de esta palabra en Mt 5:42; 26:52; Lc 23:14; Hch 3:26; Ro11:26; Heb 12:25, donde no se relaciona con doctrina). La palabra traducida "todos" se emplea a menudo en un sentido general y no debe entenderse como un abandono total. Se han hecho varias sugerencias acerca de cuál es el grupo principal que Pablo tiene en mente. Knight concluye: "Timoteo sabe a qué se refiere, pero, desgraciadamente, nosotros no".[6] A Figelo y Hermógenes no se les llama herejes, como sí se hace a Himeneo y Fileto (2:17), pero probablemente eran dos compañeros más allegados cuyo abandono hizo más daño a Pablo.

Onesíforo contrasta positivamente con los otros. Retomando el tema de la prisión de Pablo y la natural tendencia de sus compañeros a avergonzarse de él, Pablo afirma específicamente que Onesíforo "no se avergonzó de mis cadenas". Dice de él "me dio ánimo" y que en la populosa Roma se esforzó por encontrarle y lo consiguió. Pablo se siente tan agradecido a Onesíforo que repite la palabra "misericordia" en el versículo 18. "Aquel día" es el mismo día que se menciona en el versículo 12, cuando la era presente haya concluido y Dios traiga el juicio o recompensa adecuados. Pablo termina con una referencia a la ayuda que le prestó Onesíforo también en Éfeso, algo que Timoteo sabe "muy bien".

Hay varios puntos a los que debemos prestar atención. (1) En el versículo 16, Pablo ofrece una oración indirecta para que el Señor conceda misericordia a la familia de Onesíforo.[7]

(2) Usando también la oración indirecta en el versículo 18, Pablo pide que Onesíforo pueda "*hallar* misericordia en aquel día" (cursivas añadidas), que lo expresa con un leve cambio de palabras. Algunos piensan que esto es un indicio de que el amigo de Pablo ha muerto. Pero este cambio es probablemente una simple variación estilística, con el verbo "hallar" retomando el "encontrar" del final del 17, de modo que ora para que el que *encontró* a Pablo *halle* también misericordia. Además, aunque una referencia a "aquel día" puede implicar que Onesíforo hubiera fallecido y estuviera esperando la resurrección, Knight señala que Pablo se refiere el versículo 12 a "aquel día" en relación consigo mismo, cuando todavía está vivo.[8]

---

6. Knight, *Pastoral Epistles*, 384.
7. Wiles llamaba a estas oraciones indirectas "oraciones de deseo" (G. T. Wiles, *Paul's Intercessory Prayers*, SNTSMS 24 [Cambridge: Cambridge Univ. Press, 1974]), 45-155.
8. Knight, *Pastoral Epistles*, 386.

(3) La repetición de una oración por misericordia en los versículos 16 y 18 no resulta inquietante, puede explicarse por los profundos sentimientos de Pablo. El problema es que en la primera ocasión no se pide por el propio Onesíforo, sino por su "familia". Algunos eruditos han sugerido sobre la base de *esta* característica del texto que Onesíforo había muerto. Pero Knight señala en 1 Corintios 1:16 que Pablo habla "acerca de la familia de un hombre cuando este seguía vivo" (aunque la casa de Estéfanas no se menciona aparte de él, como ocurre aquí). Por tanto, no parece que sea posible determinar si Onesíforo había muerto o no, y no tiene mayor importancia para la aplicación del texto.[9]

Construyendo Puentes

La gracia y propósitos de Dios. Tenemos inmensas y poderosas verdades condensadas en los versículo 8-10, listas para estallar en las mentes de los lectores. Pablo ya ha mostrado algunas de ellas en su carta a los efesios, y el tema principal de Efesios 2:1-7 encuentra expresión en Tito 3:3-7. Si Efesios 2 enseña la salvación por la *gracia* de Dios, Efesios 1:3-4 enseña el hecho de los *propósitos* eternos de Dios. Estos versículos contienen una asombrosa combinación de palabras y construcciones gramaticales griegas que expresan sabiduría, conocimiento previo y propósito. Algunas están condensadas en el versículo 11: "hechos herederos", "predestinados", "plan", "designio" y "voluntad". Por consiguiente, cuando Pablo, aquí en 2 Timoteo 1:9, escribe sobre la "determinación y gracia", puede estar resumiendo las enseñanzas de Efesios 1–2. También cuando dice que Dios "nos salvó y nos llamó a una vida santa" y que hemos recibido esa gracia "antes del comienzo del tiempo" (2Ti 1:9), está expresando la verdad de Efesios 1:4: "Dios nos escogió en él antes de la creación del mundo, para que seamos santos y sin mancha delante de él".

Señalar todo esto no es simplemente repasar la exégesis. Nos ayuda a ver la importancia del propósito de Dios y de su gracia en la teología de Pablo. El hecho de que esto "ahora lo ha revelado con la venida de nuestro Salvador Cristo Jesús" (v. 10) sigue con el énfasis de las Cartas

9. Si se pudiera demostrar que Onesíforo estaba muerto, entonces Pablo habría ofrecido una oración por los difuntos. Pero como el asunto no está resuelto y en ninguna otra parte hay justificación para tales oraciones, este pasaje no puede utilizarse para apoyar esa práctica. Knight argumenta que v. 16 no es una oración directa a Dios, sino una expresión de las esperanzas de Pablo.

Pastorales (que vimos en 1Ti 3:16; 6:14; 2Ti 4:1, 8; Tit 2:11, 13; 3:4). La realidad de la *epiphaneia*, la aparición o venida, de Cristo, con toda la fuerza cristológica y apologética que tiene esta enseñanza, ayudaría ciertamente a eliminar la timidez y vergüenza del corazón de Timoteo (2Ti 1:7).

La secuencia de revelación y redención también es importante. Dios dio su gracia en Cristo "antes del comienzo de tiempo" (v. 9), pero es "ahora" cuando lo ha revelado con la venida de Cristo. Nuevamente hay similitud con Efesios (2:11-18), cuando Dios expresa el contraste entre el anterior estado de los gentiles que estaban separados Cristo y su situación presente en él, Pablo usa los contrastes de distancia ("lejos" y "cerca") y de tiempo ("entonces" y "ahora"). Y continúa explicando cómo otro aspecto de la revelación, el "misterio" acerca de la unión de creyentes judíos y gentiles en un solo cuerpo, no se había dado a conocer antes, "ahora se les ha revelado por el Espíritu a los santos apóstoles y profetas de Dios" (Ef 3:2-6).

La destrucción de la muerte. Quizás el más poderoso antídoto para la timidez y la tendencia a avergonzarse de Timoteo sea ver que Cristo "destruyó la muerte y sacó a la luz la vida incorruptible mediante el evangelio" (v. 10). Pablo califica en otro pasaje a la muerte como "último enemigo que será destruido" (1Co 15:26). La muerte es un enemigo, no un amigo. No obstante, para el creyente es nuestra "entrada a la gloria".[10] En Hebreos 2:14-15 se nos enseña que Jesús participó de nuestra humanidad "para anular, mediante la muerte, al que tiene el dominio de la muerte —es decir, al diablo—, y librar a todos los que por temor a la muerte estaban sometidos a esclavitud durante toda la vida". Para los cristianos ya no hay aprehensión acerca de lo que nos espera tras la muerte; hemos recibido la vida y la inmortalidad (algo que el hombre "mortal" no posee por naturaleza), y esto ha eliminado el temor y, en el caso de Timoteo, la timidez y la vergüenza.

El tema de la destrucción activa de la muerte y el diablo, quien sustenta su poder, no se oye tan a menudo como otros aspectos de la resurrección y muerte salvadora de Cristo. Pero vale la pena proclamarlo. No es extraño que Pablo estuviera convencido de que el Señor podía proteger lo que le había "confiado" hasta aquel día.

---

10. Del himno "Jesus Lives" ["Jesús vive"], texto original de Christian Fuerchtegott Gellert (1715-1769).

La vergüenza en la cultura de Oriente Medio. La vergüenza es un fuerte impedimento para hacer lo que hay que hacer. El honor (u honra) y la vergüenza constituían un aspecto importante de Oriente Próximo y del mundo mediterráneo de Pablo, y sigue siéndolo en algunas culturas actuales (aunque no es tan común en Estados Unidos). Puede ser un poderoso estímulo o un elemento disuasivo para actuar. La vergüenza a que nos referimos aquí puede originarse en apartarse de la conducta esperada, pero también puede tener más de sensación embarazosa personal. También puede ser un impedimento. Dar testimonio es un acto público; la vergüenza y el bochorno también son algo público. Identificarse en presencia de otros con algo que ellos desaprueban siempre es difícil. Para Timoteo sería previsible avergonzarse del Señor, teniendo en cuenta que "El mensaje de la cruz es una locura para los que se pierden" y que "es motivo de tropiezo para los judíos, y es locura para los gentiles" (1Co 1:18, 23).

Que alguien como Pablo estuviera en prisión también debió de haber sido algo embarazoso para Timoteo. Es significativo que aparezcan cuatro veces los términos relativos a la vergüenza en 2 Timoteo, que son bastantes para un libro tan breve. Además de decirle a Timoteo que no se avergüence (1:8), Pablo afirma que él mismo no se avergüenza (1:12) y que Onesíforo no se avergonzó de sus "cadenas" (1:16). Además, Timoteo debe ser un obrero aprobado que no tiene nada de lo que avergonzarse (2:15). El hecho de que Pablo saque este tema varias veces muestra que entre los creyentes era natural la tendencia a avergonzarse de Pablo el preso. No es de sorprender que en el versículo 7 le haya asegurado a Timoteo que el Señor no le dio un espíritu de timidez. El espíritu de poder que ahí se menciona capacita para participar en el sufrimiento por el evangelio (v. 8). Hay dos grandes razones más por las que Pablo y Timoteo no deben avergonzarse: (1) el evangelio revela la iniciativa de Dios, "su propia determinación y gracia", que existe antes del comienzo del tiempo. (2) Junto con esto, la venida de Cristo dignificó la destrucción de la muerte. Su manifestación, por tanto, "sacó a la luz la vida incorruptible mediante el evangelio". Este es un mensaje de gran poder. (3) Una razón más, por parte de Pablo, para no avergonzarse es su confianza en el Señor y en el poder de Dios "para guardar hasta aquel día lo que le he confiado".

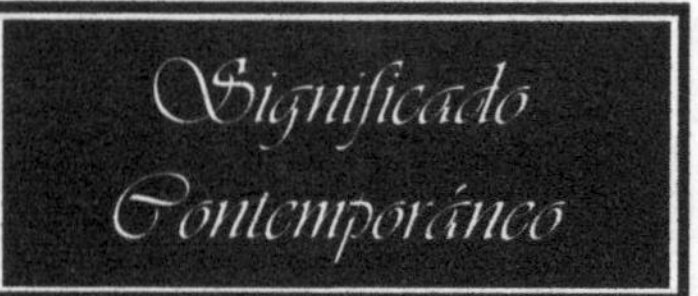

Los cristianos de hoy y el sentimiento de vergüenza. Las razones por las que se experimenta humillación o vergüenza en el mundo occidental moderno son muy diferentes de las del tiempo de Pablo. Aunque es verdad que hay personas en el mundo que padecen prisión y terribles sufrimientos, nos es ese el caso de la mayoría de los que leen este comentario. También estamos acostumbrados a ver que algunas personas vayan *voluntariamente* a la cárcel por causas que consideran justas. Uno piensa en la desobediencia civil de los años sesenta y setenta, y más recientemente en quienes han ido a la cárcel por participar en protestas antiabortistas. Aunque está claro que hay sentimientos encontrados en cuanto a estos temas, la situación no es la misma que la del apóstol Pablo, una figura solitaria en un mundo no cristiano, encarcelado a la fuerza por causa del evangelio. Nuestra vergüenza ante la manera como algunos predican el evangelio tiene más que ver con sus métodos y actitudes personales.

A este respecto, debemos considerar otro hecho. Debido a que las afirmaciones de exclusividad del evangelio van en contra de la doctrina actual de tolerancia de todos los puntos de vista, los cristianos se destacan por su testimonio de la verdad. Pero no es la tolerancia el único problema, es la idea común de que *ningún* sistema, ni siquiera el que uno posee, puede afirmar tener la verdad absoluta. La mayoría están de acuerdo en que está bien que un "cristiano nacido de nuevo" dé un "testimonio", pero ir más allá de esto para realizar firmes afirmaciones de la verdad está muy mal visto. Y lo que es peor, muchos cristianos de hoy están deficientemente preparados para explicar los fundamentos bíblicos y teológicos, así como los las razones, de su fe. Hay pocos que sean capaces de presentar con claridad las implicaciones y efectos de la muerte de Cristo más allá del hecho inicial de nuestra salvación del castigo del pecado.

No obstante, aunque puede que todavía necesitemos madurar en nuestra comprensión de la teología cristiana, podemos testificar del Señor e incluso, si es necesario, sufrir por hacerlo. Al menos en Estados Unidos, pueden ridiculizar impunemente a los bautistas del sur, a los católicos, a los antiabortistas y a otros grupos religiosos, mientras que las mismas burlas, si fueran dirigidas contra otras minorías, recibirían, con toda justicia, rechazo público. Para muchos de nosotros, y quizás especialmente para los niños y jóvenes, la desaprobación y la burla de nuestros compañeros es algo peor que la cárcel. Así pues, podemos experimentar un tipo de humillación y vergüenza. Para quienes tienen hijos que se sienten así, tal vez sea útil una explicación de los elementos básicos de este pasaje. Pero una parte importante del ánimo que les podemos dar consiste en entender cómo se sienten y asegurarles que los comprendemos.

La persecución alrededor del mundo. En cuanto a los que están padeciendo encarcelamiento literal, sea justa o injustamente, tenemos que ser conscientes de la enorme cantidad de personas (cristianos, pero también otros) que están presas y son perseguidas por todo el mundo. Algunos han sido apresados por las guerrillas de Colombia. Otros languidecen en cárceles chinas y africanas, víctimas de regímenes totalitarios. Los fundamentalistas musulmanes y otros grupos religiosos radicales cometen auténticas atrocidades. Todavía mueren personas en Oriente Medio e Irlanda del Norte. La influencia del nazismo, el comunismo, el Ku Klux Klan y otros grupos opresivos no se ha borrado de la sociedad. Los cristianos estadounidenses no deben ignorar a las víctimas del odio en el mundo que nos rodea. Hay que considerar la "familia de Onesíforo" en un sentido más extenso para brindar ayuda a los que sufren injustamente en la actualidad.[11]

No hay que olvidarse de quienes están en la cárcel por razones justas. Los ministerios de Prison Fellowship y otros que se preocupan por los presos tienen fundamentos bíblicos y humanitarios para su trabajo y para que los cristianos los apoyen. Quienes aprecian la libertad deberían ser los primeros en preocuparse por quienes han perdido la suya —sea cual sea el motivo y la duración de la sentencia— y que viven en reclusión, a menudo con pesar, remordimiento y arrepentimiento, a veces con un sentimiento de desesperanza y vacío y siempre con consecuencias. ¿Cuántos cristianos deseosos de un llamamiento de Dios a algún tipo de servicio desean este ministerio?

---

11. Entre los artículos recientes de *Christianity Today* 42 (1998) sobre la persecución están los de Alford Deanne, "Imprisoned Evangelicals Dispute Accusations of Terrorism" (9 febrero 1998), 94; (sin firma) "Assemblies of God Church Attacked" (9 febrero 1998), 87; Beverly Nickles, "Restrictions on Religion Get Uneven Enforcement" (6 abril 1998), 20; David L. Miller, "Columbia's Bleeding Church" (19 mayo 1998), 40-43; y en el número 43 de *Christianity Today* (1999): (sin firma) "Christians Killed, Churches Burn" (11 enero 1999), 24; Michael Fisher, "The Fiery Rise of Hindu Fundamentalism" (1 marzo 1999), 46-48; Frederica Mathewes-Green, "Can We Survive Persecution" (1 marzo 1999), 68-69.

Seguir el ejemplo de la sana doctrina. Este es el primer ejemplo en 2 Timoteo del tema que caracteriza las Pastorales: la fusión de sana doctrina y vida piadosa. Aquí, el "ejemplo de la sana doctrina" debe combinarse con "fe y amor en Cristo Jesús". En este caso, la "fe" no tiene un artículo, así que tiene que ver con la aplicación de la fe en la vida diaria, más que con el conjunto de doctrinas cristianas (que es el significado que tan frecuentemente tiene en las Pastorales). Estamos acostumbrados a la expresión "sana doctrina" de estas cartas, pero la idea de un "ejemplo" posee un significado añadido. Hay maneras objetivas de discernir cuándo alguien se ha desviado de un ejemplo. Ya sea mediante añadir, quitar o cambiar la naturaleza de un patrón predeterminado, no hay que tolerar ningún cambio.

El ejemplo más reciente a gran escala en Estados Unidos de cristianos que mantuvieron con vigor el patrón del "ejemplo de la sana doctrina" es la controversia entre modernistas y fundamentalistas a principios del siglo XX.[12] El surgimiento de los estudios de la "alta crítica" sobre la Biblia, unido a otros factores, resultó en desviaciones importantes de las enseñanzas históricas de la iglesia cristiana. Muchos seminarios importantes y denominaciones han dado muestra de un marcado alejamiento de las claras enseñanzas bíblicas, sobre todo en lo relativo a la persona y la obra de Cristo.

La publicación de una pequeña serie de libros sobre los fundamentos de la fe, titulada *The Fundamental*, dio lugar al término *fundamentalistas* aplicado a quienes mantenían las doctrinas teológicamente ortodoxas. Algunos pastores fueron expulsados y retirados de sus ministerios pastorales, mientras que otros intentaron trabajar desde dentro de las denominaciones principales y recibieron el calificativo de capituladores por parte de los que habían tomado el camino de la separación. Esta situación se complicó con el surgimiento de la neoortodoxia, pero al final el movimiento fundamentalista ganó fuerza. Un número cada vez mayor ha preferido el apelativo de *evangélicos*.

El movimiento de los que se aferran al "ejemplo de la sana doctrina" adquirió fuerza y reconocimiento. Entre las enseñanzas que sostienen en común está la doctrina de la Escritura, y la manera como uno ve la Biblia se convirtió en algo cada vez más importante. Hoy, el término *fundamentalismo* ha adquirido una gran amplitud y ha venido a

12. George M. Marsden, *Fundamentalism and American Culture: The Shaping of Twentieth-Century Evangelicalism 1870–1925* (Oxford: Oxford Univ. Press, 1980).

describir a los elementos más conservadores de varios grupos religiosos en el mundo. Los primeros fundamentalistas cristianos han salido, en su mayor parte, del escenario. Las cuestiones principales a las que ahora se enfrenta la iglesia, y que necesitan ser puestas de nuevo a prueba frente al patrón de la sana doctrina, son el pluralismo y el posmodernismo.[13] Resulta crucial que los cristianos de hoy lleguen a una comprensión en lo que respecta a qué se incluye en el patrón o ejemplo al que debemos adherirnos, y cuáles son las áreas flexibles de legítimas diferencias.

Nuestros bienintencionados deseos de determinar la cuestión del día y ser siempre contemporáneos puede hacer que algunos incluyamos cosas que pueden ser cuestiones secundarias (posiblemente nuestros propios programas) en nuestro testimonio, enseñanza y predicación. Las conversaciones, las clases dominicales y el púlpito pueden llegar a ser medios por los que hacer nuestros propios comentarios sobre asuntos sociales, políticos, e incluso religiosos, en detrimento del evangelio y del pleno consejo de Dios. Podemos incluso hacerlo en nombre de la sana doctrina. La referencia de Pablo a la "determinación y gracia" debería hacernos recordar sus intenciones principales para su iglesia. Se nos ha confiado algo, ya sea que seamos "solo" laicos (que no es concepto bíblico) o líderes. El evangelio debe brillar por encima de nuestros programas personales, por muy relevantes e importantes que puedan ser.

Pablo sabía que, como heraldo, tenía un mensaje importante que proclamar. En tanto que apóstol, debía representar a Aquel que le envió y *su* programa, y en tanto que maestro había recibido el "ejemplo de la sana doctrina", de la cual ni él ni Timoteo ni las generaciones sucesivas debían apartarse. Este pasaje llama a todos los cristianos de hoy a reevaluar hasta qué punto estamos comunicando bien el evangelio revelado y el contexto doctrinal.

La instrucción del versículo 13 se expresa en términos de cuidar o mantener el ejemplo o patrón; el versículo 14 habla de cuidar lo que ha sido confiado. Esto no depende de la capacidad personal, sino del "poder del Espíritu Santo que vive en nosotros". Tanto guardar el ejemplo como cuidar la enseñanza confiada han sido tareas difíciles en varias etapas de la historia de la iglesia. Exhortaciones al compromiso, persecución abierta, exclusión de la comunión y quema de libros son algunas de las maneras en que los siervos de Dios han sido tratados cuando han afirmado la verdad de Dios contra el error.

---

13. Ver la sección Construyendo Puentes de 1 Timoteo 2:1-7.

El elemento personal en Pablo. No está claro si fueron diferencias doctrinales las causantes de que los de la provincia de Asia abandonaran a Pablo (v. 15). Tampoco está claro por qué menciona dos nombres en particular. Debido a lo poco específico de su lenguaje aquí y a la ausencia de una referencia a alguna cuestión doctrinal concreta, es probable que se tratara de una pérdida personal de amistad y apoyo entre los de la parte occidental de Asia Menor de los que esperaba esa ayuda. El ejemplo de Onesíforo representa un maravilloso contraste. Es interesante que Timoteo ya supiera tanto de aquel abandono como de la ayuda de Onesíforo. Que hubiera compartido con él algo tan personal muestra algo de la calidez de la relación de Pablo y Timoteo.

En varios lugares de las Cartas Pastorales —y salpicado en los escritos paulinos— vemos el lado humano de Pablo en sus comentarios sobre otras personas. Romanos 16 es un maravilloso ejemplo de cuánto apreciaba a sus colaboradores. No hace falta usar mucha imaginación para figurarse a este misionero sintiendo un interés especial acerca de los apoyos y de las críticas de sus colaboradores, siendo alguien que había renunciado a una vida personal estable, las alegrías y calidez de una familia y la esperanza de una segunda y tercera generación de descendientes biológicos dando perpetuidad a su nombre y sus valores. Para Pablo, por consiguiente, perder la confianza de otro cristiano era probablemente más traumático que para un pastor de hoy perder a un miembro del equipo pastoral.

Si hasta nosotros tendemos a "tomarnos las cosas como algo personal", ¡cuánto más este solo, entregado y exhausto misionero! Sin embargo, hasta cierto punto podemos identificarnos con él, como también pueden todos los que han servido a Dios en relaciones sensibles con otros cristianos: ya sea en aislados puestos de avanzada en la misión, entre los clérigos de una catedral de la Edad Media o entre el personal de la casa de César. Los cristianos se necesitan los unos a los otros, y los que critican o se alejan con ira tienen la responsabilidad de ser abiertos y obrar con amor con aquellos que puedan haber dañado por sus acciones. Bien podríamos usar una "teología del disenso" en nuestras relaciones cristianas.

2 Timoteo 2:1-13

Así que tú, hijo mío, fortalécete por la gracia que tenemos en Cristo Jesús.[2] Lo que me has oído decir en presencia de muchos testigos, encomiéndalo a creyentes dignos de confianza, que a su vez estén capacitados para enseñar a otros.[3] Comparte nuestros sufrimientos, como buen soldado de Cristo Jesús.[4] Ningún soldado que quiera agradar a su superior se enreda en cuestiones civiles.[5] Así mismo, el atleta no recibe la corona de vencedor si no compite según el reglamento.[6] El labrador que trabaja duro tiene derecho a recibir primero parte de la cosecha.[7] Reflexiona en lo que te digo, y el Señor te dará una mayor comprensión de todo esto.

[8] No dejes de recordar a Jesucristo, descendiente de David, levantado de entre los muertos. Este es mi evangelio,[9] por el que sufro al extremo de llevar cadenas como un criminal. Pero la palabra de Dios no está encadenada.[10] Así que todo lo soporto por el bien de los elegidos, para que también ellos alcancen la gloriosa y eterna salvación que tenemos en Cristo Jesús.

[11] Este mensaje es digno de crédito: Si morimos con él, también viviremos con él; [12] si resistimos, también reinaremos con él. Si lo negamos, también él nos negará; [13] si somos infieles, él sigue siendo fiel, ya que no puede negarse a sí mismo.

Esta sección, que comienza con un enfático "Así que tú" y viene acompañada de palabras personales dirigidas a Timoteo como "hijo mío", presenta una exhortación al servicio cristiano. Está libre de las referencias a la herejía y el conflicto que caracterizan buena parte de las Pastorales.

Los versículos iniciales describen tres cualidades que deben caracterizar a Timoteo: esfuerzo (v. 1), previsión (v. 2) y resistencia (v. 3). Los versículos 4-6 contienen tres imágenes: una imagen militar, una del atletismo y otra de la agricultura. Los versículos 8-10 abarcan dos puntos focales: el recordatorio de Jesucristo y la capacidad de soportar por causa de los elegidos. Dicho de otro modo, Timoteo, como Pablo, debe centrarse en el evangelio y en la salvación que este trae. Todo esto va seguido de otro “mensaje digno de crédito” de las Pastorales, que en esta ocasión trata de condiciones y resultados.

Palabras contundentes acerca del sufrimiento (2:1-7)

Justo antes del enfático “tú”, el versículo 1 comienza con “así que”. Esto hace que el lector reflexione sobre las exhortaciones y hechos mencionados en el capítulo 1 y lo dirige a la exhortación “fortalécete”. Las palabras “en la gracia” pueden referirse a la esfera del ministerio de Timoteo, que de hecho es “en Cristo Jesús”. Pero también puede ser una construcción instrumental, en cuyo caso la gracia de Cristo capacita a Timoteo para fortalecerse. En ambos casos, nos recuerda a Tito 2:11-14 (escrito antes que 2 Timoteo), donde Pablo informa de lo que la gracia de Dios “nos enseña”.

El versículo 2 puede parecer una intrusión inesperada en el curso de los pensamientos. Pero la necesidad de que Timoteo (y Tito) reciban lo que Pablo enseña y manda impregna todas las Cartas Pastorales. En este caso, Pablo no se refiere a un mandamiento directo o instrucción escrita, sino a su enseñanza tal como la escucharon Timoteo y otros “testigos”. La expresión de la NVI, “en presencia de muchos testigos”, también se puede traducir “por medio de muchos testigos” (*cf.* NRSV). El problema con esta interpretación, sin embargo, es la implicación de que Timoteo no escuchó directamente las enseñanzas.

Quizás la idea aquí expresada sea la confirmación por testigos. Fee sugiere que fue “atestiguada” por cierta cantidad de personas, “un énfasis necesario a la luz de las muchas deserciones en Éfeso”.[1] La palabra “encomienda” procede de la misma raíz que el verbo traducido como “lo que le he confiado” en 1:12 y “que se te ha confiado” en 1:14. Las enseñanzas de Pablo son algo valioso que exige a personas “de confianza”. La traducción “hombres” de la NVI procede del término griego *anthropos*, que es un término genérico para todo ser humano.[2]

---

1. Fee, *1 and 2 Timothy, Titus*, 241.
2. Knight (*Pastoral Epistles*, 39) asume, por 1 Timoteo 2:12, que solo los varones podían enseñar: “Su labor era ‘enseñar’ a una audiencia que incluía a toda la iglesia, una tarea prohibida a las mujeres por haber hombres entre los presentes (1Ti 2:12; *cf.* 1Co 14:34ss)”. Da por sentadas tres cosas: que los que escuchaban eran toda la iglesia, que las mujeres no podían enseñar y que las personas a las que se dirige la enseñanza del versículo 2 eran los “presbíteros/supervisores”.

Las personas a las que Timoteo debe encomendarles las enseñanzas de Pablo deben también ser "competentes" (*hikanos*). "Competentes" es probablemente mejor traducción que la de la NVI, "capacitados", o la NIV, "aptos", puesto que, aunque *hikanos* puede tener este sentido, suscita cuestiones de capacitaciones que no encuentran respuesta en este pasaje, a menos que se refiera a la aptitud de la confiabilidad. Quizás el pensamiento sea similar al de *didaktos*, que describe la capacidad o aptitud para la enseñanza que se exige de los ancianos (1Ti 3:2; ver comentarios). Esta necesidad no implica que estas personas sean ancianos, como Knight ha asumido.[3]

Se puede entender por qué estas instrucciones aparecen en un pasaje acerca de ser fuerte y resistir las adversidades. Para Timoteo sería natural utilizar su fuerza y sus dones para seguir enfrentándose a los herejes y luchando con los problemas, pero a veces es más difícil formar y motivar a otros para llevar adelante la obra de uno. Con la inminente ejecución de Pablo, sin embargo, la instrucción de otras personas puede tener un gran peso en su mente. Su referencia a confiar un depósito en 1:12, 14 justo antes de este punto en su carta puede haber desencadenado en el pensamiento de Pablo la idea de instruir a otros para seguir después de Timoteo, y lo expresa en cuanto está en el contexto adecuado.[4]

Las tres imágenes de los versículos 3-6 aparecen en otros textos de Pablo, pero con énfasis diferentes. La imagen militar tiene aquí que ver no con la guerra, sino con la obediencia disciplinada; la imagen del atletismo trata no tanto del éxito como de seguir unas reglas; la imagen agrícola subraya el trabajo duro.

La imagen militar se presenta mediante la instrucción "comparte nuestros sufrimientos". El verbo aquí empleado aparece también en 1:8 ("también... soportar sufrimientos", ver comentarios) y el verbo simple "sufrir" aparece en 1:12. Pero el verbo *kakopatheo*, tal como se usa aquí, tiene que ver con estar en angustia. Un sustantivo relacionado conlleva la idea de miseria o sufrimiento, mientras que otro sustantivo

---

3. *Ibíd.*
4. Hanson (*Pastoral Epistles*, 128-29) observa: "Ciertamente tenemos aquí una doctrina de sucesión, pero es sucesión en la enseñanza, no en un cargo de autoridad". Luego cita 1 Clemente acerca de la sucesión apostólica (caps. 42, 44) y, sosteniendo que Clemente escribió "quizás quince o veinte años" después de que un autor sin nombre escribiera las Cartas Pastorales, procura mostrar que el corto periodo de tiempo transcurrido entre los dos escritos vio un desarrollo de pensamiento hacia la sucesión apostólica. Hanson cree que las Pastorales se escribieron en torno a los años 100—105.

de su familia describe "arduo esfuerzo, perseverancia".[5] La NIV tiene justificada, pues, su traducción del verbo en el contexto de 2:3 como "soporta la adversidad" en lugar de "comparte… sufrimientos", como traduce la NVI (o "sufre aflicciones", RVR60).

El versículo 4 es claro en su insistencia en la entrega al deber y a lo que ordene el mando superior frente a claudicar ante las cuestiones que pueden interferir con las obligaciones militares. En tiempos de Pablo, el Imperio romano ya hacía mucho que tenía su dominio asegurado, pero el mantenimiento de las fronteras era una tarea continua. Las fuerzas militares estaban por todas partes, y el famoso sistema de calzadas romanas hacía posible un rápido movimiento de tropas. Los soldados se concentraban sobre todo en las fronteras más lejanas, donde las insurrecciones eran más probables. Esto significaba un entrenamiento muy extenso. No podía haber debilitamiento de su determinación, habilidad o fuerza. La disciplina diaria era obligatoria; no se admitían distracciones. Debido a la extensa distribución de las tropas, la imagen de Pablo de la dedicación del soldado sería reconocida inmediatamente y causaría impresión.

Pablo escribe en otros pasajes acerca de la competición atlética, especialmente en 1 Corintios 9:24-27. En ese pasaje, el énfasis se pone en el entrenamiento y disciplina personales; en este se subraya más el cumplir las reglas. En ambos casos se busca la victoria. Las competiciones de atletismo eran populares y muy preciadas en la tradición grecorromana. Las ciudades estaban orgullosas de sus estadios, y los vencedores recibían grandes honores. En los deportes de hoy nos hemos acostumbrado a las faltas intencionadas y a los alardes personales, pero en tiempos de Pablo se esperaba que se cumpliesen las reglas.

Del mismo modo, Pablo se refiere en otro pasaje al derecho de los siervos del Señor a recibir remuneración por su trabajo (*cf.* 1Ti 5:17-18; ver también 1Co 9:7-14). Pero el mensaje de este texto es que cuando se dé la recompensa (escatológica), se dará prioridad a los que hayan trabajado más duro. El término "primero" es parte de la imagen y no debe "aplicarse con respecto a la situación de Timoteo".[6] Esta imagen del agricultor, como las otras dos, está bien escogida. A diferencia de

5. Ver LSJ, 862. El versículo 4 es claro en su referencia a dedicarse al deber y a lo que diga el oficial al mando en lugar de sucumbir a las distracciones que podrían interferir en las obligaciones militares.
6. Ver Knight, *Pastoral Epistles*, 395.

nuestros países de hoy, con su aglomeración urbana, en tiempos de Pablo todos conocían la imagen del granjero que trabaja arduamente. No había máquinas que suavizasen su dura tarea. Las tres analogías, como las parábolas y dichos parabólicos de Jesús, requieren reflexión, así que Pablo le dice a Timoteo en el versículo 7 que el Señor le "dará una mayor comprensión de esto".

Razones para soportar la adversidad (2:8-13)

El versículo 8 pasa de la analogía a la historia. Por mucho ánimo que Timoteo pueda recibir de los versículos 1-7, es la resurrección de Cristo, el prometido descendiente mesiánico de David, lo que le da la motivación más fuerte. Retomando las referencias al sufrimiento y la cárcel de 1:8 y la alusión a las cadenas de 1:16, Pablo se refiere en 2:9 a su propio sufrimiento en cadenas "como un criminal", pero añade que "la palabra de Dios no está encadenada". Esto nos recuerda el final de Hechos, donde, pese a su encarcelamiento, Pablo predicaba "sin impedimento" (Hch 28:31).

Pablo vuelve en el versículo 19 a su propia disposición a soportar lo que haga falta "por el bien de [*dia*] de los elegidos" (ver 1Ti 5:21 acerca de los "santos ángeles"; Tit 1:1 acerca de "la fe... los elegidos de Dios"). Las palabras siguientes, para que también ellos alcancen la gloriosa y eterna salvación que tenemos en Cristo Jesús" ha provocado debate. El concepto de elección está a un lado en este pasaje, porque el énfasis de Pablo aquí no está en el asunto de la elección, la predestinación y la soberanía de Dios, sino en la necesidad de *hacer posible la salvación* de los elegidos. Sea cual sea la manera en que abordemos el tema de la elección, la conversión de una persona implica el fiel ministerio del evangelio de la salvación.

La pregunta de Pablo en Romanos 10:14: "Ahora bien, ¿cómo invocarán a aquel en quien no han creído? ... ¿Y cómo oirán sino hay quien les predique?" es aquí relevante. Las palabras "gloriosa y eterna" son poco habituales al combinar una palabra ("eterna") referida a Dios solo una vez en las Pastorales (1Ti 1:17) y cinco veces a la vida eterna del creyente (ver 1Ti 1:16; 6:12; 2Ti 2:10; Tit 1:2; 3:7) y otra palabra ("gloriosa", "gloria") que, aparte de este pasaje, solo se refiere a la gloria de Dios (1Ti 1:17; 3:16; 2Ti 4:18). Este versículo nos lleva al "mensaje digno de crédito" de los versículos 11-13, puesto que vivir y reinar con Cristo implica la participación en su gloria escatológica.

El "mensaje... digno de crédito" (v. 11) es uno de los cinco de las Pastorales (ver comentarios sobre 1Ti 1:15; ver también 3:1; 4:9; Tit 3:8). Este es el único que puede considerarse un poema. Los rasgos estructurales son obvios, en especial la pauta "nosotros... 'él" y la alternancia de prótasis ("si") y apódosis (consecuencia). El reiterado "con" (que representa al prefijo verbal *syn*) aparece en tres de los cuatro verbos. El uso del término "resistir" en el versículo 10 parece ser la causa de que Pablo incluya el versículo 12 (que no tiene *syn*). Los otros verbos aluden a las enseñanzas bíblicas acerca de la muerte y resurrección de Cristo (esp. Ro 6:3-11) y a la participación con Cristo en su reino venidero (Mt 19:28; Ap 5:10; 20:6; 22:5).

Aunque en el versículo 11 pueden verse matices de martirio, el hecho de que en el pasaje de Romanos que acaba de citar Pablo ya haya escrito algo contundente acerca de la identificación con Cristo en su muerte, lo más lógico es que la referencia sea una alusión espiritual.[7] Teniendo en cuenta que este mensaje está claramente concebido como un estímulo para resistir en vista de todo lo que precede en 1:8–2:10, las palabras cerca de morir y vivir poseen también una fuerza hortativa. Es decir, Pablo no está simplemente declarando un hecho espiritual o teológico; está llamando al lector a experimentar lo que significa morir con Cristo.

Pablo no está pensando simplemente en algo histórico, aunque está basado en la muerte histórica de Cristo, y desde luego no en algo físico, porque no hemos sido realmente llevados a la muerte. Más bien hay una identificación personal con Cristo en su muerte, reflejada en el bautismo, que se supone que debe marcar el fin de la *pecaminosa manera de vivir* que antes teníamos. Pero esto nos llama a un consciente "morir" con Cristo: "De la misma manera, también ustedes considérense muertos al pecado, pero vivos para Dios en Cristo Jesús" (Ro 6:11). Si 2 Timoteo 2:11 trata con la clase de muerte y vida a que se refiere Romanos 6, el verbo en futuro "también viviremos" alude a nuestra presente vida en Cristo (*cf.* Ro 6:8).

En el versículo 12, el resistir es, por su propia naturaleza, por toda una vida. El reinar no es algo de naturaleza espiritual en esta vida, sino escatológico. El verbo "negar" es una de las posibles traducciones del griego *arneomai*. Podría traducirse también como "rehusar, rechazar" o simplemente "decir no"; aquí puede ser más apropiado "repudiar". La

7. Para un comentario y rechazo de la interpretación del martirio véase *ibid.*, 403.

mayoría de instancias de esta palabra se da en los Evangelios, donde podemos encontrar ayuda para entender su significado aquí. En Marcos 8:34, por ejemplo, Jesús enseña que debemos negarnos a nosotros mismos, y el versículo 38 habla de avergonzarse de Cristo y de sus palabras.

Este trasfondo nos sirve para entender la transición de las palabras de Pablo acerca de avergonzarse en 2 Timoteo 1:8, 12, que, a su vez, aporta el trasfondo para 2:12. En 1 Juan 2:20-23 se vincula significativamente el mentir y el rechazar la verdad sobre Cristo con la negación. Sabemos gracias a 1 Timoteo 5:8 y Tito 1:16 que la negación de la fe se puede expresar en acciones aun cuando no esté definida. Aquí en el versículo 12 caben tanto el habla como los hechos. Es, pues, sorprendente que, aunque Cristo repudiará a la persona que le repudie a él, el versículo 13 nos dice que, si somos infieles, él sigue siendo fiel, porque él no puede repudiarse a sí mismo.[8] Lo que es más importante, podemos concluir a partir del versículo 13 no solo que nuestro Señor no nos negará de palabra, sino que tampoco nos repudiará de hecho. Esto constituye la base (*gar*) por la que su fidelidad hacia nosotros continúa aun si somos infieles.

Puesto que el verbo *apisteo* (v. 13) puede significar no creer o ser infiel o desleal, hay opiniones diversas acerca de su significado aquí. Pero su sentido tiene que estar en contraste con lo que Dios es. Él es *pistos*, lo cual no puede significar que cree (Dios no "cree"), sino que es "fiel". Así, la traducción de la NVI ("si somos infieles") es correcta. En resumen, el versículo 13 afirma la coherencia e integridad de Dios. Aunque los seres humanos pueden no mantener su fidelidad con Dios, él no romperá su fidelidad con nosotros, porque no puede ser incoherente consigo mismo. Es difícil saber con certeza qué tiene Pablo en mente cuando habla de la fidelidad de Dios. ¿Se trata de ser fiel a su pueblo, a su propia justicia o a sus juicios? Puesto que las tres posibilidades son ciertas y tienen apoyo escritural, no se pierde ninguna verdad dejando esta cuestión abierta aquí. Lo que más nos sorprende es que el mensaje de los versículos 11-13 concluye con una majestuosa declaración acerca del carácter de Dios: ¡él no puede negarse a sí mismo!

---

8. Este verbo aparece en las Cartas Pastorales más veces, en 1Ti 5:8; 2Ti 3:5; Tit 1:16; 2:12. Hay más material y referencias a otra literatura sobre *arneomai* en *TDNT*, 1.469-71; *EDNT*, 1.153-55; *NIDNTT*, 1.454-56.

Hay buenas razones para que esta sección se cite y predique con frecuencia. Es sencilla, positiva y gráfica. Incluye ilustraciones de la vida común, doctrina y un memorable "mensaje digno de crédito". Hay una serie de imperativos que resumen las responsabilidades de Timoteo: "Fortalécete" (v. 1), "encomiéndalo" (v. 2), "comparte nuestros sufrimientos" (v. 3); "reflexiona" (v. 7, refiriéndose a las ilustraciones de vv. 3-6), y finalmente "no dejes de recordar" (v. 8). Dado que el ministerio y el testimonio cristianos siempre precisarán los elementos de fortaleza y resistencia mencionados en este pasaje, es un texto al que deben prestar atención los cristianos de todo tiempo y lugar.

Principios. En este pasaje hay incorporados al menos dos principios importantes: (1) la sana doctrina que Timoteo ha aprendido de Pablo tiene que transmitirla a personas capacitadas para a su vez pasarlas a otra generación. Este es el salvavidas del cristianismo. Se ha dicho que el cristianismo está a solo una generación de extinguirse. Aunque es improbable, es teóricamente cierto en cuanto que, a menos que la vida, fe y enseñanzas del cristianismo vital sean un compromiso activo y real para la próxima generación, el cristianismo se podría convertir en una nota al pie de los libros de historia (*cf.* la pregunta de Jesús en Lc 18:8).

(2) Servir a Cristo es una ardua labor, que requiere un compromiso total. Este es el mensaje de las metáforas militar, atlética y agrícola. Por muy grande que sea el poder del Espíritu Santo, a menos que los cristianos estén plenamente entregados al Señor y personalmente comprometidos con su obra, los canales por los que el Espíritu Santo quiere obrar estarán atascados y atrofiados. El hecho de que Pablo inste a Timoteo en el versículo 7 a reflexionar "en lo que te digo" y de que necesite "una mayor comprensión" de esto muestra que estas enseñanzas exigen más que un asentimiento superficial.

El evangelio de Pablo. Como en otros lugares, Pablo sigue sus exhortaciones personales acerca del compromiso con una referencia a la doctrina, en particular a la de la resurrección de Cristo, el descendiente del rey David. Llega incluso a llamarlo "mi evangelio", porque está entregado a él, lo sirve, y en gran medida ha dado forma a su presentación. Debido a su pasión por este evangelio y por el Salvador por quien sufría y estaba preso, alude una vez más a su propia experiencia y a la importancia de resistir.

El "mensaje digno de crédito" con que concluye es aleccionador, porque podríamos deducir de él que, si no cumplimos las condiciones (p. ej., morir con Cristo), no viviremos con él. De hecho, podemos mirar el versículo 10 y preguntar si habrá quienes podrían no recibir la salvación si Pablo u otros *no* hubieran soportado todo eso "por el bien de los elegidos". Pero este pasaje no está escrito para plantear esas cuestiones, sino para estimular a los cristianos a ser fieles.

La importancia de la fidelidad. En los siglos anteriores a la llegada de los medios de comunicación que nos mantienen informados de las actividades de los predicadores y otros líderes cristianos por todo el mundo, la mayoría de cristianos solo sabían del ministerio de su pastor y de otros siervos locales de Dios, como los maestros de escuela dominical y las monjas de una parroquia. Quizás, ocasionalmente, tuviesen noticia del ministerio de algún misionero, obispo o predicador itinerante. Las personas sentían gran respeto por estos hombres y mujeres de Dios, cuyas vidas esperábamos que Dios recompensara, aunque también en esos círculos reducidos se hacían evidentes algunas "verrugas".

Por el contrario, en la actualidad, el cristiano promedio escucha abundante información sobre figuras importantes del continente y todo el mundo que tienen reputación de poseer extraordinarios dones y ministerios. Ya se trate del responsable de una parroquia, del presidente de una organización internacional o del combativo presentador de un programa cristiano, cada cual está delante de Dios, que es el único que ve en el corazón. No tenemos la capacidad suficiente para juzgar quién está realmente obedeciéndole de corazón, descartando señuelos humanos. No sabemos quién es verdaderamente fiel, quién está jugando según las reglas de Dios en privado y en público, y quién trabaja de verdad arduamente bajo todas las condiciones, con sol y lluvia, arando el suelo de la iglesia y fomentando el crecimiento de los cristianos. Es posible predicar, dirigir y dar información y opinión sin ser necesariamente espiritual en el interior ni estar acompañando a otros eficazmente en su fe.

A los siervos de Dios se les juzga por su fidelidad, no por sus logros. ¿Quiénes, de los predicadores que hay entre nosotros, no hemos escuchado incómodos los elogios sobre sus sermones, cuando somos conscientes de nuestros defectos y "pies de barro", o hemos visto cómo otros eran alabados por sus predicaciones, cuando sabemos que comparten nuestra pecaminosa humanidad? Cuanto más afiladas estén nuestras espadas o más finamente ajustados los asombrosos ordenadores de nuestros cerebros, más real es la tentación de pensar en términos de nuestros logros en lugar de en diligencia y fidelidad personales.

Este pasaje habla de la seriedad de nuestro compromiso con Cristo. Observe que la vida eterna no depende de nuestra fidelidad en el servicio cristiano; el Señor sigue siendo fiel (v. 13). Sin embargo, el lugar que un cristiano ocupará en el futuro reino de Cristo depende de cuánto uno resista por él. El mismo Jesús dijo: "A cualquiera que me reconozca delante de los demás, yo también lo reconoceré delante de mi Padre que está en el cielo. Pero a cualquiera que me desconozca delante de los demás, yo también lo desconoceré delante de mi Padre que está en el cielo" (Mt 10:32-33). La palabra traducida como "desconocer" en este pasaje es la misma de 2 Timoteo 2:12. Por muy remota que pueda parecer la posibilidad de que un determinado cristiano pueda negar al Señor o llegar a serle infiel, aquí se muestra abierta dicha posibilidad. La seguridad la encontramos en las últimas líneas. Aun cuando seamos infieles, el Señor será fiel a su promesa, a su pacto sellado con su propia sangre. ¡Gracias a Dios por el compromiso de Cristo con nosotros (v. 13) que sustenta todo el pasaje!

"Christian Unbelief" [Incredulidad cristiana] es el título de una charla que escuché una vez sobre la tendencia de los cristianos a asentir con la mente a ciertas doctrinas sin creerlas hasta el punto de que cambien sus vidas. Esto puede describir también la actitud de quienes han leído los versículos 11-13 pero han dado por sentado que, aunque no sigan a Cristo tan diligentemente como otros lo hacen, tendrán un futuro igualmente bendecido reinando con Cristo. Si la Escritura quiere decir algo, es que *habrá* una diferencia. Esta serie de condiciones y consecuencias nos enseña que *hay* consecuencias.

Es lamentable que, durante buena parte del siglo XX, los liberales, que no creían en la autoridad de la Biblia, hicieran no obstante hincapié en la ética de Jesús, mientras que los evangélicos, que eran más firmes en su fe en el texto bíblico, tendían a descuidar sus enseñanzas sobre la ética.[9] Se puede decir algo parecido con respecto a las respuestas de los cristianos a este pasaje. Aun cuando posee un sabor poético y utiliza

9. La obra de Carl F. H. Henry, *The Uneasy Conscience of Modern Fundamentalism* (Grand Rapids: Eerdmans, 1947), fue una excepción a esta regla general.

metáforas, contiene enseñanzas que coinciden con otras declaraciones bíblicas, como por ejemplo lo que Jesús dijo acerca de perder nuestras vidas por su causa y ser recompensados por lo que hemos hecho cuando el Hijo del Hombre venga en gloria (Mt 24–25).

Significado Contemporáneo

Discipulado y mentoría de los cristianos contemporáneos. El cristiano contemporáneo tiene ventajas con respecto a los de generaciones anteriores en que hay ayuda disponible para la vida cristiana por todos lados. Las librerías cristianas están llenas de obras motivacionales y devocionales. Las revistas, páginas web y grupos de estudio cristianos son otros recursos al alcance que nos ayudan en nuestra vida diaria. Mientras que Timoteo tenía poco que leer aparte de las cartas personales de Pablo, posiblemente una forma temprana de los Evangelios y las Escrituras del Antiguo Testamento que tuviera disponibles, nosotros tenemos montones de libros y cedés.

En escritos contemporáneos se han retomado y ampliado las vívidas metáforas de los versículos 1-7. Lo mismo se puede decir de obras doctrinales y libros sobre apologética y evidencias cristianas que apoyan la fe. En contraste, los ciudadanos efesios del primer siglo habrían contado con escaso material que les ayudara a confirmar y apoyar su fe. La afirmación del versículo 8: "No dejes de recordar a Jesucristo, descendiente de David, levantado de entre los muertos", tendrían un valor especial para ellos. Hoy día, los cristianos pueden prestarse una inmensa ayuda recomendándose y compartiendo libros y otros materiales sobre los fundamentos de la fe. Los cristianos necesitan reunir recursos acerca de su fe y declarar de manera proactiva las verdades acerca de Cristo y el evangelio.

Lo que los Timoteo de hoy necesitan sobre todo es mentoría personal, pero no solo en el sentido de dar información y ofrecer guía. Con demasiada frecuencia se convierte en un medio para controlar al otro y convertirlo en una copia nuestra, inculcándole nuestros programas ideológicos y nuestras opiniones. Podemos pensar que hemos discipulado o mentorizado a una persona cuando adopta nuestra perspectiva sobre las cosas, ora como nosotros, da testimonio como nosotros y, si se trata de una relación pastoral, predica como nosotros. (Me viene a la mente la palabra "clon").

El discipulado y la mentoría cristianos no consisten en eso. Ser mentor de un Timoteo significa estar disponible, pasar tiempo con él o ella y procurar facilitarle el uso de sus dones personales, no controlarlos. El atleta corre solo, pero primero pasa meses e incluso años entrenándose y cobrando ánimo. Y no solo cuenta con su entrenador, también otros amigos y la familia pueden hacer su parte en darle ánimo a lo largo del camino. En Pablo, Timoteo tenía una persona cercana, que le escuchaba y comprendía, que reconocía sus dones personales y confiaba en él.

Evangelismo fiel. Es asombroso, en su verdadero sentido, pensar que alrededor del mundo hay actualmente cristianos en todos los estratos de la sociedad y en grupos étnicos diferentes que son fieles al Señor. Algunos son personas con escasa educación y solo un conocimiento básico del evangelio, pero que nos hacen sentir vergüenza de nosotros mismo al ver su fidelidad al Señor en circunstancias increíblemente difíciles.

Al mismo tiempo, muchas organizaciones cristianas trabajan para hacer posible la transmisión de la verdad de una generación a otra. La obra de los Navegantes es bien conocida, un ministerio que desde su nacimiento procuró implementar el versículo 2 de un modo organizado. Este es un versículo que se puede aplicar no solo en la transmisión "uno a uno" de la verdad bíblica, sino también en un ministerio más amplio y complejo de iglesias, misiones e instituciones educativas como los seminarios. Seminarios fuertes no garantizan iglesias vivas, pero forman a hombres y mujeres que, si son espirituales y fieles al Señor, pueden dirigir a las iglesias en la dirección correcta. Sin embargo, el descuido de la teología y la especialización profesional carente de corazón y sabiduría no van a llevar a cabo la tarea.

Así pues, ya sea que lo hagamos de manera personal, corporativa o institucional, los cristianos debemos ser consistentemente obedientes a estos versículos para proveer para las generaciones siguientes de discípulos del Señor Jesucristo. Los mejores resultados de la evangelización no durarán más de una generación si no enseñamos diligentemente a otros a "obedecer todo" lo que Jesús mandó (Mt 28:20).

Seguimiento de resultados en una sociedad móvil. A la vez que la información acerca de nuestra fe está tan a la mano, nuestras relaciones con las personas con quienes deberíamos compartirla son a menudo más superficiales de lo que solían ser. Las personas cambian de residencia mucho más que antes. La situación laboral cambia de un día para otro. Las generaciones más jóvenes se trasladan más y ya no viven tanto en familias extendidas (pese a la cantidad de adultos jóvenes que tienden a quedarse con los padres hasta que se casan). Nuestros contactos ocasionales con las personas son fugaces, como entre compañeros de viaje en un avión. Por tanto, los que son esos agricultores que trabajan duro en la analogía del versículo 6 puede que nunca sepan en esta tierra si las semillas que plantaron echaron raíces y crecieron. Si soportamos adversidades por el bien de los elegidos (v. 10), puede que no sepamos si nuestros esfuerzos han obtenido su recompensa en vidas cambiadas.

Por tanto, este pasaje posee una fuerte dimensión escatológica. Los cristianos fieles tal vez no vean los resultados ni cosechen su premio hasta el cielo. Debemos apoyarnos totalmente en las promesas de este pasaje y responder en fe a sus mandamientos. Quizás el lector de este comentario, como su autor, haya tenido la alegría de vez en cuando de ver cómo una palabra de testimonio, una conversación, un sermón o tal vez algo que escribió en los años previos tenga un efecto significativo en la vida de alguien.

Hace algún tiempo, recibí una llamada telefónica a la hora de cenar que empezó con las palabras: “No quiero robarle su tiempo a la mesa, pero quiero darle las gracias por los artículos que escribió en la revista *Decisión*”. Quien llamaba era una vecina que previamente no había mostrado mucho interés en las cosas espirituales. A continuación me contó una historia acerca de un deseo, que había asomado varias veces en su vida, de llegar a conocer a Dios. Con el tiempo, ya jubilada, sacó las revistas e inesperadamente dio con mis artículos. Mi vecina no sabía que mi esposa y yo habíamos estado orando por ella. Unos pocos años después, nosotros —y luego ellos— nos mudamos. Si estos traslados se hubieran producido antes de que ella encontrara los artículos tal vez no habríamos sabido, a este lado del cielo, lo que Dios había hecho en su vida.

2 Timoteo 2:14-26

No dejes de recordarles esto. Adviérteles delante de Dios que eviten las discusiones inútiles, pues no sirven nada más que para destruir a los oyentes. [15] Esfuérzate por presentarte a Dios aprobado, como obrero que no tiene de qué avergonzarse y que interpreta rectamente la palabra de verdad. [16] Evita las palabrerías profanas, porque los que se dan a ellas se alejan cada vez más de la vida piadosa, [17] y sus enseñanzas se extienden como gangrena. Entre ellos están Himeneo y Fileto, [18] que se han desviado de la verdad. Andan diciendo que la resurrección ya tuvo lugar, y así trastornan la fe de algunos. [19] A pesar de todo, el fundamento de Dios es sólido y se mantiene firme, pues está sellado con esta inscripción: «El Señor conoce a los suyos», y esta otra: «Que se aparte de la maldad todo el que invoca el nombre del Señor».

[20] En una casa grande no sólo hay vasos de oro y de plata sino también de madera y de barro, unos para los usos más nobles y otros para los usos más bajos. [21] Si alguien se mantiene limpio, llegará a ser un vaso noble, santificado, útil para el Señor y preparado para toda obra buena.

[22] Huye de las malas pasiones de la juventud, y esmérate en seguir la justicia, la fe, el amor y la paz, junto con los que invocan al Señor con un corazón limpio. [23] No tengas nada que ver con discusiones necias y sin sentido, pues ya sabes que terminan en pleitos. [24] Y un siervo del Señor no debe andar peleando; más bien, debe ser amable con todos, capaz de enseñar y no propenso a irritarse. [25] Así, humildemente, debe corregir a los adversarios, con la esperanza de que Dios les conceda el arrepentimiento para conocer la verdad, [26] de modo que se despierten y escapen de la trampa en que el diablo los tiene cautivos, sumisos a su voluntad.

Desde las cálidas palabras de ánimo de 2:1-10 y el elevado mensaje de 2:11-13, nos encontramos de repente volviendo al mundo de la iglesia de Éfeso con sus maestros heréticos. No hay discontinuidad, pues el versículo 14 se refiere a lo que acababa de decir con la exhortación “no dejes de recordarle estas cosas”. Pero el recordatorio que hace

Timoteo debe ir acompañado de una advertencia, algo tan serio que se hace "delante de Dios".

Cómo tratar con la enseñanza destructiva (2:14-19)

El "no dejes de recordarles" de la NVI utiliza el presente del verbo. "Adviérteles" es en griego un participio, también presente. Este tiempo indica que la tarea no está completa, que requiere atención constante. La relación entre el indicativo y el participio sugiere que los dos verbos concurren, con una acción positiva (recordar) y una negativa (advertir). Lo que Timoteo les ha enseñado es un punto de referencia para la advertencia.

El lector contemporáneo del Nuevo Testamento es bien consciente de que las palabras son importantes y de que se necesita una redacción precisa para una teología precisa. Pero aquí Pablo advierte para "que eviten las discusiones inútiles [*logomacheo*]".[1] No se extiende aquí en el contenido de las controversias, en lugar de ello ofrece dos claras razones para evitarlas: no sirven para nada y traen la ruina a los que las oyen, de modo que causan el mal.

Este es el contexto contra el que Pablo escribe sus conocidas palabras del versículo 15. El verbo "esforzarse" traduce el griego *spoudazo* en las Pastorales (*cf.* el adverbio relacionado en 1:17 [trad. "sin descanso" en la NIV] y Tito 3:13 [trad. "todo lo que puedas"]). La idea es hacer algo con diligencia y quizás con premura y urgencia. Comunica la idea de celo. Timoteo debe preocuparse por la aprobación de Dios y, por tanto, debe presentarse como es propio a tal fin. "Aprobado" (*dokimos*) solo aparece aquí en las Cartas Pastorales, aunque su antónimo *adokimos* ("reprobado") se da en 3:8 y en Tito 1:16 (NVI, "incapaces de hacer lo bueno"). Timoteo no solo debe procurar la aprobación de Dios, sino ser el tipo de obrero que es aprobado para poder presentarse a sí mismo a Dios. La palabra traducida "obrero" se usaba con frecuencia para los obreros del campo.

Las instrucciones de recordar y advertir comienzan, en el orden de la frase griega, con la palabra *tauta*, "estas cosas". Aunque es una expresión corriente y aparentemente sin importancia, se repite varias veces en las Pastorales y tiene una importancia considerable (ver también esp. 1Ti 4:6, 11; 6:2; 2Ti 2:2; Tit 2:15; 3:8) para referirse a la serie de doctrinas que Pablo ha dicho a Timoteo y a Tito que deben transmitir. Los dos usos

---

1. El sustantivo derivado de este verbo aparece en 1 Timoteo 6:4, donde el contexto es también de discusiones, en concreto de las se llevan a cabo con malas intenciones.

en este capítulo o bien se refieren a enseñanzas concretas (v. 2) o siguen a un dicho que es obviamente al menos un elemento de las enseñanzas (v. 14). Esta es otra manera en que el mensaje recoge un patrón de cuidadosa provisión para la promulgación de las enseñanzas apostólicas.

Cabría preguntar por qué nadie iba a pensar que un obrero pueda avergonzarse (Ro 1:16). Aunque la idea de vergüenza es importante en 1:8-16, este es un contexto diferente, porque no hay sugerencia de que este obrero pueda avergonzarse de su producto, es decir, el evangelio. Más bien, la cláusula siguiente indica que lo que puede dar o no razón para avergonzarse es la *manera* como se realiza el trabajo. Esta labor se describe con "interpreta rectamente" (*orthotomeo*; lit., "ir directo"). Recientes comentarios y obras de referencia tienden a coincidir en que la idea de "cortar" es menos importante que la idea de hacerlo correctamente.[2] Aparte de este, el único uso bíblico de este verbo está en la Septuaginta (Pr 3:6; 11:5), donde se refiere a trazar un camino recto.

El versículo 16 trata una vez más de las actividades de los falsos maestros. El versículo 14 había advertido contra las discusiones inútiles y destructivas, el versículo 15 instaba a una correcta interpretación de la verdad, el 16 aconseja contra las "palabrerías profanas" (ver comentarios sobre 1Ti 6:20). Estas conversaciones vacías carecen de valor religioso y consecuentemente llevan "más y más a la impiedad" (NRSV). Hay que evitar esas palabrerías, porque habrá una progresión descendente alejándose de la vida piadosa (una afirmación sarcástica). Por el contrario, 1 Timoteo describe el verdadero progreso en la piedad (usando una palabra similar).

La frase continúa en el versículo 17 con una segunda razón para evitar la palabrería profana. "Sus" se refiere a los falsos maestros. "Enseñanzas" es *logos*, y el uso de esta palabra contrasta claramente con "la palabra [*logos*] de verdad" del versículo 15. "Se extienden como gangrena" es una metáfora mixta. "Extienden" denota la oportunidad de invadir; la palabra "gangrena", aunque es atinada, no expresa la idea de un crecimiento de células extrañas (como en el "cáncer", NLT), sino el progreso de tejido en descomposición.

---

2. Ver, por ejemplo, H. Köster, τέμνω, *TDNT*, 8.111-12; R. Klöber, *NIDNTT*, 3.352; Fee, *1 and 2 Timothy, Titus*, 255; Knight, *Pastoral Epistles*, 411-12; Towner, *1–2 Timothy & Titus*, 182. Se puede discutir cuánto énfasis se pone en manejar honestamente la "palabra de verdad" y cuánto en interpretarla correctamente, pero la forma neutral "maneja correctamente" de la NIV es preferible a "explica correctamente" de la NTV.

De los dos falsos maestros nombrados en el versículo 17, Himeneo fue mencionado en 1 Timoteo 1:20 (ver comentarios), mientras que Fileto se menciona solo aquí. La palabra traducida como "se han desviado" (*astocheo*) se da en 1 Timoteo 1:6; 6:21, pero en 6:10 traduce a otro verbo. La imagen de la palabra usada aquí no es la de una persona que se desvía inconscientemente de un camino, sino la de desviarse de lo que es bueno o verdadero. Su error está en decir "que la resurrección ya tuvo lugar".[3] Se refiere a la resurrección futura, que es como la de Jesús, no simplemente una transformación espiritual (1Co 15:35-49).

Esta cuestión puede parecer poco importante; como en el caso de otros asuntos escatológicos, hay que dejar espacio para el debate. Pero este es un error que tiene implicaciones negativas con respecto a la resurrección corporal de Cristo. Parece apreciar las ideas helenísticas opuestas a la bíblica celebración del cuerpo y el alma juntos, y puede recurrir a ideas pregnósticas negativas acerca del mundo material, incluido el cuerpo humano. La seriedad de este error no estaba, por tanto, solo en la enseñanza superficial, sino en los presupuestos subyacentes y en su perspectiva de lo que llamaríamos teología bíblica. Debido a las implicaciones de sus enseñanzas, no solo habían desviado a algunas personas, sino que prácticamente habían destruido su fe (v. 18).

El versículo 19 responde a esta incómoda situación con la afirmación de que "el fundamento de Dios es sólido y se mantiene firme". Este versículo podría perder algo de su fuerza si intentamos analizar las metáforas demasiado al pie de la letra. Por ejemplo, ¿*themelios* significa específicamente un fundamento o, en un sentido más general, las primeras fases de una construcción? ¿El hecho de que la solidez sea importante significa que Pablo tuviese en mente la imaginería bíblica de la piedra (Is 28:16; Mt 21:42; 1P 2:6-8)? ¿Su ocuparse de los códigos domésticos hizo que pasara de pensamientos sobre miembros de la casa a la "casa" en sí? ¿Está pensando en el fundamento de los apóstoles y profetas como en Efesios 2:20 y en la estructura que "va creciendo para ser un templo santo en el Señor" (2:21-22, LBLA)? ¿O su punto de referencia es 1 Corintios 3:10-17, donde Cristo mismo es el fundamento?

¿Y qué hacemos con el verbo "sellar", un término que no suele usarse en relación con un fundamento, puesto que normalmente se refería a

---

3. Varios testimonios textuales importantes carecen del artículo antes de resurrección, y la inclusión del mismo en el texto de las SBU no recibe más que una C. No obstante, es la variante preferida.

la cera derretida que se aplicaba a los rollos y otros documentos y en el que se imprimía el grabado de un sello? Al parecer, Pablo se refiere a una inscripción y utiliza el término *sellar* como una metáfora superpuesta porque conlleva la idea de propiedad. El versículo siguiente se refiere a "una casa grande", otra metáfora de construcción probablemente conectada con, y que por tanto tal vez afecte a la interpretación de, el fundamento de versículo 19.

Los versículos bíblicos y las citas extrabíblicas pueden haber sido introducidas para apoyar cada una de las opciones siguientes. Sin embargo, una vez recopiladas las evidencias, probablemente sea mejor ver que Pablo no está singularizando una descripción de la exclusión de otros, sino más bien mezclando varias imágenes para comunicar la idea de algo que (1) se mantiene absolutamente firme, (2) es propiedad de Dios y (3) permanece a pesar de la presencia de personas destructivas como Himeneo y Fileto. Dios, después de todo, es el dueño de la casa. El concepto de la casa de Dios, la iglesia, la columna y el fundamento ya han aparecido juntos en 1 Timoteo 3:15.

El sello o inscripción en el sólido fundamento de Dios expresa dos verdades complementarias. La confusión que han introducido los maestros heréticos y los abandonos se contrastan con el hecho de que "el Señor conoce a los suyos". Pero, aunque Dios los conoce, nosotros no. Por tanto, "que se aparte de la maldad todo el que invoca el nombre del Señor". Cada una de estas afirmaciones tiene sus raíces en otras citas. La primera es de Números 16:5, donde habla de Coré y los otros que se estaban rebelando contra Moisés. Era necesario que Dios indicara quién le pertenecía realmente a él y, como al final resultó, este proceso juzgó a los impostores. La segunda cita contiene elementos de Levítico 24:16; Josué 23:7; Job 36:10; Isaías 26:13; 52:11 (*cf.* Lc 13:27; Hch 2:21; Ro 10:13). Puede ser que también se tenga en mente Números 16:26-27, que describía la separación de las tiendas de Coré y sus colaboradores, cuyo juicio era inminente.

La metáfora de los utensilios domésticos (2:20-21)

Las metáforas de los versículos 20-21 continúan el tema de los falsos maestros y enseñanzas de los versículos 14-19, que concluyó con la necesidad de apartarse de la maldad. Pablo introduce entonces una nueva analogía, la de los utensilios de una casa, que está incluida en el conjunto más amplio de imágenes de la casa y la familia. La "casa grande" no implica nada respecto al tamaño de la iglesia de Éfeso, sino que se refiere al mundo narrativo de los dichos parabólicos.

Una casa grande, propiedad de una persona rica, tendría utensilios variados. No se trata simplemente de una cuestión de vajilla de diario o vajilla mejor (como implica la palabra "ordinario", NRSV). Más bien se trata de que algunos utensilios se usan para propósitos que tienen un matiz de "deshonra", "ignominia" o "vergüenza".[4] Dichos propósitos podrían ser los de retirar los excrementos. Esto lo entenderían mejor los lectores de culturas donde, por ejemplo, se reserva la mano izquierda para las funciones más sucias de la higiene diaria. Esta descripción da sentido al versículo 21 y a su requisito de "mantenerse limpio" de los usos más bajos. Esto lleva a cabo el cambio de los utensilios impersonales de la metáfora al mundo personal de Timoteo, quien debe ser un vaso "para los usos más nobles", "santificado [y] útil para el Señor".

Aunque los comentaristas suelen referirse a la parábola de Jesús sobre las bodas (Mt 13:24-30, 36-43) y a Romanos 9:19-21, la analogía se mantiene por sí sola. La lección relativa a la santidad personal es clara, y la idea de estar "preparado para toda obra buena" para el Señor mira adelante a 3:17.[5]

Consejo personal para tratar las controversias (2:22-26)

Las palabras del versículo 21 sobre mantenerse limpio se explican ahora llanamente. El versículo 22 presenta dos objetivos en contraste: "las malas pasiones de la juventud" de las que hay que huir, y el esfuerzo por seguir "la justicia, la fe, el amor y la paz". La idea de huir y seguir es similar a la de 1 Timoteo 6:11, donde los objetivos procurados son "la justicia, la piedad, la fe, el amor, la constancia y la humildad". Pablo también mencionará la justicia más tarde en 2 Timoteo en 3:16 y 4:8 (ver también Tit 3:5).

La palabra "fe" (*pistis*) aparece treinta y tres veces en las Pastorales; puede significar "fe" o "fidelidad", dependiendo del contexto. Acerca de "amor", véase también 1 Timoteo 1:5, 14; 2:15; 4:12; 6:11; 2 Timoteo 1:7, 13; 3:10; Tito 2:2. El término "paz" (*eirene*) no aparece en ninguna otra parte de las Cartas Pastorales, aparte de en los saludos.

---

4. BAGD, 120.
5. Con respecto a las "buenas obras" y a la importancia de la ética en las Pastorales, véase Young, *Theology of the Pastoral Letters*, 28-46.

La palabra “limpio” aparece también en el versículo 21. El “corazón” es, como en toda la Biblia, la persona interior, que se inclina al bien o al mal.

El versículo 23 advierte contra argumentos que producen discusiones, que no deben caracterizar al siervo del Señor (v. 24). El versículo 14 identificó estas controversias como un tipo de guerra verbal de los que se oponen a la verdad. Así pues, eso no debe ser algo que caracterice a Timoteo. Aquí hay una progresión desde las discusiones que son “necias y sin sentido” a la contienda directa. La palabra *mache* (“discusiones”) se refiere aquí a las “batallas que se luchan sin armas reales”.[6] La raíz de este término griego también se hace evidente en el verbo traducido “discusiones” en el versículo 14 y “pelear” en el versículo 24.

Las actitudes positivas del versículo 24 son significativas. La palabra traducida como “amable” (que solo se encuentra aquí en el Nuevo Testamento) conlleva la idea de gentileza y contrasta con un espíritu polemista. Timoteo debe tener esta actitud “con todos”. La siguiente palabra, *didaktikos* (capaz de enseñar), es uno de los requisitos del obispado en 1 Timoteo 3:2. Pablo no está enseñando pasividad; hay una verdad que enseñar, y hay que hacerlo con firmeza y aptitud. La palabra traducida como “no propenso a irritarse” aparece solo aquí en el Nuevo Testamento y describe la manera como se debe manejar la oposición maligna o el dolor. La palabra “paciente” (NRSV) no tiene la suficiente fuerza, pero “paciente con las personas difíciles” (NLT) se acerca más. En su contexto, describe el tratamiento de la oposición de personas agresivas y controversiales, absorbiendo el dolor sin perder la templanza ni devolver la ofensa.

El versículo 25 describe la respuesta activa requerida: la instrucción con miras al “arrepentimiento” de los adversarios. Esta instrucción debe hacerse “humildemente”, lo que continúa con la actitud descrita en el versículo previo. Las discusiones de Timoteo no podrían producir arrepentimiento; solo Dios puede hacerlo. El sustantivo “arrepentimiento” solo aparece aquí en las Pastorales, pero lo encontramos veintiuna veces en el resto del Nuevo Testamento. La forma verbal no se encuentra en las Cartas Pastorales, pero se usa treinta y cuatro veces en otros textos. En este contexto, “arrepentimiento” no se usa en relación con el pecado en general, sino concretamente con respecto a la oposición a la verdad.

---

6. BAGD, 496.

La necesidad espiritual de arrepentimiento llevará a un reconocimiento de la verdad. Pablo espera que estos oponentes "se despierten", una expresión que traduce un verbo que puede significar también "recuperar la sobriedad". La clave del error y de la beligerante actitud de estos herejes es su engaño por parte del diablo. Dos pasajes muestran con especial claridad el hecho de que los incrédulos se encuentran bajo el poder del diablo: Hechos 26:18 y Colosenses 1:13. El primero contiene la comisión que Pablo recibe para hacer volver a los gentiles del poder de Satanás a Dios, lo que implica abrir sus ojos y llevarlos de la oscuridad a la luz (2Co 4:4). Algunos han sostenido que "su voluntad" en 2 Timoteo 2:26 se refiere a la voluntad de Dios, retomando la última parte del versículo 25. Sin embargo, lo más probable es que se refiera al efecto de que Satanás los haya enredado y cautivado para hacer su voluntad.[7]

Construyendo Puentes

Un cambio en la sinfonía. Las contundentes exhortaciones a Timoteo acerca de la diligencia y la fidelidad (2:1-13) toman un giro inesperado en este pasaje. Como un movimiento de una sinfonía que de repente conduce al oyente de un tema agradable y coherente a una sensación auditiva relacionada pero nueva y, quizás en las notas chirriantes de los metales, Pablo une gramaticalmente dos temas diferentes, pero relacionados, en el versículo 14. Combina una referencia a lo que acaba de decir ("No dejes de recordarles esto") con la sorprendente orden de "Adviérteles delante de Dios que eviten las discusiones inútiles".

Lo que resulta aún más sorprendente es que este mandato parece en principio ser menos importante que las instrucciones previas. Después de todo, ¿qué hay tan importante en las discusiones sobre meras palabras si se compara con las potentes metáforas del soldado, el atleta y el agricultor (2:1-7), la resonante declaración doctrinal acerca de Cristo en 2:8 y el mensaje digno de crédito sobre la fidelidad del Señor (2:10-13)? Además, el versículo siguiente (v. 15) contiene el tan citado dicho acerca de interpretar rectamente la palabra de verdad. ¿Cuál es, entonces, la importancia y justificación de que irrumpan estas notas de trompeta de lo que parece ser un tema menor en la sinfonía del capítulo 2?

7. Ver Hanson, *Pastoral Epistles*, 142-43, para una excelente exposición de estas cuestiones, llegando a la conclusión que acabamos de expresar.

Esta pregunta está relacionada con el hecho de que Pablo está obviamente más preocupado en estas cartas con cómo manejar la controversia doctrinal que con explicar los entresijos de las desviaciones doctrinales mismas. No es que el contenido de la herejía carezca de importancia; de ser así, no habría habido necesidad de escribir estas cartas. Es más bien que Timoteo, consciente de los asuntos doctrinales, necesita un recordatorio de su seriedad y de cómo tratar con ellos y con sus defensores, y no tanto un tratamiento detallado de su contenido.

Manejar la controversia. Pablo provee suficientes comentarios sobre los errores específicos como que Timoteo los explique a los efesios (y Tito a los cretenses), quienes están, por así decirlo, leyendo por encima del hombro esta correspondencia. Lo que Timoteo, Tito, los ancianos, y las iglesias domésticas necesitan saber es cómo evitar que estas controversias doctrinales y sus promulgadores destrocen las iglesias. Esta preocupación sobre cómo manejar controversias dañinas encaja en la insistencia de Pablo a los siervos del Señor para que mantengan una pureza de vida consistente con su pureza de doctrina. A su vez, todo esto se combina para santificar el nombre de Dios y defender su reputación.

Esta situación puede compararse con el problema de cómo deshacerse del napalm que quedó tras la guerra de Vietnam. No había dudas acerca del contenido y el peligro de esta sustancia. La cuestión era cómo y a dónde transportarla de manera segura y deshacerse de ella sin que explotara y se esparciese tan peligroso material. El tema en sí resultó en una acalorada y "explosiva" controversia.

Si Timoteo se permite ser arrastrado a acaloradas discusiones sobre minucias, se apartará de las cuestiones principales, se arriesgará a tomar el camino inferior de las meras argumentaciones humanas y quedará expuesto a una posible pérdida de respeto por parte de los demás. Tales discusiones son inútiles de todos modos y, lo que es peor, sirven "para destruir a los oyentes" (v. 14). Pablo también habla de las "palabrerías profanas" de los falsos maestros, y, aunque sus enseñanzas se extiendan, la implicación es que Timoteo no puede contenerlas mediante controversias al nivel de ellos y, de hecho, las

discusiones contribuyen en realidad a su extensión. El consejo que Pablo da nos recuerda la sabiduría del libro de Proverbios:

> El que corrige al burlón se gana que lo insulten [...] Instruye al sabio, y se hará más sabio. (Pr 9:7, 9)

> El que es entendido refrena sus palabras; el que es prudente controla sus impulsos. (17:27)
>
> A oídos del necio jamás dirijas palabra, pues se burlará de tus sabios consejos. (23:9)
>
> No respondas al necio según su necedad. (26:4)

En los versículos 14-19 hay una alternancia que ayuda al lector a captar toda la fuerza de las instrucciones positivas de Pablo:

(1) Algunos se meten en disputas acerca de palabras. Tú evítalo.
Es algo que arruina a los otros.

> (2) En lo que a ti respecta, sé un buen obrero,
> sin nada de qué avergonzarse,
> que interpreta la palabra de verdad correctamente.

(3) Algunos se enredan en palabrerías profanas. Evita eso también.
La enseñanza falsa destruye a los demás.

> (4) En cuanto a Dios, su fundamento se mantiene firme.
> Él conoce a los suyos.
> Los suyos deben apartarse del mal.

Esta estructura nos permite ver las discusiones y falsas enseñanzas causantes de disensión desde el punto de vista de Dios. Podemos ver su efecto y cómo contrarrestarlo. La doctrina errónea y mal enseñada hay que contrarrestarla con doctrina verdadera y correctamente enseñada (y vivida). El fundamento de Dios está firme y no hay peligro de que caiga. Dios conoce de verdad; no le podemos engañar. Debemos asegurarnos de que nuestro comportamiento exterior se corresponde con nuestra verdadera relación con Dios.

Vivir en la casa de Dios. El pasaje sigue en los versículos 20-21 con la ilustración de una casa o familia. Es una figura apropiada, teniendo en cuenta que las Pastorales se dirigen al pueblo de Dios como familia. En este caso, la casa/familia no se identifica como la iglesia, sino que Pablo simplemente se basa en lo que aporta esa imagen. No obstante, los cristianos que deben "mantenerse limpios" son probablemente parte de la iglesia profesante. Esta es una cuestión crucial, porque varios grupos y sectas han usado estos versículos para justificar su separación de otros creyentes y constituir iglesias, movimientos u organizaciones independientes. Aquí no hay ningún llamamiento a los cristianos a separarse; más bien se llama a quienes sostienen la verdad y viven conforme a ella a que no se relacionen con los que se caracterizan por una mala vida y enseñanza. Esto debe resultar en ser mucho más útiles para el Señor.

El vocabulario que describe a las personas que obran así es significativo. Son útiles para "usos más nobles", en contraste con los vasos de la ilustración, que son para la suciedad y los excrementos. El término "noble" tiene que ver con hacer lo que es honroso. La persona que se mantiene limpia llegará a ser "santificada". Los cristianos son santos, los santos de Dios. Tales personas llegan a ser también "útiles para el Señor", lo que nos recuerda el derecho que Dios, como alfarero, tiene de moldearnos a su elección para que le sirvamos del modo más adecuado. Somos así preparados para "toda obra buena" (ver también 3:17; 2Co 9:8; Ef 2:10; Fil 1:6; Col 1:10).La separación de los vasos deshonrosos no es, pues, el acto final; debe ser seguido por los cambios en la forma de ser y de funcionar.

Los versículos 22-26 comienzan con una reafirmación de la clase de persona que Dios quiere que seamos, pero sin la imagen de los vasos y sus funciones. En el versículo 22, Pablo habla abiertamente, en términos inequívocos, acerca de las características morales que Dios espera ver en Timoteo y en todos los creyentes. Es significativo que esto lleve directamente a una ampliación de las instrucciones de los versículos 14 y 16 y aborde las "discusiones necias y sin sentido" y "discusiones". Aquí queda claro que, además de las razones dadas antes para tener una actitud apropiada al enfrentarse a las discusiones, hay un propósito práctico. El siervo del Señor que no contiende, sino que es amable, podrá enseñar a los otros y quizás los vea arrepentirse, venir al conocimiento de la verdad, despertar y escapar de "la trampa en que el diablo los tiene cautivos". Resulta aleccionador darse cuenta de que, si bien la actitud del siervo del Señor hace posible estos resultados, viceversa también es verdad: una actitud incorrecta de nuestra parte puede, aun teniendo una enseñanza correcta, obstaculizar a los otros en su acercamiento a Cristo.

Fred Heeren, el conocido autor de *Show Me God*, se ha dedicado a fomentar el diálogo con científicos que tienen una perspectiva secular. Recientemente dijo: "Si algo he encontrado que sea clave para poder dialogar con los escépticos de hoy, es… *Ten una actitud de amabilidad y respeto con los no creyentes y sus puntos de vista.* Expresado en negativo, el interruptor de desconexión para comunicarse con los escépticos es establecer una discusión de 'nosotros contra ellos' entre el cristianismo y la ciencia".[8] Aunque el contexto es diferente al de la iglesia primitiva con sus conflictos, este es un buen consejo que concuerda con lo que Pablo le está diciendo a Timoteo sobre su actitud con quienes no están de acuerdo con él.

Otro escritor observa:

> Cuando a la gente en la calle se le pregunta "¿Qué es un cristiano? ¿Qué defiende?", en casi todas las ocasiones responden con palabras como antifeminista, antiabortista, antihomosexuales, antiestado del bienestar, antiesto, antiaquello. Y con adjetivos como intolerante brutal, arrogante moral o mezquino. Pero en otra encuesta donde se pregunta a la gente qué piensa acerca de cómo era Jesús, las respuestas casi siempre contienen palabras como compasivo, pacificador no violento y reconciliador. ¿Cómo explicar estas contradicciones? O bien la idea popular de Jesús está equivocada o la gente de iglesia hemos estado siguiendo un programa equivocado.[9]

En 2 Timoteo 2:14-26, como el resto de las Cartas Pastorales, no hay duda de que Pablo era antiherejía y antiimpiedad, pero el punto de este pasaje es que Timoteo no debía tener una actitud de discusiones y controversias, como la de los falsos maestros. En esta vida siempre necesitaremos adoptar algunas posiciones que serán "anti", pero la cuestión es si podemos hacerlo de una manera que no nos involucre en una controversia subcristiana, que produzca una reputación subcristiana.

Hace unos años, una iglesia intentó aplicar este pasaje de 2 Timoteo a su propia situación. Se había comenzado un pequeño grupo en un área que podría beneficiarse de una iglesia afectuosa, donde se predicara el evangelio y se enseñara la Biblia. Todas las piezas, por así decirlo, estaban en su sitio. Los participantes eran cristianos que habían recibido una buena enseñanza. Amaban al Señor, se dedicaban a la adoración en un espíritu y profundidad poco habituales en las iglesias evangélicas de

8. Citado con permiso de "Partners in Outreach" (verano 1998), actualización de Day Star Productions, Wheeling, Illinois.
9. Citado con permiso de un folleto distribuido por la revista *Sojourners*.

aquellos tiempos, y tenían el deseo de llevar a Cristo a los demás. Había una buena variedad en las edades y socialmente encajaban bien en el vecindario.

Desafortunadamente, fueron tan vehementes en su intento de seguir lo que pensaron que era la enseñanza de este pasaje que les faltó la actitud positiva hacia los demás que también se enseña en él, y que podría haber producido los efectos que vemos en los versículos 25-26. Fueron incapaces de lograr tales propósitos debido a su preocupación por mantenerse separados de todos los que no estaban de acuerdo con su doctrina en cada punto, aunque fueran cristianos creyentes en la Biblia y de carácter espiritual. Había otras iglesias cerca que sostenían la mayor parte de sus doctrinas y similares puntos de vista sobre la forma de gobierno de la iglesia, el ministerio y la adoración. Pero, para este grupo, la imagen de mantenerse limpio de los vasos sucios de la casa significaba la separación incluso de esas iglesias hermanas. Solo Dios sabe lo que podría haberse conseguido y cuántas personas podrían haber sido ganadas para el Señor mediante una actitud atrayente, abierta y amistosa hacia los demás.

Dos ilustraciones personales. Para presentar otra aplicación, puedo ofrecer una ilustración personal. Años atrás tuve la oportunidad de cursar estudios doctorales en un importante seminario liberal. Esto ocurrió en un tiempo crucial en el fundamentalismo americano. Algunas de las voces más estridentes del fundamentalismo se lo estaban poniendo difícil a otros, también fieles a los fundamentos en sus creencias, para poder tener un diálogo significativo con los que tenían convicciones diferentes. Algunas de sus actitudes y argumentaciones se parecían mucho a las que este pasaje advierte. En este clima, yo, para empezar, lo tuve muy difícil para compartir mis creencias con los demás en el seminario. Yo estaba de acuerdo con las doctrinas esenciales del fundamentalismo, pero los ataques personales que hacían otros de mi posición teológica contra las mismas personas que yo estaba conociendo entonces (y apreciando) en el seminario suponían un obstáculo serio para que yo pudiera presentarles la teología conservadora.

Sin embargo, en cierto momento tuve la ocasión de hacer posible que se invitara a hablar en nuestra capilla al experto en Nuevo Testamento F. F. Bruce, que estaba de visita en la zona. Comenzó con unas palabras parecidas a estas: “No importa lo que pensemos que el apóstol Pablo pudo haber dicho ni lo que deseamos que hubiera dicho. Lo que importa es, de hecho, qué dijo". Bruce procedió a continuación a presentarles, de una manera clara y amable, el mensaje bíblico del corazón de la teología paulina.

Quizás sirva una segunda ilustración. vez en cuando se presentan oportunidades para el debate público, el diálogo personal, o correspondencia con importantes opositores a la fe cristiana. (Todavía guardo una carta de la activista atea Madeline Murray O'Hare en respuesta a algo que una vez le escribí.) Un apologeta cristiano tuvo oportunidades para debatir con ella y otros de convicciones similares. Tras una de estas discusiones públicas, algunos estábamos preocupados por su actitud combativa y de desprecio por el rival. Su respuesta fue: "No fui allí a salvar almas, sino a destruir a un hereje". Creo que el apóstol Pablo habría esperado más bien destruir la herejía y salvar un alma.

Diálogo provechoso. La aplicación contemporánea de este énfasis de nuestro pasaje no debería ser difícil si compartimos las metas de Pablo. Siempre costará más separarse de quienes tienen vidas y enseñanzas destructivas si los conocemos personalmente que si solo son unos nombres para nosotros. Pero si los conocemos nos preocuparemos más por ellos personalmente, y podemos esperar un cambio radical. En el contexto de iglesia en casa, Timoteo debía de tener conocimiento de primera mano, quizás con contactos semanales durante algún tiempo, de las personas sobre las que Pablo le advierte.

Entonces, ¿en qué circunstancias podemos emprender mejor un diálogo provechoso? Hay foros proporcionan un diálogo abierto para puntos de vista bíblicos y teológicos diferentes, y algunos tienen participantes de religiones no cristianas y de varias perspectivas filosóficas. Pienso, por ejemplo en la American Academy of Religion y en la Society of Biblical Literature, pero hay asociaciones importantes en otras disciplinas también relacionas con la religión. El desacuerdo se da por hecho y, si es educado y razonado, se respeta. Este diálogo permite que nuestros puntos de vista se den a conocer conforme surgen legítimamente de las presentaciones y debates, aunque no debemos desaprovechar las formas eruditas de la apologética de evangelización.

En el escenario de la iglesia local, los pastores y otros pueden involucrarse en reuniones ministeriales con ministros, sacerdotes, y quizá con rabinos, en las que, en un contexto amigable, puede haber una "indagación apreciativa" (tomando prestada una afortunada expresión) de otras creencias. Si no se ataca a los otros ni se cuestiona su integridad (algo que por desgracia he escuchado hacer), un testimonio claro resulta apropiado.

Cuando, sin embargo, nos enfrentamos a una herejía categórica de "lobos" que tratan de destruir al rebaño y desgarrar a una iglesia de sus anclas teológicas, las reglas cambian, y el siervo del Señor no debería quedarse en cháchar as ni discusiones. Cuando se cruza la raya y la vida del rebaño está en juego, la verdad debe enfrentarse al error con la claridad y la fuerza que haga falta.

2 Timoteo 3:1-9

Ahora bien, ten en cuenta que en los últimos días vendrán tiempos difíciles. [2] La gente estará llena de egoísmo y avaricia; serán jactanciosos, arrogantes, blasfemos, desobedientes a los padres, ingratos, impíos, [3] insensibles, implacables, calumniadores, libertinos, despiadados, enemigos de todo lo bueno, [4] traicioneros, impetuosos, vanidosos y más amigos del placer que de Dios. [5] Aparentarán ser piadosos, pero su conducta desmentirá el poder de la piedad. ¡Con esa gente ni te metas!

[6] Así son los que van de casa en casa cautivando a mujeres débiles cargadas de pecados, que se dejan llevar de toda clase de pasiones. [7] Ellas siempre están aprendiendo, pero nunca logran conocer la verdad. [8] Del mismo modo que Janes y Jambres se opusieron a Moisés, también esa gente se opone a la verdad. Son personas de mente depravada, reprobadas en la fe. [9] Pero no llegarán muy lejos, porque todo el mundo se dará cuenta de su insensatez, como pasó con aquellos dos.

El capítulo 2 terminó con optimismo: el siervo del Señor debe instruir a los adversarios pacientemente, con la esperanza de que Dios por su gracia los rescatará de las garras de Satanás. Pero el capítulo 3 presenta otra realidad, menos optimista, introducida con el adversativo "ahora bien" y el mandato "ten en cuenta".

Tiempos difíciles (3:1-5)

El verbo "ten en cuenta" es la palabra simple "sabe", pero en este contexto sirve como un empujón recordatorio a Timoteo de una realidad que debe afrontar: vienen "tiempos difíciles". El adjetivo traducido como "difíciles" puede, en diversos contextos, significar "violentos" (Mt 8:28), encarnizados o difíciles de manejar. "Vendrán" describiría normalmente un estado de cosas futuro, pero en el versículo 5 se ve claro que el futuro es ahora. Algunos han argumentado que un autor seudónimo posterior atribuyó esto a Pablo, usando el tiempo futuro para que pareciera que Pablo había predicho correctamente lo que iba a ocurrir.[1] Sin embargo, Pablo podría perfectamente inspirarse en escritos y dichos que hablaban de peligros venideros y ponerlos en lenguaje de futuro, aun sabiendo, como pronto dejará claro, que tales cosas ya estaban teniendo lugar.

La expresión "últimos días" tiene su origen en el Antiguo Testamento (ver Is 2:2). Nótese cómo Pedro, citando Joel 2:28 en su discurso en Pentecostés (o Lucas, cuando cita a Pedro en Hch 2:17), reformula el "Después de esto" del profeta como "en los últimos días". La sección que sigue (Jl 2:28-32; Hch 2:19-20) describe eventos tanto del principio de la era de la iglesia como de los que tendrán lugar "antes que llegue el día del Señor, día grande y esplendoroso" (Hch 2:20).[2] Isaías también sigue esta referencia de Isaías 2:2 a los "últimos días" con una descripción de un "día" en que el Señor Todopoderoso "vendrá" (2:12).[3] Esta terminología se da también en los profetas menores (p. ej., Sof 1:14-18), en las enseñanzas de Jesús (Mt 24:29) y en 2 Pedro 3:10. La batalla de Armagedón tendrá lugar en el "gran día del Dios Todopoderoso" (Ap 16:14, 16).

Si bien es posible dar algunos detalles cronológicos de las profecías, la terminología *día/tiempos* en la Escritura parece flexible, dirigiendo su atención a acontecimientos principales que caracterizan diferentes fases de la historia. A diferencia de este pasaje, 1 Timoteo 4:1-3 (que describe los "últimos tiempos") tiene que ver más bien con la desviación de la doctrina y no tanto con la depravación moral descrita aquí en 2 Timoteo 3. Toda la enseñanza sobre los últimos tiempos es coherente con la idea de que la edad presente es mala (Gá 1:4) y con la exhortación de Pablo a aprovechar "al máximo cada momento oportuno, porque los días son malos" (Ef 5:16).

Las razones por las que los últimos tiempos son tan difíciles se citan en los versículos 2-9, y las introduce el término *gar* ("porque", omitido en la NVI). La lista de los versículos 2-5 nos recuerda los catálogos de vicios encontrados en la literatura grecorromana.[4] En ocasiones, como

1. Es una variante de la vieja explicación de las profecías bíblicas como *vaticinium ex eventur* ("profecía después del hecho").
2. Ver también el uso de este término y otros similares en Jn 6:39, 40, 44, 54; 11:24; 12:48; Heb 1:2; Stg 5:3; 1P 1:5, 20; 2P 3:3; 1Jn 2:18; Jud 18.
3. Ver también pasajes como Is 10:20, 27; 13:6, 9, 13; 14:3.
4. Romanos 1:29-31 contiene una lista semejante: "Se han llenado de toda clase de maldad, perversidad, avaricia y depravación. Están repletos de envidia, homicidios, disensiones, engaño y malicia. Son chismosos, calumniadores, enemigos de Dios,

en este pasaje, se enumera a las personas que los cometen, en lugar de a los males en sí. Hanson usa una expresión muy ilustrativa para los que se mencionan en este capítulo: "caracteres viciosos".[5] Las descripciones de los versículos 2-4 se han agrupado a veces según sus similitudes verbales en griego. Por ejemplo, las dos palabras traducidas como "gente llena de egoísmo y avaricia" (lit., "amadores de sí mismos" y "amadores del dinero") comienzan con el prefijo griego *phil* (relacionado con amar). Las tres últimas palabras griegas del versículo 2 y todas las del 3 (excepto "calumniadores") comienzan con la llamada *alfa privativa* (la utilización de una alfa griega inicial, que transforma una palabra positiva en una negativa [similar al castellano in-, im-]). Las dos primeras palabras del versículo 4 comienzan con *pro-*; lo que es más significativo, los dos sustantivos de la última frase del versículo 4 tienen el mismo prefijo *phil* que en el versículo 2 ("más amigos del placer que de Dios"), con lo que podría decirse que resume toda la sección.

Esta agrupación del primer par de palabras y el último por medio de prefijos idénticos pone también en contraste a los avariciosos con los amigos de Dios, trayendo a nuestra mente Colosenses 3:5: "avaricia, la cual es idolatría" (*cf.* también 1Ti 6:10). "Jactanciosos, arrogantes" (2Ti 3:2) son dos palabras que se solapan semánticamente y pueden traducirse como "orgullo arrogante" (*cf.* Ro 1:30). El término traducido como "blasfemos" suele entenderse ahora como portador de un significado más amplio. Puede incluir desde luego a los "burladores de Dios" (NLT), pero su inclusión con otros vicios (como en Mr 7:22; Ef 4:31; Col 3:8) pone de manifiesto que puede referirse a difamar también a otros seres humanos.[6] Al final de 1 Timoteo 1:9 se ve también una actitud incorrecta con los padres (2Ti 3:2), y no se permite entre los hijos de los ancianos en Tito 1:6 (ver también Ro 1:30).

"Ingratos" e "impíos" (v. 2) puede parecer que no son pareja, hasta que vemos que antes de la lista de vicios de Romanos 1:29-31 (mencionada más arriba) Pablo había escrito: "A pesar de haber conocido a Dios, no lo glorificaron como a Dios ni le dieron gracias" (v. 21).

---

insolentes, soberbios y arrogantes; se ingenian maldades; se rebelan contra sus padres; son insensatos, desleales, insensibles, despiadados" (ver también 1Co 6:9-10; Gá 5:19-22; 1Ti 1:9-10; 6:3-10).

5. Hanson, *Pastoral Epistles*, 144. Para encontrar referencias a literatura grecorromana y otras secundarias sobre estas listas, ver Dibelius/Conzelmann, *Pastoral Epistles*, 115-16.

6. BAGD, 143.

Negarle agradecimiento a Dios es un rechazo a reconocer que él existe o, por lo menos, no querer admitir que nuestra vida y todo lo que tenemos viene de él. Los "insensibles" ("sin amor", NIV) carecen del específico tipo de amor que se echa en falta, el que normalmente existe entre los miembros de la familia (como entre padres e hijos). La traducción "inhumanos" de la NRSV tal vez sea demasiado fuerte. Este elemento añorado del amor se expresa en la definición curiosa pero acertada de Ellicott: "desprovistos de amor hacia aquellos que la propia naturaleza pide que amen".[7]

El significado de "implacables" (v. 3) se entiende por la referencia a su etimología. Transmite la actitud de una persona que no responde a una propuesta de tregua; tal persona se niega a ser reconciliado o a apaciguarse. El término griego traducido como "calumniadores" se traduce en la NIV como "parlanchinas maliciosas" en 1 Timoteo 3:11. "Libertinos", cuando se usa en una lista de vicios como esta, se refiere a quien no sigue una moral. "Despiadados" también se podría traducir como "brutales" (NIV) o salvajes. "Enemigos de todo lo bueno" (que solo aparece aquí en la literatura griega) es una buena traducción de la expresión literal "no amadores del bien" (NIV). "Traicioneros" transmite lo que su raíz indica. "Impetuosos" describe la actitud de un tumulto descontrolado (*cf.* Hch 19:36). Acerca de "vanidosos" véase 1 Timoteo 3:6 y comentarios.

Lo asombroso es que estas personas, consumidas por sus propios vicios, "aparentarán ser piadosos". Esto no significa necesariamente que estén en la iglesia, pero el hecho de que Pablo aconseje a Timoteo que ni se meta con ellos puede indicar que sí lo están. Observemos cómo Pablo deja claro en 1 Corintios 5:9-11 que los creyentes no deben apartarse de las personas inmorales del mundo, sino de las de la iglesia. La palabra traducida como "piedad" (*eusebeia*) se empleaba normalmente para referirse a esta o a la religión. Aparece con frecuencia en las Pastorales como referencia a la piedad cristiana (ver 1Ti 2:2; 3:16; 4:7-8; 6:3, 5-6, 11; Tit 1:1). Sea cual sea su "apariencia de piedad", estas personas desmienten su poder y, por tanto, rechazan al Dios verdadero.

Víctimas femeninas y otros (3:6-9)

Los versículos 6-9 continúan la advertencia en contra de las malas personas tan gráficamente descritas en los versículos 2-4. Dado que

7. Ellicott, *Commentary on the Epistles of St. Paul*, 152.

estos malvados hipócritas "aparentarán ser piadosos", pueden seducir a algunas personas para que crean sus herejías. Los descritos en el versículo 6 son mujeres, específicamente *gynaikaria* (un forma diminutiva despectiva de la palabra "mujer"). Puesto que "mujercitas" no transmite el carácter peyorativo de la palabra, los traductores han tendido a expandir su connotación con adjetivos como tan "débiles" (NVI), "necias" (NRSV), "ingenuas" (NKJV), y "vulnerables" (NTV).[8]

Desde el punto de vista exegético, es importante comprender esta palabra como un tipo especial de mujeres y no como una descripción del sexo femenino, así como las palabras los versículos 2-4 no describen a los hombres en general. Estas mujeres podrían ser recién convertidas, tal vez procedentes de una vida de prostitución o perversión religiosa. Kelly abandona la objetividad cuando dice: "Sigue siendo un hecho que las mujeres, con su carácter más intuitivo y receptivo, han sido en todas las épocas susceptibles de proselitismo, tanto del bueno como del malo".[9] El comentario de Lock es más apropiado: "Se han convertido en *caricaturas* de la verdadera feminidad".[10] El hecho de que algunas mujeres hayan sido engañadas por falsos maestros maliciosos e hipócritas puede ayudar a explicar por qué Pablo había restringido el papel de las mujeres como lo hizo (1Ti 2:11-15). Es razonable suponer que esto también estaba ocurriendo en otras iglesias aparte de Éfeso, lo que exigía una restricción general por su parte.

La intención de Pablo en los versículos 6-7 no es difamar a las mujeres, sino mostrar la alevosía de los falsos maestros. Una de las formas en las que estas personas llevaban a cabo sus embustes era yendo de casa en casa "cautivando" a las mujeres. Lo que hacen cuando se meten en las casas es tomar el control de la clase de mujeres que se dejan llevar por ellos. Este verbo tiene literalmente el sentido "tomar cautivo", pero, por supuesto, no se usa en un sentido literal aquí. Si entendemos "cautivar" con un sentido más fuerte, con el matiz de encantar o hechizar, tendremos una traducción más acertada.

Las mujeres de las que se aprovechan están "cargadas de pecados". Este mismo verbo aparece en 4:3, referido a los maestros cargados de

8. La paráfrasis de Peterson en *The Message* dice "mujeres inestables y necesitadas".
9. Esto es semejante a la mala utilización de 1 Timoteo 2:14 sobre el engaño de Eva para apoyar la afirmación de que las sectas suelen iniciarlas mujeres. Es así en algunas, pero muchas herejías desde la iglesia primitiva hasta hoy las han originado hombres.
10. Lock, *Pastoral Epistles*, 107.

novelerías y, con el prefijo *epi*, lo encontramos en la postapostólica Epístola de Bernabé 4:6, en la expresión "contabilizar tus pecados". Como señala Knight, este verbo está en tiempo perfecto, lo que indica una condición en la que se encuentran como resultado de pecados pasados, mientras que el verbo siguiente ("se dejan llevar"; lit. "son llevadas") es un participio *presente*.[11] Aunque la palabra traducida como "pasiones" no es en sí negativa, generalmente tiene un sentido negativo en el Nuevo Testamento. Estas mujeres, tristemente, "siempre están aprendiendo, pero nunca logran conocer la verdad" (v. 7). La cuestión es que son susceptibles de más encuentros de esta clase e, irónicamente, ni siquiera llegan al conocimiento de la verdad que los oponentes de Timoteo podían alcanzar mediante el arrepentimiento.[12]

El versículo 8 contiene otra descripción de los falsos maestros, esta vez mediante la referencia a "Janes y Jambres", dos conocidas figuras de la literatura extrabíblica. Estos son los nombres que la tradición judía les dio a los magos egipcios que intentaron imitar las señales realizadas delante de Faraón por Moisés y Aarón (Éx 7:11; 9:11).[13] Lo que tenían en común con los falsos maestros de Éfeso era que también se oponían a la verdad, tenían "mente depravada" y eran "reprobadas en la fe" (*cf.* también Tit 1:16, donde "incapaces" es la misma palabra que la NVI traduce aquí como "reprobadas"). Lock dice que la referencia a Janes y Jambres es una "ilustración *ad hominem*", y comenta que los falsos maestros son "aficionados a sus genealogías y mitos judíos: bien, la analogía más cercana a ellos que podemos encontrar aquí es la de unos magos cuya insensatez quedó al descubierto".[14] La construcción "Del mismo modo que… también" deja clara la comparación.

Esta sección de deprimentes descripciones concluye con algo de ánimo para Timoteo. Estos herejes no "llegarán muy lejos" (v. 9). Pablo está siendo algo sarcástico aquí, el único avance de los herejes será hacia la impiedad. Otra vez se ve una clara comparación mediante las palabras "como pasó con aquellos dos". En una situación en que la naturaleza

11. "Que sus conciencias estén cargadas por pecados pasados y sus vidas controladas por tales deseos las coloca en una condición de debilidad y las hace vulnerables a los falsos maestros que las "captan" como seguidoras" (Knight, *Pastoral Epistles*, 434).
12. Ver 2:25, donde la expresión griega traducida como "conocer la verdad" es idéntica a la que frase verbal que se usa aquí.
13. Sus nombres se encuentran en los escritos rabínicos judíos y en alguna otra literatura de los primeros siglos del cristianismo; ver Carl E. Armerding, "Jannes and Jambres", *ISBE*, 2:966.
14. Lock, *Pastoral Epistles*, 107.

de la enseñanza falsa consistía en engañar a algunas personas, como las "mujeres débiles", seguramente era de gran ánimo para Timoteo saber que "todo el mundo se dará cuenta de su insensatez".

Una sociedad que se degenera. Hace unos años circuló un artículo que contenía una reveladora descripción de la juventud contemporánea. Retrataba la desobediencia de los jóvenes hacia sus padres, su falta de observancia de las normas tradicionales de modales, etc. Era un cuadro pesimista, y el lector se sentía impulsado a unirse a ese lamento sobre la dirección que estaba tomando la juventud actual. Hasta el final del artículo no se descubría que el autor era un antiguo filósofo griego. Probablemente, muchas generaciones han sentido que era su sino particular vivir durante un periodo en que la sociedad (¡no solo la cultura juvenil!) se estaba degenerando rápidamente. Los versículos 1-5 pueden competir por ser una de las descripciones más pesimistas que se pueden leer. Seguro que en los archivos de muchos predicadores hay recortes de prensa que ilustran las diversas categorías de depravación de este párrafo.

En un comentario bíblico leído por personas con altas aspiraciones espirituales es fácil moralizar acerca del mundo maligno "de ahí afuera". Pero, aun tratando de evitar la moralización banal, se impone hacer algún comentario. No podemos construir puentes sin identificar tendencias. No son solo los herejes del siglo primero y nuestra cultura narcisista contemporánea los que se miran embelesados al espejo. Los "egoístas" se pasean con arrogancia por muchas culturas y en muchos niveles sociales. Hoy día se consideran aceptables declaraciones públicas como "tan malo como me apetezca" y "lo hago a mi manera", pero no son nada nuevo. Aunque se puede evaluar la autoestima como una actitud cristiana válida y saludable, podemos fácilmente encontrar perversiones de ella en cualquier religión o filosofía.

La avaricia y la arrogancia. Tampoco necesitamos mirar muy lejos para encontrar a "la gente llena de... avaricia". Habiendo ministrado en comunidades ricas en el este y el centro de Estados Unidos, sé que las personas ricas pueden ser o generosas o ambiciosas. La posesión de riquezas en sí no es lo que determina esto. Lo mismo puede decirse de quienes viven bajo el umbral de la pobreza. Una de las familias más ricas que he conocido no solo era generosa, sino que lo era hasta el punto de *sacrificarse* para ello. Pero la literatura de cualquier época o país tiene sus propias cifras de pura avaricia.

La arrogancia —ya sea que proceda de la riqueza, de la pobreza o de ninguna de ellas—adquiere muchas formas. En este pasaje, "jactanciosos, arrogantes, blasfemos, ingratos, impíos, insensibles, implacables" y "vanidosos" son algunas de sus caras. Alguien que actúa de manera equivalente a los cristianos corintios utilizando la Cena del Señor como un medio para estar de fiesta con los amigos, muestra que es un arrogante más amador de sí mismo que de Dios y del prójimo. Probablemente no encontremos en la mayoría de culturas este uso de la Cena del Señor, pero hay otras maneras de despreciar los derechos de las personas desfavorecidas. Sin duda, desde los esclavos del siglo primero a los siervos medievales y las minorías contemporáneas ha habido muchas maneras en que se ha manifestado esta discriminación, a veces sutilmente y a veces de manera escandalosa.

Puede que nos sorprenda saber que en ocasiones los misioneros han convertido a personas indefensas en sus esclavos, pero, por desgracia, ya nadie se sorprende al enterarse de que algunos ministros abusan de las mujeres en sus iglesias. Las personas de este pasaje tienen "mente depravada" y no son verdaderos amigos de Dios; se oponen a la fe y son insensatos. Siempre que irrumpan estas actitudes en la iglesia debe haber discernimiento y disciplina. La iglesia tiene que purificarse. Los versículos 10-17 presentarán el contraste de la vida pura de los siervos del Señor, como Pablo y Timoteo.

La experiencia de las mujeres descritas en los versículos 6-7 no era exclusiva de Éfeso. Durante los primeros siglos de nuestra era, había comerciantes, artistas, filósofos y líderes sectarios itinerantes recorriendo el Imperio romano que trataban de propagar o vender sus mercancías e ideas. Algunos de los métodos de los predicadores ambulantes eran honrados. Sin embargo, otros tenían motivos económicos o peores. Las acciones de los avariciosos predicadores itinerantes, de los que Pablo procuraba distanciarse, nos dan un trasfondo útil para entender las acciones de los falsos maestros descritos en este capítulo. La vulnerabilidad de muchas mujeres en la iglesia de Éfeso puede haber influido en la restricción que Pablo enseña en cuanto al ministerio de las mujeres en 1 Timoteo 2:12.

Apariencia de piedad. Lo sorprendente de 3:1-9 no es que los descritos sean jactanciosos, orgullosos y engreídos o que son insensibles e implacables, sino que estas palabras puedan describir a personas que "Aparentarán ser piadosos, pero su conducta desmentirá el poder de la piedad". Pablo no está describiendo a paganos involucrados en crímenes o guerras, sino a falsos maestros que están entrando en la iglesia cristiana. Los no cristianos pronuncian con frecuencia la acusación de que la iglesia está llena de hipócritas. En realidad, esta acusación es suave si se compara con el carácter insidioso de estos falsos maestros que saben disfrazarse. Pueden aparentar "piedad", pero en su "mente depravada" son depredadores de las mujeres vulnerables. A diferencia de Pablo (1Ts 2:5) usaban una máscara de devoción para ocultar su avaricia.

Parece que había dos formas de ver a estas personas. Eran claramente hipócritas con su "apariencia de piedad", así que hasta cierto punto podían ser indetectables por un tiempo. Al mismo tiempo, su rebelión es a menudo abierta, como el caso tan antiguo de Janes y Jambres. Pablo dice que "todo el mundo se dará cuenta de su insensatez". Por tanto, será necesario que los creyentes tengan discernimiento para detectar a estos adversarios del evangelio aun antes de que se les caiga la máscara.

Degeneración social. Ya nos hemos referido a algunos ejemplos contemporáneos de degeneración social. Si no fuera porque Pablo ha vinculado todo esto con los "últimos tiempos", fácilmente podríamos asumir que está refiriéndose a las infames personas que representaban una amenaza para la iglesia en Éfeso y dejarlo ahí. Sin embargo, asumiendo que la espiral descendente no se invertirá, los "últimos" días se volverán cada vez más intensos en su horror, justo hacia el final de historia.

La historia de la muerte de Kitty Genovese en la ciudad de Nueva York hace varias décadas fue probablemente lo que hizo ver a la gente hasta qué punto el egoísmo y el desprecio por los demás se han convertido en un rasgo característico de los habitantes modernos de las ciudades. La historia, que tuvo gran difusión, relata que una noche esta mujer fue agredida en la calle justo en frente de un edificio de apartamentos. Los residentes de los edificios circundantes oyeron sus gritos de auxilio, pudieron ver el salvaje ataque desde sus ventanas, pero no hicieron nada por ayudarla. Murió de un modo horrible.

Nuestra búsqueda de significado contemporáneo para este pasaje de 2 Timoteo no es difícil, si admitimos que cada asesino y cada observador indiferente como los de esa escena de Nueva York contribuyen a los "últimos días". Ni siquiera necesitamos las pruebas de los medios de comunicación para demostrar que la sociedad contemporánea está muy mal. Podríamos preguntarnos, por supuesto, si la cultura occidental del cambio de milenio es manifiestamente peor que, por ejemplo, el calculado imperio del terror de Tiglat-pileser III en los tiempos del Antiguo Testamento o que los días de los peores emperadores romanos. Podríamos recorrer la historia, deteniéndonos ante horrores como las cámaras de tortura medievales, los gulags siberianos y la limpieza étnica en Bosnia Herzegovina. Por el camino podríamos apuntar los días de Al Capone, Bugs Moran, Lucky Luciano y otros gánsteres con su desprecio por las vidas inocentes. Pero entonces tendríamos que reconocer también a las víctimas de las diversas formas de abuso en nuestros días: el terror de las bandas callejeras, los disparos desde vehículos en marcha y el trágico resultado de las conductas agresivas en las carreteras. Y, de acuerdo con las descripciones bíblicas de "los últimos tiempos", las horas más oscuras de la degeneración social están todavía por llegar.

Con todo lo terribles que son estas cosas (y aquí valdría muy bien la descripción del adjetivo "despiadados" del versículo 3), el hilo común de todas ellas es el egoísmo. La "gente llena de... egoísmo" en sus distintas expresiones —orgullo, ingratitud, insensibilidad, amor a los placeres— describe el mal moral contemporáneo.

Las víctimas de abuso. El maltrato a las mujeres es otro ejemplo de nuestro mal estado social y de la relevancia de nuestro pasaje. Es verdad que ha habido sociedades en muchas épocas de la historia donde las mujeres eran víctimas de abusos de uno u otro modo. Cabría esperar que, con una mayor sensibilidad hacia la situación y la dignidad personal de las mujeres en nuestro tiempo, hubiera menos abusos. Aunque las circunstancias concretas del siglo primero (p. ej., las prostitutas del templo) son algo del pasado, la agresividad y las malas pasiones masculinas llevan a algunos hombres a maltratar a sus esposas e hijas (a veces con el pretexto del "varón como cabeza").[15] Además, como todo el mundo

15. En este punto parto de conocimiento personal que es confidencial.

sabe ya, el acceso a internet puede dar información sexual sórdida y explícita. Los llamados "catálogos de vicios" del Nuevo Testamento pueden realizar un servicio de provecho como listas de comprobación de las cosas que deben evitar los cristianos hoy.

En las iglesias contemporáneas, los pastores, empleados de guardería, líderes de jóvenes y otros pueden abusar de personas débiles que dependen de ellos para su guía religiosa, aunque no sea con la terrible gravedad de las personas que Pablo condena en este pasaje. No vivimos en el mismo contexto de predicadores ambulantes (aunque los evangelistas viajan, como los artistas, las figuras del deporte y los hombres de negocios, que son ejemplos de personas que han tenido fama de aprovecharse de las mujeres). En la sociedad actual es fácil tener situaciones para tratarse en privado, y las mismas personas que acuden a un ministro buscando ayuda pueden llegar a sentirse atraídas por, y depender de, ese pastor. Y viceversa, los pastores pueden sentir atracción por alguien que busca orientación; tales situaciones pueden provocar problemas.

Es más, hay clérigos sin escrúpulos que pueden explotar a terceros tanto sexualmente como de otras maneras menos obvias, en lugar de cuidar de esas personas cuyas necesidades las conducen a la iglesia en busca de ayuda. Si estas víctimas luego abandonan la iglesia, les pueden contar a los demás cómo la "iglesia" o los "cristianos" las prostituyeron, y la reputación de Dios, algo que las Pastorales tratan de mantener, queda salpicada de suciedad.

Las maldades descritas en este pasaje son relativamente fáciles de identificar. Es posible, sin embargo, que algunos cristianos lleguen a estar tan ocupados con estos males fuera de la iglesia que se olviden de que dentro hay personas vulnerables a estos "manipuladores". Los padres que tienen escuela en casa o envían a sus hijos a colegios cristianos y escuelas dominicales y que animan a sus jóvenes a ir a los grupos juveniles de la iglesia pueden tener un falso sentido de seguridad. Hay maniacos sexuales que pueden introducirse en los grupos de jóvenes, igual que hay depredadores financieros que pueden presentarse con sus pulidos cortes de pelo a ocupar cargos en la iglesia. La ambición de un cristiano ingenuo puede abrirle la puerta a uno de esos facinerosos, y la natural hambre de sexo puede hacer que unos jóvenes sean vulnerables ante un líder en quien confían.

2 Timoteo 3:10-17

Tú, en cambio, has seguido paso a paso mis enseñanzas, mi manera de vivir, mi propósito, mi fe, mi paciencia, mi amor, mi constancia, [11] mis persecuciones y mis sufrimientos. Estás enterado de lo que sufrí en Antioquía, Iconio y Listra, y de las persecuciones que soporté. Y de todas ellas me libró el Señor. [12] Así mismo serán perseguidos todos los que quieran llevar una vida piadosa en Cristo Jesús, [13] mientras que esos malvados embaucadores irán de mal en peor, engañando y siendo engañados. [14] Pero tú, permanece firme en lo que has aprendido y de lo cual estás convencido, pues sabes de quiénes lo aprendiste. [15] Desde tu niñez conoces las Sagradas Escrituras, que pueden darte la sabiduría necesaria para la salvación mediante la fe en Cristo Jesús. [16] Toda la Escritura es inspirada por Dios y útil para enseñar, para reprender, para corregir y para instruir en la justicia, [17] a fin de que el siervo de Dios esté enteramente capacitado para toda buena obra.

Sentido Original

En los versículos 10-11, Pablo anima a Timoteo y contrarresta las características negativas descritas en los versículos 2-9, presentando el ejemplo de su propia vida. No ha dudado en hacer lo mismo en otras partes de las Pastorales (1Ti 1:12-16; 2Ti 1:8,12-13; 2:8-10; 4:6-8). Pablo pasa entonces a la vida de Timoteo y a las influencias que le han moldeado (2Ti 3:14-15). Al hacerlo, Pablo habla de lo que son las Sagradas Escrituras y del papel que juegan en la vida de una persona (vv. 16-17).

Los sufrimientos de Pablo (3:10-13)

Las notas autobiográficas de Pablo en las Pastorales sirven para varios propósitos. Demuestran la gracia soberana de Dios en su vida, reconocen que el servicio fiel trae sufrimiento y proporcionan un modelo para Timoteo. Este pasaje cumple con el segundo y el tercer propósito. Abre con el enfático "Tú, en cambio", que apela a Timoteo como testigo de la diferencia entre los falsos maestros que acaba de describir y la vida y enseñanzas de Pablo. El apóstol elige el verbo "seguir". Como Knight observa, este término tiene un doble sentido, el de estar con Pablo para observar algunas de estas cosas y "principalmente, y de manera más profunda [...] el del 'seguimiento' que se hace 'con la mente' y que 'comprende' y 'se apropia de' lo que uno sigue, como en 1 Timoteo 4:6".[1]

La palabra "enseñanzas" está puesta la primera de una lista de rasgos que son contrastes positivos con las características de los falsos maestros de los versículos 2-5. Esta palabra (*didaskalia*) es muy importante en las Pastorales, aparece otras catorce veces (1 Ti 1:10; 4:1, 6, 13, 16; 5:17; 6:1, 3; 2Ti 3:16; 4:3; Tit 1:9; 2:1, 7, 10).[2] *Didaskalia* no solo es importante por aparecer al principio de esta lista; se repite como la primera utilidad de la Escritura en el versículo 16.

Cuando avanzamos en la lista de Pablo en el versículo 10, vemos que no se está halagando a sí mismo, sino más bien mostrando dónde están sus valores, los cuales no son opcionales ni relativos, sino de absoluta importancia en la vida del siervo del Señor. No solo la enseñanza de Pablo, sino también su carácter, le distinguen de los falsos maestros y de los filósofos itinerantes antes mencionados. El término traducido como "manera de vivir" solo aparece aquí en el Nuevo Testamento, pero era común en la literatura clásica. Aunque "propósito" no es una palabra inusual (aparece doce veces en el Nuevo Testamento), su uso aquí llama la atención, porque en 1:9 Pablo ha escrito sobre la "determinación [NVI, propósito] y gracia" de Dios (ver comentarios). Debemos entender el propósito de Dios tal como se revela en la Escritura y ordenar nuestras vidas para seguir ese plan.

En lugar de las acostumbradas "fe, esperanza y amor", Pablo reemplaza "esperanza" por "paciencia", y después de "amor" escribe "constancia". Estas cuatro palabras transmiten la idea de esperar una situación con resolución firme, algo apropiado para una persona que tiene esperanza. Pablo ya ha aludido a sus sufrimientos en las Cartas Pastorales, pero estas se refieren a acontecimientos en ciudades específicas que tuvieron lugar antes del encuentro de Pablo y Timoteo en Listra (Hch 13:14-52 [esp. vv. 45, 50]; 14:1-5, 8-20 [esp. v. 19]; 16:1-2).

Aunque Pablo menciona que el Señor le rescató de estas persecuciones (v. 11), en el versículo 12 señala que "serán perseguidos todos los que quieran llevar una vida piadosa en Cristo Jesús". Este versículo

1. Knight, *Pastoral Epistles*, 438.
2. La palabra "maestro" (*didaskalos*) aparece en 1Ti 2:7; 2Ti 1:11; 4:3. El verbo "enseñar" (*didasko*) se encuentra en 1Ti 2:12; 4:11; 6:2; 2Ti 2:2; Tit 1:11. Otra palabra para enseñanza (*didache*) aparece en 2Ti 4:2; Tit 1:9.

refuerza 1:8-12; 2:3, 9-10. Es llamativo que Pablo cite el sustantivo "persecuciones" dos veces en el versículo 11 y un verbo relacionado una vez en el versículo 12. Pasa de su propia experiencia a la de los cristianos en general. La palabra *pantes* ("todos") del versículo 12, en este contexto, no quiere decir todo el mundo sin excepción, sino más bien todo el mundo en general como opuesto de solamente Pablo. La persecución no es nada excepcional, pues los que quieran vivir una vida "piadosa" (el adverbio *eusebos* tiene la misma raíz que la palabra traducida como religión o piedad, que es muy importante en las Pastorales, ver 1Ti 2:2; 3:16; 4:7-8; 6:3, 5, 6, 11; 2Ti 3:5; Tit 1:1).

Tras pasar de la figura de Pablo solo a todos los que quieren llevar una vida piadosa en Cristo Jesús, estamos ahora ante las figuras opuestas de los "malvados embaucadores" (v. 13). El "mientras que" (v.13) de la NVI traduce el *de* griego, que suele traducirse "pero". En realidad hay un contraste doble en este pasaje: (1) entre los piadosos del versículo 12 y los malvados del 13, y (2) entre estas malas personas del versículo 13 y Timoteo en el 14. Además de como "malvados", Pablo describe a estas personas como "embaucadores" (*goes*, un hechicero o alguien que estafa al público) y usa dos participios, "engañando y siendo engañados". En este contexto, *goes* se refiere claramente a las personas que habitualmente tratan de enmascarar sus malas intenciones para embaucar a otros (ve la actitud contrastante de Pablo en 1Ts 2:3-5).

La tragedia de estos embaucadores está en el hecho de no solo engañan, sino que ellos mismos "son engañados". En un movimiento magistral, Pablo acude otra vez al verbo *prokopto* (lit., "hacer progresos") para describirlos ("irán de mal en peor"; véase el sustantivo relacionado en 1Ti 4:15, usado en un sentido positivo, y el verbo *prokopto* en 2Ti 2:16, usado sarcásticamente, así como también "no llegarán muy lejos" en 3:9).

La importancia de la Escritura (3:14-17)

El versículo 14 comienza con el contundente "Pero tú" y contiene un llamamiento a Timoteo para que sea consistente en doctrina y convicciones. Timoteo no solo había "aprendido" la verdad de Pablo y otros, también estaba "convencido" de ella. La razón estaba en gran medida en la integridad de las personas de las que había aprendido, como su abuela Loida y su madre Eunice (1:5). Seguramente Pablo también estaba pensando en sí mismo.

La "Escritura" se refiere a lo que conocemos como Antiguo Testamento, lo que los judíos llamaban *Tanaj*. Jesús, durante los cuarenta días entre su resurrección y su ascensión, enseñó cómo las Escrituras trataban sobre él (Lc 24:32, 44-47). La salvación no viene automáticamente de leer las Escrituras, pero estas "pueden darte la sabiduría necesaria para la salvación mediante la fe en Cristo Jesús".

Los versículos 16-17 son la declaración más fuerte que hay en la Biblia acerca de sí misma. Nosotros entendemos que la palabra "Escritura" (*graphe*) incluye el Nuevo Testamento, puesto que 2 Pedro 3:16 se refiere a los escritos de Pablo como "Escrituras" (también *graphe*). La palabra comúnmente traducida como "inspirada por Dios" (*theopneustos*) se traduce en algunas versiones de una forma menos precisa, como simplemente "inspirada". El término *inspirada* es demasiado amplio en su uso común como para transmitir la fuerza del griego *theopneustos*, que se forma con *theo* (la raíz de la palabra "Dios") y *pneustos* (de una raíz griega relacionada con la respiración).

La cuestión exegética más importante es dónde colocar el verbo elíptico "es" y cómo interpretar la partícula griega *kai* (que puede significar "y" o "incluso, también"). La primera opción es entender que "es" va después de "toda la Escritura". En este caso, "inspirada por Dios" y "útil" son *atributos*, unidos mediante "y" (*kai*). La NVI añade un segundo "es" ("Toda la Escritura es inspirada por Dios y es útil..."). Lo mismo hacen NTV, BLP y otras. La alternativa es entender el verbo "es" después de "inspirada por Dios" y la *kai* con el significado de "también", no de "y". En este caso, "inspirada por Dios" se entiende como *complemento del nombre*, es decir, es parte del sintagma nominal y por tanto define (y *limita*) el sujeto. Así, significa: "Toda Escritura inspirada por Dios es también útil..." (*cf.* REB, "Toda Escritura inspirada tiene su uso..."). Esto abre la posibilidad a que exista otra Escritura que no sea inspirada y, por consiguiente, no sea útil.[3]

Puede argumentarse que la lectura más natural es la primera. (1) Si "inspirada por Dios" fuera un adjetivo en función de complemento nominal, normalmente iría delante del sustantivo "Escritura". (2) "Inspirada por Dios y... útil" es una frase equilibrada en sí.

3. La NRSV (entre otras) aporta esta alternativa en su nota al pie: "Toda Escritura inspirada por Dios es también [útil]...".

Sin embargo, se han planteado muchos otros argumentos y se han ofrecido muchas estadísticas para cada lado de la cuestión. La tendencia en las últimas décadas parece ser la primera opción, y las traducciones modernas la ofrecen como versión preferida del texto.[4] Se ha planteado que el punto principal del versículo 16 es la utilidad de la Escritura, no su inspiración. Esta la dirección lógica del texto, pero es importante señalar que la inspiración de la Escritura es fundamental para que sea útil.

La primera utilidad de la Escritura que Pablo menciona es la doctrinal ("enseñar"; ver v. 10 y comentarios). Su utilidad para reprender y corregir puede que no parezca importante para el lector moderno, pero, considerando la función clave de las Pastorales de abordar el problema de las falsas enseñanzas en Éfeso y Creta, estas funciones poseen una importancia obvia. La aparición de estas dos palabras aquí se debe probablemente a su fuerza y a lo adecuadas que son en el contexto general de corrección. Puede que aquí tengamos una secuencia deliberada; primero, rechazar la enseñanza falsa a la que Timoteo se estaba enfrentando y, segundo, ponerlo todo en orden. La última parte de la secuencia aporta un continuado "instruir en la justicia" (véase la forma verbal de "instruir" en Tit 2:11-14 y sus comentarios). Estructuralmente, "enseñar" encabeza la serie, y el propósito de ella se expresa en el versículo 17: "para toda buena obra".

La importancia de las buenas obras en las Cartas Pastorales es crucial. Son marcas de los genuinos siervos y del pueblo de Dios en contraste con los falsos maestros. Este énfasis es coherente con el repetido tema de fusionar sana doctrina y vida piadosa, que se inicia con la referencia a la pureza, la fe y la conciencia limpia en 1 Timoteo 1:5-9, se hace luego evidente en los requisitos de los ancianos y diáconos (cap. 3), es importante en la vida de Timoteo como ejemplo en la iglesia (4:6-16), se ve en los requisitos para las viudas que pueden recibir sustento (5:3-10), y se subraya en muchos otros pasajes.

Versículos como 1 Timoteo 2:10; 5:10, 25; 6:18; 2 Timoteo 2:21; Tito 2:7, 14; 3:1, 8, 14 se refieren a las buenas obras. Otros pasajes nos enseñan que no somos salvos por medio de ellas (2Ti 1:9; Tito 3:5). Hay dos ministerios en particular que son considerados una buena obra (lit.), el de los obispos o ancianos (1Ti 3:1) y el de evangelista (2Ti 4:5). Así pues, afirmar la inspiración de la Escritura y la importancia de una

4. Hay mucha literatura sobre esta cuestión. Tal vez la mejor exposición contemporánea en un comentario sea la de Knight, *Pastoral Epistles*, 444-48.

enseñanza doctrinal fuerte tiene importantes implicaciones tanto para la corrección del error como para procurar buenas obras.

El libro. Este pasaje ofrece cuatro retratos distintos, que contrastan entre sí. (1) El apóstol Pablo y los que, como él, son perseguidos por su fe y su manera de vivir. (2) Los perseguidores se describen como "malvados embaucadores". (3) Timoteo y otros como él están procurando aprender mediante la lectura de esta carta. (4) El cuarto no es un retrato, sino un auténtico bodegón sobre un libro (no uno cualquiera, sino *el* Libro, que durante los últimos dos milenios ha animado a los del primer retrato, ha reprendido a los del segundo y ha enseñado a los del tercero). Técnicamente, un *bodegón* es un retrato de "naturaleza muerta", que no resulta en absoluto adecuado para la viva Escritura, que ha traído a la vida a incontables millones de creyentes.

El versículo 16 afirma que "Toda la Escritura es inspirada por Dios"; antes y después de este versículo tenemos ejemplos de lo que ella puede lograr. Hace que una persona sea adquiera "la sabiduría necesaria para la salvación mediante la fe en Cristo Jesús" y tiene una serie de funciones —enseñar, reprender, corregir, instruir en la justicia— que nos preparan a conciencia "para toda buena obra". Esto abarca el propósito expresado en Efesios 2:8-10: *salvación* por gracia por medio de la fe para *buenas obras*.

La afirmación de la inspiración en el centro no debe aislarse de este contexto de propósito. Al mismo tiempo, lo que uno cree acerca del significado de inspiración no debe verse camuflado por un énfasis exclusivo en esos propósitos. Hemos llegado a la conclusión de que la "Escritura" aquí mencionada incluye el Antiguo Testamento y el Nuevo, por la referencia de 2 Pedro 3:16 a las cartas de Pablo como "Escrituras". En el Nuevo Testamento no se distingue entre las epístolas paulinas y los otros libros en cuanto a su origen y autoridad divinos, de modo que es razonable aplicar 2 Timoteo 3:16 a la Biblia entera.

Definir a un ortodoxo de la Escritura. El periodo de la reacción contra la "alta crítica" de la Biblia contempló intentos sucesivos de definir una doctrina ortodoxa de la Escritura. (1) en principio parecía que bastaría con una simple afirmación de que la Escritura es "inspirada".

(2) Pero el potencial de ambigüedad en el significado de esa palabra hizo que no fuera suficiente, de modo que se empezó a usar la expresión "inspiración plenaria (completa)". Esta tenía la ventaja de que incluía a toda la Biblia en su afirmación, pero todavía dejaba algún margen de imprecisión.

(3) "Inspiración verbal" aclaraba la extensión y foco de la inspiración más allá de las ideas generales. Sin embargo, esto introdujo otro malentendido, porque "verbal" se malinterpretó en ocasiones con el sentido de "dictada". Esto provocó que se tuviera una caricatura de los escritores bíblicos sentados con las mentes en blanco, escribiendo mecánicamente palabras y sílabas que oían desde el cielo. Un proceso así habría excluido factores tales como el estilo, el sentimiento y la percepción individuales. También incitaba al uso erróneo de la palabra "literal", como en la pregunta: "¿Crees que la Biblia es verdad literalmente?". La pregunta pretende, desde luego, saber si uno cree que cada palabra es verdad, pero si entendemos el interrogante "literalmente" vemos que en realidad pregunta si la persona cree que toda la literatura que hay en la Biblia es literal, como opuesto a *figurado*.

(4) Por tanto, hay que tener mucho cuidado al escoger la terminología que explique el significado de la inspiración de una forma precisa frente a conceptos y definiciones inadecuados. Una definición que ha obtenido amplia aceptación es "inerrancia", aunque este término también ha suscitado preguntas. ¿Significa que todo lo que aparece en la Escritura es verdad, ya se trate de historia, ciencia o teología, o se aplica a las verdades teológicas pero permite, por ejemplo, que haya un conocimiento científico inadecuado en los escritores antiguos? Pocos tendrían un problema con una expresión como "al ponerse el sol", porque lo aceptamos como una adaptación a un fenómeno de observación común. Pero esto abre la puerta a discusiones detallistas, como si la semilla de mostaza es realmente "la más pequeña de todas las semillas" (Mt 13:32) en todo el mundo, o solo en Palestina, o solo en el ámbito de conocimiento de Jesús. Los que usan el término *inerrancia* no ignoran estas cuestiones, pero al mismo tiempo prefieren centrarse en los que la Escritura afirma específicamente, sobre todo acerca de sí misma, tomando en consideración tanto la forma y el género literarios como el propósito.[5]

---

5. Desde luego, hay otras cuestiones, como las diferencias textuales. A cierto nivel se puede decir que las pequeñas diferencias entre manuscritos son algo segundario, no más problemático que las diferentes transcripciones o traducciones, digamos, de un

En el proceso de ocuparse de tales implicaciones literarias de los diversos puntos de vista sobre inspiración está la repercusión teológica de la palabra griega *theopneustos* ("inspirada por Dios"). ¿Puede contener error algo inspirado por Dios? El término *inerrante*, aun con sus limitaciones, se ocupa específicamente de esa pregunta. Estas discusiones han tenido ocupados a los teólogos y a los eruditos bíblicos durante décadas, y con razón. Entretanto, la Escritura está haciendo su trabajo de guiar a las personas a la salvación por medio de la fe en Cristo y de capacitarlas para toda buena obra.[6]

Significado Contemporáneo

El carácter único de la Biblia. En los días en que era normal encontrar predicadores callejeros en Nueva York, podía verse a veces a un hombre llamado Charlie King corriendo alrededor de su sombrero, que estaba puesto en una esquina cerca Times Square, gritando: "¡Está viva! ¡Está viva!". Cuando se juntaba una multitud, recogía su sombrero y bajo él había una Biblia, con la cual empezaba a predicar el evangelio. Más o menos en la misma época, una organización cristiana de la ciudad de Nueva York que evangelizaba entre los estudiantes de secundaria estaba animando a los alumnos cristianos a que, por embarazoso que les pudiera resultar, llevasen una Biblia de tapas rojas encima de sus libros de texto. En otros barrios, las iglesias evangélicas, las instituciones educativas y otras organizaciones estaban elaborando declaraciones en sus credos acerca de la inspiración y la autoridad de las Escrituras, que solían incorporar la palabra "inerrante".

Cualquiera de esos intentos de presentar la Escritura pudo haber provocado críticas o burla, pero todos tenían la intención de proclamar la

discurso en ruso. La cuestión no es si las copias eran exactas, sino si el original era verdadero. Sin embargo, esto nos llevaría a debates de erudición que nos alejarían de los propósitos de este comentario.

6. Sobre el tema de la inspiración, además de obras clásicas como las de J. Orr, *Revelation and Inspiration* (1910) y B. B. Warfield, *Inspiration and Authority of the Bible* (1927), los artículos "Inspiration" en *ISBE*, 2:839-49; "Inspiration, History of the Doctrine of" en *ISBE*, 2:849-54, y "Bible, Inspiration of" en *EDT*, 145-49 aportan excelentes resúmenes. El artículo "Bible, Inerrancy and Infallibility of" en *EDT*, 141-45 también es útil. Hay dos libros, editados por D. A. Carson y John D. Woodbridge que contienen artículos pertinentes: *Hermeneutics, Authority, and Canon* (Grand Rapids: Zondervan, 1986) y *Scripture and Truth* (Grand Rapids: Baker, 1992; orig. publ. por Zondervan en 1983).

importancia sin igual de la Biblia. Hay muchas formas de hacerlo hoy; pero, a menos que la Palabra de Dios sea obedecida, predicada y enseñada como es debido, ni estaremos honrándola ni dejándola hacer su trabajo.[7] Las asociaciones como la Sociedad Bíblica Internacional (que distribuye la NVI), editoriales como Zondervan (que publica la NVI), los traductores de Wycliffe y otros misioneros que traducen las Escrituras, los maestros de escuela dominical que la explican, los predicadores que la proclaman —y todo el que la estudia, la vive, la enseña, forma una familia basándose en sus enseñanzas, da testimonio de ella y ora a Dios y le alaba partiendo de su mensaje— todos juegan un papel importante en la aplicación de la Escritura.

La enseñanza y predicación bíblicas. Ya sea que los predicadores elijan un estilo directamente expositivo o no, todo sermón debe aplicar la Biblia sea cual sea el tema que se trate. Podríamos decir que los buenos sermones vienen tanto de arriba como de abajo. Vienen de arriba (del Señor) en tanto que tienen su fuente y su autoridad en la Palabra escrita de Dios; vienen de abajo (es decir, de donde vivimos) en tanto que los temas que tratan proceden en parte de las experiencias y necesidades de la congregación. Un sermón que no se aplica a la vida contemporánea o que carece de significado actual puede ser una aguda exposición de la Escritura, pero no es un *sermón* expositivo, que, por definición, tiene en cuenta las circunstancias del oyente. Un libro que habla de circuitos informáticos o lenguajes de ordenador puede alcanzar la excelencia técnica, pero le sirve de poco al usuario si no le explica cómo usar su computadora.

La otra cara de la moneda es que las exhortaciones no tienen sustancia, base ni autoridad si les falta el fundamento bíblico concreto. Además, aunque un sermón sobre un texto aislado puede tener una gran fuerza, si esperamos que el oyente vuelva a casa y obtenga más orientación en la Biblia, los predicadores deben mostrar cómo el texto sale de un contexto inmediato y uno más amplio, y cómo hay que entenderlos ambos y aplicar el pasaje. Que un alumno de escuela dominical ame y estudie la Biblia durante toda su vida puede en gran medida venir determinado por cómo motivó y capacitó el maestro a sus alumnos para que estudiaran por su cuenta (sí, incluso en el caso de los niños, si tienen la edad adecuada).

7. Para una explicación paso a paso de cómo construir un sermón expositivo a partir del texto del Nuevo Testamento, ver Walter Liefeld, *New Testament Exposition* (Grand Rapids: Zondervan, 1984).

Enseñar en clases de niños y adultos no es un privilegio para los más formados doctrinalmente. Las clases bíblicas pueden ser insoportablemente aburridas si el maestro carece de las habilidades y la motivación para hacer que sean relevantes e interesantes. (¡Alguien dijo una vez que es pecado hacer que el evangelio sea aburrido!). El cristiano más maduro y formado no es necesariamente el maestro más competente. No solo es valiente, sino también responsable, el pastor que está dispuesto a desengañar a un candidato a maestro que no es competente o no está preparado, para estimular el ministerio de enseñanza de alguien que puede ser menos maduro pero más inspirador y dispuesto a prepararse bien. Si hemos de tener maestros que hayan conocido la Escritura desde su infancia (v. 15), tenemos desde luego los medios para motivarlos y capacitarlos, partiendo de que estamos dispuestos a dedicarnos a esta importante tarea. Por mucho que la iglesia proclame la doctrina de la inspiración bíblica, a menos que todos la vivamos y a menos que se enseñe con entusiasmo y aptitud, podemos producir un resultado opuesto al deseado.

Tal vez hubiéramos esperado que el efecto final de un uso adecuado de la Escritura fuera la madurez doctrinal o un ministerio con mejor formación. En lugar de eso, Pablo nos anima una vez más a las buenas obras (v. 17), mostrando que Dios está sobre todo interesado en la vida y acciones del creyente, no simplemente, ni siquiera principalmente, en el ministerio profesional en la iglesia. No es casual que este pasaje sobre la Escritura aparezca junto con los retratos de los cristianos perseguidos, los adversarios perseguidores y la persona que sirve a Dios. La Biblia contiene muchas páginas de narraciones sobre personas que vivieron, trabajaron y caminaron en la presencia de Dios. Son estos ejemplos, junto con las enseñanzas doctrinales específicas, los que nos capacitan "para toda buena obra".

2 Timoteo 4:1-8

En presencia de Dios y de Cristo Jesús, que ha de venir en su reino y que juzgará a los vivos y a los muertos, te doy este solemne encargo: [2] Predica la Palabra; persiste en hacerlo, sea o no sea oportuno; corrige, reprende y anima con mucha paciencia, sin dejar de enseñar. [3] Porque llegará el tiempo en que no van a tolerar la sana doctrina, sino que, llevados de sus propios deseos, se rodearán de maestros que les digan las novelerías que quieren oír. [4] Dejarán de escuchar la verdad y se volverán a los mitos. [5] Tú, por el contrario, sé prudente en todas las circunstancias, soporta los sufrimientos, dedícate a la evangelización; cumple con los deberes de tu ministerio.

[6] Yo, por mi parte, ya estoy a punto de ser ofrecido como un sacrificio, y el tiempo de mi partida ha llegado. [7] He peleado la buena batalla, he terminado la carrera, me he mantenido en la fe. [8] Por lo demás me espera la corona de justicia que el Señor, el juez justo, me otorgará en aquel día; y no sólo a mí, sino también a todos los que con amor hayan esperado su venida.

El apóstol Pablo está listo para cerrar su segunda carta a Timoteo. Este capítulo son las últimas palabras que nos llegaron de él. Los versículos 1-8 incluyen un encargo a Timoteo y una reflexión sobre la propia vida y servicio de Pablo al Señor. En estos versículos queda claro que el apóstol no espera vivir mucho más tiempo, sino que aguarda su ejecución como cristiano.

El encargo a Timoteo (4:1-5)

El versículo 1 comienza con la exhortación y apelación final de Pablo a Timoteo. Abre con un encargo expresado con la solemnidad de recordar la presencia de Dios y de Cristo, y con dos expresiones adicionales (con formato de juramento), la venida de su reino [de Cristo]" (ver también 1Ti 5:21; 6:13). La seriedad de este encargo se destaca con una referencia al hecho de que Cristo "juzgará a los vivos y a los muertos". En este versículo no se menciona al Espíritu Santo; el juicio es bajo la autoridad de Dios Padre, "que todo juicio lo ha delegado en el Hijo, para que todos honren al Hijo como lo honran a él" (Jn 5:22-23; ver también Hch 17:31; nótese además la referencia de Pablo a "el Señor, el juez justo" en 2Ti 4:8).

Vemos, por los distintos textos bíblicos que hablan del juicio futuro, que será un acontecimiento complejo. No solo habrá un juicio general ante el gran trono blanco, que resultará en vida o muerte eternas (ver Ap 20:11-15), sino que nuestras vidas como siervos del Señor serán evaluadas ante el tribunal de Cristo (2Co 5:9-10). En 1 corintios 3:12-15, otro texto que habla de la valoración futura de nuestro trabajo, Pablo pone el foco específicamente en cómo ha contribuido cada cual al crecimiento de la iglesia. Por tanto, debemos vivir con un ojo siempre puesto en el futuro, sobre todo en la "venida" de Cristo.[1] Aunque esa futura manifestación es algo deseable (v. 8), también significará juicio y, por tanto, está vinculada con el "reino", que se refiere al reinado de Cristo (ver también 2Ti 4:18). Todo esto le añade peso al encargo de Pablo.

El contenido del encargo está en los versículos 2-5. Abre con cinco mandatos. El primero ("Predica la Palabra") nos recuerda las reiteradas instrucciones a Timoteo y a Tito con respecto a la enseñanza y la predicación de la verdad de Dios. Como en 2:9, 15, esta verdad se menciona como "la Palabra". A continuación, "persiste en hacerlo" contiene la idea de prepararse, adoptar una posición de estar listo (Jer 46:14); esta preparación debe ser parte permanente de la vida de Timoteo. Los imperativos tercero, cuarto y quinto (corrige, reprende y anima) refleja la necesidad de un ministerio fuerte en vista de las falsas enseñanzas en Éfeso (*cf.* 3:16). El sintagma modificador "con mucha paciencia, sin dejar de enseñar" combina dos palabras similares, una que denota una actitud y otra, contenido. Pero ambas van juntas, porque son parte integral del mensaje de Pablo en las Pastorales de que tanto la actitud como la enseñanza son importantes. La palabra "enseñar" puede transmitir tanto la actividad de enseñar como el contenido de la enseñanza. Aquí se trata probablemente de lo segundo.[2]

El versículo 3 explica la razón del encargo de los versículos 1-2. Hay que predicar la Palabra porque la sana doctrina va a sufrir rechazo. El tiempo futuro, como en 3:1 (ver también 1Ti 4:1), describe una situación que ya está gestándose. El término "tiempo" (*kairos*) tiene la misma raíz

1. Pablo se refiere a esta aparición (*epiphaneia*) en cada una de las Pastorales (*cf.* 1Ti 6:14; Tit 2:13); en 2Ti 1:10; Tit 2:11; 3:4, esta palabra se refiere a la primera venida de Cristo.
2. Acerca de la importancia del contexto en la enseñanza, ver 3:10 y comentarios.

que las palabras traducidas como "oportuno" en el versículo 2; reaparecerá en el versículo 6 refiriéndose al tiempo de la inminente muerte de Pablo. Una vez más, encontramos la expresión "sana doctrina", que es única y típica de las Cartas Pastorales (ver 1Ti 1:10 y comentarios; 6:3; 2Ti 1:13, 13; 2:8). El verbo "tolerar" se da quince veces en el Nuevo Testamento (nótese esp. 2Co 11:1 [dos veces], 4, 19, 20).

"Sino que" traduce la conjunción adversativa intensa *alla*. Las personas "se rodearán de maestros", con el verbo transmitiendo la idea de amontonar una serie de cosas (LBLA, "acumularán"). Estos maestros no son los que enseñan la verdad, sino los que encajan con los "deseos" de la gente. Así, esto se convierte no solo en un asunto de doctrina, sino también de carácter moral. Las personas escucharán con ansia debido a que "quieren oír", es decir, tienen unos oídos que quieren ser gratificados con novelerías. Clemente de Alejandría escribió sarcásticamente sobre un sofista que hablaba de varios temas, "rascando y haciendo cosquillas, de una manera nada varonil, en mi opinión, los oídos de quienes deseaban esas cosquillas".[3]

El versículo 4 retoma la referencia a los oídos, yendo de un uso metafórico a un significado literal, conforme las personas "Dejarán de escuchar la verdad y se volverán a los mitos". Este uso del artículo antes de "mitos" hace pensar que Timoteo conoce cuáles son (ver 1Ti 1:4 y comentarios; 4:7; Tit 1:14).

El versículo 5 comienza, como 3:10, con "Tú, por el contrario". A pesar de este alejamiento de la verdad, Timoteo tiene que (lit.) "ser sobrio en todas las cosas". Por supuesto, esto no quiere decir que de lo contrario Timoteo tuviera la mente borrosa por causa del alcohol, puesto que hubo que animarle a que tomase un poco de vino (1Ti 5:23). Pero quizás sea apropiado un entendimiento casi literal del verbo. No basta con evitar perder la cabeza, tiene que pensar con claridad, plenamente consciente de todo lo que está pasando. Esto significa que tiene que soportar los sufrimientos, una exhortación que recuerda las palabras de Pablo sobre el sufrimiento en 2 Timoteo 1:8, 12; 2:3.

"Dedícate a la evangelización" (*cf.* Hch 21:8; Ef 4:11) es un mandato directo, que da a entender que Timoteo puede estar tan consumido con otras necesidades y tareas que corre el riesgo de no dedicarse al trabajo que probablemente hacía con Pablo cuando viajaban juntos. "Cumple

---

3. Ver su *Stromata* 1.3.

con los deberes de tu ministerio" puede parecer contraproducente con la instrucción de dedicarse a la evangelización. ¿Tiene que centrarse Timoteo o no? La solución puede ser mantener el singular "ministerio", en lugar de, como hace la NVI, añadir las palabras "con los deberes de". Una traducción más literal dice: "Cumple tu ministerio". En estas palabras finales de Pablo a Timoteo, el joven pastor debe cumplir la tarea para la que Pablo le dejó en Éfeso (*cf.* también Col 4:17: "Díganle a Arquipo que se ocupe de la tarea que recibió en el Señor").

Reflexiones de Pablo sobre su vida de servicio (4:6-8)

Pablo presenta ahora comentarios sobre sí mismo. "Ser ofrecido como un sacrificio" alude a las varias libaciones comunes a muchas religiones, pero especialmente al sacrificio de ofrendas de bebida en el Antiguo Testamento (Éx 29:40-41; Lv 23:13; Nm 15:4-10; 28:7). Pablo usa las mismas imágenes en circunstancias similares, como la posibilidad de su ejecución en Filipenses 2:17. Sin embargo, hay una diferencia sorprendente. En este pasaje dice: "Y aunque mi vida fuera derramada", mientras que aquí escribe: "ya estoy a punto de ser ofrecido como un sacrificio". Cuando escribe a los filipenses tenía la esperanza de vivir más años de servicio. Ahora se da cuenta de que el fin de su ministerio terrenal está cerca. La palabra "partida" se empleaba para cuando partían las tropas o un navío a la guerra, aunque no se limita a esta imagen.

Lo siguiente que Pablo hace (vv. 7-8) se ha usado en ocasiones como argumento contra la autoría paulina de las Pastorales. Parece ajeno a su carácter hablar de sí mismo como lo hace, incluyendo la referencia a la "corona de justicia" que espera que el Señor le dé. Quizás hace falta alguien que haya pasado años de servicio activo para entender el estado de ánimo en que un cristiano se puede sentir libre de expresar su gratitud por habérsele permitido dejar algunos logros como herencia. También puede haber un sentido en el que el apóstol experimentase alivio a reléase al expresar estas cosas en palabras.

Pablo realiza tres afirmaciones en el versículo 7, usando un verbo en tiempo perfecto para expresar cada logro: "he peleado", "he terminado", "me he mantenido en". La "buena batalla" tiene probablemente como trasfondo una imagen deportiva más que militar (ver 1Ti 6:12). Pablo ha usado el adjetivo *kalos* (como aquí) para "bueno" en las Pastorales con más frecuencia que *agathos*. *Kalos* expresa la idea de lo que es bello o noble. Es una noble batalla en la que Pablo ha participado.

La segunda metáfora del atletismo, "he terminado la carrera", nos recuerda Filipenses 2:16 (que tiene a continuación la imagen de ser "derramado", como aquí en el versículo 6). Pablo también usó de manera eficaz las ilustraciones del estadio en 1 Corintios 9:24, 26.[4]

La fe que Pablo ha guardado, ¿se refiere al conjunto de la doctrina, como en otros pasajes (2Ti 1:12, 14; ver también Ef 4:5), o se refiere a la fe personal de Pablo? Pueden ser ambas. Es importante señalar que "mantenerse en la fe" era una expresión que se aplica en la literatura bíblica a aquellos que permanecían fieles a Dios.[5] No es inconcebible que Pablo usara una expresión común, pero con el significado añadido que es tan importante en las Pastorales.

La expresión "Por lo demás" en el versículo 8 introduce lo que hay para él. "Me espera la corona" recuerda las inscripciones relativas a reservar una recompensa o favor, e incluso un castigo, para alguien.[6] La idea de una "corona [o guirnalda] de justicia" es única de aquí, en otros pasajes leemos de una "corona de vida" (Stg 1:12; Ap 2:10). En esos dos pasajes, el genitivo griego "de vida" puede indicar una aposición (es decir, lo que constituye la corona es la vida eterna). Lo mismo puede decirse aquí; es decir, la corona futura es la justicia. Kelly dice, sin embargo, que esto "abre la puerta a las objeciones (a) de que la enseñanza normal de Pablo es que el creyente ya está justificado, y (b) de que no es fácil ver cómo la justicia puede estar ya preparada en el cielo".[7] A mediados del siglo XIX Ellicott sugirió que no hay una referencia "dogmática", sino "práctica"; es decir, que una persona que ha vivido con rectitud merece su corona.[8] Knight lo ve como "el permanente y perfecto 'estado de justicia' [...] al que el cristiano es llevado por Dios".[9]

El sentido, por tanto, puede ser que Pablo sabe que ya ha recibido la justicia y que esta le espera en el cielo. Es necesario interesarse por el significado de esta frase porque Pablo mismo insistiría en que, por un lado, el cielo no se obtiene por nuestra justicia y, por otro lado, la

---

4. Se han usado estos datos para argumentar que un autor tardío seleccionó estas gráficas palabras de los escritos auténticos de Pablo para usarlas en las Pastorales bajo su nombre. Sin embargo, es razonable asumir que el propio Pablo recordó imágenes que fueron significativas para él en una experiencia similar más temprana.
5. Dibelius/Conzelmann aportan ejemplos de este uso (*Pastoral Epistles*, 121 [nota 18]).
6. Dibelius/Conzelmann, *Pastoral Epistles*, 121 (nota 20).
7. Kelly, *Pastoral Epistles*, 209.
8. Ellicott, *Commentary on the Epistles of St. Paul*, 172.
9. Knight, *Pastoral Epistles*, 461, en referencia a G. Schrenk, "δικαιοσύνη'" *TDNT*, 2.210.

justicia que Dios concede ya es nuestra. Sea cual sea nuestra elección con respecto a los detalles, debemos mantener en mente el hecho de la "recompensa".

El Señor que le otorga la corona es "el juez justo". Esto nos asegura que Dios es justo al otorgar esta corona y nos da un contexto revelador en vista del hecho de que Dios "juzgará a los vivos y a los muertos" (v. 1). Este es un maravilloso pensamiento para aquellos que (lit.) "han amado [pretérito perfecto de *agapao*] su aparición". Como su manifestación todavía no ha tenido lugar, "anhelar" es aquí probablemente una mejor traducción de *agapao* que "esperar con amor". La palabra "venida" es la significativa *epiphaneia*, la futura epifanía de nuestro Señor Jesucristo que provee motivación en las Cartas Pastorales (ver v. 1 y comentarios).

Construyendo Puentes

La predicación de la Palabra. Entre todos los versículos de los sesenta y seis libros de la Escritura, 2 Timoteo 4:2 es probablemente el que más se oye en los cultos de ordenación de ministros. Su frecuente elección se debe, por supuesto, al imperativo "predica la Palabra", su referencia temporal ("sea o no sea oportuno"), sus instrucciones específicas acerca de corregir, reprender y animar (lo que cubre gran parte del típico ministerio pastoral), su referencia al método ("con mucha paciencia, sin dejar de enseñar"), el solemne contexto del versículo 1 (referido a Dios como juez y al reino venidero), y la palabra "encargo" en el versículo 1 de la NVI y varias otras versiones (una ordenación suele incluir un encargo).

Hay a la vez un gran beneficio y una desventaja importante en el uso de este pasaje como encargo de ordenación. El beneficio es la importancia de la Palabra de Dios en el ministerio. Pero la desventaja es que, según el contexto, el encargo de Pablo a Timoteo se escribió para, y se aplicó a, una situación particular. Ni esa situación ni el "encargo" de este pasaje coinciden con la descripción del trabajo de un pastor típico de hoy. Tendemos a leer en las Cartas Pastorales la idea moderna de lo que es un pastor principal, cuando de hecho el trabajo de Timoteo tenía que ver principalmente con enfrentarse a los herejes y contrarrestar sus enseñanzas. No hay indicios de que tuviera que dedicar una gran parte de su tiempo al tipo de ministerio pastoral que normalmente se necesita hoy en las iglesias cristianas. Por supuesto, uno puede moverse en una dirección u otra en este asunto (véase la sección Significado Contemporáneo). En este punto, lo que hay que enfatizar el importante lugar del ministerio de la Palabra de Dios en *cualquier* ministerio.

Pablo insistía en la predicación de la Palabra en vista del tiempo que había de venir (y la mayoría de lectores de este pasaje no iba a tolerar la sana doctrina, v. 3). Es propio de la naturaleza humana oír solo lo que queremos oír y cerrar los oídos a todo lo que cuestione nuestras distorsionadas ideas de verdad y disfrute. Esto vuelve a dirigir nuestra atención al *contexto* del encargo de predicar la Palabra aquí, similar al contexto de la exhortación a interpretar "rectamente la palabra de verdad" en 2:15 (es decir, el contexto de herejía).

Lo personal en las cartas de Pablo. Pasando al versículo 6, es una pena —totalmente aparte de los aspectos teológicos de la cuestión de la autoría— que se haya leído a Pablo fuera de su propio escenario. Él es un escritor que "entra y sale" de sus cartas, ya sea reflexionando sobre la gracia de Dios con él, sobre su comisión, sobre su conciencia tranquila o, como aquí, sobre lo que esperaba del futuro. Hay curiosos toquecitos (algo así como los trazos y colores característicos de un pintor o como los pequeños autorretratos que Rembrandt insertaba en algunos de sus cuadros) que hacen que las Cartas Pastorales no solo sean auténticas, sino también fascinantes. Aunque, como acabamos de señalar, en el versículo 3 Pablo dice que el tiempo en que la gente preferirá la herejía *vendrá*, en el versículo 6 declara que el tiempo de su partida ya *ha* llegado.

Uno podría haber pensado, teniendo en cuenta todo lo que ha dicho sobre la existencia de la herejía de Éfeso, que ya *había* llegado el tiempo en que la gente rechazaría la sana doctrina, pero que la perspectiva de su muerte era menos segura. Sin embargo, al parecer, Pablo no tiene duda de que su destino personal ya está sellado y "a punto de ser ofrecido como un sacrificio". El hecho de estar tan seguro de que su tiempo ha llegado le da la oportunidad de presentar un breve autorretrato. No es una declaración grandilocuente de *après moi le deluge* ("después de mí, el diluvio"). No se está colocando en una fase de la historia como aquel cuyo "tiempo de partida" abre la puerta al "tiempo" del desbocado alejamiento de la fe. Más bien es el siervo de Dios que, aunque únicamente ha cumplido su deber (Lc 17:10), sabe que escuchará el "hiciste bien" de su Señor (Lc 19:17). Lo supiera o no, las palabras de Pablo "He peleado la buena batalla, he terminado la carrera, me he mantenido en la fe" estaban destinadas a animar a generaciones de siervos de Dios a hacer lo mismo contra todo obstáculo.

Significado Contemporáneo

La predicación y otros ministerios hoy. "Predica la Palabra" es un mandamiento que no solo incita los corazones de los pastores, sino que conmueve también a todo el que ama la Escritura. Es un mandato que estamos deseosos de obedecer. Por mucho que ocupen otros ministerios del equipo pastoral y la congregación, es el sermón del domingo el que adquiere más visibilidad. Con todo lo importante que es testificar, aconsejar, disciplinar, consolar, planificar, administrar y orar en intercesión, es la predicación lo que más expectativas genera en los estudiantes de seminario. Pocos conocen los nombres de los rostros de los que pasan incontables horas en el asesoramiento pastoral, pero si mencionamos a Jonathan Edwards, Charles H. Spurgeon o a alguno de los grandes predicadores contemporáneos, como Bill Hybels o Charles Swindoll, habrá un reconocimiento inmediato.

Esto significa varias cosas: (1) la predicación es importante y debe ir acompañada de abundante oración y preparación. (2) Los predicadores deben asegurarse de que están haciendo lo que Dios quiere para ellos, sirviendo donde Dios los quiere y viviendo como Dios les manda, porque su influencia para lo bueno o lo malo es enorme. (3) Las congregaciones deberían dar más de su propio tiempo para los ministerios de la iglesia (y quizás también ampliar el personal eclesiástico), para que el pastor sea liberado de otras tareas que le exigen dedicar tiempo a aspectos que tal vez no son los del llamamiento o los dones del predicador. (4) Equilibrando lo anterior, los cristianos deben reconocer la importancia de otros ministerios y no inflar el ego del predicador. Ya le es demasiado fácil al predicador descuidar la oración y a las personas para predicar un sermón bien pulido.

Ya hemos señalado que el papel de Timoteo como delegado apostólico en la iglesia de Éfeso, donde debía concentrarse en refutar la herejía y a sus proponentes, recibe más atención, y diferente, que las tareas que ocupan el tiempo de un pastor típico en la iglesia contemporánea. Esto, por supuesto, no significa que Dios nunca llame a los pastores a involucrarse principalmente en la predicación y la enseñanza doctrinal.

Muchos pastores principales hacen poca labor pastoral. Aunque en algunos casos puede tratarse sobre todo de una concesión a la preferencia personal, tal especialización concuerda con el hecho de que no hay base en la Biblia para un ministerio solitario en la iglesia. Este hecho ha recibido cada vez más atención en los últimos años y ha llevado a un saludable énfasis en los ministerios de todo el pueblo de Dios y en los beneficios de un equipo pastoral con más miembros.[10]

Es bíblico, y resulta útil desde el punto de vista funcional, tener un equipo de personal y ancianos que se reparten las responsabilidades de la predicación, el asesoramiento pastoral, la administración, la enseñanza, el evangelismo, las misiones y otros ministerios. También es sabio compartir el púlpito; ¡nadie tiene todos los dones de conocimiento bíblico, discernimiento teológico, homilética, sensibilidad pastoral y habilidades sociales! No es bueno, dada la enseñanza bíblica sobre la diversidad e importancia de los diversos dones en el cuerpo de Cristo, que a quien tiene el don de predicar siempre se le conozca como el "pastor principal", mientras que otros miembros del equipo pastoral que pasan innumerables horas aconsejando sean solo "copastores", con un salario más bajo. Sería un gran ejemplo práctico para la congregación ver un mayor intercambio de honor de lo que es habitual.

¿Cómo, pues, debe aplicarse el mandato "predica la Palabra"? ¡Los que tienen ese don y llamamiento deben hacerlo! Deben predicar con la autoridad de esta Palabra.[11] Y, puesto que las Cartas Pastorales ponen

10. Algunas de las muchas obras recientes dignas de consulta acerca del liderazgo pastoral de grupos y personas son Jackson W. Carroll, *As One With Authority: Reflective Leadership in Ministry* (Louisville: Westminster/John Knox, 1991); James R. Hawkinson y Robert K. Johnston, eds., *Servant Leadership: Authority and Governance in the Evangelical Covenant Church*, vol. 1 (Chicago: Covenant Publications, 1993); James R. Hawkinson y Robert K. Johnston, eds., *Servant Leadership: Contemporary Models and the Emerging Challenge*, vol. 2 (Chicago: Covenant Publications, 1993); Calvin Miller, *El líder con poder: diez claves del liderazgo de servicio* (El Paso, TX: Editorial Mundo Hispano, 1999); William R. Nelson, *Ministry Formation for Effective Leadership* (Nashville: Abingdon, 1988); Henri J. M. Nouwen, *In the Name of Jesus: Reflections on Christian Leadership* (Nueva York: Crossroad, 1989); Eugene H. Peterson, *Working the Angles: The Shape of Pastoral Integrity* (Grand Rapids: Eerdmans, 1987); Norman Shawchuck y Roger Heuser, *Leading the Congregation: Caring for Yourself While Serving the People* (Nashville: Abingdon, 1993); Rick Warren, *Una iglesia con propósito: cómo crecer sin comprometer el mensaje y la misión* (Miami: Vida, 1995).
11. Ver James I. Packer, "Authority in Preaching", en *The Gospel in the Modern World*, Martyn Eden y David F. Wells, eds. (Downers Grove, Ill.: InterVarsity, 1991). Este libro es un tribute al gran predicador expositivo y líder evangélico John R. W. Stott.

de manifiesto la necesidad de pastorear, aun cuando el foco esté puesto en enseñar la verdad contra el error, el ministerio de predicación de una iglesia debe ir acompañado de ministerios pastorales amplios y gestionados por personas capaces.

Como hemos sugerido anteriormente, los sermones deben recibir su motivación tanto de abajo (es decir, la existencia de las necesidades humanas) como de arriba (es decir, las verdades de la Biblia). Un buen sermón empezará probablemente con una introducción que describe una circunstancia humana que apela a la ayuda divina, pero en seguida pasará a la exposición de textos bíblicos relevantes. Además, aunque la predicación de la Palabra (con sus ministerios adjuntos de corrección, reprensión, ánimo y paciente y cuidadosa instrucción) es especialmente importante en un periodo de crisis doctrinal como el que existía en Éfeso, también es importante en el ministerio proactivo de los ancianos como protectores del rebaño. La verdad bíblica debe ser el nutriente principal de la dieta del rebaño. Es importante en la dirección de una iglesia y es necesaria para el desarrollo espiritual de una congregación.

El hecho de que se haga este encargo en presencia del Juez y Rey (v. 1) hace que pese más sobre nosotros. Además, la seguridad de Pablo en cuanto a su inminente destino que iba a constituir la última página de la historia de su vida terrenal (v. 6), seguida solo del epílogo de su reconocimiento en el cielo (v. 8), es un motivo convincente para todo el que sirve a Dios en nuestros tiempos.

Los deberes del ministerio. Entre estas grandes frases hay una que usa a veces casi como un añadido en las encomendaciones de ordenación: "Tú, por el contrario, sé prudente en todas las circunstancias, soporta los sufrimientos, dedícate a la evangelización; cumple con los deberes de tu ministerio" (v. 5). Estos deberes constituyen el "etcétera" de nuestros ministerios como siervos de Dios. Nos recuerdan las palabras de Pablo tras describir los sufrimientos que él soportaba por Cristo: "Y como si fuera poco, cada día pesa sobre mí la preocupación por todas las iglesias" (2Co 11:28). El mensaje para nosotros hoy no es una carga más, sino, al igual que Timoteo no debía limitar la eficacia de su ministerio, absorbido por la tarea principal de las que constaba su trabajo, así también se nos anima a mirar a nuestro alrededor la maravillosa variedad de oportunidades que existen en nuestras comunidades.

No deben ser cargas ni distracciones, porque, como Timoteo, debemos ser "prudentes en toda circunstancia" (v. 5). No debemos tratar de hacerlo todo a la vez; ni llenar nuestro tiempo con las cosas fáciles, sino más bien estar dispuestos a "soportar los sufrimientos". Y, específicamente, no debemos definir nuestros dones con tal estrechez de miras que excluyamos la tarea esencial de la evangelización. Partiendo de que no todos tienen este don en particular (Ef 4:11 lo deja claro), debemos todos ser testigos y llevar adelante la obra de evangelización. Sin duda, Pablo vio en Timoteo el don de evangelista.

Debemos cumplir "con todos los deberes de [nuestro] ministerio", pero eso no significa asumir todas las obligaciones que otros descargan sobre nosotros. Muchos pastores y misioneros ven tantas necesidades que encuentran difícil establecer límites, mientras que otros tienen dificultades para desarrollar visión y contemplar oportunidades. También es posible elegir ministerios que son más cómodos, quizás más en consonancia con nuestros dones e inclinaciones naturales (como aconsejar a los miembros de la iglesia o dedicarnos a rutinas administrativas y así evitar ministerios que conllevan un alto riesgo de conflicto, tensión o peligro). Me vienen a la mente los ministerios urbanos, la obra pionera transcultural y el contacto con la enfermedad.

Aquí tenemos otra razón para que los pastores sean prudentes. Actualmente, quienes están en el ministerio cristiano tienen un recurso que, en su mayor parte, sus predecesores no tenían (o quizás no querían). Dicho recurso es el "ministerio de los laicos", el movimiento contemporáneo de ver a todo el pueblo de Dios como ministros. Gracias a esta visión, un pastor puede hoy más fácilmente animar a otros de la iglesia a participar en varios ministerios sin que le acusen de intentar quitarse de encima su propio trabajo. El pastor sabio no se limitará a dar "trabajos" a los laicos, sino que los estimulará para cuidar sus propias visiones de qué ministerios son necesarios y posibles y de cómo ellos mismos (con el aliento del pastor) pueden realizarlos. Hoy día tenemos una maravillosa oportunidad de encontrar nuevas oportunidades en casa y afuera de crear nuevas formas de llegar hasta las personas para presentarles a Cristo, y de capacitar a su iglesia para crecer.[12] Gracias a estas

12. Los siguientes títulos acerca de la capacitación de ministros laicos son de gran utilidad. David Foy Crabtree, *The Empowered Church* (Nueva York: Alban Institute, 1989); Robert J. Banks, *Paul's Ideas of Community: The Early House Churches in Their Historical Setting* (Grand Rapids: Eerdmans, 1980); Melvin J. Steinbron, *The Lay-Driven Church: How to Empower the People in Your Church to Share the Tasks*

circunstancias contemporáneas es posible que el versículo 5 se pueda cumplir de maneras que ni se soñaban en siglos pasados.

Pasar el testigo. Detrás de todas estas exhortaciones está la figura del gran apóstol, ya listo para encomendar las inmensas tareas que ha estado transmitiendo a un hombre más joven. Esto tuvo que demandar una gran dosis de confianza por su parte. Mi esposa, el leer este texto y mis comentarios al respecto, añadió esta nota: "¿Qué tal te sientes como profesor retirado? ¿Puedes legárselo todo a los jóvenes?". Esto me hizo reflexionar, ¡como profesor de seminario retirado y como pastor jubilado! Luego, justo antes de terminar esta sección, recibí dos llamadas. Una era acerca de un exalumno y su excelente ministerio de ultramar. La otra era sobre otro exalumno a quien varias iglesias le ofrecían ser su pastor. ¿Cómo me siento? He celebrado cada oportunidad que Dios me ha dado para el ministerio personal. Pero he celebrado más el hecho de que esta clase de ministerio no termina con la jubilación, sino que continúa en las manos de muchos competentes Timoteos.

---

of Ministry (Ventura, Calif.: Regal, 1997); R. Paul Stevens, *Liberating the Laity: Equipping All the Saints for Ministry* (Downers Grove, Ill.: InterVarsity, 1985); R. Paul Stevens, *The Equipper's Guide to Every-Member Ministry: Eight Ways Ordinary People Can Do the Work of the Church* (Downers Grove, Ill.: InterVarsity, 1992). Algunas de las obras mencionadas en otras partes de este libro sobre otros temas también incluyen comentarios sobre los ministerios laicos.

2 Timoteo 4:9-22

Haz todo lo posible por venir a verme cuanto antes,[10] pues Demas, por amor a este mundo, me ha abandonado y se ha ido a Tesalónica. Crescente se ha ido a Galacia y Tito a Dalmacia.[11] Sólo Lucas está conmigo. Recoge a Marcos y tráelo contigo, porque me es de ayuda en mi ministerio.[12] A Tíquico lo mandé a Éfeso.[13] Cuando vengas, trae la capa que dejé en Troas, en casa de Carpo; trae también los libros, especialmente los pergaminos.

[14] Alejandro el herrero me ha hecho mucho daño. El Señor le dará su merecido.[15] Tú también cuídate de él, porque se opuso tenazmente a nuestro mensaje.

[16] En mi primera defensa, nadie me respaldó, sino que todos me abandonaron. Que no les sea tomado en cuenta.[17] Pero el Señor estuvo a mi lado y me dio fuerzas para que por medio de mí se llevara a cabo la predicación del mensaje y lo oyeran todos los paganos. Y fui librado de la boca del león.[18] El Señor me librará de todo mal y me preservará para su reino celestial. A él sea la gloria por los siglos de los siglos. Amén.

[19] Saludos a Priscila y a Aquila, y a la familia de Onesíforo.[20] Erasto se quedó en Corinto; a Trófimo lo dejé enfermo en Mileto.[21] Haz todo lo posible por venir antes del invierno. Te mandan saludos Eubulo, Pudente, Lino, Claudia y todos los hermanos.[22] El Señor esté con tu espíritu. Que la gracia sea con ustedes.

Sentido Original

"Haz todo lo posible"(v. 9) traduce la palabra *spoudazo* (*cf.* apariciones de este verbo o su forma adverbial en 1:17; 2:15; 4:21;ver también Tit 3:12). Comunica un sentido de urgencia que aquí se incrementa con "cuanto antes". Esto puede expresar el deseo de Pablo de tener a Timoteo con él tan rápido como sea posible por alguna razón específica, o simplemente puede ser un consejo práctico emprender el viaje antes de que las rutas de navegación estén cerradas por el invierno (v. 21).Viajar en la antigüedad conllevaba bastantes peligros; por vía terrestre era especialmente difícil durante el invierno, y por mar en esa época era imposible. Si Timoteo fuera a seguir la ruta habitual yendo desde el oeste de Asia Menor, por el mar Egeo, a través de Macedonia y luego cruzando finalmente el mar Adriático (asumiendo que Pablo estaba en Roma), podría encontrarse con retrasos en varios puntos en el viaje.

Sin embargo, la razón que se da aquí para que venga Timoteo es que los compañeros de Pablo le han dejado. Su angustia aumentará si Timoteo se demora por tener que detenerse a la llegada del invierno. Demas había abandonado a Pablo "¡por amor a este mundo! (el participio aoristo expresa la causa de su abandono, un interesante contraste con el participio perfecto del mismo verbo *agapao* en el versículo 8, que describe a los que "con amor hayan esperado" la venida de Cristo). Demas eligió este mundo, una acción que se puede comparar con la de Esaú, quien vendió su primogenitura por un plato de guiso rojo que tenía delante (Gn 25:29-34). Tesalónica, adonde se fue, era quizá su hogar, pero no es seguro. Demas se menciona en Colosenses 4:14, donde Lucas y él parecían estar en buena comunión, y en Filemón 24, donde se le menciona con Lucas, Marcos y también Aristarco (que estaba en Tesalónica, *cf.* Hch 20:4). Tito había ido a Dalmacia, probablemente comisionado por Pablo (ver comentario sobre Tito 3:12, que sitúa Nicópolis en Dalmacia).

La declaración del versículo 11, "Sólo Lucas está conmigo", transmite algo de sus sentimientos. Algunos creen que también ofrece un indicio con respecto a la autoría de las Cartas Pastorales. Si Lucas estaba con Pablo, podría haber ejercido como su secretario y haber escrito las Pastorales, con un buen margen de libertad por parte de Pablo. Esta libertad, según se sugiere, le permitió a Lucas articular los pensamientos de Pablo usando algunos de sus propios rasgos de estilo y vocabulario (ver Introducción). La mención de Lucas como único compañero de Pablo en ese momento no se contradice con el versículo 21, donde se menciona a otros que enviaban saludos a Timoteo. En los versículos 9.12, Pablo está hablando, al parecer, de los miembros de su "equipo", sus colaboradores en la obra del evangelio, aunque el resto esté en otros lugares.

"Recoge a Marcos" (11b) implica que este no está en Éfeso y que Timoteo debía ir a buscarle para traerlo junto a Pablo. La razón por la que el apóstol quiere a Marcos es que "me es de ayuda en mi ministerio". El verbo en presente implica que Marcos ya está de nuevo entre los colaboradores de Pablo. En algún momento después de la negativa paulina a que Marcos continuara con él en sus viajes misioneros (Hch 15:37-40), tuvo lugar un cambio en Marcos o en Pablo, o tal vez en ambos, que hizo posible que el apóstol volviera a confiar en él como participante en su ministerio. La naturaleza del ministerio de Marcos no se nos explica, pero la palabra usada aquí, *diakonia*, se refiere (además de al ministerio particular de los diáconos y de su uso general para describir el servicio a Cristo) a la obra evangelizadora de Pablo y sus colaboradores (1Co 3:5; Ef 3:7; 6:21; Col 1:7, 23, 25; 4:7).

Tíquico (v. 12) aparece en varios momentos como un socio importante de Pablo (Hch 20:4; Ef 6:21-22; Col. 4:7-9). El apóstol lo mandó a Éfeso; el aoristo puede indicar una simple acción pasada, en cuyo caso Tíquico ya está en camino, o puede tratarse de un aoristo epistolar (*cf.* Ef 6:22; Col 4:8), escrito desde la perspectiva de Timoteo, quien recibirá la carta después de que Tíquico haya llegado a Éfeso (obsérvese que Timoteo está probablemente en Éfeso; *cf.* 1Ti 1:3). En este último caso, Pablo puede estar enviando esta carta a Timoteo por mano de Tíquico. Otra posibilidad es que Pablo haya ya enviado a Tíquico en una misión que terminará en Éfeso después de la llegada de esta misiva (transportada por otra persona). El apóstol puede que quiera tener a Tíquico allí para comenzar los preparativos para encargarse del ministerio cuando Timoteo salga para ir a visitar a Pablo.

Las instrucciones del versículo 13 sobre lo que Timoteo debía traerle en ese viaje han sido objeto de detallado escrutinio por parte de los eruditos. Las ropas variaban en aquellos tiempos, como hoy, en función del clima o la estación del año, pero también de acuerdo con la posición social. Las vestiduras de los senadores y de los filósofos los distinguían. Los predicadores ambulantes cínicos desgastaban deliberadamente sus ropas para tener una apariencia de pobreza.[1] La capa que Pablo se había dejado en Troas era una pesada prenda exterior de uso común. No tenemos por qué asumir que Pablo se la ha olvidado; el invierno se acerca (v. 21) y, aun en un clima relativamente cálido como el de Roma (si Pablo estaba allí), las cárceles podían ser húmedas y frías.

No sabemos quién es Carpo. La palabra "libros" puede referirse a escritos en papiros, pero también se usaba para escritos en general. Los comentaristas suelen sugerir (acertadamente) que los entre los libros de

---

1. Dibelius/Conzelmann discute algunos de los aspectos técnicos del término "capa", aportando materiales de procedencia y citas (Dibelius/Conzelmann, *Pastoral Epistles*, 123).

Pablo habría al menos parte del Antiguo Testamento.[2] Dado el frecuente uso que el apóstol hacía de él y teniendo en cuenta su formación rabínica, no sería sorprendente que poseyera varios libros del Antiguo Testamento. Los "pergaminos" eran de un material más caro, normalmente de piel de oveja o cabra. Duraban más que los papiros y su apariencia era mejor; además permitían el borrado.[3] No conocemos el contenido de los pergaminos que Pablo pidió.

A menudo se pasa por alto que no hay ninguna conjunción "y" entre la palabra "libros" y la palabra "especialmente" (*malista*), así que puede que los libros (rollos) y los pergaminos no se refieran a cosas diferentes. Pablo puede estar diciendo que los rollos (los libros) son los pergaminos. Un artículo muy importante y muy citado de T. C. Skeat demostró convincentemente que en algunos casos, incluyendo este pasaje, la palabra siguiente a *malista*, que suele traducirse como "especialmente", no se refiere a artículos separados sino a un mismo artículo.[4] Podemos traducir *malista* como "o sea" o "es decir".[5] En cada caso hay que tomar una decisión exegética sólida, porque el contexto debe determinar si malista tiene ese uso equivalente o no.

Es imposible determinar si "Alejandro el herrero" es el mismo que se menciona en 1 Timoteo 1:20. Pablo no ofrece ningún comentario claro para distinguir entre ellos, aunque la palabra "herrero" podría entenderse como esa distinción. La descripción adicional del versículo 14 (donde el "me ha hecho mucho daño" puede haber sido parte de las "persecuciones" de 3:11) se corresponde con la referencia de 1 Timoteo. Sin embargo, la advertencia "cuídate también de él" (v. 15) implica que ese hombre es una amenaza actual, cuando 1 Timoteo 1:20 da a entender su excomunión ("a quienes he entregado a Satanás"). Por consiguiente, es

---

2. Knight (*Pastoral Epistles*, 467) señala el uso del término para referirse a pasajes concretos del Antiguo Testamento, como en Lc 4:17; Gá 3:10; Heb 9:19; 10:7.
3. La disponibilidad actual de los antiguos manuscritos Sinaiticus y Vaticanus la debemos al pergamino en que se escribieron (ver I. A. Sparks, "Parchment", *ISBE*, 3:663).
4. T. C. Skeat, "'Especially the Parchments': A Note on 2 Timothy IV.13", *JTS* 30 (1979): 173-77.
5. La cuestión no es particularmente importante aquí, pero sí lo es en 1 Timoteo 4:10 ("el Salvador de todos, especialmente de los que creen"); 5:8 ("El que no provee para los suyos, y sobre todo para los de su propia casa"); 5:17 ("Los ancianos... son dignos de doble honor, especialmente los que dedican sus esfuerzos a la predicación y a la enseñanza"); Tito 1:10 ("rebeldes... especialmente los partidarios de la circuncisión"); ver comentarios sobre estos pasajes. Otro texto a tener en cuenta es Gálatas 6:10: "Por lo tanto, siempre que tengamos la oportunidad, hagamos bien a todos, y en especial [*malista*] a los de la familia de la fe".

menos probable que ese primer Alejandro siguiera siendo una amenaza. Es posible que hubiera causado un gran daño desde fuera de la iglesia, sobre todo si estaba en alguna medida bajo control de Satanás. Pero, dado que no conocemos el tiempo transcurrido entre 1 y 2 Timoteo, es posible que hubiese sido restaurado, pero, por desgracia, todavía se oponía "tenazmente a nuestro mensaje".[6]

¿Qué quiere decir Pablo con "mi primera defensa" en el versículo 16? Si fue juzgado y declarado inocente después del final de Hechos y ahora está preso por segunda vez, esperando la resolución de su caso, este versículo podría referirse a esa circunstancia previa. Podemos entender fácilmente el versículo 17 en ese sentido, con el Señor dándole fuerzas para que "se llevara a cabo la predicación del mensaje y lo oyeran los paganos", es decir, que pudiera seguir con sus viajes misioneros. La "boca del león" podría referirse al emperador romano. Por otro lado, su "primera defensa" puede aludir a lo que en la ley romana se llamaba actio prima, la primera fase del juicio en el que ahora se encontraba.[7] En tal caso, deberíamos entender el versículo 17 acerca de la proclamación futura del evangelio en otro sentido, no en el de Pablo viajando personalmente a más países o entornos gentiles.

Está claro que el "llevar a cabo la predicación del mensaje" se hace de alguna manera por medio de Pablo e incluye que un importante público de paganos escucha el evangelio. Se podría entender que había ocurrido así en una audiencia preliminar si hubiera habido una gran representación de gentiles presente, pero debe decirse que es más fácil encajar este tiempo de testimonio en el periodo que hay entre el juicio con que termina Hechos y este otro proceso. Hay varias maneras de interpretar la imagen de la "boca del león", de modo que esto no limita la referencia a una u otra defensa en particular. Se refiera a lo que se refiera, cuesta entender que no acudiera nadie en apoyo de Pablo en uno u otro juicio. Pero él le da mucha importancia a esto, como señala el enfático "nadie" y el uso de la palabra "abandonar" (empleada antes para Demas, v. 10). La oración y deseo de Pablo es "que no les sea tomado en cuenta"; nos recuerda las palabras de perdón pronunciadas por Jesús en la cruz

---

6. Hay otra posibilidad: el tiempo de futuro en "El Señor le dará su merecido" puede referirse a una sentencia que todavía no se ha llevado a cabo. Sin embargo, parece menos probable.
7. Ellicott, *Commentary*, 178; Kelly, *Pastoral Epistles*, 218.

(Lc 23:34) y la oración de Esteban por quienes le estaban apedreando en su muerte (Hch 7:60).[8]

Parece extraño que Pablo le esté diciendo a Timoteo todo esto, porque, si esta es una referencia a su primer juicio, Timoteo ya habría sabido los detalles. Sin embargo, en la narrativa antigua no era raro que hubiera acontecimientos repetidos. Este es un minirrelato que nos lleva hasta versículo 18, "El Señor me librará". Esta es la tercera referencia en este pasaje a "el Señor" y puede que se refiera específicamente a Cristo. El Padrenuestro contiene las peticiones "Y no nos dejes caer en tentación, sino líbranos del maligno" (Mt 6:13). Las similitudes con 2 Timoteo 4:18a, que usa el mismo verbo para "librar" (*rhyomai*) y para "mal/ maligno" (*poneros*) son obvias. El énfasis en el "rescate" se apoya en el uso de *rhyomai* en el versículo 17 ("fui librado"; *cf.* también 2Co 1:10).

La expresión "de todo mal" (lit., "toda mala obra") retoma la referencia a lo que hizo Alejandro el herrero (ver comentarios sobre v. 14). No está claro que futuro sosei deba traducirse "me preservará". Este conocido verbo aparece siete veces en las Pastorales, normalmente en referencia a la salvación de uno, y el sujeto suele ser Dios en lugar de Cristo. Si "el Señor" en este versículo es Dios Padre (como en el Padrenuestro), sería un caso más de atribución de la salvación a Dios. La salvación a la que Pablo se refiere es "para su [de Dios] reino celestial". La palabra "reino" nos trae de nuevo a la mente el Padrenuestro: "venga tu reino" (Mt 6:10); el término "celestial" nos recuerda Efesios 1:3, 20; 2:6; 3:10; 6:12. Es solo el segundo uso de "reino" en las Cartas Pastorales (ver 2Ti 4:1 y comentarios). Pablo no puede evitar una breve doxología llegado a este punto. La expresión "por los siglos de los siglos" es apropiada para sus pensamientos acerca del "reino celestial".

Los saludos y referencias personales de Pablo en los versículos 19-21 son, en el mejor sentido de la palabra, sentimentales. Priscila y Aquila han significado mucho para Pablo. El orden de sus nombres es significativo. En 1 Corintios 16:19, se menciona primero a Aquila, como cabría esperar. Sin embargo, Lucas habla de la iglesia que se reunía en *su* casa especificando que no era en casa de él, sino *de ellos*. En Romanos 16:3, Pablo menciona primero el nombre de Priscila. La pareja se cita también en Hechos 18:2,18, 19, 26. El versículo 2 menciona el nombre de Aquila primero. Luego Lucas dice (v. 18) que, después de estar en

8. Knight (*Pastoral Epistles*, 468-72) tiene una discusión detallada sobre las cuestiones en vv. 16-17.

Corintio "algún tiempo", Pablo viajó a Siria, "acompañado de Priscila y Aquila". Es como si para entonces Priscila hubiera obtenido una atención más importante que su marido.

En aquellos tiempos era inusual que se mencionase a una mujer antes que a su esposo. Una rara excepción la tenemos en una lápida. Knight sugiere varias razones para esto, como la posibilidad de que Priscila pudiera haber tenido una posición social superior a la de Aquila, o que se tratara de "una expresión de cortesía cristiana hacia ella por ser mujer".[9] Sin embargo, si la razón era cualquiera de las aquí sugeridas, cabría esperar que el orden de los nombres fuera el mismo en todos los textos. La mejor explicación parece ser que ella fue adquiriendo mayor prominencia a medida que continuaba su ministerio. Por ejemplo, en Hechos 18:26, Priscila y Aquila (citados en este orden) invitaron a Apolos a su casa y "le explicaron con mayor precisión el camino de Dios". Cualquier aplicación de 1 Timoteo 2:12 debe tener en cuenta el pasaje de Hechos.

La referencia a la "familia de Onesíforo" (v. 19b) es un hermoso eco de 1:16-18. Esto puede ser un maravilloso testimonio para toda la familia o, lamentablemente, unas palabras de condolencia para los suyos si él ya había muerto. La posibilidad de su muerte la sugiere el hecho inusual de que se mencione a su familia en lugar de al propio Onesíforo.

"Erasto" (v. 20) puede ser la misma persona que se menciona junto con Timoteo en Hechos 19:22. En Romanos 16:23 también se menciona a Erasto, "que es el tesorero de la ciudad" (posiblemente Corinto, desde donde Pablo escribió Romanos). En tal caso, sería una persona de alta posición y, de hecho, podría ser el Erasto mencionado en una inscripción en Corinto.[10] La mención de Erasto por parte de Pablo aquí en 2 Timoteo 2:40 sin más detalles implica que Timoteo le conoce. La mención de Corinto establece un posible vínculo con el tesorero (NIV, responsable de obras públicas) de esa ciudad. El problema de esta identificación, sin embargo, es la ausencia de un vínculo entre el pasaje de Hechos (donde Erasto está en Éfeso) y Romanos 16:23. Además, el nombre Erasto era bastante común. La identificación, por consiguiente, debe quedar en el mejor de los casos como una posibilidad.

9. Knight, *Pastoral Epistles*, 475.
10. La inscripción dice: "Erasto edil ha puesto (este pavimento) de su propio dinero"; ver J. H. Kent, *Corinth VIII\3. The Inscriptions 1926–1950* (Princeton, 1996), 99, citado en Bruce, *Hechos de los Apóstoles: introducción, comentario, y notas* (Grand Rapids: Libros Desafío, 2007), p. 414 de la edición en inglés.

"Trófimo" también se menciona en Hechos 20:4 en compañía de Timoteo. Él es de "la provincia de Asia". En Hechos 21:29 se le llama "Trófimo el efesio". El hecho de haber dejado a Trófimo "enfermo en Mileto" puede ser significativo en relación con la participación de Pablo en acciones milagrosas, como las sanaciones (Hch 14:8-10; 28:7-9).

En el versículo 21 aparece el verbo *spoudazo* (ver v. 9 y comentarios), dándole una nota de urgencia al viaje que proyectaba Timoteo para ver a Pablo "antes del invierno" y del cierre de las rutas marítimas. Pablo se refiere a continuación a algunos que, de no estar aquí, serían desconocidos: "Eubulo, Pudente, Lino, Claudia". Sobre Lino se ha especulado en ocasiones relacionándolo con uno de los primeros obispos de Roma, pero el nombre es demasiado corriente como para permitir cualquier identificación positiva.[11] También se puede cuestionar que hubiera algo así como la norma de un obispo único en el siglo primero. La palabra traducida como "hermanos" puede incluir a las mujeres. Puesto que muchos pasajes de los escritos de Pablo que se refieren a los hermanos incluyen claramente en su contexto a las mujeres, sería legítimo añadir "y hermanas" a la traducción.

"El Señor" aparece una última vez al final de la carta. Ya se refiera a Dios o a Cristo, es en la persona del Espíritu Santo como el Señor está presente con nuestro espíritu (Jn 14:15-27). Los saludos de cierre son típicos de las epístolas antiguas, pero "la gracia sea con ustedes", así como "gracia, misericordia y paz" en 1:2, tienen un significado distintivamente cristiano y paulino.

Personas, personas, personas. Solo Dios sabe la cantidad de personas que han leído los nombres de Demas, Crescente, Tito, Lucas, Marcos, Tíquico, Alejandro, Priscila, Aquila, Onesíforo, Erasto, Trófimo, Eubulo, Pudente, Lino y Claudia y han visto en ellos los rostros de las personas que influyeron en sus vidas para bien o para mal. Esto puede haber ocurrido, como en el caso de Pablo, en tiempos difíciles. Las conmovedoras palabras "nadie me respaldó, sino que todos me abandonaron" se habrán podido aplicar probablemente a muchos santos olvidados. Pero para eso tenemos también las palabras: "Pero el Señor estuvo a mi lado y me dio fuerzas".

11. Ireneo, *Contra los herejes* 3.3.3.

Esta sección, junto con los saludos de despedida, se lee a menudo precipitadamente al final de cualquier serie de estudios bíblicos sobre 2 Timoteo. Puesto que no hay peligro de revelar el "fin de la historia", tal vez no sería mala idea leer esta parte al *principio* de una serie de mensajes sobre la epístola. Si, efectivamente, los cuatro capítulos se escribieron en las circunstancias descritas en el último capítulo, el pensamiento de Pablo (sea o no sea obvio para nosotros) se vio afectado por lo que le estaba pasando por la influencia de esas personas. Dejar a Pablo el apóstol ser Pablo el hombre no es ser condescendientes, sino realistas. El retrato de estos compañeros suyos puede ser, por tanto, significativo para ayudarnos a entender las circunstancias de Pablo y la de los cristianos a lo largo de la historia de la iglesia.

En el caso de Pablo, aprendemos que sus inmensos esfuerzos "para presentarlos a todos perfectos en él" (Col 1:28) no siempre tuvieron éxito. Aunque 2 Timoteo describe aspectos del final del ministerio paulino (un momento en que cabe esperar un cambio de actitudes en los colaboradores, en correspondencia con las circunstancias), podemos suponer que las deserciones, los abandonos y la enfermedad fueron acontecimientos comunes en su largo servicio al Señor. Después de todo, Pablo había escrito tiempo atrás que "cada día pesa sobre mí la preocupación por todas las iglesias" (2Co 11:28).

Curaciones. La referencia a dejar a Trófimo "enfermo en Mileto" suscita la cuestión de las sanaciones. Si se puede reclamar la curación como algo que está "en la expiación" o que es un resultado seguro de la oración con fe, ¿por qué Pablo no tenía la comprensión teológica ni la madurez de fe como para llevar a cabo la recuperación de Trófimo? Aunque no es posible abordar extensamente este siempre vigente asunto aquí, se puede observar que, por las razones que fueran, Trófimo (como Pablo) tuvo que lidiar con una enfermedad que al parecer interfería en alguna medida en el ministerio cristiano. Tal vez sea significativo que las discusiones sobre esta cuestión se incluyan bajo el tema de la sanidad en lugar de bajo la enfermedad. Aunque la salud es el estado normal y deseado, los cristianos tienen que bregar a menudo con su ausencia.[12]

Edwin Hui menciona algunos de los efectos personales de la enfermedad, como "una sensación de fracaso físico, mortalidad o

12. Una importante excepción es la excelente y práctica obra de referencia *The Complete Book of Everyday Christianity*, Robert Banks y R. Paul Stevens, eds. (Downers Grove, Ill.: InterVarsity, 1997), que tiene artículos sobre "Curación", "Salud" y "Enfermedad".

desesperación debido a una pérdida de control sobre el destino de uno". También puede haber una sensación de aislamiento y "autoestima disminuida".[13]Seguramente, Pablo habría tratado de aliviar los sufrimientos de su amigo, pero quizá también le habría recordado con ternura que Dios puede sacar algo bueno de la enfermedad, sobre todo si uno busca al Señor durante la aflicción. La literatura y los himnos del cristianismo se han visto maravillosamente enriquecidos por aquellos que escribieron desde esas experiencias. La enfermedad no debe verse ni malinterpretarse desde un distorsionado complejo de mártir, sino que puede ser una oportunidad para un caminar más cercano a Dios que, por su bondad, puede beneficiar también a otros.[14]

Ejemplos a seguir en la historia de la iglesia. Es difícil saber hasta qué punto debemos extraer principios de los comentarios de Pablo sobre las personas que menciona en este pasaje. Como siempre, debemos recordar que él escribió bajo inspiración y, por consiguiente, su mención pública de faltas no nos da necesariamente a nosotros libertad para hacer comentarios negativos sobre las personas. Pero resulta provechoso reconocer que hay algunas características y patrones de conducta que reaparecen en la iglesia a nivel mundial pese a las diferencias culturales. Siempre habrá quienes opten por el amor a este mundo en detrimento de la fidelidad personal, quienes están de viaje por su ministerio y dejan a sus compañeros luchando con menos compañía y ayuda, quienes "abandonan" a los siervos del Señor por razones que no declaran, quienes hacen mucho daño a los siervos del Señor y se oponen a su mensaje, quienes ofrecen una hospitalidad cariñosa a los misioneros hasta el punto de sacrificarse, quienes se ponen enfermos o por alguna razón no pueden seguir activos en el ministerio, y, gracias al Señor, quienes están fielmente junto a los cristianos necesitados aunque ello signifique ser los únicos. Todos tenemos nuestras listas.

Aunque la iglesia —sobre todo sus historiadores— se ha centrado en las figuras públicas, como los pastores, maestros, grandes líderes y portavoces prominentes, hay multitud de otros cuyas historias son igualmente importantes para Dios y para el progreso del cristianismo. Pienso en las personas que han influido y ayudado al principio de mi

---

13. Edwin Hui, "Sickness", *Everyday Christianity*, 895.
14. Un gran clásico que recoge muchos testimonios personales a este respecto es el popular *Streams in the Desert*, de Mrs. Charles E. Cowman, originalmente publicado en 1925 y recientemente reeditado por Zondervan (1997).

ministerio: la señora Zinke y la señora Chan, quienes oraron por mí; el presidente de los diáconos y su mujer, que siempre tenían una palabra de ánimo (y cuyas vidas fueron segadas por un conductor borracho); mis padres, tías y tíos; y el doctor J. Oliver Buswell Jr., cuya clara exposición de la Biblia me hizo querer imitarle. Cada servidor de Dios que lea estas palabras puede recordar a personas similares en su vida. Y el nombre de cada líder mencionado en nuestros libros de historia de la iglesia puede juntarse con los nombres de muchos con quienes están en deuda por el ánimo espiritual que les dieron.

En los tiempos anteriores a que el órgano de tubos funcionase con electricidad, un organista famoso dio una vez un recital. Anunciaba cada pieza diciendo: "Ahora voy a interpretar...". Después del intermedio anunció su siguiente pieza, pero cuando comenzó a tocar no había sonido. En ese momento apareció un rostro en la esquina de la cámara de los tubos y una voz joven dijo: "Mejor diga: 'Ahora *vamos* a interpretar...'". El joven reanudó su bombeo del fuelle y el concierto continuó.

Tiempo atrás, yo solía oír muchos informes misioneros que dejaban la impresión de que el misionero trabajaba principalmente en solitario. Rara vez mencionaban a otros misioneros u organizaciones que trabajaran en la zona. Y con aún menos frecuencia hacía el misionero un retrato de los cristianos "nativos" que realizaban una dura tarea evangelizadora, servían en la iglesia o ayudaban al misionero. Este cuadro ha cambiado considerablemente en los últimos años. Quizás la mejor aplicación del retrato que Pablo nos da de sus colaboradores sea aprender cómo compartir el foco con otros y cómo ser alguien que ayuda a los que sirven al Señor. De esta manera podemos evaluar nuestra propia conducta y nuestro rol en el ministerio.

Elogios y reproches. De los ideales mencionados en la sección previa podemos pasar a las cosas concretas de la vida contemporánea. Pablo escribió 2 Timoteo consciente de estar en el Pabellón de los Condenados a Muerte. Si cuando le escribía a Timoteo podía ver claramente los rostros de las personas que mencionaba, también nosotros vemos las de nuestros compañeros cuyos éxitos y fracasos, fidelidad y abandono nos alientan o nos mortifican hasta el final de nuestros días. Los que ministramos para el Señor hoy lo hacemos en un entorno real de personas cuyas idas y venidas han afectado de manera permanente nuestra vida y nuestro ministerio.

Puede que no sea un verdugo, sino un excompañero, quien te cause el mayor dolor, y quién sabe si llegará el día en que un líder cristiano tenga que hablar claro acerca del pecado y la apostasía entre colegas. Es un paso a evitar en lo posible. Es importante contenerse, y no tenemos la misma inspiración que Pablo, así que debemos ser precavidos al juzgar motivaciones. No obstante, a veces los demás necesitan saber, aunque solo sea para evitar daños mayores.

En mis propios años de ministerio, desde mi primer cargo como pastor interino en la Iglesia Bautista de Northport, en Long Island, Nueva York, mientras realizaba mis estudios de graduación (justo cincuenta años antes de escribir esto), he visto a muchas personas a las que pasaban por alto a la hora de expresar reconocimientos. En contraste, hay otras cuya labor ha sido maravillosamente celebrada, como una maestra de escuela dominical que estuvo en el ministerio más de cincuenta años y otra que dedicó su vida a varias generaciones de alumnos. En la reciente dedicación de un órgano de una iglesia presbiteriana se propició un reconocimiento fascinante, y detallado, de todas las personas que habían dado tiempo, ayuda, ideas, energía y sabiduría, así como dinero, para el proyecto. Más tarde alguien comentó que esta iglesia tenía fama de ser meticulosa a la hora de reconocer a los que sirven entre bastidores.

Al mismo tiempo, a veces se expresa reconocimiento donde no se merece. Se distingue a personas importantes buscando su aprobación, por la posición que ocupan. Pablo no comete ese error, es sincero sin ambages. En ocasiones, la elección de un cargo en la iglesia es poco más que devolverle el favor a alguna figura influyente. Año tras año aparecen los mismos nombres para los puestos de la iglesia, mientras que los obreros espirituales entre bastidores siguen sin ser reconocidos y la iglesia sigue sin explotar sus dones mejores.

Jesús dijo: “A todo el que se le ha dado mucho, se le exigirá mucho” (Lc 12:48). Los cristianos que han recibido posiciones prominentes de liderazgo, cargos en seminarios y puestos en periódicos y otras oportunidades en los medios de comunicación han usado a veces sus plataformas para criticar, severa y públicamente, a cristianos sinceros con los que no están de acuerdo. Rara vez se ha llamado a rendir cuentas a estos críticos como Pablo lo habría hecho. Como contraste, en una ciudad importante, varios pastores sintieron la obligación de pronunciarse acerca de los ancianos de una iglesia grande cercana que no habían disciplinado a un importante pastor que se había desviado. Los cristianos contemporáneos deben preocuparse más de la reputación de Dios que de la reputación de líderes falibles. La respuesta no debe ser carnal, o resultará en daño, sino que debe llevarse a cabo en el espíritu de Gálatas 6:1-10.

Afrontar la muerte. Con el envejecimiento de Estados Unidos y la cada vez mayor franqueza para hablar de la muerte, hay una mayor conciencia de lo que significa afrontar su proximidad. Los jubilados pueden mantenerse ocupados, pero se dan cuenta de que sus años útiles han menguado o desaparecido. Los abuelos pueden disfrutar de sus nietos y pueden saber que son amados y apreciados por ellos, pero también son conscientes de que ya no están al corriente de lo que se hace o se comenta. Los sucesivos aniversarios de boda se celebran con la aprensión tácita que este puede ser el último juntos. Los progresos genéticos y farmacéuticos para alargar vida solo prolongan las "fases finales".

En algunas partes del mundo la persecución es una amenaza de una vida más corta. Terroristas, rebeldes y gobiernos opresivos traen en las vidas de muchos la incertidumbre que Pablo tenía sobre su vida. Los que por cualquier motivo se encuentran cerca de la muerte —incluso los creyentes, que saben que les aguarda la gloria— son a veces reacios a rendirse ante lo inevitable. Quizás sea la tristeza que acompaña al sentimiento de no haber terminado el trabajo (en contraste con la expresión paulina de "he terminado la carrera"). Tal vez sea el dolor de faltar, por así decirlo y dejar a los seres queridos solos y llorando su pérdida. Quizás sea una sensación de ser arrebatado en la flor de la vida. Como alguien que ha acompañado su vida académica con el ministerio pastoral, sé lo que es decirle a una persona moribunda que "está bien" dejar la vida. Tuve que decírselo a mi madre de noventa y cuatro años de edad.

Decir adiós es también un acto bueno y prudente por parte de la persona que afronta su propia muerte. Ha habido demasiadas personas que no estuvieron dispuestas a tratar de una manera realista su posible fallecimiento. Así perdieron la oportunidad de decir una última palabra de perdón, o de pedirlo. Puede que los sentimientos o secretos que durante la vida les pareció importante ocultar deban ser revelados si (con énfasis en esta palabra) hacerlo pudiera ser beneficioso. Pablo expresó claramente sus sentimientos. Le puso el broche a su relación con Timoteo. Expresó sus sentimientos conforme a ciertas personas, sentimientos que por una u otra razón era provechoso que se conocieran. Al mismo tiempo, Pablo no estaba cortejando a la muerte. Tiempo atrás ya había decidido que, por maravilloso que fuera estar en la presencia del Señor, le era más necesario seguir vivo para servir a la iglesia (Fil 1:21-26). Estaba preparado para morir, y esa preparación es algo que nos habla.

Puede considerarse bienaventurada la persona que tiene el amor de una familia afectuosa como la de Onesíforo, o de un estimado amigo como Trófimo, con quien compartimos la carga de la enfermedad, o de alguien que aguardamos desesperadamente que venga a vernos "antes del invierno" (si podemos extender las implicaciones de esa frase más allá de su referencia inmediata). No estamos solos, sobre todo porque, a diferencia de los tiempos de Pablo, las personas están tan cerca como el teléfono o el correo electrónico. A medida que nos acercamos al invierno de nuestras vidas, necesitamos que esos amigos "vengan", aunque sea electrónicamente. Me he dado cuenta de que algunos amigos de hace mucho tiempo, sobre todo los mayores, están volviendo a comunicarse conmigo después de años sin contacto. Esto me conmueve y estoy poniendo de mi parte para recuperar la relación. Nuestro invierno puede llegar en una etapa de la vida diferente a la de otros, pero es bueno procurar la presencia de los amigos y ofrecerles la misma bendición.

Tito 1:1-16

Pablo, siervo de Dios y apóstol de Jesucristo, llamado para que, mediante la fe, los elegidos de Dios lleguen a conocer la verdadera religión.[2] Nuestra esperanza es la vida eterna, la cual Dios, que no miente, ya había prometido antes de la creación.[3] Ahora, a su debido tiempo, él ha cumplido esta promesa mediante la predicación que se me ha confiado por orden de Dios nuestro Salvador.

[4] A Tito, mi verdadero hijo en esta fe que compartimos:

Que Dios el Padre y Cristo Jesús nuestro Salvador te concedan gracia y paz.

[5] Te dejé en Creta para que pusieras en orden lo que quedaba por hacer y en cada pueblo nombraras ancianos de la iglesia, de acuerdo con las instrucciones que te di.[6] El anciano debe ser intachable, esposo de una sola mujer; sus hijos deben ser creyentes, libres de sospecha de libertinaje o de desobediencia.[7] El obispo tiene a su cargo la obra de Dios, y por lo tanto debe ser intachable: no arrogante, ni iracundo, ni borracho, ni violento, ni codicioso de ganancias mal habidas.[8] Al contrario, debe ser hospitalario, amigo del bien, sensato, justo, santo y disciplinado.[9] Debe apegarse a la palabra fiel, según la enseñanza que recibió, de modo que también pueda exhortar a otros con la sana doctrina y refutar a los que se opongan.

[10] Y es que hay muchos rebeldes, charlatanes y engañadores, especialmente los partidarios de la circuncisión.[11] A ésos hay que taparles la boca, ya que están arruinando familias enteras al enseñar lo que no se debe; y lo hacen para obtener ganancias mal habidas.[12] Fue precisamente uno de sus propios profetas el que dijo: «Los cretenses son siempre mentirosos, malas bestias, glotones perezosos».[13] ¡Y es la verdad! Por eso, repréndelos con severidad a fin de que sean sanos en la fe[14] y no hagan caso de leyendas judías ni de lo que exigen esos que rechazan la verdad.[15] Para los puros todo es puro, pero para los corruptos e incrédulos no hay nada puro. Al contrario, tienen corrompidas la mente y la conciencia.[16] Profesan conocer a Dios, pero con sus acciones lo niegan; son abominables, desobedientes e incapaces de hacer nada bueno.

En el orden de redacción, la carta de Pablo a Tito va inmediatamente después de 1 Timoteo y bastante antes de 2 Timoteo (ver la Introducción). Como a Timoteo en Éfeso, Pablo había dejado a Tito en la isla de Creta para reorganizar la iglesia y tratar con una situación de crisis con falsos maestros que se habían infiltrado en la iglesia.

Una introducción extendida (1:1-4)

Es natural comparar las líneas de apertura de esta epístola con las de 1 y 2 Timoteo. Al hacerlo podemos señalar diferencias entre las dos cartas no solo en lo que respecta a la relación de Pablo con los destinatarios, sino también en cuando a las misiones diferentes de estos dos delegados apostólicos. Sin embargo, en cualquier caso, cuando vemos una diferencia entre las dos, puede tratarse de una cuestión de estilo o de énfasis más que de sustancia.

Aparece una diferencia justo al principio. Pablo se presenta como "siervo" (*doulos*, "esclavo") de Dios y también como "apóstol" (v. 1).[1] La palabra *doulos* aparece en Filipenses 1:1, una carta que escribió junto con Timoteo. En todas las demás epístolas paulinas, excepto en 1 y 2 Tesalonicenses (escritas por él, con Silas y Timoteo), Pablo se presenta como apóstol. No emplea el término *doulos* en un sentido peyorativo. El esclavo era propiedad de otra persona, a la que debía obediencia. Si la esclavitud significaba obligación, el apostolado significaba autoridad, pero ambos significaban responsabilidad.

Las palabras siguientes aparecen en las salutaciones iniciales tanto de Tito como de 1 Timoteo: "orden" ("mandato" en 1Ti), "esperanza", "verdadero hijo", "fe" y un sintagma preposicional con *kata*. Están también las referencias acostumbradas a Dios y a Cristo, así como a la gracia y la paz (en Tito no pone "misericordia"). En Tito 1:3, Pablo se refiere a la proclamación que le ha sido encomendada "por orden de Dios nuestro Salvador"; en 1 Timoteo 1:1, es apóstol "por mandato de Dios nuestro Salvador y de Cristo Jesús nuestra esperanza"; en 2 Timoteo 1:1 es apóstol "según la promesa de vida que tenemos en Cristo Jesús".

1. El Antiguo Testamento se refiere a Moisés como el "siervo del SEÑOR" en Dt 34:5; Jos 1:1, 13, 15 y con frecuencia en otras partes de ese libro. La misma expresión se usa para Josué en 24:29; Jue 2:8, y para David en el encabezamiento de Sal 18 y 36. Esto nos recuerda también los "pasajes del Siervo" en Isaías y el ministerio de Cristo como el Siervo del Señor.

Llaman la atención cuatro sintagmas preposicionales que comienzan con *kata* (lit., "de acuerdo con", "según") en el versículo 1 de los saludos de las Cartas Pastorales. En 1 Timoteo 1:1, "por mandato [*kat' epitagen*] de Dios" expresa la base del llamamiento apostólico de Pablo. En 2 Timoteo 1:1, la idea del mandato de Dios se sustituye por la expresión "por [*dia*] la voluntad de Dios", pero viene seguida de *kat' epangelian* ("según la promesa"). Este sintagma no expresa tanto una base para el llamamiento de Pablo a ser apóstol como una correspondencia con las promesas de Dios. Dos aparecen en Tito 1:1. Los comentaristas tropiezan cuando intentan interpretar la primera: "para que [*kata*], mediante la fe, los elegidos de Dios lleguen a conocer la verdadera religión". La preposición *kata* no parece contener la idea de base o correspondencia aquí.

Las cuestiones implicadas se pueden ver en Kelly, quien cuestiona si, como algunos piensan, significa que "Pablo predica de acuerdo con la fe ortodoxa"; en otras palabras, "su mensaje [está] de alguna manera regulado por la fe de otras personas". Él lo entiende más bien con el significado de "en relación con" o "concerniente a", apuntando a "la esfera en que Pablo ejerce su apostolado y los fines que espera llevar a cabo".[2] El significado probable no es que el mensaje de Pablo se conforme a "la fe de otras personas", sino que su *misión* está de acuerdo con la fe de los elegidos de Dios (es decir, una fe verdadera) y con la verdad que necesitaba reafirmación en Creta. El uso de *kata* en el Nuevo Testamento más cercano a su significado de aquí está en Juan 2:6, donde se refiere a las tinajas de piedra como las que los judíos usaban "en [*kata*] sus ceremonias de purificación". Eran *apropiadas para* y *de acuerdo con* ese propósito.

Esta discusión no debería hacer sombra, sino resaltar, el propósito doble ("fe" y "conocimiento") de esa preposición. La fe que Pablo quiere que se fortalezca en la iglesia de Creta no es un sentimiento subjetivo flexible e impreciso, sino la fe de "los elegidos" de Dios, quienes están en la tradición del pueblo de Dios del Antiguo Testamento. La palabra "elegidos" no pretende aquí hacer hincapié en la predestinación, sino identificar a estas personas como posesión de Dios (Sal 105:42-45, esp. v. 43; Is 65:9; *cf.* Ro 8:33). "Conocer la verdadera religión" es importante en Tito, tal como en 1 y 2 Timoteo (*cf.* 1Ti 2:4, 7; 3:15; 4:3; 6:5; 2Ti 2:15, 18, 25; 3:7-8; 4:4; ver también v.14 en el presente capítulo). Las enseñanzas falsas en Éfeso y Creta solo podrán corregirse cuando

---

2. Kelly, *Pastoral Epistles*, 226.

se entienda la verdad, pero el mismo énfasis que caracteriza a 1 Timoteo —la fusión de la sana doctrina con una vida piadosa— es importante aquí en Tito y se expresa ya en Tito 1:1.

La correspondencia entre "verdad" y "religión" se expresa mediante otro uso más de *kata*, esta vez antes de la palabra "religión". Esta expresión significa probablemente: "la verdad que es apropiada para la religión (o piedad)", en lugar de "que lleva a la piedad" (NVI) o "la verdad que les muestra cómo vivir una vida dedicada a Dios" (NTV). La genuina religión requiere un fundamento genuino de verdad. Los falsos maestros carecen de ambas.

La misma "esperanza" que anima la correspondencia de Pablo con Timoteo (1Ti 1:1; 3:14; 4:10; 5:5; 6:17; 2Ti 2:25) aparece también aquí. Puede parecer extraño que "conocer la verdadera religión" se apoye "en la esperanza" (NVI).Sin embargo, esta no procede del corazón humano, sino que Dios, "que no miente", ya la "había prometido antes de la creación". Esto lleva en efecto a las Escrituras al primer plano.[3] Esta esperanza de vida eterna que depende de la Palabra del Dios "que no miente" es también verdadera porque surge de nuestro haber sido "justificados por su gracia" (3:7).

Hay un contraste cronológico entre los versículos 2 y 3, "antes de la creación" y "a su debido tiempo" (ver 1Ti 2:6; 6:15).Tanto del testimonio de la obra salvadora de Cristo como de su futura venida se dice que ocurren "a su debido tiempo" (1Ti 2:5-6; 6:14-15). Aunque la palabra "venida" (*epiphaneia*) empleada en 1 Timoteo 6:14 y en Tito 2:13 (mencionada como "bendita esperanza") no está en este pasaje, está en su lugar *phaneroo*, "dar a conocer, sacar a la luz, manifestar". Estos conceptos están relacionados. Nótese cómo en 2 Timoteo 1:10 la gracia (o "favor" de Dios ha sido revelada (*phaneroo*; NVI, "sacado... a la luz"), y está con "la venida [*epiphaneia*] de... Cristo". La "promesa" de Tito 1:3 no es la Biblia, sino el mensaje de Dios, el evangelio. El medio por el que este mensaje fue sacado a la luz es la "proclamación" (probablemente esta es una mejor traducción de *kerygma* que la "predicación" de NVI).

Las responsabilidades de ser fiel con lo que se nos ha confiado y obediente a "la orden de Dios" aparecen juntas en este pasaje proclamación

3. *Cf.* 2 Pedro 1:16-21, que, después de presentar la transfiguración como confirmación de la verdad sobre Cristo, dice: "Esto ha venido a confirmarnos la palabra de los profetas [...]. Porque la profecía no ha tenido su origen en la voluntad humana, sino que los profetas hablaron de parte de Dios, impulsados por el Espíritu Santo".

(*cf.* 1Ti 1:11 acerca de confiarle el evangelio; también 1:1, 3, 5; 4:11; 6:14, 17-18). Pablo usa en el original el "yo" (*ego*) enfático tanto aquí en Tito 1:3 como en 1 Timoteo 1:11. Su responsabilidad se subraya no solo mediante las ideas de algo que se le confía y algo que se le manda, sino por la preposición *kata* colocada ante la palabra "orden", ahora con el sentido de "en conformidad con" o "de acuerdo con". Esta manera de expresarse da a Pablo no solo la responsabilidad, sino también la autoridad. Él no pidió que esto le fuera confiado, lo recibió por mandato de Dios.

Dios es "nuestro Salvador" y como tal tiene derecho a decidir cómo debe ser anunciado su mensaje de salvación. Las palabras dirigidas a Tito y el resto del saludo son directos y breves. Acerca de "verdadero hijo" y las otras palabras de salutación véanse los comentarios sobre 1 Timoteo 1:2.

La necesidad de ancianos (1:5-9)

El "Te dejé" del versículo 5 no significa que simplemente se separara de Tito al tocar puerto en la isla de Creta, sino que Pablo mismo estuvo allí y dejó a Tito cuando él se fue. Anteriormente, el apóstol había estado en la isla cuando le llevaban prisionero a Roma (Hch 27:7-15). Creta había sido el escenario de la gran civilización minoica, pero había languidecido en un relativo anonimato durante más de mil años. Fue incorporada al Imperio romano en el 67 A.D. En los tiempos del Nuevo Testamento, el judaísmo estaba activo allí, y había algunos cretenses en Jerusalén cuando fue derramado el Espíritu Santo en Pentecostés (Hch 2:11). La existencia de una comunidad cristiana después de eso fue probablemente lo que llevó a Pablo a visitarla después de terminar su encarcelamiento en Roma. Este grupo de creyentes no estaba, según parece, adecuadamente organizado. Si Pablo solo hizo una breve parada en el lugar, es comprensible que dejara allí a Tito para rectificar la situación.

Hay cierta ambigüedad en las palabras "que pusieras en orden lo que quedaba por hacer", porque "poner en orden" implica la existencia de algo que precisa corrección, mientras que "lo que quedaba por hacer" implica algo que todavía no está completo. Juntas, las palabras dan a entender que quedaba algo de desorganización tras la partida de Pablo, que podía remediarse mediante algo que no se había hecho antes: nombrar un liderazgo de responsables. La isla, de aproximadamente 250 km de largo y entre 13 y 56 de ancho, tenía varias poblaciones repartidas por su superficie. En cada una de estas, Tito tenía que nombrar ancianos. La lista siguiente de requisitos está probablemente pensada más para los cretenses que para Tito.

La palabra griega para "nombrar" en el versículo 5 es *kathistemi*. De las diez palabras que la KJV traduce como ordenar, esta es la única que posee un claro significado "oficial" (aparte de su uso relativo al sumo sacerdote en Heb 5:1; 8:3).[4] La palabra traducida como "ancianos" (*presbyteroi*) en Tito es al parecer la misma que *episkopoi* en 1 Timoteo 3 (ver comentarios allí y en la Introducción).

El primer requisito para un anciano en 1 Timoteo 3:2 es que sea "intachable" (lit., "no puede ser criticado"). Aquí en Tito 1:6 la palabra "intachable" es un término diferente (lit., "no puede ser acusado"). La idea dominante en ambas listas es que un anciano tiene que tener una reputación sin tacha. Acerca de la traducción "esposo de una sola mujer" y cuestiones relacionadas, ver comentarios sobre 1 Timoteo 3:2; probablemente es mejor traducir "fiel a su esposa".

Hay una diferencia significativa entre la última parte del versículo 6 y 1 Timoteo 3:4. En 1 Timoteo, el anciano debe gobernar bien su familia y "hacer que sus hijos le obedezcan con el debido respeto". Aquí, los hijos de los ancianos tienen que "creer", y no deben ser susceptibles de la acusación de "libertinaje o de desobediencia". Esto parece poner en el padre la responsabilidad de la salvación del hijo, y, por extensión, haría que el liderazgo de la iglesia dependiese de los hijos de los ancianos. Pero la palabra griega traducida como "creer" es un adjetivo (*pistos*), que también puede significar "fiel" o "digno de confianza" (ver 2Ti 2:2, donde se traduce como "dignos de confianza" en la NVI y "fieles" en la LBLA). Así pues, el significado aquí puede ser más amplio de lo que parece a primera vista. El hecho de que tanto aquí como en 1 Timoteo 3 el énfasis se ponga en que el anciano sea una persona de buena reputación, junto con el hecho de que sus hijos le tienen "respeto", hace probable que aquí se subraye el mismo aspecto.

La NVI añade "y", sin respaldo textual, entre "creyentes" y "libres de sospecha de libertinaje o de desobediencia", como si esto último fuera un requisito adicional. En realidad, la segunda frase amplía el significado de "creyentes". Los ancianos deben estar abiertos a cualquier

---

4. Las otras palabras traducidas como "ordenar" son corrientes, como *tithemi* ("colocar, hacer, ordenar, poner en su lugar"; ver 1Ti 2:7, donde la KJV tiene "ordenado" y la NVI "nombrar". No son términos jerárquicos, y ninguno de ellos se refiere al pastor de una iglesia. Estas pautas de lenguaje en la KJV han afectado sin duda a las perspectivas sobre la ordenación durante siglos, haciendo que parezca que la iglesia del Nuevo Testamento tenía un término técnico para la ordenación. La NVI lo mejora poniendo "ordenar" en las notas al pie como una alternativa a "nombrar".

indagación acerca de la conducta de sus hijos, que, de nuevo, es un asunto de reputación. Unos padres buenos y sabios pueden influir en las acciones de sus hijos y animarlos a ser dignos de confianza, pero no pueden controlar su respuesta espiritual a Dios. Los hijos no deben incurrir en nada que pueda suponer una acusación de "libertinaje" (este término se traduce como "desenfreno" en Ef 5:18 y "desbordamiento" en 1P 4:4) o "desobediencia" (*cf.* Tit 1:10, donde esta palabra se traduce como "rebeldes"). Así pues, la expresión del versículo 6 describe un comportamiento activamente escandaloso que traería una pública mala fama sobre los ancianos y la iglesia.

En el versículo 7, se usa *episkopos* ("obispo"), lo que da a entender que obispos y ancianos son lo mismo. Otro punto de vista ve el significado de obispo como una persona que posee un ámbito de responsabilidad mayor que el de los (¿demás?) ancianos. Si es así, las aptitudes siguientes son específicas para los obispos, en lugar de para los ancianos. Sin embargo, al no haber una interrupción en la disposición de las características, sino aparecer como un todo integral (como en 1Ti 3:1-7), es improbable que sean dos cargos distintos. La partícula que abre los requisitos, *gar* ("por lo tanto"), implica que no se trata de una serie adicional de estos, sino una explicación o fundamento para lo precedente.

El obispo/anciano debe ser "intachable" (la misma palabra del v. 6) por una razón específica: actúa como mayordomo de Dios (*oikonomos*; "tiene a su cargo la obra de Dios"). La serie de aptitudes que viene a continuación especifica pautas de conducta que no pueden decirse de un anciano para que se le pueda considerar intachable. Ningún anciano debe ser "arrogante", un término empleado para describir a los terribles falsos maestros de los últimos días en 2 Pedro 2:10; también puede traducirse como "terco" o "contumaz". "iracundo" traduce un adjetivo que denota más que una pérdida de paciencia, indica un carácter tendente a la ira. Las tres siguientes son características a evitar —borracho, violento, codicioso de "ganancias mal habidas"— tienen sus equivalentes en 1 Timoteo 3:3, 8 (ver comentarios allí).

Entre las características deseables citadas en el versículo 8 hay dos que aparecen en 1 Timoteo 3:2: la hospitalidad y la sensatez (en cuanto a esta última, aparece la misma idea pero con palabras relacionadas en 1Ti 2:9, 15; 2Ti 1:7; Tit 2:2, 4-6, 12). "Justo" describe a Dios en 2 Timoteo 4:8; en 1 Timoteo 1:9-10, la palabra se traduce como "los justos", en contraste con los desobedientes y rebeldes. El término para "santo" también puede significar puro o devoto (*cf.* 1Ti 2:8). La última palabra, "disciplinado", no aparece en ningún otro lugar del Nuevo Testamento, pero sí su cognado, que incluye el aspecto del fruto del Espíritu traducido como "dominio propio" (Gá 5:23).

Obsérvese que estas características no tienen que ser exclusivas de los ancianos, porque de una u otra manera describen el carácter ideal de todos los cristianos, hombres y mujeres. Su función aquí es la de retratar a una persona moralmente equilibrada, que no sirva de descrédito para el Señor y su iglesia.

Puede parecer extraño que en Tito (1:9) se diga más acerca de la necesidad del anciano de ser doctrinalmente sano y capaz de refutar las herejías que en 1 Timoteo 3:1-7, puesto que esta primera carta trata con más fuerza e insistencia sobre los falsos maestros y enseñanzas. Aunque el presente pasaje sigue hablando acerca de la necesidad de combatir el error (Tit 1:10-16), el contenido es menos fuerte que en 1 Timoteo y solo se lleva al extremo en 3:9-11. La diferencia puede estar en que en Éfeso ya había ancianos (Hch 20:17-35), la necesidad de instrucción doctrinal por parte de los ancianos parecía ya cubierta, de modo que la necesidad más grande era darse cuenta de que la buena enseñanza tenía que mezclarse con la vida piadosa, a diferencia de las vidas de los herejes. En Tito, por otro lado, aunque el terreno cretense estaba abonado para que brotaran ideas erróneas, tal vez no se había señalado antes la necesidad de ancianos que enseñaran. Kelly dice que la "doble tarea de edificar a los fieles y eliminar el error" en la parte final de Tito 1:9 es el "desafío principal" de los ancianos u obispos.[5]

Las circunstancias de la iglesia en la Isla de Creta (1:10-16)

Esta sección presenta a las personas cuyas enseñanzas tienen que oponerse los doctrinalmente capacitados ancianos. Aunque el espectro de falsos maestros cretenses parece ser más estrecho que en los que 1 Timoteo aborda en Éfeso, y Tito se centra en "los partidarios de la circuncisión", hay suficientes como para considerarlos "muchos" y un

5. Kelly, *Pastoral Epistles*, 32. Young (*Theology of the Pastoral Letters*, 74-84) tiene una sección sobre la sana doctrina en las Pastorales, seguida de útiles exposiciones de "enseñanza y aprendizaje en el mundo antiguo" y sobre los filósofos populares. La breve sección de conclusiones de ese capítulo pregunta si la doctrina en las Cartas Pastorales debe equipararse a la ortodoxia posterior. Como en el resto de su estimulante libro, esa sección nos exhorta a interactuar.

problema importante. La primera palabra descriptiva es "rebeldes", la misma que se traduce "de desobediencia" en el versículo 6. Está claro que, si los hijos de un anciano actuaban igual que los oponentes, este tendría poca credibilidad.

"Charlatanes y engañadores" no significa que, como lo suyo es solo hablar, no impliquen una amenaza. En realidad, el término traducido como "charlatanes" significa hablar de manera ociosa o arbitraria; podríamos expresarlo como "hablar a tontas y a locas". Y la palabra a la que va unida ("engañadores") significa que engañan el corazón o la mente.[6]

Pablo tiene particularmente en el pensamiento a los "partidarios de la circuncisión" (sobre el significado de "especialmente" [*malista*], véanse los comentarios sobre 1Ti 4:10; 2Ti 4:13). El significado aquí no es que los de la circuncisión causan más problemas que los otros, sino que las personas obstinadamente desobedientes *son* "los partidarios de la circuncisión". Hay una urgencia a este respecto. Mientras que algunos de los falsos maestros de Éfeso se dirigían a ciertas mujeres (2Ti 3:6), los de Creta estaban afectando a *familias enteras*. Quizás el "enseñar lo que no se debe" incluya la clase de prácticas legalistas que, cuando una parte de la familia las seguía, rompía las relaciones entre ellos. Además, estos maestros de Creta no estaban obrando con motivaciones sinceras, sino "para obtener ganancias mal habidas", igual que los falsos maestros efesios, que buscaban su provecho personal (1Ti 6:5). No es de extrañar, dada la presencia de los avariciosos maestros falsos, que Pablo haya insistido en que los ancianos no tengan reputación de algo así (v. 7; *cf.* su comentario sobre los diáconos en 1Ti 3:8).

La cita del versículo 12 que comienza "Los cretenses son siempre mentirosos" ha sido objeto de gran debate.[7] (Acerca del uso de lo que hoy consideraríamos un comentario racista, ver Construyendo Puentes más abajo.) Hay un asunto académico que concierne al origen de la cita.[8] Pablo no considera que el autor de ese dicho sea un profeta, sino

6. Para una comprensión de estas dos palabras y sus cognados, véase LSJ, 1084 y 1954.
7. Dibelius/Conzelmann, *Pastoral Epistles*, 135, citando a Polibio, *Historias* 6.46, sobre este tema: "En efecto, el amor a la ganancia deshonesta y a la codicia predominan hasta tal punto que, de todos los hombres, los cretenses son los únicos en cuya estimación el no obtener ganancia es siempre una desgracia". En esta cita, "amor a la ganancia deshonesta" traduce el griego *aischrokerdeia*, un cognado de *aischrokerdes*, un rasgo que Pablo dice que no debe caracterizar a los ancianos (ver v. 7 y comentarios más arriba).
8. Acerca de este tema, ver especialmente Lock, *Pastoral Epistles*, 132-35; Dibelius/Conzelmann, *Pastoral Epistles*, 136-37. Hay evidencias de que Epiménides, a quien

que apela la concepción común que el mundo antiguo tenía de ese escritor como profeta. Esto da mayor validez a la cita. La función de esta es aportar una razón para la escasa fiabilidad de los falsos maestros y señalar que las personas de una sociedad que promueve la pereza y la satisfacción de los apetitos más primarios fomenta el deseo de "ganancias mal habidas" en sus falsos maestros. Podría argumentarse que los miembros y líderes de la iglesia estaban sujetos a las mismas características en tanto que eran miembros de la sociedad cretense. Sin embargo, en el núcleo de la iglesia había judíos (Hch 2:11 indica que los conversos cretenses estuvieron en la festividad judía de Pentecostés) y, si los creyentes gentiles se identificaban con el pueblo de Dios del Antiguo Testamento hasta el punto de rechazar su propia identidad nacional y étnica, el cuadro se aclara bastante.

Al principio del versículo 13, Pablo inserta el segundo de dos comentarios que acotan el dicho sobre los cretenses (el primero es la referencia a la reputación del autor de ese dicho como "profeta"): "¡Y es la verdad!". Las palabras siguientes pueden traducirse como "por eso" (NVI) o quizás como "en cuanto a esto". "Repréndelos" es una palabra con fuerza (*cf.* su uso en v. 9; 2:15; también 1Ti 5:20; 2Ti 4:2). Se argumenta que Pablo tiene en mente a las personas cretenses engañadas en vez de en los falsos maestros.[9] Sin embargo, la estructura de la frase no requiere, ni siquiera favorece, esta lectura. El resto de Tito 1:13 es similar a 2 Timoteo 2:25-26, que ofrece la esperanza de que los opositores de a Timoteo lleguen a la verdad y sean liberados de la trampa de Satanás.

El versículo 14 declara los dos aspectos de la enseñanza de los "partidarios de la circuncisión" que deben ser rechazados. (1) Uno es el de "leyendas judías" (1Ti 1:4 y comentarios; 2Ti 4:4; Tit 3:9, que recoge las "genealogías interminables" de 1Ti 1:4). La presencia de judíos por todo el mundo antiguo proporcionaba una red por la cual podían hacer

---

se le atribuye la cita, fue considerado profeta en la antigüedad. Otros escritores griegos también criticaron a los cretenses, y la mentira era solo una de varias acusaciones. La razón de que los señalasen así puede ser que los cretenses realizaron la absurda afirmación de que Zeus estaba enterrado en su isla. Esto, por supuesto, era ofensivo, no solo para Calímaco, quien califica a los cretenses en cuanto a este punto en su *Himno a Zeus*, sino también a otros. Cualquier persona que con descaro afirmase tener la tumba real del principal de los dioses inmortales y no se avergüenza de dicha afirmación, está claro que no es de fiar.

9. Ver, por ejemplo, Knight, *Pastoral Epistles*, 299-300, y, con menos contundencia, Fee, *1 and 2 Timothy, Titus,* 180.

circular sus errores los que difundían desviadas historias no bíblicas. No es de extrañar que aparecieran tanto en Éfeso como en Creta.

(2) El otro aspecto de las enseñanzas heréticas tenía que ver con la vida diaria: "lo que exigen esos [lit., seres humanos] que rechazan la verdad". Las traducciones contemporáneas que no presentan el modificador *anthropon* (es decir, "de meros seres humanos") pierden la oportunidad de mostrar la conexión con Isaías 29:13: "Su adoración no es más que un mandato enseñado por hombres". Jesús citó este pasaje (Mt 15:9; Mr 7:7) y aparece reflejado en Colosenses 2:22.[10] Por consiguiente, la sustitución de los mandatos de Dios por órdenes humanas había penetrado más incluso que los mitos y genealogías.

Algo básico para ambos aspectos del error es el rechazo de "la verdad". Es especialmente lamentable que lo hagan quienes supuestamente apoyan el judaísmo, porque los judíos poseían el legado del Antiguo Testamento, que encarna la verdad. Había que reprender a los falsos maestros "con severidad" (v. 13; ver 2Co 13:10). Al parecer, existe la esperanza de que los falsos maestros se arrepientan, puesto que el propósito de esta reprensión es que "sean sanos en la fe" y rechacen el error. (Acerca del uso paulino del verbo "ser sano, saludable" en las Pastorales, véanse los comentarios sobre1Ti 1:10; *cf.* 6:3; 2Ti 1:13; 4:3; Tit 1:9; 2:1-2.) La "fe" se refiere a la doctrina de la fe cristiana.

La respuesta de Pablo en el versículo 15 a las exigencias de los partidarios de la circuncisión, que al parecer tienen que ver con leyes de pureza ritual y de comidas, no es teológica, sino aforística. Podríamos haber esperado una declaración como la de Gálatas acerca de la libertad de la ley. En lugar de eso, hay una declaración proverbial expresada en forma de un quiasma (trad. lit. abajo):

A todas las cosas [son] puras

  B para los puros

  B' pero para los corruptos e incrédulos

A' nada [es] puro

El verbo representado en el participio "corruptos" (*miaino*) se repite luego al principio (en su orden en griego) de la cláusula siguiente

10. Nótese que la NVI y la NRSV resaltan el factor humano en el pasaje de Isaías, pero no aquí en Tito 1:14. La NKJV y la REB tienen "de los hombres" y "humanos" respectivamente, pero la NVI y la NRSV tienen solo "esos".

(trad. lit.). "Sin embargo, corruptos son en sus mentes y conciencias". Es un giro argumental inesperado. Coloca la responsabilidad directamente en las personas que parecen superreligiosas, que ponen esmero en presentar las leyendas y buscan rigurosamente la pureza mediante su reconstrucción de las antiguas leyes sobre las comidas. Pero, de hecho, si fueran realmente puros no estarían obsesionados con la necesidad de tales leyes. A través de sus mentes y conciencias impuras todo se presenta impuro y necesitado de regulación legalista.[11]

El ataque contra los falsos maestros alcanza un clímax en el versículo 16. Es un contraste irrecusable: estos que afirman conocer a Dios no solo no apoyan sus palabras con sus acciones, sino que con esas acciones en realidad niegan lo que dicen (*cf.* Ro1:28-32). Esto está relacionado con lo que acaba de decir al final del versículo 15, en el sentido de que sus mentes y sus conciencias están "corrompidas". La intensa palabra traducida como "abominables" solo aparece aquí en el Nuevo Testamento (aunque *cf.* la forma sustantiva "detestable" en Lc 16:15 acerca de los hipócritas: "... aquello que la gente tiene en gran estima es detestable delante de Dios". No sorprende que los herejes de Creta sean también "desobedientes· (*cf.* 3:3; también Ro 1:30; 2Ti 3:2). "Incapaces de hacer lo bueno" (*adokimos*) se refiere a algo que no es aprobado, con significados más fuertes de infame y réprobo (*cf.* "depravación" en Ro 1:28; ver también 2Ti 3:8).[12]

Construyendo Puentes

Palabras a la sociedad cretense. Las palabras de apertura de Tito cobran una particular importancia cuando reflexionamos sobre la sociedad en que estaba ministrando. El comentario social sobre la gente de Creta en Tito 1:12 es bien conocido: "Los cretenses son siempre mentirosos, malas bestias, glotones perezosos". Con Tito involucrado en la iglesia situada en una sociedad así, existe una apremiante necesidad de un evangelio fuerte, sin ambigüedades. Las primeras líneas de la epístola consiguen justo eso. El pueblo de Dios son sus "elegidos" (1:1), quienes pueden poseer un sentimiento de seguridad por ser el objeto del propósito de Dios aun en la más hostil y

11. Acerca de la palabra "conciencia", ver comentarios sobre 1Ti 1:5, 19. Para dichos similares a estos, véase Lock, *Pastoral Epistles*, 135-36.
12. En pasajes como 1Co 9:27; 2Co 13:5-6; Heb 6:8 esta palabra conlleva más la idea de ser rechazado como inútil o no auténtico.

depravada sociedad. Su fe viene acompañada de "conocimiento" y tiene su base en que "nuestra esperanza es la vida eterna" (1:2). Como en otros escritos paulinos, la esperanza no es un sentimiento subjetivo, sino una certeza (ver esp. Ro 5:1-11; 8:18-39). En contraste con los deshonestos cretenses, "Dios... no miente" (Tit 1:2) y, por tanto, la vida eterna que "había prometido antes de la creación" es un objeto firme de la esperanza del cristiano.

Dios está obrando conforme a su agenda, "a su debido tiempo" (1:3), por lo que ha cumplido (o ha sacado a la vista de todos) la promesa cuya proclamación se le había confiado a Pablo. Este cumplimiento de su promesa (NIV, "traer su palabra a la luz") es una enseñanza característica de las Cartas Pastorales.[13] Es importante desde dos perspectivas: (1) en la historia de la salvación, Dios reveló progresivamente verdades y llevó a cabo su voluntad en una secuencia de acontecimientos, que tienen su clímax en la "venida" o manifestación de su gracia por medio de su Hijo. (2) En la competencia con las religiones de su tiempo, se celebraba la idea de las manifestaciones de uno u otro dios. Sin duda, en este "conflicto de religiones del Imperio romano"[14] era importante demostrar que el cristianismo también tenía sus *epifanías*.

El ministerio del apóstol se lleva a cabo "por orden de Dios nuestro Salvador" (1:3), un lenguaje familiar en la correspondencia de Pablo con Timoteo.[15] La orden implica una confianza depositada o una mayordomía encomendada, que también son un tema de las Pastorales. En 1 Timoteo 1:11, Pablo menciona "el glorioso evangelio que el Dios bendito me ha confiado".[16] De este modo, escribe con firmeza, como al principio de 1Timoteo, en contra de la enseñanza falsa. La autoridad de Pablo reside ahora en lo que él escribió, junto con sus dones personales. Cualquiera que sea la formación teológica que un siervo de Dios pueda tener, su autoridad no se basa en sus dones ni en su entrenamiento; reside en la Palabra de Dios.

---

13. Aparecen palabras del grupo léxico *epiphaneia/epiphaino* ("manifestación, venida, manifestarse, aparecer") en 1Ti 6:14; 2Ti 1:10; 4:1, 8; Tit 2:11, 13; 3:4. El verbo *phaneroo* ("manifestar") se encuentra en 1Ti 3:16; 2Ti 1:10; y aquí. La idea es revelación, manifestación, salir a la luz. Ver esp. la mención repetida en Tito 2–3.
14. Así se titula el clásico sobre el tema, escrito por T. R. Glover (Londres: Methuen, 1909).
15. Hasta ahora en las Cartas Pastorales este lenguaje de mandato ha aparecido en 1Ti 1:1, 3, 5, 18; 4:11; 5:7; 6:13, 17; y reaparecerá en Tito 2:15. Palabras relacionadas con "reprender" las encontramos en 2Ti 3:16; 4:2; Tit 2:15.
16. *Cf.* 1 Tesalonicenses 2:4, donde Pablo dice que Dios le "confió el evangelio".

Una sociedad donde hay desconfianza mutua, desconfianza acerca de las afirmaciones religiosas, o temerosa incertidumbre acerca del futuro necesita la clase de base sólida y dirección clara que la Palabra revelada de Dios provee. Pero esa verdad hay que oírla y entenderla para poder aceptarla y reconocerla como tal. Un paso en este sentido es la traducción bíblica. Otro, en el que los misioneros y los teólogos han estado trabajando especialmente durante la segunda mitad del siglo veinte, ha sido la tarea de contextualización e indigenización. La Palabra de Dios se tiene que aplicar de manera que tenga sentido para cada cultura. Aunque es verdad que el evangelio es apropiado y suficiente para todos los pueblos de todas las culturas, actualmente hay un consenso general de que necesita ser "contextualizada" para ser comprensible.

Los medios y extensión de cada contextualización han sido objeto de mucho debate. Pero la comunicación no es lo único implicado. Las diferencias esenciales en la visión del mundo, en la manera de entender el mundo espiritual, en el concepto de vida después de la muerte, en patrones éticos, etc., apelan a diferentes aspectos de la verdad bíblica. Casi al principio del siglo veinte, A. Paget Wilkes, un misionero en Japón, se convenció de que el evangelio que estaba predicando, aunque era la verdad, no estaba produciendo conversiones. Se esforzó más por escuchar a los japoneses cuando expresaban sus sentimientos, temores y necesidades. Entre estos había incertidumbre y aprehensión acerca de lo que hay después de la muerte. Wilkes empezó entonces a hacer hincapié en los pasajes bíblicos que hablaban de la resurrección y la vida eterna. Dejó una fuerte iglesia indígena en Japón como testimonio de su ministerio.[17]

Existen esperanzas y miedos comunes en las sociedades de todo el mundo, pero también hay sistemas particulares de creencias, valores y filosofías populares que han generado cosmovisiones diferentes. Europeos y quechuas, corredores de bolsa de Wall Street y jugadores de hockey, siervos medievales y exploradores del siglo XVI, diplomáticos y programadores informáticos chinos (cada subcultura o grupo de personas ha tenido sus propios valores o defectos distintivos). Actualmente estamos más acostumbrados a predicar y escribir teniéndolos en cuenta, pero lo mismo hacía Pablo cuando trataba de alcanza a los judíos, los bárbaros, los sabios, los esclavos y los cretenses. A los

17. Alphacus Nelson Paget Wilkes, *The Dynamic of Service* (Londres: Japan Evangelistic Band, 1931; también Kansas City, Mo.: Beacon Hill, n.d.).

cristianos de todos los tiempos y lugares se les ha confiado un evangelio que debe ser explicado y aplicado de una manera que tenga sentido para poder comunicarlo. De lo contrario, la autoridad que acertadamente le atribuimos a la Escritura queda enmudecida.

La importancia del orden y el liderazgo en la iglesia. Las agendas y otros recursos llamados "de organización" no atraen solo a las personas muy organizadas, sino también a personas desorganizadas obsesionadas con la organización. La obra de Stephen R. Covey, *Los 7 hábitos de la gente altamente efectiva*, y otros libros han tenido un éxito inmenso en ayudar a la gente a poner sus vidas en orden. Al parecer, había cierto grado de desorden en Creta en forma de asunto pendiente. Aunque hay cristianos con mucho celo que posiblemente se vuelven demasiado dogmáticos en lo referente al gobierno de la iglesia, es peor cuando existe caos y anarquía. Hace unos años, una iglesia independiente en el este de Estados Unidos parecía estar funcionando bien con una forma laxa de toma de decisiones por consenso, sin nombrar ancianos. Así, cuando surgió en la congregación la necesitad de disciplinar a un determinado individuo, este dijo que no había nadie en la iglesia con autoridad para hacerlo. La iglesia no tardó mucho en establecer un consejo de ancianos.

Los ancianos tienen que ser personas "de éxito", no tanto en los negocios como en disciplina personal y carácter. Seguro que a menudo estas personas *tienen* éxito en los negocios, pero las cualidades morales son más importantes. Entre las cualidades mencionadas en Tito 1:6-8, solo hay una —"tiene a su cargo la obra de Dios"— que tiene que ver con el ministerio espiritual. Pero, en el versículo 9, el obispo "debe apegarse a la palabra fiel, según la enseñanza que recibió", para que así pueda "exhortar a otros con la sana doctrina" así como "refutar a los que se opongan". Esto es una respuesta directa al degenerado estado de la sociedad en la que vivía la iglesia, y a los ataques de los falsos maestros que amenazaban la salud de esa congregación.

Para encargarse de esos ataques, los ancianos debían contar con el respeto de los creyentes. Ya hemos visto en 1 Timoteo 3:1-7 que la reputación de los ancianos en su entorno es importante. Pero estos líderes también deben tener una buena posición y honra en la iglesia si quieren que esta apoye su trabajo al encargarse de los falsos maestros. Inevitablemente, en estas circunstancias entra en juego la dinámica personal. Aquellos a quienes los ancianos consideran culpables en un determinado asunto cuentan con amigos y apoyos que los tienen en más alta consideración que a los ancianos. Esta situación puede provocar un debilitamiento de la percepción de la autoridad de los ancianos y con el tiempo llevar a una ruptura en la iglesia o al triunfo de los disidentes sobre los ancianos.

El dicho "para los puros todo es puro" se ha citado frecuentemente fuera de contexto. Se puede fácilmente malinterpretar con el sentido de que las personas buenas no deben preocuparse con pensar mal, o que de alguna manera hasta las cosas o pensamientos impuros se transforman en buenos. El tema de la sección en que aparece este dicho es que quienes tienen malos motivos y pensamientos, que en su mente transforman hasta lo bueno en algo malo, suelen compensar esto mediante rituales externos. Pero aquellos cuyas mentes son puras ven lo bueno que hay en el menudo de Dios y no necesitan ser tan alambicados. Ya nos encontramos con esta mentalidad en las prácticas ascéticas descritas en 1 Timoteo 4:1-5.

Significado Contemporáneo

Proclamar la verdad en una sociedad pluralista. Nuestra sociedad posmoderna y pluralista vive expuesta a dudas y desesperación en torno a si es posible que pueda existir un sistema basado en la verdad. Mensajes extraños e inesperados captan la atención de las personas que buscan certeza. A veces estos mensajes contienen elementos de verdad. A principios de los años noventa, por ejemplo, se vivió un aumento del interés por los ángeles. Hacia 1996, ese interés tomó cuerpo en una serie de televisión, *Touched by an Angel*, que alcanzó o superó los índices Nielsen.

Un ejemplo de otra clase es el inmenso crecimiento de la iglesia mormona desde la década de los cincuenta. Aunque las supuestas circunstancias de sus orígenes flaquean a la hora de demostrarlas históricamente, y aunque sus doctrinas son contrarias a las del cristianismo ortodoxo, los "valores familiares" y otras prácticas moralistas de esta religión (así como su interés en el ángel Moroni) tienen un gran atractivo por todo el mundo. La cercanía de un nuevo milenio ha traído consigo un interés casi sectario en las cosas místicas. Los últimos años del siglo veinte y primeros del veintiuno pueden verse como una extraordinaria oportunidad para la proclamación de las certezas expresadas en los versículos iniciales de Tito.

A menudo se ha visto al cristianismo como algo aislado de, o incluso en competencia con, el judaísmo. Pero no debemos olvidar que el cristianismo pertenece a la revelación y la actividad histórica de Dios entre su pueblo especial, que comenzó con el llamamiento de Abraham unos dos milenios antes de Cristo. Jesús no llegó en un vacío histórico, sino como la culminación de la obra de Dios, de su inspiración de las Escrituras hebreas y de las predicciones específicas sobre el Mesías. Esto, a su vez, se encuentra en la historia de la humanidad, la cual reside en la obra de Dios desde la eternidad pasada. La vida eterna proclamada en el evangelio "prometido antes de la creación" (v. 2) y fue sacada a la luz en el mismo evangelio.

Todo esto debería ser de gran ayuda para exponer los argumentos de las vindicaciones de verdad de Cristo. La historia de Israel y las profecías mesiánicas proporciona un sólido fundamento para el evangelio y debería ocupar una parte mayor de la que ocupa en nuestro dar testimonio. Es común, y correcto, para quienes llevan las buenas noticias al pueblo judío, hacer referencia a esto, pero también puede ser un elemento fuerte en nuestra apologética cristiana (es decir, el apoyo lógico para el cristianismo). El tema de la verdad en este pasaje está ligado al hecho de que Dios "no miente" (v. 2).

Otro elemento apologético es que el conocimiento de esta verdad es el de la "verdadera religión" (v. 1). Con frecuencia ponemos vidas cambiadas como evidencia de la verdad del evangelio, y está bien, pero esto debe afirmarse admitiendo con honestidad que los sinceros seguidores de otras religiones también viven a menudo vidas elevadas en consciente obediencia a las enseñanzas éticas de su fe. Además, la afirmación puede debilitarse ante el hecho de que algunos cristianos no sean coherentes con lo que se les ha enseñado. No obstante, esta carta, como las dos a Timoteo, insiste en que el evangelio cristiano debe apoyarse en el vivir cristiano, es decir, en la "religión". Esto era importante en Creta, y es igualmente imperativo para nuestro tiempo, ya sea en Seattle, Atlanta o Toronto, o en un partido de fútbol, en la sala de juntas o en la capilla del seminario. Cuando escribo esto, otro pastor ha sido arrestado en la zona de Chicago, esta vez por planear un encuentro con fines sexuales con una jovencita que había conocido en internet. Su "cita" resultó ser un agente de la ley.

¿Hay que seguir actualmente todos los detalles del orden de la iglesia? La sección Significado contemporáneo de 1 Timoteo 3:1-7 ya ha planteado algunas sugerencias para la aplicación de las cuestiones del orden de la iglesia. Las aptitudes de los ancianos presentadas aquí en Tito son casi idénticas a las enumeradas para los obispos allí. Estas similitudes refuerzan la probabilidad de que son importantes para las iglesias de cualquier parte. ¿Pero son uniformemente aplicables? ¿Tienen alguna relación con casos específicos? ¿Vienen suscitadas por condiciones que, si varían, exigen otras aptitudes?

A modo de comparación, algunas de las grandes doctrinas de la iglesia se han articulado en el contexto de un conflicto doctrinal. Los varios concilios que produjeron estas declaraciones doctrinales estaban llamados a tratar con circunstancias particulares, y, por tanto, las doctrinas recibieron la forma que recibieron debido a esas circunstancias. A pesar de algunos de los elementos políticos implicados en su elaboración, la iglesia generalmente ha respetado las doctrinas así formuladas como parte del núcleo de la fe cristiana, especialmente las doctrinas cristológicas. Asimismo, los comienzos de varias denominaciones fueron ocasionados por circunstancias que llevaron a las nuevas iglesias a enfatizar ciertas doctrinas, prácticas o valores. En ocasiones, estos han sido idiosincráticos, reflejando las personalidades y experiencias de sus fundadores, pero, en la medida en que pueden haber recuperado y puesto a la vista verdades olvidadas, se merecen su reconocimiento.

¿Qué pasa, entonces, con los asuntos del orden de la iglesia? Aquí la iglesia ha incorporado diferentes perspectivas y prácticas. En cuanto a los sacramentos y ordenanzas, casi todos los cristianos creen que el bautismo y la Cena del Señor los instituyó el Señor para la iglesia de toda época y circunstancia, aunque su significado y prácticas difieren. En cuanto al liderazgo de la iglesia, también difieren las formas, aunque por lo general se reconoce como bíblico y necesario algún tipo de liderazgo. En las iglesias de Pablo solía haber algo de estructura, incluso en el clima carismático de Corinto. El liderazgo espiritual es mejor que la burocracia y que la anarquía, aunque la mayoría de los cristianos no pondría la forma de liderazgo al mismo nivel de importancia que las doctrinas esenciales.

En cuanto a los requisitos para los obispos, probablemente coincidiremos en que los que se dice en Tito 1 y 1 Timoteo 3 describe un carácter moral que es deseable entre todos los creyentes y que se debe exigir en cualquier época. ¿Pero hay requisitos que son más importantes que otros en circunstancias diferentes? Después de prestar las debidas consideraciones al sentido original y a las cuestiones de construir puentes entre épocas discutidas más arriba y relacionadas con 1 Timoteo 3, ¿qué principios pueden aplicarse concretamente en una iglesia contemporánea?

La estipulación de ser marido de una sola esposa, aun si se entiende con el sentido de fidelidad de corazón, se aplicará de maneras diferentes en culturas diferentes hoy, desde aquellas en las que es común el matrimonio múltiple a una iglesia estadounidense con creyentes principalmente nuevos, que pueden contar con pocas personas capacitadas que no estén divorciadas. Aunque no suele haber una manera sencilla y clara de determinar si hay una "parte inocente" en un divorcio, algunas iglesias están intentando sopesar los factores de etas rupturas. ¿Hubo infidelidad sexual por parte de uno pero no del otro? ¿Cuáles otros factores estropearon el matrimonio? ¿Quién inició el divorcio? La persona a la que se está considerando como candidato a anciano ¿se convirtió en cristiano después del divorcio? Si se volvió a casar, ¿es saludable el actual matrimonio? Las respuestas a estas preguntas *podrían* justificar la admisión de esa persona como anciano.

Y el hecho de que estas Cartas Pastorales se escribieran en un tiempo en que el liderazgo femenino habría sido impensable y ofensivo para su sociedad, ¿afecta a la manera a que nos referimos a los ancianos como maridos hoy? Algunos piensan que la referencia al anciano como marido no estaba pensada como un requisito, sino que era algo circunstancial. Esta cuestión requiere una consideración cuidadosa. ¿Se exige que haya diáconos porque tengamos directrices sobre ellos en 1 Timoteo o son opcionales porque no se mencionan en Tito? Hemos hecho algunas sugerencias en las secciones sobre 1 Timoteo 3, así que el comentario más adecuado aquí sería un ruego por la meticulosidad, el sentido común y el reconocimiento humilde de que ha habido diferencias al respecto entre cristianos espirituales y sinceros. Como en otras cuestiones, hay que mantener la unidad del Espíritu (Ef 4:3).

En ocasiones se requiere una disciplina firme. Los versículos 10-16 demandan una aplicación firme. Aunque el consejo de Pablo, especialmente a Timoteo, es ser amable en la corrección, hay ocasiones en que se impone una acción disciplinaria firme y una reprensión pública, en particular con los que son "rebeldes" y "engañadores" (v. 10), los que están "arruinando familias enteras" por "ganancias mal habidas" (v. 11), los "corruptos" (v. 15), los que niegan a Dios, "abominables" y "desobedientes" (v. 16). Es difícil tratar con estas personas si no hay un liderazgo fuerte y reconocido en la iglesia.

En casos como estos es importante tener un liderazgo plural. En una situación que mencioné anteriormente, en una iglesia pequeña bendecida con una congregación madura y sabia, parecía no haber necesidad de ancianos. Pero cuando un miembro maltrató a su esposa y dijo (sin equivocarse) que nadie tenía la autoridad para reconvenirle, la iglesia decidió que necesitaba tener ancianos. Llegado el momento, el hombre amenazó con matar a uno de los ancianos, y la iglesia ya estaba en ese momento en condiciones de ocuparse de él. El mensaje de Tito 1:1-16 para hoy es que no solo se necesita un liderazgo, sino líderes investidos de autoridad para manejar cualquier situación y cualquier hostilidad personal que pueda surgir.

Los ancianos deben tener una buena reputación si quieren estar cualificados para tratar el pecado. Tienen que ser doctrinalmente sanos para tratar con el error, y deben ser conocidos como personas cuyos hijos respondan a la educación que les dan sus padres, de modo que se pueda esperar que sean equitativos, justos y competentes a la hora de disciplinar a quienes, si no son silenciados, podrían destruir la iglesia. En todo esto, la meta hoy, como siempre, debe ser la restauración. En este caso significa reconocer el error, ser sano en la fe y rechazar deliberadamente a todo el que enseñe falsedades (v. 14).

Si estos falsos maestros lo ven todo a través de ojos impuros, su juicio de lo que es puro se verá afectado. Como en el caso de los que buscan en internet sitios sexualmente impuros, llevarán en "la mente y la conciencia" lo que es impuro (v. 15). Su relación con Dios y con la sociedad se verá distorsionada y corrompida. Puesto que todo es cuestión del interior de la persona y dado que estos individuos afirman conocer a Dios (v. 16), nadie se dará cuenta de lo que está ocurriendo. Paul Little, el popular evangelista de InterVarsity de los años cincuenta y sesenta, decía que un cristiano que parece sufrir de repente un "reventón" moral probablemente ha experimentado una lenta "fuga de aire" que ha pasado desapercibida. Este pasaje debería servirnos como una llamada de despertar a todos los que están llegando a ser atraídos por pensamientos y vistas impuros, que están teniendo ideas raras acerca de la vida y la doctrina, y cuyas afirmaciones sobre su fe en Dios no cuadran con la realidad.

Tristemente, en ocasiones, la persona que parece más espiritual es la que más lejos está de Dios. La espiritualidad no debe medirse en términos de conocimiento bíblico, pías oraciones o asistencia a las reuniones religiosas. Todos los lectores de este comentario saben eso, pero valoramos tanto la espiritualidad que procuramos su apariencia aun cuando falte su realidad. La espiritualidad es un asunto de hasta qué punto el *Espíritu Santo* está motivando, capacitando y cambiando nuestras vidas. El Espíritu Santo produce gente santa. La santidad más la obediencia, la fe y el amor por Dios y por los demás produce que el carácter cristianos semejante al de Cristo sea "formado" en nosotros (Gá 4:19). La iglesia de hoy es tan activista, está tan orientada en función de los programas y tan pública en su alabanza que el carácter de los participantes baja fácilmente a un nivel inferior de prioridad.

Hacer el bien. Hemos visto una y otra vez en las Pastorales que hacer lo bueno (v. 16) es algo de capital importancia. Está claro que una diferencia principal entre los falsos maestros y los verdaderos es su conducta. La ética y la moral importan. Es habitual comparar Romanos y Gálatas con Santiago, y considerar que esta última enseña el lado práctico y demostrativo de las buenas obras. Las Pastorales tienen muchas más referencias que Santiago a la bondad y las buenas obras que se esperan de un verdadero creyente.

Los comentarios precedentes han señalado la importancia de la santidad y el carácter cristiano. La persona verdaderamente espiritual no procurará exhibir su santidad interior, pero el yo interno se verá de todos modos, y hará bien, mediante la realización de buenas obras. "Por sus frutos los reconocerán" (Mt 7:20) sigue siendo un buen consejo.

Tito 2:1-10

Tú, en cambio, predica lo que va de acuerdo con la sana doctrina.[2] A los ancianos, enséñales que sean moderados, respetables, sensatos, e íntegros en la fe, en el amor y en la constancia.

[3] A las ancianas, enséñales que sean reverentes en su conducta, y no calumniadoras ni adictas al mucho vino. Deben enseñar lo bueno[4] y aconsejar a las jóvenes a amar a sus esposos y a sus hijos,[5] a ser sensatas y puras, cuidadosas del hogar, bondadosas y sumisas a sus esposos, para que no se hable mal de la palabra de Dios.

[6] A los jóvenes, exhórtalos a ser sensatos.[7] Con tus buenas obras, dales tú mismo ejemplo en todo. Cuando enseñes, hazlo con integridad y seriedad,[8] y con un mensaje sano e intachable. Así se avergonzará cualquiera que se oponga, pues no podrá decir nada malo de nosotros.

[9] Enseña a los esclavos a someterse en todo a sus amos, a procurar agradarles y a no ser respondones.[10] No deben robarles sino demostrar que son dignos de toda confianza, para que en todo hagan honor a la enseñanza de Dios nuestro Salvador.

Sentido Original

El mandamiento que abre el capítulo 2, "predica lo que va de acuerdo con la sana doctrina", indica que lo que viene a continuación tratará específicamente de la expectativa, típica de las Cartas Pastorales, de que los que abrazan la fe verdadera manifestarán un cierto tipo de comportamiento en sus vidas.

"Predica" traduce el griego *laleo*. Aunque esta palabra se refiere normalmente al simple acto de hablar, en las Pastorales asume el estatus de enseñar (ver 2:15). La enseñanza tiene que ser "de acuerdo con" (es decir, "adecuada a" o "consistente con", NRSV) la sana doctrina que Pablo ha estado defendiendo en estas cartas. (Acerca del uso de "sana", ver comentarios sobre 1Ti 1:10; 6:3; ver también 2Ti 1:13; 4:3; Tit 1:9, 13). La enseñanza aquí no es en sí doctrinal, es instrucción básica basada en la doctrina.

En la lista de instrucciones que viene a continuación, se invoca la imagen de la familia en los códigos domésticos (ver comentarios sobre 1Ti 5:1-16).[1] Es más que una imagen, porque en las Cartas Pastorales la asamblea cristiana funciona como una familia, aunque probablemente no con el mismo grado de realismo intenso que en el concepto paulino de la iglesia como cuerpo de Cristo.

Los hombres mayores de esta casa no solo deben ser reverenciados por su edad, como es habitual en muchas sociedades, sino también por su carácter. El cuadro siguiente menciona las características deseables, comparadas con la descripción de los obispos y diáconos en 1 Timoteo 3 y de los ancianos en Tito 1:

Término griego	**Tito 2**	**1 Timoteo 3**	**Tito 1**
nephalious	"moderados"	versículos 2, 11	[*cf.* v. 7]
semnous	"respetables"	versículos 4, 8, 11	
sophronas	"sensatos"	versículo 2	versículo 8
hygiainontas	"íntegros		
te pistei	en la fe	versículos 9, 13	
te agape	en el amor		
te hypomone	en la constancia"		

En una comparación similar, las ancianas deben ser:

Término griego	**Tito 2**	**1 Timoteo 3**	**Tito 1**
hieroprepeis	"reverentes…"		
me diabolous	"no calumniadoras"	versículo 11	
mede oino pollo	"ni adictas al	versículos 3, 8	versículo 7
dedoulomenas	mucho vino"		
kalodidaskalous	"Deben enseñar lo bueno"	versículo 2	versículo 9

Además de estos paralelismos específicos, el comportamiento general descrito para los mayores y las ancianas tiene varios puntos de similitud general con el carácter de los ancianos, aun cuando no usa palabras idénticas. La terminología característica de sanidad o saludabilidad

1. "El autor de las Pastorales nunca aborda el tema de la vida doméstica de los miembros de la iglesia como un tema en sí mismo. En lugar de ello, siempre que introduce el tema de la vida familiar, lo hace en el curso de una exposición sobre un aspecto u otro de la vida en la casa y familia de Dios" (David C. Verner, *The Household of God*, 128). Ver también Robert Banks, *Paul's Idea of Community: The Early House Churches in Their Historical Setting* (Grand Rapids: Eerdmans, 1980).

aparece en el versículo 2 (ver comentarios más arriba). Sin embargo, en esta ocasión son el amor y la constancia los que deben ser íntegros, o sanos, no solo la doctrina (asumiendo que la "fe" aquí se refiere al conjunto de la verdad cristiana).

Las ancianas tienen una responsabilidad similar (NVI, "asimismo" en v. 3), aunque los rasgos concretos son diferentes. En cuanto a cómo deben vivir (es decir, su conducta o comportamiento), tienen que ser "reverentes",[2] que es el modo de comportarse adecuado en un lugar santo. Dos potenciales defectos son los chismes calumniosos y la adicción al alcohol. Presumiblemente, estas mujeres tienen altos patrones morales y pueden tender a ser demasiado críticas con otros, usando su tiempo libre para encontrar faltas y regañar. El término griego traducido como "adictas" puede, por desgracia, describir incluso a una anciana piadosa. En contraste con esta conducta, estas mujeres deben aprovechar la sabiduría de su madurez y usar su tiempo para enseñar "lo bueno", sobre todo a las mujeres más jóvenes.

La palabra "aconsejar" (v. 4) merece mención aparte, sobre todo porque la palabra griega está relacionada con el término "sensatas" del versículo 5. Este grupo de palabras tiene que ver con virtudes como ser razonables, sobrias, moderadas y con dominio propio. En el griego clásico, el verbo específico aquí usado significaba hacer que una persona volviera en sí. Más adelante llegó a significar dar buenos consejos o animar. La traducción "aconsejar" puede suscitar algunas cuestiones acerca de por qué las jóvenes necesitan que se les aconseje amar a sus familias. Pero la palabra griega puede implicar una necesidad de que se les recuerde algo, en este caso las dimensiones y obligaciones de su amor original por sus esposos e hijos, un amor que puede menguar por las circunstancias o por no obtener respuesta de ellos. Las "jóvenes" puede referirse no solo a jóvenes adultas, sino a cualquier mujer que no sea considerada anciana. Posiblemente, la necesidad de estos consejos

2. La palabra griega que se usa aquí transmite la idea de reverencia, como la que uno mostraría en un templo pagano (o, en nuestro contexto religioso, el tipo de sobrecogimiento que uno puede sentir en una gran catedral; ver LSJ, 822). BAGD (372) sugiere, con cautela, que el significado "más especializado *como una sacerdotisa*" puede "quizás" ser "posible" aquí. Esto tiene que ver con la actitud; a estas mujeres no se las consideraba sacerdotisas. Cuando Kroeger y Kroeger las llaman "mujeres con el cargo de anciano" de las que se exigía que fuesen "dignas del sacerdocio", están deduciendo demasiado de las evidencias (*I Suffer Not a Woman*, 91).

y ánimo no sean tanto para el amor en sí sino para que sean conscientes de cuál debe ser el resultado de ese amor.

El resto del contenido de la enseñanza de las ancianas a las jóvenes (v. 5) es un conjunto de temas interesantes, pero inesperados en un código doméstico en esa sociedad. "Sensatas" está relacionada etimológicamente con el verbo "animar" (*cf.* comentarios más arriba). Implica una ponderada moderación en la conducta. Entre "puras" y "bondadosas" hay una palabra que ha tenido diversas traducciones "guardianas en el hogar" (KJV, que es demasiado pintoresca), "trabajadoras en casa" (NASB, que podría implicar tener un oficio en la casa), "buenas administradoras de la familia" (NRSV, una sobretraducción, como si se tratara de *oikodespotein* en 1Ti 5:14), o "cuidar de sus hogares" (NLT, una traducción razonable). La NVI traduce literalmente "ocupadas en el hogar". El termino *ama de casa*, habitual hace algunos años, transmitiría probablemente mejor lo que se quería decir en la sociedad del tiempo de Pablo.

Que sean sumisas a sus esposos es coherente con Efesios 5:22 y Colosenses 3:18. La razón que se da aquí para dicha sumisión y otras virtudes es "que no se hable mal de la palabra de Dios". Pablo sabe que si una cristiana traspasaba la línea en estas cuestiones traería graves críticas contra el evangelio cristiano y, en consecuencia, contra el Señor mismo. Los potenciales convertidos que eran moralmente sensibles y conocedores de los estándares expresados en los códigos domésticos se echarían atrás. Esto no significa que sea esta la única razón para que Pablo enumere las virtudes. Pero no podemos ignorar la proximidad entre la demanda de sumisión de las esposas y el declarado propósito de evitar que se hable mal de la palabra de Dios.

Pablo continúa para decirle a Tito que instruya "A los jóvenes" (v. 6), pero, después de repetir el consejo del versículo 5 de que sean sensatos, en lugar de añadir instrucciones, el apóstol le dice a Tito cómo puede él ser un ejemplo para *ellos*. "Con tus buenas obras" refleja un mandamiento repetido en las Cartas Pastorales (1Ti 2:10; 5:10, 25; 6:18; 2Ti 2:21; 3:17; Tit 1:8; 2:3, 14; 3:1, 8, 14). Nadie puede entender el mensaje de estas cartas sin captar este énfasis.

El resto de la lista hace hincapié en la clase de carácter a que Pablo ha instado a lo largo de estas epístolas. La enseñanza de Tito debe mostrar "integridad", una palabra que funciona como una imagen refleja de la familiar idea de "sana doctrina".[3] "Seriedad" es una cualidad que implica respeto y se usa con respecto a los diáconos y sus esposas (1Ti 3:8, 11) y a las ancianas (Tit 2:2). Uno no siempre piensa en esto como una característica de los jóvenes. Una vez más, nos encontramos con "sano", ahora aplicado al mensaje. Esto puede estar relacionado con la advertencia paulina de no enredarse en las controversias generadas por los falsos maestros (2Ti 2:14), pero puede también tener más que ver con la santidad interior de Tito expresada en un habla "saludable" (ver también Ef 5:4). Estas cualidades, como las de las jóvenes, aunque son importantes en sí mismas, son también un medio para evitar las posibles críticas de los no creyentes.

Las instrucciones a los esclavos (v. 9) son similares a las de Efesios 6:5 y Colosenses 3:22. Además de someterse en todas las áreas de su relación, Pablo los exhorta a la integridad en sus palabras y hechos. Los esclavos no deben ser "respondones" con sus señores. Esta expresión tiene que ver con discutir lo que alguien dice, llevarle directamente la contraria o, peor aún, oponerse hasta el punto de negarse a hacer lo que se espera que haga (Ro 10:21). Esta sería una actitud terrible en los esclavos cristianos, que debieran más bien procurar agradar a sus amos (v. 9). La peor acción es robar a sus propios señores. Al demostrar que un esclavo puede ser digno "de toda confianza", el siervo o la sierva consiguen hacer "honor a la enseñanza de nuestro Salvador. Por tercera vez (junto con vv. 5, 8), las instrucciones de Pablo muestran a Tito y a los cristianos de Creta cómo el carácter y las buenas obras pueden ayudar a ganar a otros para Cristo.

La sana doctrina y el carácter moral. Los versículos 2-10 desglosan el mandato del versículo 1, que expresa un tema principal, posiblemente *el* tema principal de las Pastorales. El carácter moral de un cristiano debe ser coherente con la sana doctrina. Hay que glorificar a Dios no solo verbalmente, como en las varias doxologías de estas cartas, sino también en las buenas obras de los que profesan la fe en Cristo (ver Introducción). Aunque la importancia del carácter moral y de las buenas obras de ha aplicado repetidamente a Timoteo, a Tito y a los líderes de la iglesia, es algo que se espera de cada

3. Ver comentarios sobre "sana doctrina" en el versículo 1.

creyente. Las buenas obras aconsejadas aquí son importantes en sí mismas y también como transición para el mensaje misionero del evangelio.

Cabe destacar que muchas de las características de los hombres y mujeres cristianos en los versículos 1-5 son similares a las que se esperan de los ancianos (1Ti 3:1-7; Tit 1:6-9). Esto refuerza la enseñanza de las pastorales acerca de la importancia de la integridad de carácter en los líderes de la iglesia. No son personas nombradas por amigos y votadas para servir un ciclo o dos de manera rutinaria como un mero periodo de servicio. Es mucho más, se trata de personas que ya tienen un honor en la iglesia y que son conocidas por encarnar con gran consistencia las cualidades que se esperan de todos los creyentes. Quienes desean la "noble función" del obispado (1Ti 3:1) deben contarse entre los que siguen las enseñanzas de este pasaje.

Principios para construir puentes significativos entre culturas diferentes. No basta con reconocer que las personas del tiempo de Pablo estaban familiarizadas con los llamados "códigos domésticos" (es decir, las listas de obligaciones que se esperaban de los varios niveles de la sociedad en las relaciones entre ellos). Más bien deberíamos preguntarnos si los ejemplos presentados están para que los sigamos de manera precisa o si debe hacerse sin clonar las directrices concretas.

El ejemplo obvio para debatir a este respecto es la esclavitud. Es decir, es obvio *para nosotros*, no tanto para los Estados Unidos del siglo XIX. Las Escrituras, tanto en el Antiguo Testamento como en el Nuevo, tienen claras instrucciones que presuponen y continúan la práctica de la esclavitud. Si Pablo dijo a los siervos que se sometieran a sus amos, ¿no debería un esclavo, digamos, de 1780 o 1850 hacer lo mismo? Se ha escrito mucho sobre esta cuestión, y los teólogos y expertos bíblicos de aquella época adoptaron posiciones opuestas. Una obra fascinante sobre este asunto, escrita por Willard M. Swartley,[4] resulta útil para solucionar las cuestiones y aplicarlas a otro difícil asunto, el "lugar" de las mujeres. Es instructivo aprender que hay similitudes entre la manera en que se usaban textos bíblicos para apoyar la esclavitud y el modo en que se utilizan algunos textos en el debate actual sobre las mujeres.

---

4. *Slavery, Sabbath, War and Women: Case Studies in Biblical Application* (Scottdale, Pa.: Herald, 1983).

Pero también es legítimo preguntar lo siguiente, como hacen algunos: si un orden predominante que hoy vemos como temporal (es decir, la esclavitud) recibió esta adaptación, si no apoyo, por parte de Pablo, hasta el punto de que dio instrucciones para regularlo, ¿pueden también legítimamente considerarse temporales algunos aspectos de la relación conyugal de sujeción de las esposas? Sea como sea que se diriman estos asuntos —que requieren más atención hermenéutica de la que le hemos dado aquí—, al final tiene que haber alguna aplicación. Afortunadamente, en este caso hay claros principios que pueden enseñarnos si somos lo suficientemente ponderados y responsables.

Estos principios los encontramos en las tres clases que hay al final de los versículos 5, 8 y 10. (1) El versículo 5 sugiere que el cristiano sabio de cualquier época y cultura evaluará la manera en que sus contemporáneos que tengan una integridad moral vean la relación de hombres y mujeres. Si queremos ser buenos misioneros y procurar llevar a otros a Cristo, nuestros patrones de moralidad y de las relaciones personales deben al menos estar a la altura de los de los incrédulos.

Pablo tenía un corazón misionero y principios misioneros. Él escribió (1Co 9:19-23):

> Aunque soy libre respecto a todos, de todos me he hecho esclavo para ganar a tantos como sea posible. Entre los judíos me volví judío, a fin de ganarlos a ellos. Entre los que viven bajo la ley me volví como los que están sometidos a ella (aunque yo mismo no vivo bajo la ley), a fin de ganar a éstos. Entre los que no tienen la ley me volví como los que están sin ley (aunque no estoy libre de la ley de Dios sino comprometido con la ley de Cristo), a fin de ganar a los que están sin ley. Entre los débiles me hice débil, a fin de ganar a los débiles. Me hice todo para todos, a fin de salvar a algunos por todos los medios posibles. Todo esto lo hago por causa del evangelio, para participar de sus frutos.

Si el apóstol estaba dispuesto a interactuar con otras personas de su sociedad bajo los términos de ellas para adaptarse con propósitos misioneros a sus puntos de vista, incluso con respecto a la ley (con respecto a lo cual tenía claras y firmes convicciones), deberíamos ser capaces de evitar que nuestros contemporáneos se alejen de nosotros por la cuestión de las relaciones de género. Esto no significa que claudiquemos en nuestras convicciones, sino que hay que suavizar la retórica. Ir más allá de esto sería entrar en la sección de Significado contemporáneo, y también entraríamos en materias que no están en el objetivo de este comentario.

El resultado de los principios de Pablo, tal como se declara en el versículo 5, es "que no se hable mal de la palabra de Dios". Luego procederá a mostrar cómo evitar que se hable mal de los cristianos, pero aquí lo que le preocupa es que el evangelio sea vindicado por las vidas de los que lo proclaman.

(2) El principio que vemos en el versículo 8 sugiere que nuestra conducta debe ser intachable de manera que ni siquiera los adversarios del evangelio tengan base para acusarnos. Al igual que el primer principio, este repite la preocupación que hemos visto a lo largo de las Pastorales. También refleja los principios misioneros de Pablo. Pero la diferencia es significativa. No solo tiene que quedar clara la integridad de los cristianos, los que se oponen tienen que quedar avergonzados. En 2 Timoteo 2:15, Pablo dice que el obrero cristiano *no* debe tener de qué avergonzarse. Aquí se hace obvio el contraste entre los que critican y aquellos a quienes estos acusan. Los primeros tendrán de qué avergonzarse.

(3) El versículo 10 también menciona un buen principio misionero. La práctica del "evangelismo como estilo de vida", que ha sido popular en los últimos años, concuerda con esto. Por desgracia, esto se ha considerado a veces como un *sustituto* de "compartir el evangelio". Sin embargo, la intención es facilitar el camino a la presentación de ese evangelio. En el texto se asume que los creyentes están declarando "la enseñanza de Dios nuestro Salvador". Nuestro comportamiento no solo no debe alejar a los demás, sino que debe *atraerlos* al evangelio. Este solo será atractivo para el mundo en la medida en que lo sea la conducta de quienes lo profesan.

Significado Contemporáneo

Curvas y ángulos. Si hay un pasaje de las Pastorales que necesita ser aplicado hoy es este. Los cristianos tienen que esforzarse por vivir de tal modo que no den pie a los incrédulos para que "se hable mal de la palabra de Dios", que no puedan "decir nada" de nosotros ni encuentren la doctrina cristiana indeseable.

Lo que puede parecer un consejo sencillo de fácil aplicación resulta, sin embargo, que tiene algunas curvas y ángulos que negociar. Los hombres y mujeres ancianos de hoy se esfuerzan por estar al día y ser "colegas" de sus nietos, en lugar de parecer beatos y lejanos. La antigua imagen de una abuela balanceándose en su mecedora, con el pelo recogido en un moño, tarareando himnos hace tiempo que pasó. Las mujeres jóvenes ya no solo suelen ser "cuidadosas del hogar" en el sentido del pasaje, sino que también es muy probable encontrarlas en el asiento de un juez, en el despacho de ejecutivos de una oficina en el centro o usando hábilmente el último programa informático y buscando la más novedosa página web. La ambición se ha apoderado de ellas y de muchos jóvenes, a quienes apenas les queda tiempo para las cuestiones religiosas o morales después de madrugar para ir al gimnasio a entrenarse, tomar el tren de las 6:44 o bregar con el tráfico de la autopista, comerse una barrita energética entre las largas horas de oficina y tal vez tomar un vuelo ocasional hacia o desde Nueva York, por no hablar de ver el fútbol, el baloncesto o el béisbol en la tele en cada temporada. ¿Y los esclavos? ¿Cómo puede este párrafo ser relevante?

Lo relevante *es* el hecho de que, como las personas del siglo primero y de cualquier otro, tenemos que trabajar duro en el carácter, la espiritualidad y en la comunicación de las verdades bíblicas a los hijos, los nietos y los vecinos. Mi bisabuelo pudo haber mostrado su piedad en cómo se esforzaba durante calientes y sudorosas horas en una granja sin tractores o en una fábrica de acero, trabajando por bajos salarios y sin respaldo sindical. Nosotros podemos mostrar hoy nuestra piedad pasando un día entero en la oficina, sufriendo *jet lag*, manteniendo la calma cuando las acciones caen o, mucho peor, manteniendo nuestra dignidad y esperanzas mientras nos sometemos a una quimioterapia que nos debilita y nos hace perder el cabello.

Cristianismo para los ancianos contemporáneos. Los hombres y mujeres mayores no deberían obsesionarse con su edad ni deprimirse la primera vez que un vendedor les ofrece un descuento para jubilados sin preguntarles la edad. Pero deben admitir que su tiempo es definitivamente más limitado de lo que parecía (al menos) antes de los cincuenta y cinco. El crecimiento en el carácter suele venir únicamente con el tiempo, aunque unos maduran más rápido que otros. La fe y la obediencia pueden caracterizar incluso a un nuevo creyente siempre que este recién convertido responda a uno de los mandamientos de Dios positivamente. Podemos ser llenos del Espíritu a cualquier edad. La espiritualidad, sin embargo, es nuestra respuesta habitual al Espíritu, que toma tiempo. Caminar con Dios requiere una secuencia de pasos. Por definición, la constancia (v. 2) se mide por el tiempo o la distancia. La sabiduría exige el contexto de la experiencia en la que llega a conocer a Dios como él quiere que se le conozca.

La edad avanzada es, por tanto, una oportunidad en sí misma. Uno no tiene que dedicarse a las mismas actividades y ministerios de jóvenes para afrontar desafíos y sentirse útil. La artritis puede limitar el movimiento, pero no la oración. Tampoco las pérdidas de visión u oído. La oportunidad más grande para la cordialidad y dar testimonio puede llegar no en un avión de empresa, sino en una residencia de ancianos. Nuestros nietos tal vez no disfruten de estar encerrados en una congregación oyendo consejos e historias moralistas repetidos desde los años de juventud del abuelo, pero sí pueden sentirse bendecidos cuando acudimos a sus partidos y conciertos, escuchamos con interés sus alegrías y tristezas y reciben (quizás sin ser conscientes de ellas) el beneficio de nuestras oraciones.

El "Friends' Forum" (Foro de Amigos) es un grupo de hombres mayores de una iglesia del norte de Illinois. Se juntaron inicialmente para ayudar a otros que tuvieran problemas para encontrar amistades significativas en una iglesia compuesta principalmente por jóvenes adultos. Han tomado ahora la iniciativa de no solo conocerse y disfrutar la compañía, sino también de ayudar a los demás. Durante sus primeros años, uno de sus miembros era un profesor universitario de Ghana, que luego regresó para seguir enseñando y servir como pastor de una iglesia. Han continuado la amistad con él, enviando libros que él puede usar con cristianos más jóvenes. Otro de los Amigos está enseñando al grupo acerca de enfrentarse a la muerte. Ya ha vivido más de lo que los médicos le pronosticaron. Roland comparte abiertamente y sin lamentos el avance de su enfermedad y sus sentimientos acerca de ella. Este grupo se toma en serio el envejecimiento y la muerte, viéndolos como oportunidades en las que aplicar su fe.[5]

5. Después de la redacción de esto, Roland falleció. Su funeral fue un testimonio de su fe y su franqueza.

Y lo que es más importante en vista de este pasaje, los hombres ancianos están buscando maneras de tener compañerismo con los jóvenes, compartiendo con ellos (sin "predicarles") lo que han aprendido del Señor en su camino. Hay disposición entre los hombres de la iglesia a trabajar intergeneracionalmente, aun cuando su tendencia natural sería la de estar con los de su propia edad. Todos ellos, jóvenes y mayores, pero todos caucásicos, buscan también comunión traspasando las líneas raciales e interdenominacionales con los de una iglesia negra. De este modo, los Amigos procuran de manera activa cumplir las expectativas del Señor para los ancianos y se han convertido en buenos ejemplos de Tito 2:2.

Las y los jóvenes. Las jóvenes se cansan a menudo de las repetidas críticas de las mayores sobre que salgan a trabajar, la manera como cuidan de sus hijos y el hecho de que compartan con sus maridos la toma de decisiones. Puede que ya se sientan tristes y hasta culpables por tener que trabajar y dejar a otros el cuidado de sus hijos; necesitan comprensión y ánimo, no críticas. Las ancianas tal vez tengan poca idea de cómo la hipoteca, la cesta de la compra y los impuestos se llevan hasta dos sueldos normales. Y si la madre o abuela piensa que los gastos de su hija Michelle en dos autos y un televisor extragrande son innecesarios y poco sabios, tal vez algo más de oración y amable ayuda para que aprenda a cuidar de una familia lleven a Michelle a desarrollar nuevas perspectivas y valores.

Es cierto que en los tiempos de Pablo se esperaba de las mujeres que estuvieran sujetas a sus maridos en un modo y hasta un punto que es prácticamente impensable hoy. Pero algunas etapas del feminismo secular del siglo veinte han vertido tanta hostilidad hacia los varones que muchos hombres y también mujeres sienten que se fue demasiado lejos. Ellos se han sentido a veces menospreciados y lejos de ser iguales (probando, dirían algunos, un poco de lo que ellas han experimentado). La instrucción de Efesios 5:33 de que la esposa debe respetar a su esposo no tiene valor ninguno hoy día. Una relación de amor recíproco, igual, y de respeto mutuo puede ser un testimonio que evite que las personas hablen mal de la palabra de Dios.

Los jóvenes de hoy viven en un mundo que fácilmente puede sacar lo peor de una persona. Las tentaciones y presiones son intensas. La competencia siempre está presente, ya sea en los deportes, las ventas o la popularidad. Prácticamente ni hace falta que especifiquemos estas cuestiones aquí. En este entorno, expresiones como "sensatos" o "buenas obras" son importantes. El ejemplo de un líder como Tito con respecto a la "integridad", "seriedad" y "mensaje sano" pueden ser de gran estímulo y ayudar a contrarrestar las costumbres turbias y los chistes sucios.

Si los siervos deben evitar ser respondones con sus señores, mucho más los empleados de hoy, que no somos esclavos, debemos estar por encima de las maledicencias en la oficina. Las tiras cómicas de Dilbert son graciosas porque son como la vida misma. Asimismo, un cristiano puede ver el lado divertido del trabajo, analizarlo y ver cómo es el jefe, pero seguir actuando con integridad, respeto y una ambición saludable. Cada día en el trabajo ofrece maneras de hacer "honor a la enseñanza de Dios nuestro Salvador".

Predicar algunas de las instrucciones que vemos aquí y en otros lugares de las Pastorales es algo que se debe hacer con pleno conocimiento de a qué público nos dirigimos. Hace ya mucho tiempo que la congregación típica de un domingo por la mañana dejó de estar familiarizada con ellas y de apoyarlas. Ahora, la sociedad no solo se ha alejado mucho de los estándares éticos contra la mentira y el fraude, sino que también está muy lejos de los patrones de pureza, como se aprecia en la reacción pública ante las aventuras extramatrimoniales de un presidente estadounidense. Ya no se puede esperar consenso al respecto, ni siquiera entre los que asisten a la iglesia.

El predicador tiene que demandar obediencia de parte de la congregación a las instrucciones éticas, pero debe tratar la cuestión con otro tono cuando lo hace con personas que no comparten estos valores. Tienen que quedar claros su significado y su legitimidad, y debemos esperar que el Espíritu Santo convenza al mundo de pecado. La forma como Natán abordó con David el asunto de Betsabé, mediante una parábola (2S 12:1-14), puede servir de ejemplo de cómo llevar hoy a las personas a un reconocimiento de su pecado, de manera que las conduzca al arrepentimiento y no al resentimiento.

Tito 2:11-15

En verdad, Dios ha manifestado a toda la humanidad su gracia, la cual trae salvación[12] y nos enseña a rechazar la impiedad y las pasiones mundanas. Así podremos vivir en este mundo con justicia, piedad y dominio propio,[13] mientras aguardamos la bendita esperanza, es decir, la gloriosa venida de nuestro gran Dios y Salvador Jesucristo.[14] Él se entregó por nosotros para rescatarnos de toda maldad y purificar para sí un pueblo elegido, dedicado a hacer el bien.

[15] Esto es lo que debes enseñar. Exhorta y reprende con toda autoridad. Que nadie te menosprecie.

Esta sección trata de dos "venidas". La primera es la manifestación de la gracia de Dios, en alusión a la primera venida de Cristo (v. 11), cuando la gracia de Dios se reveló "con la venida de nuestro Salvador Cristo Jesús" (2Ti 1:10). Tito 2:13 menciona la segunda "venida" de Cristo, descrita como "bendita esperanza". Juntas, estas dos referencias prosiguen el tema que apareció primero en 1 Timoteo 3:16, de la vindicación y revelación pública de Jesús acerca de su verdadera naturaleza y de lo que hizo.

El hecho de la primera y la segunda venidas de Cristo subyace tras las instrucciones de 2:1-10 (*cf.* el griego *gar*, "porque [NVI, "en verdad"] que presenta la base para lo precedente). Esto da continuidad a la pauta de alternancia de las Pastorales, en las que, en lugar de la secuencia paulina típica de sección doctrinal seguida de sección de aplicación práctica, el apóstol pasa frecuentemente de la doctrina a la aplicación.

Esta base no es solo el *hecho* de las dos venidas de Cristo, sino (1) la primera venida es la manifestación de "la gracia de Dios", que nos trae salvación y nos enseña dominio propio, mientras que (2) la segunda venida constituye una gran esperanza que se cumplirá con el retorno de quien es no solo el Salvador, sino "nuestro gran Dios" (v. 13). El lenguaje del versículo 11, sin embargo, contiene cierta ambigüedad. La cuestión clave es si el objeto indirecto "a todos [toda la humanidad]" depende (1) del verbo "manifestar" (es decir, "la gracia de Dios se ha *manifestado* [a todos]"), o (2) a la idea verbal incluida en el adjetivo *soterios*, "trayendo salvación" o "la cual trae salvación" (es decir, "la gracia de Dios que traer *salvación* a todos [toda la humanidad]"). Esto puede aclararse con el siguiente diagrama (las líneas primera y tercera muestran el orden griego de palabras, y los números de la segunda y la cuarta muestran dos secuencias diferentes en que se puede leer):

Se ha manifestado	por	la gracia de Dios	trayendo salvación	a todos [toda la humanidad]
4	1	2	3	5
Se ha manifestado	por	la gracia de Dios	trayendo salvación	a todos [toda la humanidad]
3	1	2	4	5

Un argumento fuerte *para* relacionar "a todos [toda la humanidad]" con "traer salvación" mejor que con "manifestar" es el de la proximidad, puesto que este verbo aparece a siete palabras de distancia de "a todos", al principio de la frase griega. Pero la razón más fuerte "contra" esta conexión es teológica. La salvación de Dios no salva a todos (universalismo), como la segunda opción parece enseñar. Pero si "traer salvación a toda la humanidad" debiera rechazarse porque no es verdad en un sentido literal e integral, también habría que rechazar "se ha manifestado a toda la humanidad", porque podría argumentarse que, dos mil años después, el evangelio todavía no ha llegado a todas las personas.

Sin embargo, hay otras posibilidades. (1) "A todos" puede entenderse en referencia a todos *los creyentes*. La palabra "todos" puede tener este sentido cuando se usa sola (p. ej., ver Ro 5:18b; 1Co 15:22), pero tratamos esto más adelante. (2) "Todos" puede entenderse como *distributivo*, es decir, "a todas las personas sin distinción" [como hace la NVI: "a toda la humanidad". N. del T.].

Para nuestra decisión debemos también considerar cómo *continúa* la frase. El versículo 12 empieza en griego con un participio (traducido como el verbo finito "enseña" en la NVI, relacionado gramaticalmente con el sustantivo *charis*, "gracia", v. 11). Su objeto es "nosotros", que en el contexto se refiere a los creyentes. La oración alcanza su clímax en "la gloriosa venida de nuestro gran Dios y *Salvador*... [que] se entregó por nosotros para *rescatarnos*" (cursivas añadidas). Así pues, es "su gracia... [la que] nos enseña... mientras aguardamos [al que nos rescató]". Este énfasis en la salvación y su efecto redentor en nuestras vidas apunta a la gracia que trae salvación a todos los creyentes y les enseña, una vez salvados, cómo vivir para nuestro Salvador que está en camino.

No obstante, si este es el significado resulta difícil explicar por qué en el versículo precedente se usa *anthropois* ("seres humanos, personas") en lugar de alguna palabra como *laos*, que a menudo designa al pueblo de Dios. Además, el uso de "venida" al final de esta sección (v. 13) puede (asumiendo que la segunda venida de Cristo es para *toda* la humanidad) proporcionar cierta base para entender que es "manifestar", en vez de "traer salvación", el verbo que se refiere a "todos [toda la humanidad]". También se ha sugerido que "traer salvación" puede tener un sentido potencial, no realizado, es decir: "*ofrecer* salvación". Hay que señalar, sin embargo, que en el griego clásico la expresión transmite el sentido de traer realmente liberación o seguridad a alguien, no meramente intentarlo.[1]

No obstante, en este contexto, mientras que muchos *no* han aceptado la liberación, muchos *sí* lo han hecho (como deja claro la cláusula siguiente). Probablemente, la mejor manera de entender la cláusula sea dejar "la cual trae salvación" junto con las palabras que le siguen, "a todos [toda la humanidad]" y entender "todos" en sentido distributivo, con el significado de que la gracia de Dios trae salvación a *todas* las personas para que la *acepten*. Esto nos lleva a ver el versículo 12 como un contraste: *A nosotros* es a quienes ella nos ha *enseñado* esto.[2]

En resumen, las opciones son las siguientes:

1. Ver LSJ, 1751.
2. Se resuelva como se resuelva esta cuestión exegética particular, la importancia de la gracia de Dios en las Cartas Pastorales está fuera de duda y no debemos perderla en la discusión exegética. Es importante observar que el "Salvador" se menciona también en el versículo 10, justo antes de esta sección.

1. La gracia de Dios se ha manifestado a todas las personas.	No es verdad en un sentido literal, pero encajaría en el énfasis contextual en "manifestación".
2. La gracia de Dios se ha manifestado a toda clase de personas.	Un significado posible, pero no coincide con el énfasis del texto; subraya el significado de "todos".
3. La gracia de Dios se ha manifestado a todos los creyentes.	Posible y con sentido, sobre todo si se hace hincapié en *manifestación* en lugar de en salvación, aunque tiene el problema del uso de *anthropois*.
4. La gracia de Dios trae salvación a todas las personas.	Desde el punto de vista de la teología, no es cierto.
5. La gracia de Dios trae salvación a toda clase de personas.	Lo mismo que en 2.
6. La gracia de Dios trae salvación a todos los creyentes.	Posible y con sentido, sobre todo si se hace hincapié en *salvación* en lugar de en manifestación, aunque tiene el problema del uso de *anthropois.*
7. La gracia de Dios trae el *potencial de* la salvación a un número no restringido de personas, muchas de las cuales la aceptan.	Posible, encaja en el énfasis contextual y es una posible extensión del mencionado uso clásico.[3]

La gracia de Dios no solo salva, "enseña" (v. 12; quizá mejor "forma" o "entrena", como en la NRSV). El grupo léxico de *paideia* que se usa aquí es el término general griego para referirse a la educación. Connota una tipo de entrenamiento o formación disciplinada para la vida. Pero etas palabras también se quedan cortas para comunicar todo lo que hay en la palabra griega. La siguiente descripción, en el versículo 12, de lo

3. La paráfrasis de Peterson, "¡La salvación es para todos!" comunica bien esta opción (*The Message*).

que se debe lograr con esta formación pone de manifiesto el significado del verbo mejor que ninguna traducción directa en nuestro idioma. Hay dos propósitos: uno negativo, renunciar a dos concretos hábitos indeseables; y uno positivo, adoptar en lugar de aquellos tres hábitos deseables.

(1) Los propósitos en negativo se presentan con "rechazar".[4] A lo que uno debe renunciar no es a una persona, sino a "una vida indulgente e impía".[5] El par específico que se menciona es "impiedad y pasiones mundanas". (a) La primera (*asebeia*, *cf.* 2Ti 2:16) es el opuesto de ese rasgo de carácter tan deseable, *eusebeia*, "piedad, religión" (ver más adelante en este versículo). Es el objeto de la ira de Dios (Ro 1:18) y describe los objetos de su juicio en Judas 15, 18. (b) El otro rasgo combina la idea de deseo, que puede ser bueno o (más frecuentemente) malo, con el complemento "mundanas", que los caracteriza como pertenecientes a la sociedad humana que ignora o desprecia a Dios.

(2) La gracia de Dios también nos forma, en sentido positivo, para abrazar la vida cristiana de una manera "con justicia, piedad y dominio propio". La segunda característica es la forma adverbial de *eusebeia*, que aparece frecuentemente en las Pastorales como un componente importante de la vida que agrada a Dios (1Ti 2:2; 3:16; 4:7, 8; 6:3, 5, 6, 11; Tit 1:1, ver esp. los comentarios sobre1Ti 2:2; 3:16). Knight sugiere que estos tres adverbios se refieran al yo personal, a las relaciones con otras personas y a la relación con Dios.[6] Aunque esa fuera la intención consciente de Pablo, probablemente se traslapan, y juntos se entienden como una referencia a todos los ámbitos de relación.

Es significativo que Pablo ni se centra en la futura consumación de nuestra esperanza cuando Cristo regrese sin preocuparse de nuestro carácter y forma de vida aquí y ahora ni se centra en cuestiones de conducta sin plantearlas en el contexto de la esperanza cristiana. La introducción de esta "esperanza" en el versículo 13 está de hecho unida gramaticalmente a las instrucciones mediante el uso de un participio que la complementa (trad. "mientras aguardamos" en la NVI). Todo junto —forma de vida y expectativas del corazón— constituyen el contenido de la formación o enseñanza que la gracia nos imparte.

4. Acerca de este verbo, ver las negaciones de Pedro (Mt 10:33; 26:70, 72) y Tito 1:15 (con respecto a los que afirman conocer a Dios pero le niegan mediante sus acciones; *cf.* también 2Ti 2:12-13 y comentarios).
5. *The Message.*
6. Knight, *Pastoral Epistles*, 320.

En otras palabras, antes de que Pablo hable de esta "bendita esperanza", menciona las virtudes que la gracia nos enseña a adoptar y a incluir en nuestra forma de vida "en este mundo".

Esta expresión exacta no aparece en ninguna otra parte de los escritos paulinos, pero el apóstol usa con frecuencia la palabra "presente" ("este", v. 12).[7] Pablo está adoptando el concepto judío de dos edades: la era presente (a veces traducida como "mundo") contrasta con la era venidera.[8]

"Aguardamos", en el versículo 13 (que connota "esperar con expectación") aparece en otros pasajes del Nuevo Testamento con otros objetos que vale la pena señalar, como el reino de Dios (Mr 15:43; Lc 23:51), la "consolación" de Israel (Lc 2:25, RVR60) y la redención de Israel (Lc 2:38). Todos estos expresan la esperanza de los judíos piadosos del tiempo de Jesús. Nótese especialmente Judas 21, que, como Tito 2:12-13, contrasta a los que son impíos con los con que "esperan" en la misericordia de Dios. El objeto de la espera aquí en Tito es "la esperanza". Nuestra esperanza está en Dios (1Ti 4:10; 5:5; 6:17), Cristo mismo es nuestra esperanza (1Ti 1:1), y nuestra esperanza es la vida eterna (Tit 1:2; 3:7).

La esperanza se califica como "bendita". En la Biblia, son normalmente las personas, no las cosas, las que son llamadas "benditas". No obstante, en la creación, "Dios bendijo el séptimo día, y lo santificó" (Gn 2:3). Esto lo convirtió en un día único, sagrado. También bendijo el Señor un campo (Gn 27:27) y una canasta y una mesa de amasar (Dt 28:5), al parecer, haciendo que prosperaran para beneficio de sus dueños. Por analogía, la esperanza puede ser bendita porque es sagrada o, menos probablemente, porque nos trae beneficio.

Aunque el objeto de nuestra esperanza tiene dos parte, "la bendita esperanza... la gloriosa venida", se trata de una unidad conceptual, pues ambos sustantivos están unidos en el griego al haber un solo artículo. La NVI lo expresa acertadamente con "es decir" en lugar de la conjunción "y". Hay varias opciones para evaluar la estructura gramatical del contenido de la "bendita esperanza". Para ayudar a ver sus distintivos, podemos parafrasearla y presentarla como en este cuadro:

1. la *gloriosa* venida [manifestación] de nuestro gran Dios y Salvador, Jesucristo

7. Ver Ro 3:26; 8:18, 22; Gá 4:25; Ef 2:2; 1Ti 4:8; 6:17.
8. Ver Ro 12:2; 1Co 1:20; 2:6, 8; 3:18; 2Co 4:4; Ef 1:21; *cf.* Gá 1:4.

2. la *gloriosa* venida [manifestación] del gran Dios y de nuestro Salvador Jesucristo
3. la venida [manifestación] *de la gloria* de nuestro gran Dios y Salvador, Jesucristo
4. la venida [manifestación] *de la gloria* del gran Dios y de nuestro Salvador Jesucristo

Hay dos asuntos aquí. Debe el genitivo "de la gloria" traducirse como un genitivo hebreo de descripción (es decir, "gloriosa"; *cf.* 1 y 2) o simplemente "de la gloria" (*cf.* 3 y 4)? ¿Qué hacemos con las palabras que siguen a "venida? El artículo que hay después de "gloria", ¿va con "Dios" y con "Salvador" (es decir, "el-gran-Dios-y-nuestro-Salvador-Jesucristo"; *cf.* 1 y 3), o solo con "Dios" (es decir, "el-gran-Dios y de-nuestro-Salvador-Jesucristo"; *cf.* 2 y 4).[9]

Con respecto al primer asunto, aunque "la gloriosa venida [manifestación]" es posible, "la venida [manifestación] *de la gloria de Dios*" se corresponde, quizá intencionadamente, para la manifestación "*de la gracia de Dios*" en el versículo 11 y es, por consiguiente, más probable. En cuanto al segundo asunto, el uso del artículo definido en griego para vincular palabras que constituyen una unidad conceptual (p. ej., un solo artículo con "esperanza" y "venida" en v. 13) nos permite ver a "Dios" y "Salvador" unidos. En las Cartas Pastorales se llama repetidamente "Salvador" a Dios (1Ti 1:1; 2:3; 4:10; Tit 1:3; 2:10; 3:4). Al llamarle el "gran" Dios y Salvador, Pablo afirma esta verdad frente a los cultos grecorromanos que honraban a sus dioses como salvadores.[10] Si Pablo hubiese querido separar a Dios y a Cristo en esta frase y evitar cualquier atribución de divinidad a Cristo, podría haberlo hecho fácilmente con total precisión gramatical.

"Él se entregó", en el versículo 14, señala el ofrecimiento voluntario de Cristo en la cruz por nosotros (Mr 10:45; Gá 1:4; Ef 5:25; *cf.* Heb 10:5-10). Es cierto también que Dios nos lo dio y lo entregó por

---

9. Encontramos una excelente exposición sobre esto, junto con un apéndice sobre "The Definite Article in the Greek New Testament" [El artículo en el griego del Nuevo Testamento], en la importante obra *Jesus As God*, de Murray J. Harris (Grand Rapids: Baker, 1992), 173-85, 301-13. Harris estructura su tratamiento sobre varias opciones gramaticales diferentes, cuatro de las cuales he sintetizado más arriba (él cita también una quinta opción, más compleja).
10. Ver comentarios sobre 1 Timoteo 1:1; también la sección Construyendo Puentes allí, acerca de "Dios nuestro Salvador".

nosotros (Jn 3:16; Ro 8:32). Anteriormente, Pablo había indicado que la formación que la gracia nos imparte tiene tanto una actividad positiva como una negativa. Aquí tenemos el mismo par, como resultado del sacrificio del Señor: en el sentido negativo, nos rescata "de toda maldad", y en el positivo, purifica ¡para sí un pueblo elegido, dedicado a hacer el bien". Estas últimas palabras nos recuerdan a 1 Pedro 2:9, sobre todo "pueblo que pertenece a Dios". En Tito, el pueblo de Dios, enseñado por la gracia, debe dedicarse a las buenas obras (*cf.* Ef 2:10); en 1 Pedro, los escogidos de Dios proclaman sus obras maravillosas.

En el versículo 15, "Esto..." aparece en primer lugar para que resulte enfático. Tito debe "enseñar" estas cosas (*cf.* comentarios sobre "enséñales" en 2:1. Siguen dos verbos: "Exhorta" (más apropiado en este consejo que la traducción "anima" de la NVI) y "reprende". Así se continúa el tono de las Pastorales (*cf.* 1Ti 4:11; 5:1, 20; 6:2; 2Ti 4:2; Tit 1:9; 2:6). Estos tres verbos pueden tener "Esto" como su objeto (tal como argumenta Knight).[11] Sin embargo, la gramática de Tito 1:9, en la que se le instruye a "exhortar a otros con la sana doctrina y a refutar a los que se opongan", sugiere que aquí en 2:15, "enseñar, "exhortar" y "reprender" tienen a personas como objeto.

Timoteo tenía que hacer esto "con toda autoridad". Timoteo necesita autoridad para poder "mandar" (o "encargar") a los herejes que detuvieran sus enseñanzas (ver comentarios sobre 1Ti 1:3; *cf.* también 4:11; 5:7; 6:17), igual que Pablo le encargó a él que guardara este mandato (1Ti 6:13-14). La palabra traducida como "autoridad" aquí en Tito es *epitage*, un mandato específico. El uso de este término en 1:3 nos sirve para entender la clase de autoridad que posee Tito. Allí, Pablo escribe sobre la predicación (o "proclamación") que le ha sido confiada por "orden" (*epitage*) de Dios nuestro Salvador. Igual que a Pablo le fue confiada esta proclamación, él se la confía a Tito. Y así como Pablo actuaba por orden de Dios, así también Tito actuaba bajo el mandato apostólico de Pablo, aunque no hay indicios de que Tito tuviera autoridad apostólica como la de Pablo.

Aprender a vivir. En los versículos 1-10, Tito debía ordenar a varios grupos sociales concretos que pusieran de manifiesto la

11. Knight, *Pastoral Epistles*, 329.

verdad de la Palabra de Dios en la manera como vivían. Ahora vemos una razón importante por la que ellos, y nosotros, podemos hacerlo: la misma gracia que nos salvó del castigo del pecado reorganiza nuestras vidas "enseñándonos" como vivir. Los antiguos griegos, aunque tenían diferentes métodos educativos, tenían una palabra que llegó a caracterizar la educación griega. Se trata de *padeia*, formar al individuo para la vida como una persona madura y sabia. Era un alto ideal.

Sin embargo, ciertos aspectos de la educación griega perdieron el idealismo en favor del pragmatismo. Aunque su estudio del lenguaje y su entrenamiento generalizado en la retórica o la oratoria tenían un lado positivo, esto podía degenerar en meras actuaciones públicas para mostrar la capacidad retórica o de debate legal. Una pieza teatral cómica caricaturizaba a los sofistas como aquellos que hacen que el mejor argumento parezca el peor y el peor suene como el mejor. El sofismo reapareció en lo que llamamos los "Segundos Sofistas" (hacia el segundo siglo de nuestra era), y su "característica principal era su irrelevancia para la vida".[12] Así pues, hasta los ideales más elevados, ya sean de la *paideia* griega o de la educación cristiana, pueden degenerar en discusiones acerca de palabras y opiniones y en mera actuación.

Pero la educación hebrea, además de ser más antigua que la griega, era superior. Sus actividades —memorizar hechos, aprender historia y dominar las enseñanzas de la ley— tenían como propósito proporcionar los medios para vivir para el Dios que había liberado a sus antepasados de Egipto. Esto tenía implicaciones inmediatas en la obediencia a la ley que Dios les había enseñado. La conducta era el resultado necesario del conocimiento. La meta no era ser una persona formada, ni siquiera en el mejor sentido griego, sino ser un buen hijo o una buena hija del pacto. La sabiduría no era la capacidad de resolver problemas filosóficos o matemáticos ni ganar debates, sino entender al Dios trascendente pero personal de su salvación individual y comunitaria. Lo mejor de la educación judía estaba en el contexto del éxodo, y la gracia que los salvó, por así decirlo, también les instruyó. El salmo 119 era un magnífico recordatorio de que la Palabra de Dios debía ser activa en todos los ámbitos de la vida.

Así pues, la gracia salvadora de Dios no termina en el punto crucial de la salvación, sino que nos acompaña en el resto del trayecto de nuestra

12. Moses Hadas, *A History of Greek Literature* (Nueva York: Columbia Univ. Press, 1950) 244.

nueva vida, proporcionándonos la sabiduría y dirección necesarias para rehacer nuestras vidas ahora redimidas. El contraste del versículo 12 tiene una función didáctica, como es habitual en los contrastes. Un "sí" a una elección exige un "no" a otra. Pablo optó aquí por la ventaja de usar una pareja de palabras similares que resultaban familiares (*eusebeia* y *asebeia*), que contrastan un estilo de vida piadoso e íntegro con una vida totalmente opuesta. Las otras expresiones que usa Pablo, tanto positivas como negativas, dan más cuerpo al cuadro.

Los lectores judíos conocían bien (como hemos señalado más arriba) la referencia a "este mundo"; estaban acostumbrados a la idea de la era presente, o este mundo, en contraste con la era venidera. Sin embargo, los lectores no judíos de cualquier cultura pueden reconocer que, si hay una era "presente" durante la cual "aguardamos" la realización de una "esperanza", tiene que haber una "era" futura de alguna clase, por larga o corta que sea, en la que esa esperanza se cumpla. La era presente, "este mundo", es también un tiempo de oportunidad para que los cristianos vivan una vida de alta calidad moral, como debe ser, entre la primera "manifestación" de Cristo, la de la gracia salvadora (es decir, la primera venida), y la segunda "venida". Esta clase de vida es posible y es una exigencia, porque hemos sido "rescatados" (o "redimidos", de la maldad y "purificados" para hacer el bien (v. 14). Así pues, tenemos dos declaraciones: el "no" y el "sí", las dos maneras de vivir, las dos edades, las dos manifestaciones y las dos acciones divinas, redimidos y purificados (todo ello aplicable a un "pueblo que pertenece a Dios".

La descripción de la esperanza en el versículo 13 como una realidad objetiva que aguardamos concuerda con el hecho de que, en el cristianismo, la esperanza no es un mero sentimiento subjetivo. Romanos 5:1-11 demuestra que la esperanza cristiana está basada en el hecho de que Dios ya ha realizado la parte más difícil de nuestra redención, porque, cuando todavía éramos pecadores y enemigos de Dios, Cristo murió por nosotros. El "nos regocijamos en la esperanza de alcanzar la gloria de Dios" de Romanos 5:2 se puede comparar con Tito 2:13. En Romanos 8:22-25, aun en el contexto del sufrimiento, los cristianos reciben una firme esperanza.

Esta sección continúa el importante tema en las Pastorales del carácter que Dios espera que sea visible en su pueblo, sobre todo en los líderes de la iglesia. Debemos observar de nuevo, por tanto, que un rasgo distintivo de las Cartas Pastorales está en el *hecho* de la frecuente repetición de este tema y en la *manera* en que está inextricablemente entretejido con las cuestiones doctrinales. Insistimos en que el tema que impregna estas cartas no es el orden de la iglesia, que aparece únicamente en algunos puntos, ni la refutación de la herejía, aun cuando sirve de motivo para las cartas y es un tema apremiante en ellas, sino la importancia de aunar ortodoxia y carácter cristianos.

La cuestión de la autoridad. Una de las cuestiones más persistentes y universales entre las iglesias y las organizaciones paraeclesiales es la de la autoridad. ¿Se transmitió en la sucesión apostólica o de algún modo equivalente (como cuando el fundador de una misión la transmite a su sucesor elegido personalmente) o tal proceso es restrictivo y susceptible de influencias no espirituales? ¿Es la votación democrática el mejor método para elegir a los líderes, o se trata de un método deficiente, sobre todo en una iglesia demasiado grande como para que los miembros conozcan a los candidatos y sus aptitudes? ¿Deberían autoperpetuarse los ancianos, o eso llevaría al nepotismo y la endogamia? ¿Es correcto que a una persona que ocupa el púlpito se le conceda, o se *perciba* que tiene, una autoridad que los otros no poseen? ¿Y quién debería tomar la decisión en cuanto a dónde debe servir un pastor o cuando es el momento de dejarlo: los ancianos, la congregación, el obispo o el pastor?

A estas alturas está claro que, aunque las Cartas Pastorales no tratan los medios concretos de perpetuación del liderazgo en la iglesia, sí que (1) prescriben la corrección doctrinal para la salud de la iglesia y (2) ponen de manifiesto la necesidad de maestros moralmente rectos para comunicar los mandamientos de Dios. Aunque Timoteo y Tito debían transmitir estas instrucciones, no había un individuo solo, como Timoteo en Éfeso o Tito en Creta, ni un sucesor de cada uno de ellos, que hubiese de ejercer la autoridad en la iglesia que continuase, salvo los obispos o ancianos que ellos tenían que dejar nombrados. Esto explica por qué las otras epístolas paulinas (excepto la carta personal a Filemón) no se dirigen a un líder individual de la iglesia, sino a los "santos" en general, y Filipenses se escribe específicamente también a una pluralidad de líderes ("los obispos y diáconos", Fil 1:1).

En otras palabras, el ideal en curso era el liderazgo plural, con la advertencia ante la posibilidad de algún Diótrefes, "a quien le encanta ser el primero" (3Jn 9). Sin embargo, esto no hace que la autoridad sea menos importante; al contrario, pone énfasis en ella. Las palabras de Pablo a los ancianos de Éfeso mostraban que estos debían ser capaces de mantener la pureza doctrinal y proteger al rebaño de los herejes (Hch 20:25-31). Esta es una de las funciones de la autoridad, y es similar a las preocupaciones de las Cartas Pastorales.

Vivir en este mundo. La amplia disponibilidad del evangelio cristiano hoy es una asombrosa realidad. Aunque muchos habitantes de la tierra todavía no han oído el nombre de Cristo, la gracia de Dios se ha "manifestado" a una inmensa cantidad de personas por todo el mundo, con respuestas inauditas incluso entre los tradicionalmente opuestos y hostiles. Ralph Winter, por citar una autoridad en misiones, ha mostrado reiteradamente el progreso del evangelio entre los "grupos étnicos" del mundo. Los traductores bíblicos de Wycliffe y otros menos conocidos han abierto la Palabra de Dios a grupos humanos incluso más pequeños en los idiomas que mejor entienden. Pese a las deficiencias y malinterpretaciones de nuestras presentaciones, la gracia de Dios ha traído la palabra salvadora del evangelio a miles de millones de personas.

En las grandes urbes, las áreas rurales, los enclaves tribales, as universidades, las oficinas, los hospitales y otros lugares que ni podemos imaginar, este mensaje del evangelio ha sido llevado por entusiastas testigos cuyas vidas han acompañado dignamente a su mensaje. Mártires y reyes han actuado como representantes del Señor con limpia conciencia. Pero con más frecuencia de la que conocemos, o queremos conocer, los comunicadores de la gracia de Dios no han llegado a aprender debidamente de esa gracia.[13] Y aunque sus fracasos no hayan salido a la luz, su efectividad puede haberse visto menguada por batallas espirituales en el mundo invisible. Para un pastor es fácil rechazar a una persona divorciada dos veces que visita la oficina de la iglesia para pedir un tercer matrimonio, sin estar dispuesto a recibir asesoramiento. Para un misionero es más difícil tratar con el jefe recién convertido de la tribu que está casado con varias esposas y pide la membresía en la iglesia. Pero es todavía más difícil decir "no" a nuestras propias pasiones y al uso indisciplinado del tiempo y el dinero. El verdadero creyente está "dedicado a hacer el bien".

13. Un significativo y desafiante tratamiento de la gracia y sus muchas implicaciones en la vida cristiana lo encontramos en Philip Yancey, *What's So Amazing About Grace* (Grand Rapids: Zondervan, 1997).

Hace algunos años, varios de mis tíos maternos y una tía fueron contratados por una casa editorial cristiana y su empresa asociada en Nueva York. Un volumen publicado por esta empresa llegó a estar presente en muchos hogares, sobre todo en la década de los años cuarenta. Su nombre era "Calendario Quizás hoy". Los que lo usaban eran de la convicción teológica de que no tenía por qué producirse ningún acontecimiento bíblico antes del arrebatamiento de la iglesia al cielo. Había que esperar lo que se entendía como la "bendita esperanza", concentrados y preparados para la venida de nuestro Salvador. Por supuesto, habrá habido muchos que no esperaban un "arrebatamiento secreto", sino una gloriosa manifestación de Cristo al mundo entero. En ambos casos, esa intensa esperanza y la anhelante espera del regreso del Señor son encomiables, y demasiado fáciles de perder.

Las dos guerras mundiales y una época de depresión que hicieron que la gente deseara más la venida de Cristo y el cielo han dado paso a décadas de cambios en la historia mundial y en sus correspondientes estados de ánimo. Los recientes competidores en captar nuestra atención —internet, los videojuegos, los videos y la televisión interactiva— parecen hacer que la espera de la "bendita esperanza" no sea tan atractiva. Las personas involucradas a fondo en la vida empresarial, que tratan seriamente de mantener estándares de rendimiento y están concentrados en buscar el ascenso, es natural que encuentren más difícil apreciar un hecho escatológico sobrenatural que las personas que luchan por satisfacer las necesidades básicas. Sin duda, si pudiésemos sondear honestamente nuestras disposiciones internas, algunos de nosotros querríamos tiempo para llevar a cabo nuestras metas personales en la tierra antes de que todo ojo se quede maravillado ante la "gloriosa venida" como titular de primera página en nuestras pantallas de televisión.

La autoridad y sus límites. Hemos visto que Timoteo y Tito recibieron un claro mandato de Pablo que se reafirma y se intercala a lo largo de las Pastorales. Pero la autoridad que Tito y Timoteo tenían no era autónoma. Era la autoridad inherente en la comisión y el mensaje que recibieron de Pablo. La autoridad del predicador de hoy viene de la Palabra qué está siendo predicada. Timoteo y Tito tuvieron esta Palabra directamente del apóstol Pablo, nosotros la tenemos en las Escrituras. Esto sirve como advertencia para los pastores que poseen un sentido poco saludable de la autoridad personal. Tales pastores pueden, si sienten que su autoridad está menguando, tratar de controlar a una congregación hostil recurriendo ilegítimamente a vindicaciones de autoridad apostólica. Este lenguaje apostólico no debe desligarse de las circunstancias de su uso autoritativo legítimo en su contexto original.

Combinar la enseñanza, el ánimo y la reprensión mencionados en el versículo 15 sin sentirse "menospreciado" requiere madurez y confianza en la comisión del Señor. Como alguien que ha dedicado muchos años a la predicación, así como a la enseñanza académica, puedo dar testimonio de que los predicadores pueden llegar a ser muy sensibles a la crítica y desanimarse si una congregación parece no responder a su exhortación. (Cabe señalar aquí que la enseñanza, ánimo y reprensión de las personas debe tener lugar en privado, no en público. Con demasiada frecuencia, una reprensión desde el púlpito es una crítica velada a algunos individuos de la congregación.) Con el énfasis de la Reforma en la predicación, los pastores se pueden sentir insuficientes o incluso fracasados si están faltos en este aspecto del ministerio, aun cuando sean eficaces en otras áreas.

Sin embargo, al mismo tiempo, la habilidad en la predicación puede fácilmente llevar al orgullo y a descuidar otras responsabilidades. Además, un buen uso del púlpito se puede convertir en un mal abuso del púlpito. Por tanto, se necesita la "mucha paciencia, sin dejar de enseñar" mencionada en 2 Timoteo 4:2, en lugar de una actitud dominante. A este respecto, la actitud del escriba Esdras resulta instructiva. Él dispuso su corazón (1) para estudiar la ley del Señor y (2) ponerla en práctica; y luego, como un estudiante obediente, enseñar sus preceptos y normas a los israelitas (Esd 7:10). En los últimos años, la práctica de la predicación expositiva ha sido objeto de amplio debate y grandes elogios. Debemos recordar, no obstante, que la predicación expositiva no viene validada solo por la verdad que transmite, sino por la vida del predicador.

Además, predicar no es cuestión de simples comentarios consecutivos sobre un texto, sino la explicación *y aplicación* de una porción de la Escritura con la debida atención a su lugar *y función* en su contexto.[14] El significado contemporáneo del versículo 15 es complejo y de una

14. Ver la sección Significado contemporáneo sobre 2 Timoteo 4:2. Ver también Sidney Greidanus, *The Modern Preacher and the Ancient Text: Interpreting and Preaching Biblical Literature* (Grand Rapids: Eerdmans, 1988); Walter Liefeld, *New Testament Exposition;* D. Martyn Lloyd-Jones, *Preaching and Preachers* (Grand Rapids: Zondervan, 1971).

importancia inmensa. Hay que extraer los principios con sumo cuidado y con la consideración debida a las diferencias entre la comisión particular de Tito como delegado apostólico a una congregación bajo amenaza y la comisión de aquellos que cuidan hoy de las iglesias con ámbitos de responsabilidad más amplios y menos autoritativos. Pero este pasaje, como otros de las Cartas Pastorales, enseña la importancia de transmitir la sana doctrina, y esta conlleva autoridad divina. Hacemos bien hoy cuando decimos: "Así dice el Señor", o: "La Biblia dice", asegurándonos de estar enseñando y aplicando adecuadamente la Escritura.

Tito 3:1-11

Recuérdales a todos que deben mostrarse obedientes y sumisos ante los gobernantes y las autoridades. Siempre deben estar dispuestos a hacer lo bueno:[2] a no hablar mal de nadie, sino a buscar la paz y ser respetuosos, demostrando plena humildad en su trato con todo el mundo.

[3] En otro tiempo también nosotros éramos necios y desobedientes. Estábamos descarriados y éramos esclavos de todo género de pasiones y placeres. Vivíamos en la malicia y en la envidia. Éramos detestables y nos odiábamos unos a otros.[4] Pero cuando se manifestaron la bondad y el amor de Dios nuestro Salvador,[5] él nos salvó, no por nuestras propias obras de justicia sino por su misericordia. Nos salvó mediante el lavamiento de la regeneración y de la renovación por el Espíritu Santo,[6] el cual fue derramado abundantemente sobre nosotros por medio de Jesucristo nuestro Salvador.[7] Así lo hizo para que, justificados por su gracia, llegáramos a ser herederos que abrigan la esperanza de recibir la vida eterna.[8] Este mensaje es digno de confianza, y quiero que lo recalques, para que los que han creído en Dios se empeñen en hacer buenas obras. Esto es excelente y provechoso para todos.

[9] Evita las necias controversias y genealogías, las discusiones y peleas sobre la ley, porque carecen de provecho y de sentido.[10] Al que cause divisiones, amonéstalo dos veces, y después evítalo.[11] Puedes estar seguro de que tal individuo se condena a sí mismo por ser un perverso pecador.

El capítulo 3 contiene lo que a primera vista parece ser, *en su estructura,* una repetición del capítulo 2. Los versículos 1-2 contienen otra forma del código doméstico modificada, en el estilo familiar de la lista de virtudes. Esta añade a las instrucciones a los diversos grupos de 2:2-10 el tema de la sumisión a las autoridades. Luego, los versículos 3-8 describen el paso del estado de no creer a la nueva vida por la gracia de Dios (*cf.* 2:11-14); cuya última parte se centra en la importancia de dedicarse "a hacer el bien". Los versículo 9-11 contienen instrucciones para Tito acerca de su misión de enseñanza (*cf.* 2:15).

La conversión debería marcar una diferencia (3:1-8)

El versículo 1 abre con "recuérdales", una amable pero insistente manera en que Tito puede reforzar la enseñanza que los creyentes ya habían oído. También puede servir como separador entre los capítulos 2 y 3, siendo más nuevas para la iglesia las enseñanzas sobre las relaciones personales en el 2. La "sección recordatoria" de Pablo trata el tema de las buenas obras con un particular enfoque en el mundo de los incrédulas. Nótese el versículo 3, donde no solo reafirma la gracia de Dios en nuestra conversión, sino que se esfuerza por identificar nuestro estado de antes de ser cristianos con el de los demás que todavía no se han convertido.

La actitud adecuada hacia los "gobernantes y autoridades" es ser sumisos, obedientes y "dispuestos a hacer lo bueno". El hecho de que la obediencia se mencione separada de la sumisión indica que no toda sumisión exige obediencia (Ef 5:22 puede ser un ejemplo de esto). Las obligaciones cívicas con la autoridad secular son un ingrediente básico en los "códigos domésticos" antiguos. Hanson observa que "dispuestos a hacer lo bueno" es "casi un cliché"[1] (nótese la importancia de este tema en las Pastorales: 1Ti 2:10; 5:10, 25; 6:18; 2Ti 2:21; Tit 2:7, 14; 3:8, 14).

Los ejemplos que siguen en el versículo 2 incluyen abstenerse de hablar mal de otros, ser pacíficos (lit., "no pelear"), ser respetuosos (un requisito de los ancianos en 1Ti 3:3; ver también Fil 4:5), y demostrar "plena humildad" a todas las personas. El sustantivo para "humildad" (*praütes*) lleva también la idea de mansedumbre. Es una característica digna de atención, porque la enseñó y la encarnó nuestro Señor Jesús (Mt 5:5; 11:29; 21:5; 2Co 10:1) y se exhorta a ella en pasajes como Gálatas 5:23; Efesios 4:2; Colosenses 3:12.

El versículo 3 se une a lo anterior mediante la palabra *gar* ("porque", sin traducir en la NVI). En otras palabras, esta sección provee información fundamental o ejemplificadora pertinente a los versículos 1-2. La razón de esto tal vez no se vea a simple vista, dado que los versículos 1-2 únicamente dan instrucciones acerca de un buen comportamiento en la sociedad. Sin embargo, subyace el hecho de que un cristiano de primera generación puede, como los que todavía no son cristianos, vivir de una manera disfuncional. Estas instrucciones están, por tanto, lejos

---

1. Hanson, *Pastoral Epistles*, 189, cita un ejemplo. No está claro con qué frecuencia ha encontrado este uso como "cliché".

de ser meros clichés morales. Indican una vida que contrasta con la de la sociedad que los rodea.

La siguiente palabra en el versículo 3 es *pote* ("una vez", "en otro tiempo"; forma pareja con *hote* ("cuando") en el versículo 4. Es un patrón de "antes y después" (*cf.* también Ef 2:11, 13; 5:8; Col. 1:21-22). Las palabras siguientes, "también nosotros", sirve para identificar la experiencia de los cristianos previa a la conversión con la de quienes viven a su alrededor en Creta. El efecto de todo esto es mantener a los cristianos humildes (*cf.* Tit 3:2), presentarles la esperanza a los que ahora son incrédulos, y permitir el uso de palabras contundentes para describir a los incrédulos, puesto que estas características se aplicaban también en otro tiempo a los ahora convertidos: "necios " (ver Ro 1:14), "desobedientes" (ver "obedientes" en Tit 3:1), "descarriados" (ver 1Ti 4:1; 2Ti 3:13) y "esclavos". La referencia a la esclavitud dirige la atención a la quienes se enseñorean de ellos: "todo género de pasiones y placeres", así como a la degeneración de carácter que esto implica: "malicia", "envidia", "detestables", "nos odiábamos".

Fee observa que, aunque gramaticalmente el versículo 3 proporciona una razón para el llamamiento de los versículos 1-2, se parece en su forma a una lista de vicios.[2] Asimismo, en su forma, los versículos 1-2 parecen una lista de "virtudes".[3] Dada esta estructura, es natural buscar características positivas y negativas que se correspondan. Esto no se puede demostrar en cada punto, pero, desde luego, la buena actitud hacia los demás que se estimula en los versículos 1-2 tiene una terrible contrapartida en la última parte del versículo 3.

Las palabras descriptivas del versículo 3 revelan varios hechos acerca de los incrédulos. Ser "necios" es carecer de entendimiento, en un estado deliberado de necedad, por elección rebelde, no en el estado de alguien que simplemente carece de inteligencia. Esto nos recuerda no solo al necio que no cree de Salmos 14:1; 53:1, a las personas que a lo largo de Proverbios y Eclesiastés se mencionan como carentes de sabiduría, y a las que Dios llama "necio" en Lucas 12:20, sino también a los que se describen en Romanos 1:21 y su contexto. Los "desobedientes" rechazan asimismo la soberanía de Dios sobre ellos. Los que se entregan a ese engaño son "descarriados" por Satanás (*cf.* 2Ti. 3:13; *cf.* 1Ti 4:1

2. Fee, *1 and 2 Timothy, Titus,* 202.
3. Ver C. G. Kruse, "Virtues and Vices", in *DPL*, 962-63, para una breve panorámica de las listas éticas del Nuevo Testamento y sus supuestos trasfondos, además de su bibliografía.

"inspiraciones engañosas"). Sabemos por 2 Corintios 4:4 y 11:2 que Satanás ciega a las personas y engaña a los cristianos (2Co 11:3). Así, estos incrédulos rechazan la sabiduría y el señorío de Dios, engañados por Satanás y esclavizados por sus propias pasiones y placeres. Su actitud hacia los demás es un resultado natural de este espíritu.

El versículo 4 aporta el tipo de irrupción de la gracia que encontramos en Efesios 2:4: "Pero Dios, que es rico en misericordias, por causa de su gran amor con que nos amó" (trad. lit.). En Efesios 2, las palabras clave son misericordia, amor, gracia y bondad. Reaparecen aquí en un orden diferente: bondad, amor, misericordia y gracia. En ambos pasajes, Dios nos salvó. En Efesios, nos resucitó y nos sentó con Cristo en las regiones celestiales; aquí nos lava, nos renueva, nos justifica y nos da "la esperanza de... la vida eterna" (Tit 3:7). El pasaje de Efesios concluye con el llamamiento a las buenas obras, el mismo énfasis con que concluye este pasaje (v. 8).

El siguiente diagrama puede ser útil para conceptualizar las relaciones de las cláusulas y frases de esta sección:

Conjunción	Pero
Tiempo (=circunstancia) de la salvación	cuando se manifestaron la bondad y el amor de Dios nuestro Salvador
Falsos cimientos de la salvación	no por *nuestras* propias obras de justicia
Verdaderos cimientos de la salvación	sino por su misericordia
Afirmación	**nos salvó**
Medio (de salvación)	mediante el lavamiento
Genitivo (que complementa a "lavamiento")	de la regeneración
Medio (de salvación)	y [por medio] de la renovación
Agente (de renovación)	por el Espíritu Santo

	{o:
{Medios de salvación	*mediante el lavamiento*
{Genitivo (que complementa "lavamiento")	*de la regeneración*
{Genitivo (que complementa "lavamiento")	*y de la renovación*
{Agente (de renovación)	*por el Espíritu Santo}*
Cláusula de relativo (=manera del derramamiento del Espíritu)	el cual fue derramado abundantemente sobre nosotros
Agente (del derramamiento del Espíritu)	por medio de Jesucristo nuestro Salvador
Conjunción	para que,
Circunstancia (=base)	justificados por su gracia,
Propósito	llegáramos a ser herederos
Concordancia	que abrigan [de acuerdo con] la esperanza de recibir la vida eterna

Como señalamos más arriba, la primera cláusula, en los versículos 4-7, es temporal. Utilizando la terminología distintiva de las Cartas Pastorales, el verbo usado en esta cláusula es *epiphaino* (trad. "se manifestaron"). Y, como 2:11, donde aparece el mismo verbo, no presenta directamente a Cristo como sujeto, sino que se refiere a él indirectamente. Por tanto, lo que se manifestó es "la bondad y el amor de Dios nuestro Salvador", así como en 2:11 era "su gracia, la cual trae salvación". En el pasaje previo, el tema de la manifestación, o venida, aparece con "nuestro Dios y Salvador Jesucristo" como sujeto. El énfasis de Pablo está no solo en la venida de Cristo como Salvador, sino también (1) en la obra de salvación por gracia y misericordia, y (2) en el hecho de que fue obra *de Dios*, usando otra vez la característica referencia a Dios como Salvador (ver también 1Ti 1:1; 2:3; 4:10; Tito 1:3; 2:10). La palabra traducida como "bondad" transmite más que simplemente hacer el bien; incluye la idea de benevolencia.

Las dos construcciones siguientes en la estructura griega son sintagmas preposicionales que complementan al verbo principal de la frase, "salvó". La primera expresa lo que podemos llamar a *falsas* bases. La base sobre la cual Dios nos salvó no son las buenas cosas que hemos hecho (lit., "no por las obras que hicimos en rectitud"). Un enfático "nuestras" subraya que no es *nuestra* obra (*cp*. Ef 2:8-9). La segunda frase preposicional está en claro contraste con la primera, introducida por fuerte conjunción adversativa *alla*; indica la base *verdadera* sobre la cual Dios nos salva: "su misericordia".

La siguiente palabra es el verbo principal, "salvó", en aoristo simple, indicando el hecho básico de esta obra completada. Pablo se refiere luego a los medios por los cuales Dios ha llevado esto a cabo. El uso del genitivo griego después de la preposición *dia* ("mediante") es significativo aquí y no resulta del todo fácil de entender. Si lo ilustramos agrupando las palabras en español con guiones, podemos leerlo como: "mediante-el-lavamiento-de-la-generación y la renovación-del-Espíritu-Santo". En esta lectura, el lavamiento es caracterizado por la regeneración, o quizá lo produce, y la renovación se lleva a cabo *por el* Espíritu Santo o quizá procede *del* Espíritu Santo como su fuente.

Sin embargo, estos sintagmas pueden entenderse como "mediante el lavamiento de la-regeneración-y-renovación del-Espíritu-Santo". En esta lectura, la regeneración y la renovación son ambas funciones del lavamiento. En cualquier caso, es difícil separar la regeneración (un término usado más en el mundo grecorromano que en la Escritura, aunque véase Mt 19:28, NVI "renovación") del lavamiento.

La cuestión teológica es si esto enseña la regeneración bautismal. Por un lado, al leer esto desde un punto de vista cristiano, es difícil no pensar en el bautismo, y esto era así especialmente en los primeros siglos, cuando el ritual constituía una parte mayor que hoy en la vida de la iglesia. Por otra parte, *no* es necesario considerar la palabra "lavamiento" como idéntica y referencia exclusiva a bautismo. Este puede entenderse como la forma visible de lavamiento sin eliminar el hecho de que el Espíritu y la Palabra nos limpian sobre la base de la sangre de Cristo derramada en la cruz. Si tomamos los dos sustantivos en genitivo ("regeneración" y "renovación") junto con "lavamiento", es gramatical y teológicamente permisible, pero no se puede restar importancia al hecho de que hay otro complemento con genitivo ("por el Espíritu Santo"). Podemos decir que los medios de la salvación son: el lavamiento (representado por, pero no idéntico a, el bautismo), la regeneración y la renovación, mientras que los agentes de la renovación son el Espíritu Santo y Jesucristo nuestro Salvador, por medio de quien el Espíritu ha sido tan abundantemente derramado sobre nosotros.

El propósito de este proceso incluye una circunstancia más a considerar como otro complemento de "salvó (en cuanto al sentido, aunque no gramaticalmente) o bien como complemento de "llegáramos a ser herederos" (v. 7), a saber, "justificados por su gracia". El tema que preside está claro: el propósito de la misericordia, la gracia y la bondad de Dios en nuestras vidas es "para que" podamos ser herederos de Dios, un concepto estrechamente ligado a nuestra "esperanza de recibir la vida eterna" (*cf.* Ro 8:16-17 y contexto).

El "mensaje... digno de confianza" mencionado en el versículo 8 es uno de los "mensajes dignos de crédito" de las Pastorales.[4] No siempre es fácil decir qué palabras del contexto son el "mensaje" que Pablo cita. En este caso son probablemente los versículos 4-7. Normalmente, los "mensajes dignos de crédito" contienen expresiones que no son características de las obras atribuidas a Pablo.[5] En este caso, este lenguaje aparece esparcido por los versículos 4-7. Nótese además que lo que sigue (vv. 8-11) no tiene la estructura de una cita.

Como señalamos anteriormente, la última parte del versículo 8, como Efesios 2:8-10, establece la importancia de las buenas obras para quienes han experimentado la gracia de Dios. Uno habría tal vez esperado que Pablo declarase entonces que estar cosas son para la gloria de Dios o para provecho de los creyentes, pero en lugar de eso afirma algo más general, que son excelentes (*cf.* Tit 2:7, 14; 3:14) y provechosas para todos. Una vez más, el apóstol muestra su interés por el mundo que le rodea.

Hay algunas palabras con valor enfático que cabe señalar en el versículo 8: "recalques" (es decir, mantener con fuerza, un ejercicio de autoridad de Tito), y "se empeñen en" (que denota preocupación por cuidar de algo o alguien).

Palabras finales acerca de las controversias (3:9-11)

Como en 2:11-14, la exhortación de Pablo aquí tiene un lado negativo y uno positivo. En contraste con su contundente afirmación de doctrina y vida, hay cosas que deben evitarse (v. 9). El manejo de las controversias es una cuestión importante en las Cartas Pastorales (ver 1Ti 1:4, 7; 6:4; 2Ti 2:23 y comentarios). La razón que aquí se da para evitarlas es

4. Ver 1Ti 1:15; 3:1; 4:9; 2Ti 2:11; véanse los comentarios sobre 1:15 y la obra principal sobre el tema, Knight, *The Faithful Sayings in the Pastoral Letters.*
5. Ver las evidencias en Knight, *Pastoral Epistles*, 347-49.

que "carecen de provecho y de sentido". En 2 Timoteo 2:23, el motivo era que las discusiones necias producen contiendas, que son contrarias a la actitud que debería tener un siervo del Señor de intentar ganar a otros. Aquí en Tito se relaciona la inutilidad de la controversia con su ineficacia para cambiar a otros. Por consiguiente, después de un par de advertencias (Tit 3:10), Tito debe evitar a esa persona.

Las palabras "puedes estar seguro de que" (v. 11) presentan la razón por la que esta persona debe ser desechada: la propia naturaleza carente de esperanza de tal individuo. Esto no quiere decir que la gracia no se extienda a él, pues dicha persona ya ha tenido una segunda oportunidad (v. 10; *cf.* Mt 18:15-17). Ha quedado claro que este causante de divisiones no puede ser redimido. No solo es "un perverso pecador", sino que "se condena a sí mismo", de modo que la responsabilidad no recae en Tito.

Construyendo Puentes

Temas repetidos en las Pastorales. Alguien que estaba escribiendo otro comentario de esta Serie me contó lo difícil que le resultaba no repetir las mismas cosas al redactar las secciones Sentido Original, Construyendo Puentes y Significado Contemporáneo. Por supuesto, eso es connatural con este formato, porque, en esencia, lo que se enseña en el texto es verdad tanto en el principio que traspasa los contextos como específicamente en nuestro propio mundo. Pero, al estudiar las Pastorales, esta repetición se multiplica, porque las tres epístolas tienden a repetir el mismo tema: pasaje tras pasaje, la sana doctrina debe ir acompañada de una vida piadosa. Pero, en esta sección, Pablo dice: "...quiero que lo recalques, para que los que han creído en Dios se empeñen en hacer buenas obras" (v. 8). Si Pablo quiere que se recalque, habrá que hacerlo.

La sección comienza con un recordatorio a someterse y obedecer a los gobernantes y las autoridades. Esto, por supuesto, no es nuevo en los escritos de Pablo (ver esp. Ro 13:1-10). Este pequeño párrafo en Tito hace que el lector pase de lo que exigen las normas gubernamentales concretas a tener una actitud cristiana humilde en todas las relaciones sociales. Los escalones que llevan de un punto a otro no siguen necesariamente una secuencia lógica, más bien coloca algunos ejemplos escogidos de actitudes cristianas hacia los demás. Hacer lo que es bueno, no hablar mal de las personas, procurar la paz en las relaciones y ser respetuosos con el prójimo nos protege de la autocomplacencia por la mera observancia de ley.

Hay un contraste implícito entre el cristiano que trata de expresar el amor, que es el propósito de la ley de Dios, y la persona que ni siquiera puede someterse y obedecer a las autoridades seculares. Uno puede quizá imaginarse a un rico señor Scrooge hablando con su contable y su asesor fiscal, buscando rendijas en la ley por las que pueda ahorrarse impuestos, en contraste con un hombre o mujer de negocios que entrega todo lo que puede para ayudar a los necesitados.

Acudir a la misericordia de Dios. Una vez dicho esto, Pablo se dedica a otra lista, que esta vez describe en términos muy negativos la vida antes de ser cristianos. Pone el foco en la desobediencia a las reglas, la esclavitud de las pasiones personales y la conducta hostil hacia otras personas. Esta lista es fácil de aceptar porque Pablo se incluye a sí mismo como ejemplo de conducta precristiana, pero suscita la cuestión de hasta qué punto se puede ser tan severo en la descripción de los que no son todavía creyentes. Después de todo, aunque sabemos que "todos han pecado y están privados de la gloria de Dios" (Ro 3:23), también es cierto que Dios no ha dejado a la humanidad sin pautas ni remanentes de moralidad y bondad. Los cristianos no son los únicos que se presentan voluntarios en obras benéficas. Aunque puede decirse que hay al menos un poco de egoísmo incluso en las cosas que la gente hace por los demás, los no creyentes son capaces de realizar sacrificios heroicos por el bien de otro.

C. S. Lewis se ocupó una vez de la cuestión de por qué algunos no cristianos son mejores que los cristianos. Poniendo como premisa a una mujer a quien él llama "señorita X", que "puede tener una lengua menos caritativa que la del señor Z", dice que la cuestión es "saber si la lengua de la señorita X sería lo que es de no ser cristiana". Además, "el agradable temperamento y la disposición amigable del señor Z [...] son el resultado de causas naturales que Dios mismo crea".[6] En lo que respecta al comportamiento, esta es la sustancia de los versículos 3-8, aunque Lewis estaba hablando más del carácter y la personalidad. Nadie puede ser salvo por su bondad natural, y quienes han "creído en Dios" deben "hacer buenas obras". Y eso incluye el uso que la señorita Bates hace de su lengua.

6. C. S. Lewis, *Cristianismo y nada más* (Miami: Caribe, 1977), 196-205.

Hay un toque de sarcasmo, aunque probablemente no intencionado, en las palabras de Pablo en 3:5, cuando dice que Dios "no por nuestras propias obras de justicia". Dado que esto sigue inmediatamente a la mezquina conducta de los no cristianos, está claro que estas personas no pueden presumir de "obras de justicia" como base para su salvación. Pero, en el contexto más general, y sobre todo al recordar pasajes como Filipenses 3:4-6, donde Pablo describe sus propios logros religiosos antes de convertirse, la importancia de este pasaje se hace más clara. Las personas religiosas pueden hacer cosas malas y las personas malvadas pueden hacer cosas buenas. Porque, para ser salvos, *cada uno* de nosotros necesita la misericordia de Dios.

Tito 3:3-8 y Efesios 2:1-10 reflejan una similitud punto por punto. Ambos se ocupan de la vida pecaminosa antes de la salvación (*cf.* Ef 2:2-3), la irrupción del amor de Dios (*cf.* 2:4-5), Dios salvándonos no por nuestras buenas obras (*cf.* 2:8-9), y nuestro despertar a una nueva vida y esperanza, que debe resultar en que nos empeñemos "en hacer buenas obras" (2:10; Tit 3:8). En Efesios, Pablo nos muestra la perspectiva divina en cuanto a los propósitos de Dios en la iglesia en que las buenas obras están relacionadas con que la manifestación de la sabiduría de Dios dada a conocer a los seres sobrenaturales (Ef 3:10-11). En Tito, hacer lo bueno está relacionado con mostrar una vida cambiada en contraste con el carácter de los adversarios del evangelio.

Advertencias acerca de personas que causan divisiones, otra vez. En las Cartas Pastorales salen a la luz varios problemas que para nosotros resultan difíciles de entender hoy. Entre estos están las "genealogías" y "discusiones y peleas sobre la ley" (Tit 3:9). Pero el principio permanente no es la naturaleza de tales discusiones (aunque a veces esta es importante), sino el hecho de que engendran controversias y surgen de intenciones divisorias. El tema de los versículos 9-11 no es tanto identificar y corregir las doctrinas erróneas como silenciar a la persona que provoca disensiones. Algunas iglesias han llegado dolorosamente a la conclusión de que una desacertada defensa de la verdad puede ser tan destructiva como un error menor mantenido con actitud sincera. No se trata de ignorar la seriedad de la herejía o el hecho de que las Pastorales están tratando con herejes maliciosos. Pero este pasaje en particular tiene que ver con quienes tienen intenciones de dividir, descritos como "perverso pecador".

Podemos ganar algo de perspectiva a este respecto si observamos que en 1 Corintios 5:9-11, cuando Pablo habla de las clases de personas con quienes los cristianos no deben asociarse en la iglesia (p. ej., inmorales, avaros, idólatras, borrachos o estafadores), incluye a los calumniadores en esta lista. Todo pastor sabe la amenaza que tales personas pueden representar para la vida de la iglesia. Desafortunadamente, un pastor puede tolerar tal comportamiento y no tratarlo de frente hasta que la maledicencia se dirige al personal de liderazgo o quizás directamente a dicho pastor.

Significado Contemporáneo

"Hacer buenas obras" en nuestros vecindarios. Los versículos 1 y 8 hablan ambos de hacer lo bueno. Podría ser útil si los cristianos se sentaran juntos periódicamente para debatir cómo pueden hacer el bien y representar mejor al Señor en sus comunidades. Aunque siempre habrá personajes estereotipados, como el borracho del pueblo, el acreedor desalmado y la prostituta seductora, los matices del mal cambian de un lugar a otro y de una generación a otra. En vez de juntarse solo para orar por sus problemas o debatir sobre escatología, los pequeños grupos de la iglesia que se reúnen en cada barrio pueden dar pasos enormes en su testimonio a la comunidad si hablan juntos sobre el clima espiritual de sus vecindarios y cuál es la mejor manera de implementar el evangelio de Cristo en sus vidas.

Seguramente no solo hay formas distintivas *de dar testimonio* en comunidades diferentes, sino formas distintivas en las cuales *ser testigo*. La historia de una vida cambiada tiene un poder inmenso para convertir a personas en Cristo. Pero esa vida debe verse genuinamente cambiada no solo con respecto a dejar el pecado, sino también en hacer el bien. Efesios 4:28-29 nos dice que el ladrón no solo debe dejar de robar, sino que debe hacer "sino que trabaje honradamente con las manos para tener qué compartir con los necesitados". La persona con un habla sucia no solo debe dejar de tener esa lengua, sino que debe hablar lo que contribuya "a la necesaria edificación y sean de bendición para quienes escuchan". Es esta clase de buena obra la que va a generar un testimonio efectivo (*cf.* Tit 3:8). Cada comunidad tiene su conjunto de necesidades, problemas, crisis y oportunidades que apelan a respuestas cristianas específicas; "Esto es excelente y provechoso para todos".

Tratando el lado oscuro. Cada pastor teme a ciertos aspectos del ministerio. Compartir el dolor con los que pasan por el valle de muerte y con los que acaban de perder a un ser querido es a menudo tanto un privilegio precioso y como una experiencia dura. Pero una de las tareas más difíciles es trabajar con líderes de la iglesia para enfrentarse a una fuerza divisoria testaruda (v. 10). Esto a veces sucede de manera discreta, erosionando gradualmente el amor y la unidad. Pero en ocasiones se muestra abiertamente a los ojos de toda la comunidad.

En 1998, el programa televisivo de la CBS *48 Hours* dedicó un segmento al conflicto entre un ministro que predicaba el evangelio y un predicador fundamentalista que estaba teniendo una aventura con la esposa del evangelista. La contratación de un asesino a sueldo (que era en realidad un agente secreto) para matar al fundamentalista dio como resultado el encarcelamiento del otro ministro. Lo que me causó impresión (junto con la tristeza y la vergüenza) y cómo unos ministros supuestamente cristianos no prestaban la más mínima atención al tema que hemos estado observando en las Pastorales: la sana doctrina fundida con una vida piadosa ante la comunidad de afuera. La intransigencia puede caracterizar a cualquiera, desde el hereje al ministro. El pastor piadoso debe enfrentarse a tales personas con toda la sabiduría, paciencia y firmeza descritas en los versículos 9-11. Liberarse de la herejía no significa quedar libre de discusiones. La manera como una iglesia y sus pastores manejan esto puede afectar al testimonio de la iglesia en los años venideros.

Las discusiones y espíritus de división que exigen una acción firme por parte de los líderes cristianos (vv. 9-10) requieren una rara mezcla de humildad y autoridad, de amor y amonestación inflexible. Cuanto más fuerte sea la reputación de una iglesia y sus líderes de tener un amor efusivo, integridad y una conducta educada, más efectiva serán su enérgica insistencia en la pureza doctrinal. Si Jesús hubiera tenido una reputación de duro y falto de compasión, su resuelta oposición al error y el pecado habrían tenido más la apariencia del arrebato colérico de un criticador patológico que de la justificada indignación de un profeta santo y un Salvador compasivo.

Tito 3:12-15

Tan pronto como te haya enviado a Artemas o a Tíquico, haz todo lo posible por ir a Nicópolis a verme, pues he decidido pasar allí el invierno.[13] Ayuda en todo lo que puedas al abogado Zenas y a Apolos, de modo que no les falte nada para su viaje.[14] Que aprendan los nuestros a empeñarse en hacer buenas obras, a fin de que atiendan a lo que es realmente necesario y no lleven una vida inútil.

[15] Saludos de parte de todos los que me acompañan. Saludos a los que nos aman en la fe.

Que la gracia sea con todos ustedes.

Sentido Original

Las observaciones finales de Pablo en los versículos 12-15 incluyen peticiones personales (vv. 12-13), una reiteración de la última parte de 3:8 (que repite el énfasis en las buenas obras, v. 14), así como los saludos y bendición finales (v. 15). Las Pastorales están llenas de instrucciones personales, pero el cierre de las epístolas da pie al tipo de instrucciones específicas contenidas en Efesios 6:21-22 y Colosenses 4:7-9.

Al comparar las conclusiones de las tres Cartas Pastorales, Fee ve 1 Timoteo y Tito más "centradas en los asuntos", y 2 Timoteo "más personal en todos los aspectos".[1] Esto es realmente así y refleja la naturaleza de cada una de estas epístolas. Pablo tiene la intención de enviar a Artemas o a Tíquico como sustituto de Tito (Tit 3:12), con quien el apóstol quiere encontrarse en Nicópolis. Este era un buen sitio para ir Pablo en el invierno. Estaba en la vertiente occidental de Grecia, junto al mar Adriático, a algo más de ochenta kilómetros al sur de la frontera actual entre Albania y Grecia.

No se sabe nada más de Artemas, pero Tíquico es bien conocido (Hch 20:4; Ef 6:21; Col 4:7). Puesto que sabemos por 2 Timoteo 4:12 que Tíquico había partido para Éfeso (y para aquel entonces Tito había ido a Dalmacia, 4:10), podemos asumir que Artemas quien continuó la

1. Fee, *1 and 2 Timothy, Titus*, 213.

labor que se necesitaba en Creta. En aquel momento, al parecer, Pablo todavía estaba ministrando en Macedonia (1Ti 1:3).

En 3:13, Tito recibe instrucciones de hacer todo lo que pueda para ayudar a Zenas y Apolos en su camino. No hay consenso si "el abogado Zenas" era un experto en la ley judía o en el derecho romano. Es poco probable que Pablo se hubiera referido a él como lo primero, y, dada la importancia de derecho romano, ser experto en ese campo habría sido una distinción. Apolos es bien conocido en el Nuevo Testamento (Hch 18:24-19:1; 1Co 1:12; 3:4-22; 16:12).

Con respecto al verbo *propempo* ("enviar alguien en su camino"), en la antigüedad, los predicadores itinerantes recibían su sustento de muchas maneras, frecuentemente pidiendo o intentando conseguir dinero de otras formas. Pablo estaba resuelto a no hacer esto, prefería trabajar con sus propias manos para mantenerse (1Ts 2:5-9). Los evangelistas cristianos antiguos dependían de los miembros de las iglesias ya establecidas para cubrir sus necesidades, no pedían a aquellos a quienes estaban predicando. Cuando un siervo del Señor iba de un lugar a otro, los cristianos del lugar de partida proveían algo para su viaje. El término *propempo* significaba originalmente hacer parte del camino con otra persona al emprender el viaje. Más tarde vino a significar proveer para las necesidades de alguien (sin acompañarle en realidad en el viaje). Esto es especialmente importante en 3 Juan 6, donde se muestra el contraste entre los predicadores itinerantes cristianos y los no cristianos.[2] Este significado de *propempo* cuenta con el respaldo de las palabras "Ayuda... de modo que no les falte nada para su viaje".

El versículo 14 retoma la última parte del 8, repitiendo las mismas palabras en el mismo orden: "empeñarse en hacer buenas obras". Esto significa que los creyentes no solo proveían para sus propias necesidades, para evitar ser una carga, sino que, podemos suponer, también eran generosos para atender a los demás.

Las salutaciones de cierre del versículo 15 son afectuosas e incluyen tanto a los remitentes como a los destinatarios. Las sencillas palabras "la gracia sea con todos ustedes" ponen punto final a la carta, un recordatorio final de la gracia salvadora de Dios.

2. Ver también Hch 15:3; 20:38; 21:5; Ro 15:24; 1Co 16:6, 11; 2Co 1:16.

A todo el mundo le gustan las historias acerca de personas. El *Reader's Digest* lo descubrió hace muchos años. Los libros populares en las librerías cristianas son a menudo los que están llenos de ilustraciones acerca de personas. Los Evangelios contienen narraciones y parábolas acerca de personas. Así, uno casi tiene una sensación de alivio cuando, después de las duras instrucciones de esta carta a Tito, Pablo también habla de personas.

Esta sección de despedida aviva la imaginación. Nos gusta pensar en el ocupado apóstol haciendo preparativos para pasar el invierno. ¿Planeó tomarse un tiempo de vacaciones? Nos preguntamos cómo era Zenas el abogado y por qué él y Apolos eran objeto de un especial cuidado y cariño por parte de Pablo. En este párrafo es donde encontramos la explicación de Pablo sobre lo que significa "hacer buenas obras", es decir, "que atiendan a lo que es realmente necesario" (o "las necesidades urgentes", NRSV). Siempre nos gusta leer sus saludos para los amigos (v. 15).

Toda instrucción acerca de la doctrina, toda advertencia acerca de la herejía, y todo ánimo para la santidad y las buenas obras son efectivos solo en la medida en que se muestran en las vidas de personas reales. Seguramente, uno de los gozos del cielo será encontrarnos con esclavos del primer siglo y sus amos, con campesinos medievales y sus señores, con peregrinos, hombres de negocios de la India, maestros de escuela de la República Checa y científicos informáticos de Asia, todos dando testimonio de la gracia del Señor en sus vidas. La alegría del cristiano en cualquier época es llevar el amor de Cristo a las personas.

La mayoría de cartas y revistas misioneras de hoy contienen vívidos retratos o descripciones de personas a las que una misión o un misionero están llevando el mensaje de Cristo. Las agencias cristianas hacen gráficos llamamientos para la provisión de Biblias para los chinos, enviar misioneros a grupos humanos a los que no se ha llegado con el evangelio y sostener a los huérfanos. Todo esto es bueno y puede hacerse mejor gracias a los medios contemporáneos de producción y comunicación. Las organizaciones benéficas, como las que se preocupan por los niños de áreas desfavorecidas, deben asegurarse de canalizar todo el dinero posible de los donativos recibidos para que lleguen a los necesitados.

La conclusión de Tito también nos hace acordarnos de las personas que están justo a nuestro alrededor, como Zenas y Apolos, que necesitan ánimo por el camino que tienen por delante. Nos sirve de recordatorio para hacer esa llamada telefónica o enviar ese correo electrónico que le alegre el día a alguien. Todo esto puede sonar simplón y trillado en un comentario bíblico, pero el gran apóstol Pablo no lo veía así.

Nos agradaría recibir noticias suyas.
Por favor, envíe sus comentarios sobre este libro
a la dirección que aparece a continuación.
Muchas gracias.

Vida@zondervan.com
www.editorialvida.com

Printed in the USA
CPSIA information can be obtained
at www.ICGtesting.com
JSHW032223250624
65366JS00007B/10